Rudolf Hartmann

Japan heute

Wirtschaft — Klassenkampf — Politik

Rudolf Hartmann

Japan heute

Wirtschaft — Klassenkampf — Politik

Mit 26 Abbildungen und 1 Karte

Akademie-Verlag · Berlin
1984

Quellennachweis:
Die Abbildung 16 stellte freundlicherweise ADN-Zentralbild zur Verfügung. Verlag und Autor danken für die Genehmigung zum Nachdruck. Alle anderen Fotos stammen aus dem Privatbesitz des Autors.

Erschienen im Akademie-Verlag, DDR-1086 Berlin, Leipziger Str. 3—4

Lizenznummer: 202 · 100/113/83
Printed in the German Democratic Republic
Gesamtherstellung: VEB Druckerei „Thomas Müntzer",
5820 Bad Langensalza
Lektor: Sibylle Windorf
LSV 0235
Bestellnummer: 754 126 9 (6702)
02500

Inhalt

Vorwort

Japans Bedeutung in der internationalen Arena war bereits vor dem zweiten Weltkrieg groß und ist heute auf Grund der wesentlich gewachsenen Position auf ökonomischem Gebiet größer denn je. Das Interesse immer breiterer Bevölkerungskreise an seiner Entwicklung und an seiner gegenwärtigen Politik nimmt demzufolge ebenfalls zu. Das Informationsbedürfnis über das Land ist heute größer als die Möglichkeit, es zu befriedigen. Die vorliegende Arbeit ist der Versuch, hier eine Lücke zu schließen, indem sie wichtige Prozesse der ökonomischen, gesellschaftlichen und politischen Entwicklung Japans nach 1945 und ihres gegenwärtigen Standes untersucht. Nicht allen auftretenden Fragen kann gebührend nachgegangen werden. Viele müssen — bedingt durch die Problemvielfalt — offen bleiben. Vollständigkeit konnte und sollte hier ebensowenig erreicht werden, wie das Buch notwendige Spezialstudien ersetzen kann oder will. Das Trachten des Autors ging vielmehr dahin, einigen zentralen Problemen und Trends nachzuspüren sowie wichtige Erscheinungen aufzuzeigen. Der Autor will sich dabei nicht nur und auch nicht in erster Linie an Japanspezialisten wenden, sondern einen größeren Kreis an Japan interessierter Leser ansprechen, ihm Informationen, Verständnishilfen und Anregungen zum Weiterdenken vermitteln.

Das Buch untergliedert sich in drei Hauptkapitel: Das erste befaßt sich mit der Wirtschaft, der materiellen Basis und Grundlage für die gesellschaftliche Entwicklung des Landes. Fortschritte in der Wirtschaft bringen zugleich Veränderungen in der sozialen Struktur des Volkes mit sich, vertiefen die Polarisierung der Klassenkräfte und führen zu neuen gesellschaftlichen Widersprüchen und Auseinandersetzungen; diese behandelt das Kapitel II. Wandlungen in der sozialen Struktur und damit einhergehende Klassenauseinandersetzungen führen wiederum zur Formierung politischer Parteien als Vertreter der unterschiedlichen sozialen und politischen Kräfte und zu neuen Kräftekonstellationen. Sie bilden den Inhalt von Kapitel III.

Methodisch wurde ferner der Versuch unternommen, der Arbeit in gewissem Grade Handbuchcharakter zu verleihen, der die Gelegenheit bieten soll, bestimmte Interessengebiete separat nachzuschlagen.

Gesellschaftliche Prozesse bis in die Gegenwart hinein zu verfolgen und öffentlich darzulegen ist für die wissenschaftliche Arbeit zweifelsohne eine zentrale Aufgabe. Dies birgt allerdings gewisse Gefahrenmomente der Fehleinschätzung in sich, da diese Prozesse fließend sind, uns zunächst nur ein äußeres Bild vermitteln, das sich manchmal sogar rasch ändern kann und uns neue Inhalte offenbart. Es ist immer leichter, Einschätzungen im nachhinein zu geben. Das Bemühen ging deshalb dahin, für die jüngste Zeit zwar auch Fakten ihren Niederschlag finden zu lassen, vor allem aber Tendenzen nachzugehen.

Ist es schon schwierig, laufende Entwicklungen immer richtig zu deuten, so gestaltet sich die Prognose noch problemreicher, namentlich für eine kapitalistische Gesellschaftsordnung mit ihren vielfältigsten Widersprüchen und zumal in unserer heutigen schnellebigen Zeit. Dennoch wurde an wenigen Stellen der Versuch unternommen, Probleme und mögliche Evolutionslinien für die achtziger Jahre anzureißen. Ausgangspunkt dafür war natürlich die gegenwärtige Situation, waren aber auch Tendenzen der letzten Jahrzehnte. Die prognostischen Aussagen sollen Möglichkeiten der Entwicklung aufzeigen und dem Leser damit eine Orientierungshilfe sein.

Umschrift und Aussprache

Als Umschrift wurde die international viel benutzte Transkription nach Hepburn verwandt. Zur japanischen Aussprache einige wenige Hinweise:

Vokale — Aussprache wie im Deutschen, jedoch — falls nicht anders ausgewiesen — grundsätzlich kurz gesprochen. Gedehnte Vokale sind gekennzeichnet durch ein ‒ über dem Vokal: ā, ē, ī, ō, ū folglich wie aa, ee, ii, oo, uu. Eine Besonderheit weisen i und u auf, die vielfach innerhalb des Wortes oder auch am Ende unausgegesprochen bleiben. Zu beachten ist ferner:

- ei wie ein langes e etwa wie in See oder Tee, doch mit leichtem i-Ausklang
- ai wie in Kaiser, Mai

Konsonanten — Zumeist wie im Deutschen, doch gibt es einige Abweichungen. Die wichtigsten sind:

- r ist ein Zwischenlaut zwischen r und l, doch stärker zu letzterem neigend
- j wie in Jazz oder Jalousie
- y wie in Januar, Johann
- z wie in Soda, Seife
- sh wie in shop
- ch wie in Champion, Chance
- hy wie ch in ich.

Einführung

An die Stelle des Militarismus, der vor 1945 dem japanischen Imperialismus seinen Charakter gab, ist heute die ökonomische Macht getreten. Die Umwandlung des Landes aus einer alles beherrschenden Macht des Militärs in einen ökonomischen Riesen ist wohl die einschneidendste Veränderung, die sich nach dem Kriege vollzog und deutlich sichtbar wurde.

Japan ist heute ein Land, das in vielen Bereichen der Wirtschaft international führende Positionen innehat, so in der Autoindustrie, im Maschinen- und Schiffbau, aber auch und besonders in zukunftsträchtigen, wirtschaftsstrategisch bedeutenden Industriezweigen wie der Elektronik, der Computerindustrie, dem Präzisionsmaschinenbau. Seine auffälligen ökonomischen Leistungen wurden und werden viel diskutiert, sie rufen Staunen und Bewunderung, aber auch Neid und Schrecken namentlich unter seinen imperialistischen Konkurrenten hervor. Sie bilden die Grundlage für sein international gewachsenes Ansehen und machen ihn zum ökonomisch zweitstärksten Land des Kapitalismus und zum dritten Zentrum des Weltimperialismus.

Als hochindustrialisiertes Land verfügt es zugleich über eine starke Arbeiterklasse, die erst nach dem zweiten Weltkrieg in größeren Dimensionen eine Bewegung zu entfalten vermochte und in dieser Zeit eine Vielzahl bedeutender Klassenkämpfe ausfocht, die als Bestandteil des weltrevolutionären Aufschwungs in der zweiten und dritten Etappe der allgemeinen Krise des Kapitalismus auch internationale Bedeutung haben. Weltbekannt geworden sind die „Frühjahrskämpfe", sind aber auch die großen Aktionen gegen den japanisch-amerikanischen Sicherheitspakt und gegen den Krieg in Vietnam. Japan verfügt heute schließlich über eine Vielzahl politischer Parteien, von der konservativen Liberaldemokratischen Partei über reformistische und kleinbürgerliche Parteien bis hin zu einer mitgliederstarken Kommunistischen Partei, die die unterschiedlichen Interessen der sozial vielschichtigen Bevölkerung vertreten.

Japan ist aber zugleich auch ein Land, das seiner jahrtausendealten Geschichte außerordentlich stark verhaftet ist, dessen Sitten und Bräuche oftmals lebendig wie vor Hunderten von Jahren sind. Das spiegelt sich im täglichen Leben u. a. wider in der Durchführung vieler Volksfeste nach altem Ritual, im traditionellen Baustil und in der Ausstattung der Wohnungen, in der nach wie vor beliebten typischen japanischen Kleidung sowie in vielen Lebensgewohnheiten, auch wenn sich hier nach 1945 vor allem in den Großstädten gewisse Wandlungen vollzogen haben. Dieses Verhaftetsein mit Althergebrachtem prägt noch immer in bedeutendem Maße die Inhalte von Moralbegriffen wie Treue, Pflicht und Disziplin, es beeinflußt die zwischenmenschlichen Beziehungen, die Denk- und Verhaltensweisen. Gerade diese ideelle Seite des Verhältnisses von Geschichte und Gegenwart wurde und wird von den herrschenden Kräften des Landes bewußt genutzt, um immer aufs neue politisch konservatives Denken zu produzieren, das die Herrschaft des Kapitals erleichtert. Beispiele solch konservativer Denkweisen finden wir heute in Japan nicht nur auf dem Lande, sondern auch in den Industriezentren. Sie wirken auf das Verhältnis zwischen Kapital und Arbeit, indem z. B. in vielen, darunter sehr modernen Großbetrieben patriarchalische Verhältnisse herrschen, wonach der Unternehmer eine Art „Vater"-Stellung bei den Beschäftigten einnimmt und alle gemeinsam eine „große Familie" bilden. Sie wirkt in vielen Parteien auf das Verhältnis zwischen Funktionären und Mitgliedern. Letztere sind — wie z. B. bei der LDP — oft eher einem Lokalmatadoren der Partei verbunden als der Partei selbst, wodurch der Funktionär nicht selten eine mehr oder weniger große Hausmacht von Gefolgsleuten hinter sich hat, die er gegebenenfalls für eigene politische Ambitionen nutzen kann.

So zeigt sich uns Japan heute vielfach mit zwei Gesichtern, die schwer mit europäischen Vergleichsmaßstäben zu erfassen sind: einerseits ein hochindustrialisiertes Land des staatsmonopolistischen Kapitalismus mit allen seinen Merkmalen, ein rationales, profitorientiertes, durchdachtes und exaktes Handeln im ökonomischen Bereich, andererseits Erscheinungen, die in tiefem Traditionalismus verharren, äußerst zählebig sind und nur langsam zu Veränderungen besonders im Denken führen. Gegenwart und Geschichte, Fortschritt und Traditionen gehören eng zusammen, bilden noch oft eine Einheit. Man muß das stets ins Kalkül ziehen, wenn man die Entwicklung des Landes, seinen historischen Werdegang und seine Probleme namentlich im ideellen und politischen Bereich verstehen möchte.

Als Japan 1945 bedingungslos kapitulieren mußte, eröffnete sich für das Land die Möglichkeit, einen neuen, demokratischen Weg zu gehen. Der Militarismus war zerschlagen, die Macht der bis dahin Wirtschaft und Politik des Landes beherrschenden Zaibatsu gebrochen. Eine Reihe Reformen wie die Bodenreform, die Bildungsreform, die Abschaffung des Shintō als Staatsreligion, die Gewährung bürgerlich-demokratischer Freiheiten und das Verbot der Kriegführung sowie des Unterhalts von Streitkräften, die durch eine neue Verfassung verankert wurden, bildete positive Voraussetzungen für eine demokratische Politik. Die demokratische und die Arbeiterbewegung entwickelten sich rasch.

Ein wesentlicher Unterschied zur Nachkriegssituation in Deutschland bestand darin, daß Japan auch nach der Kapitulation seine eigene Regierung behielt und ab 1946 wieder über ein gewähltes Parlament verfügte. Dessen ungeachtet unterlagen die wichtigsten Beschlüsse zur Politik des Landes bis zum Abschluß des Friedensvertrages dem Diktat der USA, die als alleinige Besatzungsmacht fungierten, indem sie die Aktivitäten der auf der Moskauer Außenministerkonferenz vom Dezember 1945 beschlossenen Fernostkommission (Sitz Washington) und des Alliierten Rates (Sitz Tōkyō), in denen neben den USA unter anderem auch die Sowjetunion, Großbritannien und China vertreten waren, zunehmend paralysierten.

Ähnlich wie in Westeuropa, speziell in den westlichen Besatzungszonen Deutschlands, änderte der amerikanische Imperialismus ab 1947/48 die von den Alliierten in Potsdam beschlossene Politik einer Demokratisierung der besetzten Länder, als er offen zur Strategie des kalten Krieges gegen die weltrevolutionäre Bewegung, gegen nationale und soziale Befreiung der unterdrückten Völker überging. Gegenüber Japan verfolgte er nunmehr unverhüllt das Ziel, das Land als Juniorpartner und Stützpunkt im Fernen Osten aufzubauen. Die Arbeiterbewegung wurde gespalten und unterdrückt, die „Entflechtung" des Monopolkapitals eingestellt, 1950 die Aufstellung einer 100000 Mann starken „Polizeireserve" befohlen. Im September 1951 wurden an einem Tag ein separater Friedensvertrag (u. a. ohne UdSSR) und ein japanisch-amerikanischer Militärpakt abgeschlossen. Die Besatzungszeit war damit zwar beendet und Japan erhielt seine innen- und außenpolitische Handlungsfähigkeit zurück, aber das geschah zunächst unter dem Vorzeichen einer starken Abhängigkeit von den USA. Noch heute werden in allen Regierungserklärungen die USA als wichtigster Verbündeter, als Eckpfeiler der Außenpolitik bezeichnet, obwohl in der Zwischenzeit die einseitige Abhängigkeit der fünfziger Jahre nicht mehr existiert, nicht zuletzt auf Grund der gewachsenen ökonomischen Stärke des Landes.

Ab etwa Mitte der fünfziger Jahre begann in Japan eine unter den kapitalistischen Ländern beispiellose Wirtschaftsentwicklung mit fast ausnahmslos zweistelligen jährlichen Wachstumsraten bis in die siebziger Jahre hinein. Aus einem Land, dessen Haupterzeugnisse Mitte der fünfziger Jahre noch der Leichtindustrie und der Agrarwirtschaft entstammten, entwickelte sich ein hochmoderner Industriestaat, dessen Bild eindeutig von der Schwer- und Chemie-, der Elektronik- und Computerindustrie geprägt wird. Das enorme Wirtschaftswachstum trug international wesentlich zur ungleichen Entwicklung des Kapitalismus bei.

Mit der Wirtschaft zugleich aber veränderte sich auch die Klassenstruktur. Die Arbeiterklasse, 1950 erst gut ein Drittel aller Klassen und Schichten des Volkes ausmachend, wuchs bis 1970 auf über 60 Prozent und damit zur stärksten Klasse des Landes. Bei den Mittel- und Zwischenschichten dagegen ist der umgekehrte Prozeß zu beobachten. Zwischen 1950 und 1970 nahm die Arbeiterklasse im Schnitt um fast eine Million im Jahr zu. Damit zugleich wuchs ihr Selbstbewußtsein, erstarkte ihre Kampfkraft. Die Zahl der gewerkschaftlich Organisierten erhöhte sich, ebenso die Zahl der Teilnehmer an Streiks für bessere Arbeits- und Lebensbedingungen sowie für größere demokratische Rechte. Kurz: Mit der fortschreitenden Polarisierung der Klassenkräfte nahmen auch die Klassenauseinandersetzungen größere Dimensionen an, und es gelang der Arbeiterklasse, eine Reihe bedeutender Erfolge vor allem auf lohnpolitischem Gebiet zu erzwingen.

In den sechziger Jahren aber ist zugleich eine Gegenoffensive des Großkapitals zu beobachten, deren Auswirkungen vor allem unter den erschwerten Bedingungen der Krise in den siebziger Jahren für die Arbeiterbewegung nachteilig zum Tragen kamen. Reformismus und Opportunismus weiteten sich besonders in der privaten Großindustrie aus. Mit Hilfe patriarchalischer Denkweisen wurde Harmonie zwischen Kapital und Arbeit stark popularisiert und mit Hilfe reformistischer Führungen der Betriebsgewerkschaften namentlich in den neu errichteten privaten Konzernen in die Tat umgesetzt. Dabei belebte und nutzte das Kapital traditionelle Gepflogenheiten wie die Beschäftigung auf Lebenszeit und die Entlohnung nach dem Dienstalter; Treue und Loyalität gegenüber der Firma wurden also materiell anerkannt und demzufolge gefördert. Dem Kapital kam aber auch der Umstand zugute, daß jährlich Hunderttausende

Bauern und Landbewohner mit oft konservativen und kleinbürgerlichen Denkweisen proletarisiert und neu in den industriellen Produktionsprozeß einbezogen wurden.

Mit der Wandlung des Klassenkräfteverhältnisses und den damit verbundenen Klassenauseinandersetzungen entstanden in den fünfziger und sechziger Jahren neue Parteien. Zunächst wurde 1955 als politischer Arm des Großkapitals die Liberaldemokratische Partei (LDP) aus mehreren konservativen Parteien gebildet, um eine 'stabile' politische Herrschaft zu errichten. Sie ist seit ihrer Gründung alleinige Regierungspartei. 1959 spalteten sich im Kampf gegen den japanisch-amerikanischen Sicherheitspakt rechte Kräfte aus der SPJ ab und gründeten 1960 die Demokratisch-Sozialistische Partei (DSP) in der der opportunistische Teil der Arbeiterbewegung seine Heimat fand. Mitte der sechziger Jahre formierte sich die Partei Kōmeitō, die vor allem in den noch immer starken Mittelschichten Wurzeln faßte. Beide Parteien näherten sich von unterschiedlichen, jedoch grundsätzlich antikommunistischen Positionen politischen Grundauffassungen der herrschenden LDP, vornehmlich seit der zweiten Hälfte der siebziger Jahre.

Der Wandel im Klassenkräfteverhältnis sowie die Herausbildung neuer Parteien zehrten aber auch an der Substanz der Liberaldemokraten, die 1967 erstmals seit Gründung der Partei weniger als die Hälfte aller Stimmen auf sich zu vereinigen vermochten und seitdem bis Ende der siebziger Jahre von Wahl zu Wahl weiter an Stimmen verloren. Dennoch ist die Zeit bis zu Beginn der siebziger Jahre insgesamt nicht nur durch eine ökonomische, sondern auch durch die politische Stabilität des monopolkapitalistischen Systems gekennzeichnet.

Mitte der siebziger Jahre brach wie in anderen kapitalistischen Ländern die Wirtschaftskrise über Japan herein. Sie war ihrem Charakter nach sowohl eine Überproduktions- wie auch eine Strukturkrise, hervorgerufen durch disproportionale Entwicklungen in der Zeit des raschen Wirtschaftsaufschwungs der fünfziger und sechziger Jahre. Sie erfaßte alle Wirtschaftsbereiche und wurde verstärkt durch die internationale Finanz-, Rohstoff- und Energiekrise. Die Produktion sank stark ab, Inflation, Arbeitslosigkeit, Massenbankrotte kleiner und mittlerer Firmen breiteten sich aus. Der Wiederaufschwung ab 1976 vollzog sich zwar insgesamt sicherer als in anderen entwickelten kapitalistischen Ländern, brachte aber nicht mehr die vorher gewohnten hohen Zuwachsraten. Konnte die Inflation auch wieder eingedämmt werden, so grassierten Arbeitslosigkeit und Bankrotte dennoch weiter, wozu eine wachsende Staatsverschuldung kam.

Der bedeutende ökonomische Einbruch Mitte der siebziger Jahre hatte auch seine politischen Wirkungen. Das System wurde mehr und mehr labil. Angesichts der Schwierigkeiten wechselten in den siebziger Jahren nicht nur die Regierungen und Premierminister häufiger, auch die Partei des Monopolkapitals, die LDP, kam in immer größere Bedrängnis, da das Vertrauen der Wähler rapide sank. Bei den Wahlen 1976 errang sie im Unterhaus nur noch knapp 42 Prozent der Stimmen und erstmals weniger als 50 Prozent der aus einem direkten Wahlsystem hervorgegangenen Mandate. Nur der Übertritt einiger Unabhängiger in das Lager der Regierungspartei sicherte ihr 1976 und 1979 die erforderliche Regierungsmehrheit. Einen Gleichstand der Kräfte im Oberhaus hatten die Oppositionsparteien bereits bei den Wahlen 1974 verbuchen können.

Zu Beginn der Krise war ein kämpferisches Aufbegehren der Arbeiterklasse zu beobachten, womit ein Abwälzen der Krisenlasten auf ihre Schultern verhindert oder zumindest verringert werden sollte. Allein 1974 fanden über 9500 Streiks statt, die Lohnerhöhungen von nominell über 30 Prozent brachten. Die folgenden Jahre indes führten zu einem Rückschritt in der Arbeiterbewegung. Die Zahl der Streiks und der Streikenden sank ebenso von Jahr zu Jahr wie der Organisationsgrad. Entsprechend gering blieben auch die Erfolge. Die realen Lohnerhöhungen bewegten sich nur mehr zwischen 1 und 2 Prozent, der Lebensstandard stagnierte weitgehend. Ursache für den Rückgang bildeten nicht nur erschwerte Kampfbedingungen durch das Gespenst der Arbeitslosigkeit u. a., sondern die vor allem in den sechziger Jahren geschaffenen Grundlagen für das Gedeihen opportunistischen Gedankengutes und Verhaltens. Die Uneinigkeit in der Gewerkschaftsbewegung nahm zu, Rechtstendenzen zur Harmonisierung von Kapital und Arbeit erstarkten.

Eine der Ursachen für die Niederlagen der Gewerkschaftsbewegung nach der Krise ist auch in der Entwicklung der politischen Parteien zu sehen. Zu einem Zeitpunkt, da die LDP das Vertrauen immer breiterer Wählerschichten verlor und nur noch mit Mühe ihre Alleinherrschaft aufrechtzuerhalten vermochte, sahen die Oppositionsparteien eine Chance, in nicht ferner Zeit die LDP zu stürzen bzw. die Macht mit ihr zu teilen. Der Differenzierungsprozeß zwischen den Parteien schritt voran. Die in der ersten Hälfte der siebziger Jahre noch teilweise vorhandene Einheit zwischen ihnen zerfiel völlig. Zunächst grenzten sich die Demokratisch-Sozialistische Partei und die Kōmeitō nach links weiter ab, näherten sich dadurch wiederum einander an und schlossen sich mit dem Neoliberalen Klub, der 1976 durch Konservative gegründet worden war, die die LDP verlassen hatten, und der Sozialdemokratischen Föderation, die 1978 aus rechten Renegaten der SPJ entstand, zu einem Block der Mittelwegkräfte zusammen. Ihre ideologische Basis war der Antikommunismus, ihr Ziel war die Beteiligung an der Regierungsmacht. Insbesondere DSP und Kōmeitō gaben ihre einstige konsequente Anti-LDP-Haltung auch nach außen mehr und mehr auf und näherten sich in wichtigen Fragen der offiziellen Regierungspolitik an. Durch einen entsprechenden Druck von außen, gepaart mit zunehmenden Aktivitäten sozialdemokratischer Kräfte in der SPJ selbst, gelang es ihnen, auch die Sozialistische Partei Japans von einer Zusammenarbeit mit der Kommunistischen Partei wegzubringen und stärker auf ihre Seite zu ziehen. Damit zugleich wurden in diese politischen Ränkespiele und Auseinandersetzungen der Parteien auch die Gewerkschaften und andere demokratische Massenorganisationen einbezogen. Deren Uneinigkeit wuchs, ihre Desorientiertheit nahm zu, ihr Kampfeswille wurde geschwächt.

Verlierer waren zunächst die Beteiligten der Arbeiter- und demokratischen Bewegung des Landes, aber auch die nichtregierenden Parteien selbst. Als Sieger stand allein die LDP und damit das Monpolkapital da, die dank der Unterstützung der antikommunistischen zentristischen Kräfte zunächst wieder aus ihrer jahrelang währenden Krise herauskamen. Das Kräfteverhältnis in den gewählten Körperschaften des Landes veränderte sich wieder eindeutig zugunsten der Konservativen. Die desorientierten Wähler kehrten teilweise zur LDP zurück. der es bei den Wahlen 1980 gelang, wieder eine souveräne Mehrheit in beiden Kammern des Parlaments zu erzielen, wie sie sie in den siebziger Jahren vergeblich angestrebt hatte.

Diese 1980 wiedergewonnene politische Stabilität der Liberaldemokraten im Parlament ist indes auch nicht unabhängig zu sehen von der seit 1976 einsetzenden wirtschaftlichen Wiederbelebung, die bei einem großen Teil der Wähler neue Hoffnungen weckte. Inwieweit diese Hoffnungen berechtigt sind und wie lange sie währen, ist eine Frage der Zeit.

So zeigt sich uns Japan heute, zu Beginn der achtziger Jahre, in seinem gesellschaftlichen System des staatsmonopolistischen Kapitalismus politisch und ökonomisch wieder relativ gefestigt. Niemand aber weiß, wie lange diese Stabilität andauert. Es ist zwar kaum anzunehmen, daß das Land in den achtziger Jahren international seine starke ökonomische Position einbüßt, und es ist auch kaum damit zu rechnen, daß die LDP aus der Regierung verdrängt wird. Ob diese allerdings ihre Alleinherrschaft aufrechterhalten kann, ist eine andere Frage. Die Antwort darauf und damit auch die von Japan verfolgte weitere Politik sind wesentlich abhängig von der künftigen Entwicklung der Arbeiter- und demokratischen Bewegung, von der künftigen Politik der Oppositionsparteien.

Die Arbeiterklasse wird weiter erstarken, ihr Anteil innerhalb der sozialen Struktur des Volkes wird mit dem weiteren Vormarsch der Industrie zunehmen. Damit festigt sich auch der Kern des Proletariats, zumal der Zustrom von ruinierten Bauern und aus Mittelschichten abgeschwächt wird. Inwieweit auch Klassenbewußtsein und Organisiertheit der Arbeiterklasse zunehmen können, also der subjektive Faktor sich verstärkt, hängt davon ab, wie es der KPJ mit ihren heute über 400000 Mitgliedern und etwa 6 Millionen Wählern gelingt, ihren Einfluß auszubauen, und inwieweit es die noch immer starken Klassenkräfte in der SPJ vermögen, ihr Gewicht auf die Parteipolitik zu erhöhen.

In der regierenden Liberaldemokratischen Partei gibt es starke Kräfte, die eine reaktionäre Veränderung der Verfassung anstreben, um die Basis für eine Rechtsentwicklung nach innen und außen zu legen. Das betrifft sowohl den Artikel 9 der Verfassung, der den Krieg zur Lösung internationaler Streitigkeiten sowie die Aufrechterhaltung von Streitkräften und Rüstungsexporte zu diesem Zwecke verbietet, als auch Bemühungen, dem Tennō wieder größere Rechte einzuräumen bzw. die Wahlgesetzgebung weniger demokratisch zu gestalten. Das gilt aber auch für erste Versuche, Notstandsgesetze einzuführen. Ihre Anstrengungen sind seit dem Wahlsieg der LDP 1980 stärker geworden. Noch aber haben sie sich nicht durchsetzen können, nicht zuletzt weil die demokratische Bewegung des Landes einen unübersehbaren Faktor darstellt.

Kapitel I

Wirtschaftsentwicklung vom Nachkriegschaos über hohe Wachstumsraten in die Krise und relative Teilstabilität

Einige Besonderheiten der japanischen Wirtschaft

Als hochentwickelter kapitalistischer Industriestaat weist Japan auf sozialökonomischem Gebiet die grundsätzlich gleichen Merkmale auf, wie wir sie auch in anderen entwickelten kapitalistischen Staaten finden. Daneben existieren einige Spezifika, die die Szenerie der japanischen Wirtschaft stark beeinflussen, ihr teilweise Inhalt und Richtung geben. Dazu gehören vor allem solche Faktoren wie die geringe landwirtschaftliche Nutzfläche, der historisch gewachsene und weitgehend vom geologischen Aufbau her bestimmte hohe Konzentrationsgrad der Bevölkerung in wenigen Ballungsgebieten wie in den Tiefebenen im Raum Tōkyō und Ōsaka, die Rohstoffarmut, eine „Doppelstruktur" der Wirtschaft oder ein rasch gewachsenes Potential an Arbeitskräften.

Das japanische Gesamtterritorium umfaßt etwas über 372000 km^2. Es verteilt sich auf 4 Haupt- und nahezu 4000 kleinere Inseln und macht 0,3 Prozent des Festlandes der Welt aus. Die Nord-Süd-Achse von Hokkaidō bis Okinawa hat eine Länge von etwa 3000 km. Zu gut zwei Drittel besteht das japanische Territorium zumeist aus mit dichtem Wald bewachsenen Bergen. Die landwirtschaftlich genutzte Fläche ist daher gering und wird heute mit etwa 15 Prozent angegeben. Von alters her siedelten sich die Japaner vor allem in den fruchtbaren Tiefebenen um Ōsaka, Nagoya, Tōkyō und in Nordkyūshū an. Hier konzentrierte sich die Macht der feudalen Herrscher, hier wurden die Grundlagen der Industrie gelegt, und hier befinden sich auch heute die Hauptballungsgebiete der Bevölkerung und der Industrie. In den 3 Großstadtregionen Tōkyō, Ōsaka und Nagoya leben etwa 45 Prozent der Einwohner. Die Konzentration von Bevölkerung und Industrie führte unter den kapitalistischen Verhältnissen Japans u. a. dazu, daß mit der raschen ökonomischen Entwicklung des Landes nach 1945 der Grund und Boden zu spekulativen Zwecken genutzt wurde und die Bodenpreise in den Stadtgebieten steil emporkletterten, allein in den 24 Jahren von 1955 bis 1979 auf knapp das 30fache und in den Großstädten sogar auf mehr als das 36fache.[1] Damit verteuerten sich allein durch den Bodenpreis nicht nur der Wohnungsbau und die Mieten enorm, sondern beispielsweise auch die Errichtung von Industrieanlagen und Verkehrswegen.

Die 4 traditionellen großen Industriezentren Tōkyō — Kanagawa, Ōsaka — Kobe, Nagoya und Nordkyūshū bringen fast die Hälfte der japanischen Industrieproduktion.[2] Der Anteil dieser Regionen war ursprünglich noch höher. Im Zuge des raschen Entwicklungstempos nach 1945 entstanden indes weitere Industriezonen, so daß man heute auch von einem Industriegürtel am Stillen Ozean spricht, der sich nördlich von Tōkyō, den Stillen Ozean und die Japanische Inlandsee entlang bis nach Nordkyūshū erstreckt. Die Quote der neu entstandenen Industriezonen Nordkantō, Chiba — Goi, Suruga-Bucht und Japanische Inlandsee wuchs von 16,4 Prozent 1955 auf 26,8 Prozent im Jahre 1978.[3] Damit hat sich die industrielle Zone zwar ausgeweitet, ist jedoch noch weit davon entfernt, die Disproportionen in der Standortverteilung zu lösen. Stark zurückgebliebene, unterentwickelte Gebiete finden wir besonders im Norden Japans, an der Westküste des Landes, und auf den Inseln Shikoku, Kyūshū und Okinawa. Hier dominieren unverändert Land- und Forstwirtschaft, Fischfang und Kleinindustrie. Entsprechend niedrig ist auch der Lebensstandard der dort ansässigen Bevölkerung.[4]

Die Konzentration der Industrie entlang der Küste des Stillen Ozeans und der Japanischen Inlandsee hat zugleich große Bedeutung

---

[1] Setzt man den Bodenpreis in den Städten 1955 mit 100 Prozent an, so kletterte er im Landesmaßstab 1970 auf 1395 und 1979 auf 2927 Prozent. Für die 6 größten Städte lauten die entsprechenden Zahlen 1692 bzw. 3614 Prozent. Siehe Keizai yōran 1980 (Wirtschaftskompendium). Keizai Kikakuchō Chōsakyoku (Forschungsstelle beim Wirtschaftsplanungsamt). Ōkurashō Insatsukyoku, Tōkyō 1980, S. 248.

[2] Exakt sind unter Tōkyō — Yokohama die Region Tōkyō — Präfektur Kanagawa, unter Ōsaka — Kobe die Region Ōsaka — Präfektur Hyōgo, unter Nagoya die Präfekturen Aichi und Mie sowie unter Nordkyūshū die Präfektur Fukuoka erfaßt. Ihr Anteil am gesamten industriellen Warenversand betrug 1978 in der angegebenen Reihenfolge 18,1 Prozent, 14,6 Prozent, 11,8 Prozent und 2,7 Prozent, damit insgesamt 47,2 Prozent. Siehe Nihon kokusei zue 1981 (Darstellung der Lage Japans). Kokuseisha, Tōkyō 1981, S. 330.

[3] Ebenda.

[4] Ein Vergleich zwischen einigen Industrie- und Agrargebieten ergibt folgendes Bild:

für den Außenhandel, der — bedingt durch die Insellage — fast ausschließlich mit Schiffen bewältigt wird. Lange Transportwege von den Produktionsstätten zu den Häfen und umgekehrt werden dadurch vermieden.

Die Bedeutung des Außenhandels wiederum ergibt sich insbesondere aus der außerordentlichen Rohstoffarmut Japans. Die enorm gewachsene Industrie muß den überragenden Teil ihres Rohstoff- und Energiebedarfs mit Importen decken, da das Land selbst kaum über eigene nennenswerte Bodenschätze verfügt. 1979 beispielsweise importierte Japan 76,8 Prozent der benötigten Steinkohle, 99,8 Prozent des Erdöls, 99,6 Prozent des Eisenerzes, 98 Prozent des Kupfererzes und 100 Prozent des Bauxits, Nickels und Urans.[5]

Die Industrie des Landes steht somit vor einem doppelten Erfolgszwang: Sie muß einerseits den zu geringen Selbstversorgungsgrad an Nahrungsmitteln kompensieren, denn die geringe landwirtschaftliche Nutzfläche (am Gesamterritorium) setzt einer extensiven Erweiterung der Landwirtschaft Grenzen. Trotz der hohen Intensität und Effektivität ist die japanische Landwirtschaft allein nicht in der Lage, die rasch gewachsene Bevölkerung zu ernähren. Überdies muß sie auch den Mangel an einheimischen Rohstoffen durch einen mit hochwertigen Industrieerzeugnissen getätigten Außenhandel aus-

Präfektur	jährl. Produktionsausstoß in Milliarden Yen		jährl. Pro-Kopf-Einkommen in 1000 Yen	
	1969	1977	1969	1977
Tōkyō	9286	28506	763	2032
Ōsaka	5434	13526	713	1511
Kanagawa	3283	8766	633	1502
Aichi	3173	9713	568	1452
Akita	460	1406	362	1116
Yomori	474	1480	317	1028
Shimane	255	816	326	1047
Kagoshima	448	1756	260	1006
Okinawa		984		913

Zusammengestellt nach: Nihon kokusei zue 1973 und 1981, Anhang II.

[5] Ebenda 1981, S. 127.

gleichen. Beide — Nahrungs- und Rohstoffknappheit — zwangen und zwingen zu hoher Effektivität der Industrieproduktion. Trotzdem wurden — worauf an anderer Stelle näher eingegangen wird — die vorhandenen natürlichen Ressourcen im eigenen Lande mehr und mehr vernachlässigt, um sie durch billigere Importe zu ersetzen. Das trifft insbesondere auf die landwirtschaftliche Nutzfläche und den Abbau der eigenen Steinkohle zu.

Eine weitere Besonderheit der japanischen Wirtschaft ist ihre historisch gewachsene sogenannte Doppelstruktur. Das heißt, auf der einen Seite existieren hochmoderne, äußerst produktive Großbetriebe, auf der anderen Seite finden wir eine im Vergleich zu anderen entwickelten kapitalistischen Ländern außerordentlich hohe Zahl von mittleren, kleinen und Zwergunternehmen, die bei geringer Arbeitsproduktivität oft am Rande des Bankrotts dahinvegetieren. 1978 betrug der Anteil der Betriebe, die unter 100 Beschäftigte hatten, 98,1 Prozent aller Betriebe. In ihnen konzentrierten sich 58 Prozent aller Arbeiter.[6] Bemerkenswert ist, daß ihr Lohn nur etwa 6 Prozent ihrer Kollegen in den Großbetrieben mit über 1000 Beschäftigten ausmacht und ihre Arbeitszeit in der Regel länger ist. Unverändert spielen diese Zwerg-, Klein- und Mittelbetriebe eine wichtige ökonomische und sozialpolitische Rolle und werden deshalb bewußt erhalten. Zum einen sind sie billige Zulieferer der Großindustrie besonders für arbeitsintensive Produkte. Durch Kontrakte und Unterkontrakte, durch die Finanzierung, Rohstoffbelieferung und den Absatz sind sie fest an die Konzerne gebunden, und der Ausbruch von Krisen oder wirtschaftlicher Stagnation trifft sie zuerst. Zum anderen verhindern sie gerade in Zeiten einer Wirtschaftskrise eine noch größere Arbeitslosigkeit, da sie einem Großteil der Werktätigen einen sicheren — wenn auch im Vergleich zur Großindustrie bedeutend geringer entlohnten, von den Arbeitsbedingungen her schwierigen und weniger produktiven — Arbeitsplatz bieten. Sind sie einerseits als billige Zulieferbetriebe ein wichtiges Instrument zur Erhöhung auch der internationalen Konkurrenzfähigkeit der japanischen Monopole, so sind sie andererseits zugleich als Auffangbecken besonders in Zeiten der Krise eine gewisse Bremse im

[6] Zum Vergleich: In Japan gab es 1978 gut 730000 solcher Betriebe, in den USA 279000 (1972) und in der BRD gut 36000. Sie beschäftigten in Japan 58 Prozent aller Arbeiter, in den USA 24,8 und in der BRD 19,2 Prozent. Siehe Nihon kokusei zue 1981, S. 326.

Ansteigen der Arbeitslosigkeit und damit zugleich auch im Anwachsen sozialer Unzufriedenheit. Überdies ist der hier beschäftigte große Teil der Arbeiterklasse fast nicht organisiert, deren Klassenbewußtsein kaum entwickelt und damit aus dem Klassenkampf selbst weitgehend ausgeschaltet. (Siehe dazu Kapitel II.)

Das wichtigste aber für die wirtschaftliche Entwicklung eines Landes ist der Mensch als unmittelbare Produktivkraft. Kennzeichnend für Japan ist ein rasch gewachsenes Arbeitskräftereservoir. Zählte man 1872, also zu Beginn der kapitalistischen Entwicklung des Landes, 34,8 Millionen Einwohner, so waren es 1945 72,1 und 1980 über 117 Millionen. Damit zugleich wuchs natürlich auch die arbeitsfähige Bevölkerung.

Kennzeichnend ist ferner ein hoher Bildungsstand der Einwohner und damit auch der Produktivkräfte. 1947 wurde die neunklassige Pflichtschule eingeführt, und der Prozentsatz derer, die anschließend die Oberschule bzw. von dort weitergehend die Universität besuchten, stieg ständig. Gingen 1960 57,7 Prozent aller Schüler nach Abschluß der neunten Klasse weiter zur Oberschule und 20,9 Prozent der männlichen sowie 14,9 Prozent der weiblichen Abiturienten weiter zur Universität oder einer anderen höheren Studieneinrichtung, so waren es 1980 94,2 Prozent, die nach der neunten Klasse den Weg zur Oberschule fanden, und 31,9 Prozent aller Abiturienten nahmen anschließend ein Studium auf.[7]

Die genannten Merkmale und Besonderheiten, die sicher noch durch weitere ergänzt werden könnten (wie die Rolle der geografischen Lage für Fischerei und Schiffbau; die regelmäßige Wiederkehr von Regenzeit, Taifunen und Erdbeben mit ihren Auswirkungen und Einflüssen auf die Landwirtschaft, das Bauwesen und zum Teil auf die Standortverteilung der Industrie; hohe Arbeitsdisziplin; weitverbreites System der Beschäftigung auf Lebenszeit), drücken der japanischen Wirtschaft, aber auch dem politischen Leben ihren Stempel auf und werden daher im Verlaufe der weiteren Darstellung in dieser oder jener Form wieder auftauchen.

---

[7] Mainichi nenkan 1978 (Mainichi Jahrbuch). Mainichi Shimbunsha Tōkyō 1978, S. 324 und Asahi nenkan 1981, Bekken (Asahi Jahrbuch 1981, Sonderband). Asahi Shimbunsha, Tōkyō 1981, S. 389.

Rasches Wirtschaftswachstum der fünfziger und sechziger Jahre und die ungleiche Entwicklung des Kapitalismus

Noch Mitte des vorigen Jahrhunderts hatte Japan eine feudale Gesellschaftsordnung mit einer sich zwar ab Beginn des 19. Jahrhunderts rascher entwickelnden, insgesamt aber noch unbedeutenden Manufakturindustrie. Durch die sogenannte Meiji-Restauration (japanisch Meiji Ishin), die ihrem Wesen nach eine unvollendete bürgerliche Revolution von oben darstellte und sich als Prozeß etwa vom Ende der sechziger Jahre (1868) bis zum Ende der achtziger Jahre (Schaffung von Verfassung und Parlament 1889/90) erstreckte, wurde über eine Vielzahl von Reformen der Weg für eine kapitalistische Entwicklung des Landes freigemacht. Diese Entwicklung vollzog sich unter Nutzung auch der Erfahrungen der fortgeschritteneren Länder Europas und der USA in raschem Tempo. Die Tatsache jedoch, daß viele feudale Elemente im gesellschaftlichen Leben erhalten blieben, insbesondere aber ehemalige feudale Kräfte dominierenden Einfluß auf Militär und Außenpolitik beibehielten, führte zu einer aggressiven, militaristischen Politik des Staates gegenüber anderen und gegenüber dem eigenen Volk, wobei die besondere Aggressivität in der Außenpolitik durch ein Zuspätkommen bei der damals erfolgten Neuaufteilung der Welt unter die kapitalistischen Großmächte noch verstärkt wurde.

Ihren Ausdruck fand diese Aggressivität in dem von den herrschenden Kreisen Japans ausgelösten japanisch-chinesischen Krieg 1894/95, dem russisch-japanischen Krieg 1904/05 und in der Annexion Taiwans, Koreas und anderer Gebiete Asiens und die Umwandlung dieser Gebiete in japanische Kolonien. Japan wurde als imperialistische Großmacht Anfang dieses Jahrhunderts anerkannt und stärkte seine internationalen Positionen vor allem durch die Fortsetzung seiner expansionistischen Außenpolitik. Während des ersten Weltkrieges stand Japan auf der Seite der Entente-Mächte und versuchte, weitere Territorien an sich zu reißen, führte anschließend einen jahrelangen Interventionskrieg gegen die junge Sowjetmacht, begann 1927 mit erneuten Überfällen auf China, errichtete Anfang der dreißiger Jahre in der Mandschurei ein Marionettenregime, verbündete sich mit den faschistischen Machthabern in Deutschland und Italien und initiierte den zweiten Weltkrieg am Stillen Ozean.

Diese aggressive Militärpolitik, die das Wesen des japanischen

Imperialismus bis 1945 kennzeichnete, endete mit einer vernichtenden Niederlage. Erstmals wurde Japan in seiner jahrtausendealten Geschichte von einer ausländischen Macht besetzt. Die Niederlage verlangte dem japanischen Volk zwar erneute große materielle Opfer ab, gab ihm aber objektiv auch die Möglichkeit einer Neubestimmung seiner Politik. Daß diese Möglichkeit vom japanischen Volk nicht genutzt werden konnte, hängt wesentlich damit zusammen, daß die USA, als alleinige Besatzungsmacht Japans fungierend, die Politik des Landes diktierten, es als ihren Hauptstützpunkt gegen nationale und soziale Befreiung in Asien ausbauten und damit zugleich nach anfänglichen demokratischen Reformen die Positionen des zerschlagenen japanischen Monopolkapitals wieder festigten. Die sich rasch entwickelnde Arbeiter- und demokratische Bewegung wurde dabei gewaltsam unterdrückt. Dadurch halfen die USA besonders ab 1947/48, die ökonomische und soziale Basis des Kapitalismus zu erhalten und wieder voll zu restaurieren.[8]

Die wirtschaftliche Nachkriegsentwicklung des Landes läßt sich in folgende Hauptetappen unterteilen:

1. 1945—1950. Es waren die unmittelbaren Nachkriegsjahre vom Wirtschaftschaos bis zur Stabilisierung der Produktion.
2. 1950—1955. In dieser Zeit wurde das Niveau der Vorkiegswirtschaft wieder erreicht und überschritten, und es wurden allgemein die Voraussetzungen für eine rasche Entwicklung der Industrie geschaffen.
3. 1955—1970. Diese Periode wird von japanischer Seite generell als die Zeit des „hochgradigen Wachstums" bezeichnet. Die Zuwachsraten beim Bruttosozialprodukt (BSP) und in der Industrieproduktion waren enorm. Die ungleiche Entwicklung des Kapitalismus schritt rasch voran, Japan wurde zum dritten Zentrum des Weltimperialismus, nachdem sich in dieser Zeit auch das Monopolkapital wieder voll restaurierte.
4. 1970—1975. Dies waren Jahre, in denen die während des „hochgradigen Wachstums" angehäuften Widersprüche offen ausbrachen, was — zusammen mit der Verschärfung der allgemeinen Krise des kapitalistischen Weltsystems — zu einer langwährenden Strukturkrise der japanischen Wirtschaft (und anderer Bereiche des gesellschaftlichen Lebens) sowie einer Überproduktionskrise führte.

---

[8] Zur Zielstellung und Politik des USA-Imperialismus gegenüber Japan nach 1945 siehe auch Wolfram Wallraf, Zur historischen Entwicklung des japanischen Imperialismus. Aktuelle Beiträge der Staats- und Rechtswissenschaft, Heft 246, Potsdam-Babelsberg 1981, S. 29ff.

5. ab 1976. Es begann wieder eine relative Erholung von der Überproduktionskrise, ohne daß allerdings das hohe Wirtschaftswachstum der sechziger Jahre auch nur annähernd erreicht werden konnte.

Durch die Kriegsniederlage erlitt die japanische Wirtschaft einen schweren Schlag. Im Vergleich zu den Vorkriegsjahren 1934—1936 betrug die Industrie- und Bergbauproduktion Ende 1945 60,2 Prozent und fiel 1946 weiter auf 30,7 Prozent ab. Die Inflationsrate stieg bis Ende 1948 auf das 11,8fache.[9] Hinzu kamen Wohnungsnot, hervorgerufen durch Millionen im Krieg zerstörter Wohnungen, Hungersnot und Arbeitslosigkeit. Sie kennzeichneten das Chaos in der Wirtschaft der ersten Nachkriegsjahre ebenso wie die außerordentlich schwere Lage des werktätigen Volkes, das die Lasten des Krieges noch im nachhinein zu tragen hatte.

Gekennzeichnet wird die Etappe 1945—1950 ferner durch eine Reihe zu Beginn der Besatzungszeit verfügter demokratischer Reformen in der Wirtschaft, die auf die Bestimmungen der Potsdamer Deklaration der Siegermächte zurückgehen. Da wurde zunächst begonnen mit einer „Entflechtung" der die Wirtschaft und Politik des Landes bis zum Ende des Krieges stark beherrschenden Zaibatsu (Finanzcliquen). Ebenfalls in diese Zeit um 1945/46 fällt eine Bodenreform, die u. a. den Besitz an Ackerland auf 1 Chō (99,17 a; auf Hokkaidō auf 4 Chō) begrenzte, Weiden und Wälder zwar den auf dem Lande verbliebenen ehemaligen Großgrundbesitzern beließ, das parasitäre Grundbesitzertum indes beseitigte.

Am 18. Dezember 1948 befahl das General Headquarters (GHQ) der amerikanischen Besatzungsmacht der japanischen Regierung die „Neun Wirtschaftsprinzipien" zur Stabilisierung der Wirtschaft. Dies erfolgte im Rahmen der politischen Umorientierung der USA, Japan als ihren Juniorpartner und asiatischen Eckpfeiler ihrer Strategie des kalten Krieges aufzubauen. Die „Neun Wirtschaftsprinzipien" forderten für das Jahr 1949 beispielsweise, ein allseitig ausbalanciertes Budget aufzustellen, Subventionen jeglicher Art zu kürzen, die Steuern zu erhöhen und die Löhne einzufrieren, die Kontrolle der Preise, des Außenhandels und der Devisen zu ververstärken und das Aufkommen an den Landesrohstoffen und die Warenproduktion zu erhöhen. Die Realisierung dieses Planes wurde gepaart mit amerikanischen Subventionen und dem Eindringen

[9] Kindai Nihon sōgō nempyō (Allgemeine Chronik des modernen Japan). Iwanami Shoten, Tōkyō 1968, S. 348, 356 und 368.

amerikanischen Kapitals in die japanische Wirtschaft, das begünstigt wurde durch eine Denkschrift des GHQ vom 14. Januar 1949 an die japanische Regierung, ausländisches Kapital „in begrenztem Umfang zuzulassen". Es gelang, die Inflation zu stoppen und die Wirtschaftslage relativ zu stabilisieren. Damit endete die erste, die unmittelbare Nachkriegsetappe der Wirtschaftsentwicklung.

Die zweite Etappe ist gekennzeichnet durch die beginnende Restauration der Monopole, eine zunehmende Akkumulation des Kapitals und die Vorbereitung auf die ab Mitte der fünfziger Jahre erfolgende rasche Erweiterung der Industrieproduktion. Insbesondere der Ausbruch des Koreakrieges im Juni 1950, den der damalige japanische Premierminister Shigeru Yoshida (1946/47 und 1948—1954) als eine „Gnade des Himmels"[10] bezeichnete, stimulierte mit seinen zahlreichen Sonderaufträgen an die japanische Industrie den wirtschaftlichen Wiederaufschwung ebenso wie der bedeutend wachsende Export in die Entwicklungsländer, deren Anforderungen die kapitalistischen Länder Westeuropas auf Grund ihrer sich damals rapide ausdehnenden Rüstungsindustrie nicht erfüllen konnten.[11] Allein die Kosten für Sonderaufträge der USA zur Reparatur von Kriegsmaterial und die Belieferung der USA-Armee in Korea lagen zwischen 1950 und 1955 bei 1,62 Milliarden Dollar.[12] Der Export stieg von 509,7 Millionen Dollar 1949 auf 1354,5 Millionen 1951[13], d. h., er verdreifachte sich beinahe innerhalb von nur zwei Jahren.

Die erhöhte Nachfrage auf dem Außen-, aber auch auf dem Binnenmarkt stimulierte die Wirtschaft und regte zu größerer Investitionstätigkeit an. Betrug der jährliche Zuwachs privater Investitionen in der japanischen Industrie 1946 bis 1950 3,2 Prozent, so stieg er in den Jahren bis 1955 jährlich um 8,7 Prozent.[14] 1951 erzielte die japanische Wirtschaft erstmals wieder das Niveau der Vorkriegsjahre 1934—1936

---

[10] Yoshio Ando: Nihon shihonshugi no ayumi (Der Weg des japanischen Kapitalismus). Zōfuhan. Kodansha Gendai Shinsho, Tōkyō 1978, S. 212.

[11] Fumio Moriya: Nihon shibonshugi shoshi (Kurze Geschichte des japanischen Kapitalismus), Shin Nihon Shuppansha, Tōkyō 1975, Bd. 2, S. 103.

[12] Tsunehisa Kojima u. a.: Nihon keizairon (Zur japanischen Wirtschaft). Hōritsu Bunkasha, Kyōtō 1970, S. 38.

[13] Fumio Moriya: Keizaishi (Wirtschaftsgeschichte). Tōyō Keizai Shimpōsha, Tōkyō 1961, S. 379.

[14] Fumio Moriya: Sengo Nihon shihonshugi (Der japanische Kapitalismus nach 1945). Aoki Shoten, Tōkyō 1972, S. 116.

in Industrie und Landwirtschaft; im Einkommen pro Kopf der Bevölkerung allerdings konnte es erst 1955 erreicht werden. Bereits in dieser Zeit ist die in der anschließenden Periode noch besser zum Ausdruck kommende vorrangige Entwicklung der Schwer- und Chemieindustrie deutlich erkennbar. So erreichten der Maschinenbau und die chemische Industrie Ende dieser Periode etwa das 3- bzw. 2,5fache des Vorkriegsstandes[15], während die verarbeitende Industrie insgesamt nur etwa das 1,6fache erzielte.[16]

Am 1. September 1953 verfügte die Regierung eine Lockerung des im April 1947 verkündeten „Gesetzes über das Verbot von Monopolen“ dahingehend, daß nunmehr Kartelle zum Zwecke der Krisenbekämpfung oder der Rationalisierung bzw. „Anwendungs-Ausnahme-Kartelle“ für den Ex- und Import sowie zur Förderung des Maschinenbaus zugelassen wurden. Bis 1955 erfolgten in der Industrie 2714 Fusionen von Firmen und Gesellschaften.[17] Dadurch vollzog sich ein erster bedeutender Schritt zur neuerlichen Konzentration von Produktion und Kapital.

Die dritte Etappe der ökonomischen Nachkriegsentwicklung Japans, die Jahre 1955 bis 1970, wird in der japanischen Literatur als die Zeit des „hochgradigen Wachstums“ bezeichnet, da sie rein äußerlich charakterisiert ist durch hohe Zuwachsraten, wie sie in dieser Zeit von keinem anderen entwickelten kapitalistischen Land erreicht wurden.

Das Wirtschaftswachstum vollzog sich vor allem durch einen steilen Anstieg der Industrieproduktion, speziell in der Schwer- und in der chemischen Industrie. Japan bildete sich in dieser Zeit zu einem hochentwickelten imperialistischen Industriestaat heraus. Ein Blick in die japanischen Statistiken verrät, daß der wertmäßige Anteil der weiterverarbeitenden Industrie am Nationaleinkommen 1955 noch etwa gleich groß wie der Anteil der Land-, Forst- und Wasserwirtschaft war, 1960 aber bereits fast das Doppelte und 1970 knapp das 4fache betrug.[18] Setzt man den Index für die weiterverarbeitende

---

[15] Yoshio Ando, S. 216.

[16] Fumio Moriya: Sengo Nihon shihonshugi, S. 103.

[17] Itsurō Sakisaka u. a.: Taikei kokka dokusen shihonshugi (Staatsmonopolistischer Kapitalismus. Abriß). Kawade Shobō Shinsha, Tōkyō 1971, Bd. 5, S. 288.

[18] Siehe Keizai yōran 1974, S. 2. Danach betrug der Wert der Produktion aus der Land-, Forst- und Wasserwirtschaft 1955 1634 Milliarden Yen, der der

Industrie 1970 gleich 100, so betrug er 1955 12,5 Prozent[19], d. h., daß sich ihr produzierter Wert in diesen 15 Jahren verachtfachte. Um den gewaltigen Sprung in der industriellen Entwicklung dieser Zeit zu verdeutlichen, noch einige Beispiele: Von 1955 bis 1970 stieg die Produktion von Roheisen auf das 15fache, von Rohstahl auf das 12fache, von Schweröl auf das 25fache, von synthetischen Fasern auf das 64fache, von PKW auf das 159fache und von Werkzeugmaschinen auf das 14fache.[20]

Die außerordentlich rasche Entwicklung Japans in den fünfziger und sechziger Jahren trug wesentlich zur ungleichen Entwicklung des Weltkapitalismus und damit auch zu einer relativen Verschiebung des ökonomischen Kräfteverhältnisses zwischen den entwickelten kapitalistischen Ländern bei. Seinen Ausdruck findet dies z. B. darin, daß das Bruttosozialprodukt Japans in den 25 Jahren von 1949 bis 1974 mehr als 8mal so schnell wie in den USA wuchs, mehr als 11mal so schnell wie in England, mehr als 3mal so schnell wie in Frankreich und mehr als doppelt so schnell wie in der Bundesrepublik Deutschland. Das führte u. a. dazu, daß Japan 1949 nur 3,8, 1974 aber bereits 32,2 Prozent des BSP der USA erreichte.[21]

Aufschlußreich ist ein Vergleich des Nationaleinkommens der 7 bedeutendsten kapitalistischen Länder. Er zeigt, daß es in den USA 1960 noch fast 12mal höher war als in Japan, 1978 nur mehr gut zweimal. Die BRD und England verfügten 1960 jeweils etwa über das 1,7fache des japanischen Nationaleinkommens, 1978 aber nur noch über gut zwei respektive ein Drittel. Es gelang Japan somit in den sechziger Jahren, alle entwickelten kapitalistischen Staaten

weiterverarbeitenden Industrie 1592 Milliarden. 1970 waren es 4431 bzw. 17372 Milliarden Yen.

19 Ebenda, S. 5.

20 Fumio Moriya: Sengo Nihon shihonshugi, S. 266, und Keizai yōran 1974, S. 140ff.

21 Masamichi Kawakami (S. 10) gibt für 1949 bis 1974 folgende Zahlen für die nominelle BSP-Steigerung an:

Japan	um das 54,3fache
USA	um das 6,5fache
BRD	um das 24,9fache
Frankreich	um das 15,0fache
England	um das 4,9fache
Italien	um das 13,9fache
Kanada	um das 12,3fache

Nationaleinkommen von 7 führenden kapitalistischen Ländern (in Milliarden Dollar)

Jahr	USA	Japan	BRD	Frankreich	England	Italien	Kanada
1960	426,3	39,2	65,9	54,9	66,8	32,0	34,2
1970	877,9	176,3	166,8	127,2	112,8	85,1	71,8
1975	1344,1	430,3	372,2	301,5	204,8	156,3	143,7
1978	1888,0	821,9	568,8	421,9	276,6	233,5	177,9

Zusammengestellt nach Angaben aus: Keizai yōran 1974, S. 327 und 1981, S. 373.

Europas zu überholen und sein ökonomisches Gewicht innerhalb der kapitalistischen Welt auch in den siebziger Jahren ständig weiter auszubauen. Legt man die vorangegangene Tabelle zugrunde, setzt das Nationaleinkommen dieser 7 kapitalistischen Länder gleich 100 und vergleicht die Entwicklung ihrer Anteile in den einzelnen Jahren, so zeigt sich, daß die Quote der USA kontinuierlich sinkt, die Japans etwa im gleichen Tempo steigt, während die der anderen 5 Länder weitgehend konstant bleibt.

Nationaleinkommen von 7 führenden kapitalistischen Ländern und ihr Anteil

Jahr	Nationaleinkommen insgesamt (in Milliarden Dollar)	Anteil in Prozent		
		USA	Japan	andere 5
1960	719,3	59,26	5,45	35,28
1970	1617,9	54,26	10,90	34,84
1975	2972,9	45,21	14,47	40,31
1978	4388,6	43,02	18,73	38,25

Dieser Vergleich läßt unschwer erkennen, daß Japan den Hauptanteil an der ungleichen Entwicklung der führenden kapitalistischen Länder hat. Von den 16 Prozent, die die USA zwischen 1960 und 1978 am ökonomischen Gesamtgewicht der 7 Länder verloren, gewann Japan allein 13 Prozent und verdreifachte damit seinen Anteil am Gesamtnationaleinkommen dieser 7 Länder von 5,5 auf 18,7 Prozent. Es verbesserte indes seine ökonomische Potenz nicht nur gegenüber den USA, sondern auch gegenüber der Europäischen Ge-

Vergleich des industriellen Wachstums einiger kapitalistischer Länder

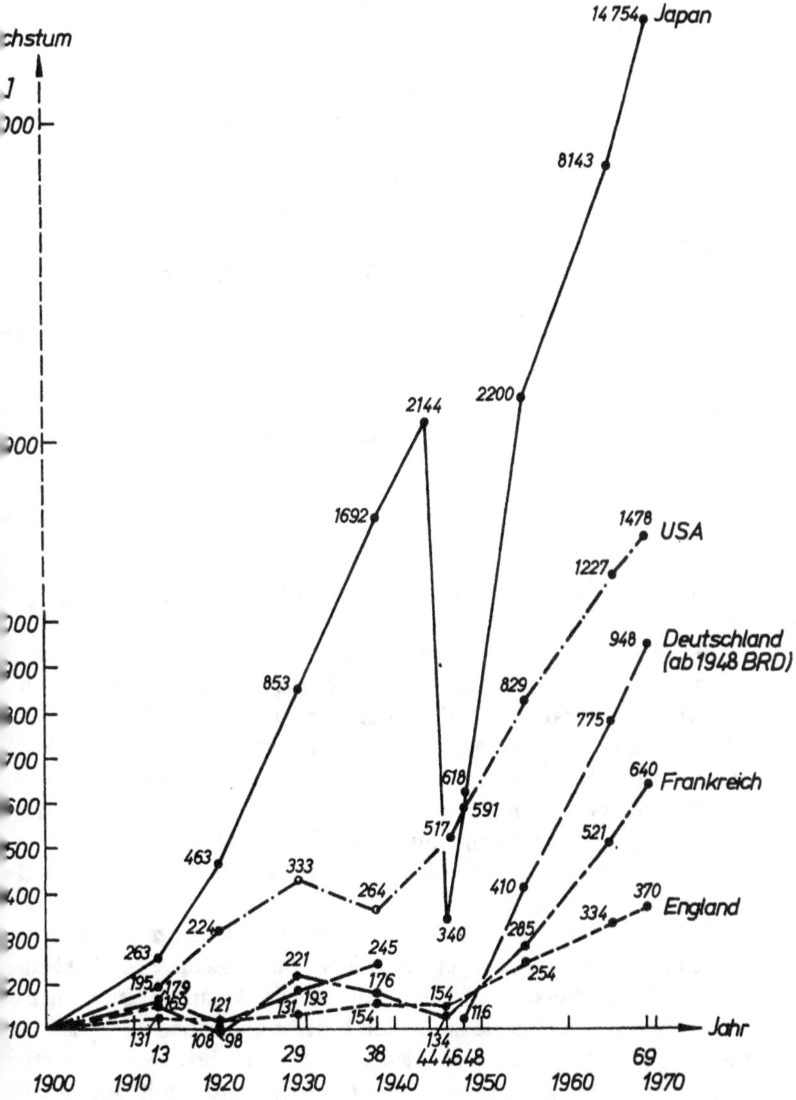

Quelle: Gakushū shiryō, seiji. Keizai. Tōkyō, Horopu Sōrengō, 1978, S. 164.

meinschaft (EG). Eine EG-Studie stellte fest: „1955 betrug Japans Bruttosozialprodukt noch 31 Prozent des Bruttosozialprodukts der

Europäischen Gemeinschaft. 1976 waren es schon 85 Prozent."[22] Wenn diese Angaben auch übertreiben, so widerspiegeln sie doch die Furcht vor der gewachsenen Konkurrenzfähigkeit der japanischen Monopole und sind in ihrer Tendenz durchaus richtig erkannt.

Die ungleiche Entwicklung des Kapitalismus führte dazu, daß sich Japan Ende der sechziger Jahre neben den USA und Westeuropa in Gestalt der EG zum dritten Zentrum des Weltimperialismus herausbildete und diese Position in den siebziger Jahren weiter festigte. Verglichen mit den anderen Zentren, ist Japan sowohl ökonomisch als auch militärisch und außenpolitisch insgesamt schwächer, doch ist auch dies relativ zu sehen. Es ist hinter den USA nach dem Nationaleinkommen gerechnet das zweitstärkste kapitalistische Land mit bedeutend gewachsener außenökonomischer und damit zugleich außenpolitischer Präsenz vor allem in Asien. Es hat nicht die Problematik der EG, unterschiedliche nationale Interessen ständig ausgleichen zu müssen, so daß ein einheitliches Auftreten auch nach außen leichter möglich ist.

Ursachen der raschen ökonomischen Entwicklung

Von vielen bürgerlichen Ökonomen und Politologen wurde die rasche Wirtschaftsentwicklung Japans in den fünfziger und sechziger Jahren als „Wirtschaftswunder", als Beweis für die „Lebensfähigkeit", für die „Vitalität" der kapitalistischen Entwicklung insgesamt angeführt. Der Ausbruch der Krise in den siebziger Jahren widerlegte diese Apologeten des Kapitalismus auf seine Weise. Schauen wir uns die Ursachen, die den raschen Aufschwung in Japan begünstigten, näher an, so wird ersichtlich, daß das „Wunder" durchaus natürliche und teils temporär wirkende Faktoren hatte.

Einige von ihnen fanden bereits Erwähnung. Dazu zählen der durch die Kriegszerstörungen besonders aufnahmefähige Markt ebenso wie das Interesse des USA-Imperialismus, Japan im Zusammenhang mit seiner Strategie des kalten Krieges auf ökonomisch sichere Füße zu stellen. Letzteres wiederum brachte bedeutende amerikanische finanzielle und materielle Unterstützungen mit sich. Auch das Einströmen amerikanischer wissenschaftlich-technischer Erkennt-

[22] „Wirtschaftswoche", Frankfurt/Main, Nr. 31, 30. 7. 1979, S. 30.

nisse vor allem auf den Gebieten der Schwer- und Chemieindustrie, die bekanntlich nicht zuletzt von wesentlicher Bedeutung für die Rüstungsindustrie sind, ist für die rasche ökonomische Entwicklung von Belang. Erwähnt wurde auch bereits die Bedeutung des „Koreabooms“, d. h. die mit dem Krieg des USA-Imperialismus gegen das koreanische Volk verbundenen Sonderaufträge für die japanische Wirtschaft. Nicht übersehen werden soll in diesem Zusammenhang die Tatsache, daß der Krieg des amerikanischen Imperialismus gegen das vietnamesische Volk von den japanischen Monopolen ab Mitte der sechziger Jahre erneut genutzt wurde, um durch „Dienstleistungen“ und Sonderlieferungen aller Art bedeutende Zusatzprofite zu realisieren.

Wichtig erscheinen darüber hinaus aber vor allem solche Fragen wie

- der Ausgangspunkt der japanischen Industrie im Vergleich zu anderen entwickelten kapitalistischen Ländern nach 1945,
- die Planungs- und Finanzpolitik der Regierung auf wirtschaftlichem Gebiet,
- die hohe Investitions- und Akkumulationstätigkeit zur zielstrebigen Nutzung der Erkenntnisse der wissenschaftlich-technischen Revolution,
- die Lohn- und Sozialpolitik durch Regierung und Privatwirtschaft,
- der massenhafte Import billiger Energie und Rohstoffe sowie
- die relativ geringen Militärausgaben im Vergleich zu anderen imperialistischen Ländern.

1. Wenn wir uns heute daran gewöhnt haben, daß Japan im Ergebnis seiner Entwicklung das zweitstärkste kapitalistische Land der Welt ist, so vergessen wir oft, daß es vor 30 Jahren, zu Beginn der fünfziger Jahre, im Vergleich zu anderen entwickelten kapitalistischen Ländern einen relativ niedrigen industriellen Entwicklungsstand hatte. 1953 betrug Japans Anteil an der Industrieproduktion der kapitalistischen Welt lediglich 2,2 Prozent und lag damit weit hinter dem der USA (51,9 Prozent), Englands (10,2 Prozent), der BRD (6,7 Prozent), Frankreichs (3,9 Prozent) und selbst Italiens (3 Prozent) zurück.[23] Noch überwogen die Erzeugnisse der Leichtindustrie. Der Aufbau der Schwer- und Chemieindustrie, die in den fünfziger und sechziger Jahren die größten Zuwachsraten verzeich-

---

[23] Japonija. Ėkonomičeskij spravočnik, Izd. „Mysl“, Moskau 1971, S. 20.

neten, entscheidend zum raschen Wirtschaftswachstum beitrugen und heute den Hauptwert der Industrieproduktion des Landes bringen, begann erst. Der Aufbau besonders dieser Industriezweige war daher so gut wie unbelastet von der Notwendigkeit, veraltete Einrichtungen und Ausrüstungen zu erneuern, und erfolgte auf dem modernsten Stand von Wissenschaf und Technik ihrer Zeit. Es ist verständlich, daß ein ökonomisch niedriges Ausgangsniveau leichter zu hohen Wachstumsraten führte. Nehmen wir als Beispiel die Autoproduktion. 1950 wurden insgesamt nur 2000 PKW im Lande hergestellt, 1960 aber schon 165000,[24] eine Steigerung auf das 80fache in 10 Jahren, doch nach wie vor bedeutend unter dem Niveau der anderen entwickelten kapitalistischen Länder liegend, deren Ausstoß noch immer ein Vielfaches ausmachte, deren Ausgangspunkt aber bedeutend höher lag. So erklärt sich eine der Ursachen für die hohen ökonomischen Wachstumsraten der fünfziger und sechziger Jahre aus dem Niveauunterschied zu anderen Ländern. Die Relativität dieser hohen ökonomischen Wachstumsraten zeigt sich auch in der Tatsache, daß Japan als zweitstärkstes imperialistisches Land 1978 nur über etwa vier Fünftel des Nationaleinkommens pro Kopf der Bevölkerung von dem der USA oder der BRD verfügte. Zwar ist auch hier ein rasches Aufholen zu verzeichnen, doch lag es 1978 noch immer erst an 15. Stelle in der Welt.[25]

2. Ein weiteres wichtiges Moment zur raschen Entwicklung der Wirtschaft des Landes ist die Planungs- und Finanzpolitik der Regierung. Wenn auch die Wirtschaftsplanung im Kapitalismus infolge des Privateigentums an den Produktionsmitteln nicht dem zunehmenden gesellschaftlichen Charakter der Produktivkräfte und den Bedürfnissen der Mehrheit des Volkes gerecht wird, sie über feste Schranken verfügt und eher einen prognostisch-orientierenden Charakter hat, so gelang es in Japan in den fünfziger und sechziger

---

[24] Ebenda, S. 29.

[25] Keizai yōran 1981, S. 374. Ein Vergleich des Nationaleinkommens pro Kopf der Bevölkerung ergibt in Dollar

	Japan	USA	BRD
1963	608	2831	1531
1970	1690	4285	2748
1978	7153	8612	9278

Ebenda 1980. S. 347 und 1981, S. 373.

Jahren doch besser als in den meisten anderen kapitalistischen Ländern, die ökonomische Entwicklung planvoller zu gestalten, ihre einzelnen Teile stärker miteinander zu koordinieren. Dazu dienten sowohl kurz-, mittel- und langfristig konzipierte Programme als auch materielle Stimuli durch die Vergabe günstiger Kredite zur Entwicklung bestimmter Wirtschaftszweige und Stützungen im internationalen Handel. Zum Zwecke der Wirtschaftsplanung wurde 1955 der Wirtschaftsrat (Keizai Shingikai) gegründet und direkt dem Wirtschaftsplanungsamt beim Ministerpräsidenten unterstellt. Er besteht aus 30 Mitgliedern, sowohl Wirtschaftswissenschaftlern als auch vor allem direkten Vertretern des Industrie- und Finanzkapitals. Seine Aufgabe bestand und besteht insbesondere in der Erarbeitung einer langfristigen Wirtschaftspolitik, der Vorausschau möglicherweise auftretender Probleme und der Festlegung entsprechender Gegenmaßnahmen, Richtlinien für die Unternehmensaktivitäten und das Leben des Volkes sowie die Regulierung der unterschiedlichen Interessen der Unternehmen.[26] Charakteristisch für die bis zu Beginn der sechziger Jahre aufgestellten 5-Jahr-Pläne ist, daß sie sämtlich im Schnitt nach zweieinhalb Jahren durch neue ersetzt werden mußten, da die erreichten Ergebnisse über den gestellten Zielen lagen.

Als ein starkes Mittel zur Wirtschaftsregulierung und Durchsetzung bestimmter ökonomischer Zielvorstellungen diente die staatliche Finanz-, darunter besonders die Steuer- und Investitionspolitik. Bereits 1951/52 verabschiedete die japanische Regierung im Interesse der Großunternehmer Gesetze über deren Befreiung von der Körperschaftssteuer und über andere Steuersondermaßnahmen, die die Kapitalakkumulation in den Unternehmen bedeutend förderten. Sie schuf gleichzeitig die Japanische Entwicklungsbank (Nihon Kaihatsu Ginkō, April 1951), die der Schlüsselindustrie wie der Elektrizitäts-, Stahl- und Eisenindustrie Kapital zu geringen Zinsen bereitstellte, sowie die Japanische Ex- und Importbank (Nihon Yūshutsunyū Ginkō, April 1952) zur finanziellen Förderung des Außenhandels.

Die öffentlichen Staatsinvestitionen stiegen von 1955 bis 1970 real auf das 6,8fache[27] und wurden im Interesse des Großkapitals

---

[26] Gendai yōgō no kisō chishiki (Grundwissen heute gebräuchlicher Termini). Jiyū Kokuminsha, Tōkyō 1978, S. 106f.

[27] Masamichi Kawakami, S. 67f.

vorzugsweise auf solche Vorhaben konzentriert, die zwar dringend erforderlich, für die Privatunternehmen aber unrentabel sind, da sie keine raschen Profite ermöglichen. Das trifft in erster Linie auf solche Gebiete wie die Infrastruktur zu, vor allem den Bau von Straßen und Eisenbahnlinien, den Neu- und Ausbau von Häfen und Kanalisation. 1960 beispielsweise gingen allein 33,9 Prozent aller öffentlichen Staatsinvestitionen in den Straßen- und Hafenbau, 1970 sogar 49,9 Prozent.[28]

3. Für die industrielle Entwicklung spielten ferner die gewaltigen Anlageinvestitionen in der Industrie eine wichtige Rolle. Sie wurden vor allem in solchen Industriezweigen realisiert, die sich schnell amortisierten und folglich rasch Gewinn abwarfen. Sie stiegen in den Privatbetrieben von 1955 bis 1970 von 1,3 auf 14,4 Millionen Yen,[29] d. h. in 15 Jahren auf das 11fache. Über zwei Drittel dieser Gelder gingen in die Schwer- und Chemieindustrie. Sie wurden weitgehend dazu verwandt, neue Industrieanlagen nach den modernsten Erkenntnissen von Wissenschaft und Technik aufzubauen, die vorhandenen Anlagen zu erneuern und die Produktion insgesamt im Entwicklungsprozeß der wissenschaftlich-technischen Revolution in raschem Tempo zu rationalisieren. Neben bedeutenden, kontinuierlich steigenden Forschungsausgaben[30] erhöhte sich ständig der Ankauf von Patenten und Lizenzen, wurde die wissenschaftlich-technische Zusammenarbeit durch entsprechende Abkommen mit führenden Gesellschaften der USA und Westeuropas vertieft. Die Anzahl importierter technischer Verfahren, deren vertragliche Laufzeit bzw. die Zeit der Gegenwertszahlungen länger als ein Jahr währte, belief sich 1950 bis 1959 auf 1023, 1960 bis 1969 auf 5966 und 1970 bis 1979 auf 16139. Davon kam der größere Teil aus den USA; über drei Viertel aller importierten technischen Verfahren dienten der Schwer- und Chemieindustrie.[31]

---

[28] Ebenda, S. 73.

[29] Ebenda, S. 67.

[30] Von 1955 bis 1964 stiegen die Ausgaben für Forschungszwecke in Japan auf das 7fache, in den USA auf das 3fache. Siehe D. Petrow: Anatomie des „japanischen Wunders“, In: „Neue Zeit“, Wochenschrift für Weltpolitik, Moskau 11. 9. 1968, S. 18f. 1965 bis 1979 wuchsen diese Ausgaben erneut auf das 9fache, von 509 auf 4608 Milliarden Yen. Siehe Asahi nenkan 1978, Bekken, S. 434 und 1981, Bekken, S. 394.

[31] Masamichi Kawakami, S. 57; Keizai yōran 1974, S. 232 und ebenda 1981, S. 282.

4. Ein weiterer Faktor zur Beschleunigung des Wirtschaftswachstums ist in der schonungslosen Ausbeutung der Werktätigen zu suchen. Ein internationaler Vergleich der Löhne in der weiterverarbeitenden Industrie zeigt beispielsweise, daß ein amerikanischer Arbeiter 1956 das 9,3fache, ein BRD-Arbeiter das 2,2fache, ein britischer Arbeiter das 2,85fache eines japanischen Arbeiters verdiente und daß noch 1970 die durchschnittlichen Löhne in den USA um 260, in der BRD um 73 und in England um 50 Prozent höher als in Japan lagen.[32] Sicher hinken solche Vergleiche insofern, als sie nicht gleichzeitig die Lebenshaltungskosten in den einzelnen Ländern miteinbeziehen. Tatsächlich aber ist Japan bis in die siebziger Jahre hinein als Billiglohn-Land bekannt, und der Lohnanteil an der Produktion betrug Mitte der sechziger Jahre in den USA 31,7, in der BRD 22,7 und in England 26,9 Prozent, in Japan aber nur 10,9 Prozent.[33] Der niedrige Anteil der Löhne an den Produktionskosten war u. a. auch deshalb möglich, weil die Reallöhne in den 10 Jahren von 1955 bis 1964 nicht einmal halb so schnell stiegen wie die Arbeitsproduktivität: erstere um 47,9, letztere um 119,7 Prozent.[34] Die Ausbeutung der Werktätigen war somit eine zusätzliche Akkumulationsquelle und führte im Vergleich zu anderen entwickelten kapitalistischen Ländern zu einer größeren Profitrate und zu besserer Konkurrenzfähigkeit auf den Märkten. Im Interesse der Freisetzung immer umfangreicherer Kapitalmengen für Anlageinvestitionen zugunsten der Großunternehmen „ergänzte" die Regierung die niedrigen Löhne durch geringe Ausgaben für soziale Leistungen. 1966 betrug der Anteil für Sozialausgaben am BSP in der BRD 22,7, in England 14,6 und in Frankreich 20,3 Prozent, in Japan hingegen nur 8,3 Prozent.[35]

5. Ein wichtiges wachstumsbeschleunigendes Moment war auch der rapide ansteigende Import billiger Energie und Rohstoffe aus den Entwicklungsländern, darunter vor allem das Erdöl. Als rohstoffarmes Land hatte Japan damals im Vergleich zu anderen entwickelten kapitalistischen Industrieländern den Vorteil, keine teuren Investitionen zur Erschließung eigener Ressourcen im Land vornehmen zu müssen. Es drosselte vielmehr den Abbau der eigenen geringen Aufkommen wie die Förderung von Steinkohle, um sie durch billigere

---

[32] Masamichi Kawakami, S. 102. Berechnet auf Dollarbasis.

[33] D. Petrow, a. a. O.

[34] Shōwa no sengoshi (Nachkriegsgeschichte der Periode Shōwa). Shiobunsha, Tōkyō 1976, Bd. 4, S. 55.

[35] Masamichi Kawakami, S. 103.

Importe zu ersetzen. Der enorm hochschnellende Bedarf an Energie und Rohstoffen für die Schwer- und Chemieindustrie konnte auf dem internationalen Markt preiswert abgedeckt werden.

6. Darüber hinaus verdient die Tatsache Beachtung, daß Japan sich in den fünfziger und sechziger Jahren nicht im gleichen Maße an dem von den USA und anderen imperialistischen Ländern inszenierten Wettrüsten beteiligte und seine Rüstungsausgaben auf etwa ein Prozent des BSP begrenzte. Damit lag der Anteil der Rüstungskosten am Bruttosozialprodukt niedriger als in jedem anderen entwickelten kapitalistischen Land. 1971 gaben beispielsweise die USA pro Kopf der Bevölkerung 21mal soviel für die Rüstung aus wie Japan, in England waren es 6mal, in der BRD und Frankreich waren es gut 5mal mehr.[36] Dadurch, daß Japan sich trotz ständigen Drängens von seiten der USA nur bedingt in den Rüstungswettlauf hat hineinziehen lassen, konnten bedeutende Mittel anderweitig investiert und damit insgesamt günstigere Reproduktionsbedingungen für die Wirtschaft geschaffen werden. Selbst der damalige Staatssekretär im Bundesministerium für Wirtschaft der BRD, Dohnanyi, gelangte im Ergebnis einer Studienreise nach Japan zu der Erkenntnis, Japan beweise „unwiderlegbar: Rüstungsausgaben sind keine Voraussetzung für wirtschaftliches Wachstum“[37].

Neben den aufgeführten, für die japanische Wirtschaft wachstumsbeschleunigend wirkenden Faktoren sollten als weitere Momente Berücksichtigung finden:

[36] Die Rüstungsausgaben einiger entwickelter kapitalistischer Länder

Land	Ausgaben in Mill. Dollar			Dollar pro Kopf			BSP-Anteil
	1971	1975	1981	1971	1975	1981	1980
USA	78743	92800	171023	378	430	759	5,5
BRD	5961	16260	25000	100	260	405	3,2
Frankreich	5202	12250	26008	101	233	483	3,9
England	6108	10380	28660	109	184	512	5,1
Italien	2651	4220	8887	49	76	155	2,4
Japan	1864	4484	11497	18	41	98	0,9

Nach: Nihon kokusei zue 1973, S. 526, 1976, S. 525 und 1982, S. 533.

[37] Klaus v. Dohnanyi: Japanische Strategie oder das deutsche Führungsdefizit, R. Piper und Co. Verlag, München 1969, S. 51.

- der Umstand, daß der Kapitalexport der japanischen Monopole erst in den siebziger Jahren größere Dimensionen annahm und die Investitionen bis dahin mehr oder weniger ausschließlich in die eigene Wirtschaft gingen;
- die massenhafte Freisetzung billiger Arbeitskräfte in der Landwirtschaft;
- die bekannte hohe Arbeitsdisziplin, die nicht zuletzt ideell stimuliert wird durch ein traditionell anerzogenes „Betriebsbewußtsein“, durch ein weitverbreitetes System der Beschäftigung auf Lebenszeit u. a. (siehe dazu S. 95ff.);
- das beachtliche Bildungsniveau des japanischen Volkes;
- die Existenz der zahllosen kleinen und mittleren Unternehmen, die als billige Zulieferer für die moderne Großindustrie agieren.

Sicher erheben die genannten Faktoren keinen Anspruch auf Vollständigkeit, und es werden auch nicht alle Aspekte genannt; ihre Reihenfolge bedeutet auch keine Wertung, sie sind mehr oder weniger als eine Einheit zu sehen. Der bedeutende Wirtschaftsaufschwung ist in erster Linie eine große Leistung der japanischen Werktätigen, deren Ausbeutung zugleich eine wichtige Quelle der Kapitalakkumulation darstellt. Er ist zugleich Ergebnis einer zielstrebigen Orientierung auf den wissenschaftlich-technischen Höchststand in der Welt und wurde begünstigt durch eine Reihe zeitweilig positiv wirkender Faktoren. Heute, da letztere teilweise fehlen (keine niedrige Ausgangsbasis, keine billigen Rohstoffe, keine billigen Arbeitskräfte wie in den sechziger Jahren), sind unter ganz anderen Vorzeichen die Wachstumsraten der fünfziger und sechziger Jahre nicht wieder zu erreichen. Zugleich aber entstanden — wie wir später verfolgen werden — durch die auf Wachstum um jeden Preis orientierte Entwicklung Disproportionen, die den gesellschaftlichen Gesamtaufgaben zuwiderliefen, neuerliche Widersprüche aufwarfen und mit verantwortlich zeichneten für die Krise in den siebziger Jahren.

Die Restauration der Monopole

Wenden wir uns im folgenden dem Monopolkapital zu, dessen Wiedererstehen und -erstarken ebenfalls ein Ergebnis der Entwicklung der fünfziger und sechziger Jahre darstellt und dessen dominierende Rolle im heutigen Wirtschaftsmechanismus des Landes ebenso wie in der Politik unbestritten ist.

Wirtschaft und Politik wurden im Vorkriegsjapan entscheidend durch die „Zaibatsu“ bestimmt, riesige Finanzcliquen namens Mitsui, Mitsubishi, Sumitomo, Yasuda und andere. Sie durchdrangen mit ihren Monopolen alle Bereiche des wirtschaftlichen und damit auch des politischen Lebens. Sie können im Prinzip als Familienclans bezeichnet werden, da die zu den einzelnen Zaibatsu gehörenden Großunternehmen unter der Leitung von Familienmitgliedern standen und sich überdies die Aktien der Unternehmen ausschließlich in den Händen dieser Familien bzw. deren näherer Verwandtschaft befanden. Am Ende des Krieges zählte man 56 von ihnen.[38]

Die Politik der „Entflechtung“ der Monopole entsprach zunächst den Bedingungen der Potsdamer Deklaration, die unter anderem die Zerschlagung der ökonomischen Wurzeln des Militarismus vorsahen. Die USA verfolgten mit dieser Politik darüber hinaus das Ziel, Japan als Wirtschaftskonkurrenten entscheidend zu schwächen, um es dann leichter als Juniorpartner wiedererstehen zu lassen. Trotz „Entflechtung“ nach 1945 existieren auch heute Riesenkonzerne namens Mitsui, Mitsubishi, Sumitomo und üben entscheidenden Einfluß aus. Der Hauptunterschied zur Vorkriegszeit besteht vor allem darin, daß das Prinzip des patriarchalisch gelenkten Familienkonzerns nicht mehr existiert.

Im Zuge der „Entflechtung“, der Dekonzentration der privaten ökonomischen Macht, wurde am 14. April 1947 das „Gesetz über das Verbot privater Monopole und die Sicherung eines gerechten Geschäftsverkehrs“ erlassen, Dokusen Kinshihō oder kurz Dokkinhō (Monopolverbotsgesetz) genannt. Über sein Ziel heißt es in Artikel 1: „Unangemessene Geschäftsverbindungen und ungerechte Geschäftsmethoden durch private Monopole sind verboten, eine übermäßige Konzentration der Unternehmensherrschaft ist zu verhindern, unangemessene Einschränkungen der Produktion, des Handels, der Preise, der Technik etc. durch Zusammenschlüsse und Verbindungen sowie alle anderen ungerechten Beschränkungen unternehmerischer Tätigkeit sind auszuschließen und dadurch eine gerechte und freie

---

[38] Im einzelnen handelt es sich um folgende Zaibatsu-Familien:

Mitsui	— Linie 11	Nomura	— Linie 4
Iwasaki	— Linie 11	Asano	— Linie 4
Yasuda	— Linie 10	Ōkura	— Linie 4
Nakajima	— Linie 5	Furukawa	— Linie 2
Sumitomo	— Linie 4	Ayukawa	— Linie 1

Siehe Manyū hyakka daijiten. Encyklopedia Genre Japonica. Shogakukan, Tōkyō 1976, Bd. 12: Keizai, Sangyō (Wirtschaft, Industrie).

Konkurrenz zu fördern."[39] Dieses Gesetz ist bis heute nicht aufgehoben, es wurde allerdings bald „revidiert". Eine entscheidende „Revision" trat im September 1953 in Kraft. Damals wurden 1. die in den vorangegangenen Jahren verabschiedeten Maßnahmen zur Verhinderung von Trustbildungen gemildert (so die Abschaffung des Artikels 8 des Monopolverbotsgesetzes, laut dem ungerechte Unterschiede in der Geschäftsfähigkeit im Ergebnis von Zusammenschlüssen auszuschließen sind, oder eine Milderung der Artikel 9 bis 16, die Firmenzusammenschlüsse begrenzen) und 2. Kartelle zur Bekämpfung von Krisen, zur Förderung der Rationalisierung und andere zugelassen. Es vollzog sich somit 1953 nicht schlechthin eine „Revision" oder „Reform" des Monopolverbotsgesetzes, sondern eine qulitative Wendung in der Politik gegenüber den Monopolen.

Die Folge war eine rasche Zunahme der Vereinigung von Unternehmen auf unterschiedlichsten Gebieten und verschiedensten Grades, bei denen das Finanzkapital in Gestalt der Banken als Geldgeber für die ständig wachsenden Investitionen eine wesentliche Rolle spielte. In den fünfziger Jahren registrierte man 3721 Fusionen, von 1960 bis 1969 bereits 8850 und von 1970 bis 1980 insgesamt 11171. Während unter den Zusammenschlüssen der fünfziger Jahre lediglich 32 Firmen über ein Kapital von über 1 Milliarde Yen und nur 3 über ein Kapital von über 5 Milliarden Yen verfügten, kam es in den sechziger Jahren erstmals zu Firmenvereinigungen mit über 10 Milliarden Yen Betriebskapital.[40] Die sich zu Kartellen zusammenschließenden Unternehmen nahmen folglich nicht nur quantitativ, sondern durch die Höhe des eingebrachten Kapitals auch qualitativ zu.

Beschleunigend auf die Fusionstätigkeit wirkten die rasch voranschreitende Modernisierung und Rationalisierung im Gefolge der wissenschaftlich-technischen Revolution sowie die sich in den sechziger Jahren in den kapitalistischen Ländern vollziehende Liberalisierung des Handels und des Kapitals, die die japanische Industrie zu direkterer Konfrontation mit den internationalen Monopolen zwang und so eine Erhöhung der eigenen Konkurrenzfähigkeit forderte.

Im Ergebnis dieser Entwicklung erreichte die Restauration der

---

[39] Ebenda.

[40] Berechnet nach Angaben aus: Taikei kokka dokusen shihonshugi Bd. 5, S. 288, sowie Nihon kokusei zue 1976, S. 415 und 1982, S. 420.

japanischen Monopole Ende der fünfziger/Anfang der sechziger Jahre ihren Abschluß. Mitte der sechziger Jahre verfügten nur 0,2 Prozent aller Unternehmen, d. h. solche mit über 1 Milliarde Yen Betriebskapital, über 63,5 Prozent des gesamten Industriekapitals. Demgegenüber besaßen 85,8 Prozent aller Unternehmen (solche mit einem Betriebskapital bis zu 5 Millionen Yen) nur 7,7 Prozent des Industriekapitals.[41] Diese Relation veränderte sich auch in dem darauffolgenden Jahrzehnt kaum. (Siehe auch S. 26f.)

Mitte der sechziger Jahre hatte sich auch endgültig die „Gruppe der Großen Sechs" herauskristallisiert. Deren Rolle und Einfluß stehen denen der Zaibatsu der Vorkriegszeit kaum nach. Sie umfaßt die drei ehemaligen Zaibatsu Mitsubishi, Sumitomo und Mitsui sowie die nach dem Kriege aus Zusammenschlüssen von Industrie- und Bankkapital neu hervorgegangenen Konzerne Fuji (zugleich Erbe des ehemaligen Zaibatsu Yasuda), Daiichi und Sanwa. Untersuchungen der Tōkyōer Börse zu allen Gesellschaften und Firmen, die hier mit Wertpapieren u. a. handelten (mit Ausnahme der Finanzinstitutionen), veranschaulichten, daß diese „Großen Sechs" 1969 insgesamt 371 von 650 und 1978 536 von 827 Großunternehmen vereinigten, deren Anteil am produktiven Gesamtkapital der untersuchten Unternehmen 1969 65,78 und 1978 75,72 Prozent betrug.[42] Die „Großen Sechs" sind untereinander sowohl durch wachsenden gegenseitigen Aktienbesitz[43] als auch durch gegenseitige Delegierung von Aufsichtsratsmitgliedern eng miteinander verbunden. Wieviel Aufsichtsratsmitglieder in ein anderes Unternehmen delegiert werden können, ist abhängig vom Anteil des Aktienbesitzes an den entsprechenden Unternehmen. In der Regel sind es 2 bis 4, letztere bei einem Aktienbesitz von über 50 Prozent. Eine dominierende Rolle

---

[41] Taikei Kokka dokusen shihonshugi, Bd. 5, S. 256.

[42] Seiji keizai sōran (Übersicht über Politik und Wirtschaft) 1978. „Zenei", Nr. 421 (Sondernr.), Tōkyō, Januar 1978, S. 211 und ebenda 1980, S. 246.

[43] Der gegenseitige Aktienbesitz veränderte sich von 1969 zu 1978
in der Mitsui-Gruppe von 13,10 auf 18,39 Prozent
in der Mitsubishi-Gruppe von 19,45 auf 26,66 Prozent
in der Sumitomo-Gruppe von 21,26 auf 26,28 Prozent
in der Fuji-Gruppe von 15,47 auf 19,17 Prozent
in der Daiichi-Gruppe von 15,66 auf 16,20 Prozent
in der Sanwa-Gruppe von 10,86 auf 11,74 Prozent
Siehe ebenda.

spielt auch hier das Finanzkapital, wobei jeder der „Großen Sechs“ über eine eigene Bank verfügt. 1975 z. B. entsandte die

Mitsubishi-Bank Aufsichtsratsmitglieder in 86 Unternehmen[44]
Mitsui-Bank Aufsichtsratsmitglieder in 38 Unternehmen
Sumitomo-Bank Aufsichtsratsmitglieder in 65 Unternehmen
Fuji-Bank Aufsichtsratsmitglieder in 67 Unternehmen
Daiichi-Bank Aufsichtsratsmitglieder in 82 Unternehmen
Sanwa-Bank Aufsichtsratsmitglieder in 45 Unternehmen.

Mitte der siebziger Jahre verfügten diese „Sechs“ zusammen über 21,9 Prozent des Gesamtkapitals aller japanischen Unternehmen und 23,9 Prozent des Gesamtvermögens in der Industrie. Rechnet man indes alle Firmen hinzu, von denen diese Gruppierungen mehr als 10 Prozent des Aktienkapitals besaßen, so kamen sie auf einen Anteil von 41 Prozent am Gesamtkapital.[45]

Neben und unabhängig von diesen „Großen Sechs“ existieren weitere Riesenunternehmen mit Trustcharakter. Sie sind in solchen Industriezweigen vertreten, in denen entweder die Herrschaft der Zaibatsu vor 1945 schwach war — wie in der Eisen- und Stahlindustrie sowie im Maschinenbau —, oder aber in völlig neu entstandenen Industriezweigen wie dem Autobau. Das sind z. B. solche Konzerne wie Shin Nihon Seitetsu (kurz Shin Nittetsu) bei Eisen und Stahl, der in seiner jetzigen Form erst im März 1970 aus Fusionen hervorging, nach dem erzielten Verkaufsertrag aber sofort an die Spitze aller japanischen Unternehmen rückte. Der Einfluß dieses Konzerns ist nicht nur ökonomisch, sondern auch politisch von erstrangiger Bedeutung: Der ehemalige Vorsitzende von Shin Nittetsu, Yoshihiro Inayama, ist seit 1980 Präsident des größten und bedeutendsten Unternehmerverbandes des Landes, des Keidanren. (s. S. 30f.) Das sind ferner solche Großunternehmen wie Hitachi, Matsushita und Toshiba auf den Gebieten der Elektrotechnik und Elektronik oder Toyota und Nissan in der Autoproduktion. Es existieren zwar Verbindungen bei Toshiba und Toyota zur Mitsui-Gruppe, bei Nissan zur Fuji-Gruppe sowie bei Hitachi zur Fuji- und Sanwa-Gruppe, dennoch handelt es sich um weitgehend eigene, selbständige Konzerne, die ihrerseits wieder andere Firmen beherrschen. Shin Nittetsu z. B.

---

[44] Siehe „Shakaishugi“, No. 121, Tōkyō, Sept. 1976, S. 94.

[45] Daijuyonkai tōtaikai ni taisuru chūōiinkai hōkoku (Bericht des Zentralkomitees an den 14. Parteitag). In: „Zenei“, Nr. 419 (Sondernr.), Dez. 1977, S. 107.

Konzentration der Produktion und des Kapitals in der Industrie 1978

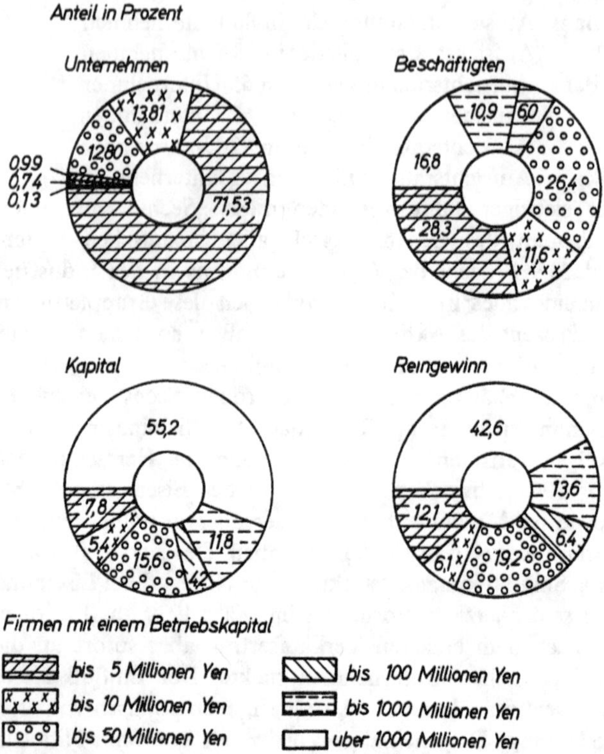

Nach Angaben aus: Seiji keizai sōran 1980, S. 240.

war Mitte der siebziger Jahre Hauptaktionär in 29 weiteren Unternehmen, Hitachi, Toyota und Nissan jeweils in ca. 20 Unternehmen.[46]

Der hohe Konzentrationsgrad privatkapitalistischer Macht in der Industrie zeigt sich u. a. auch darin, daß 1978 nur 0,13 Prozent aller Unternehmen über 55,2 Prozent des gesamten Industriekapitals verfügten. Die größten 100, d. h. nur 0,007 Prozent aller Firmen, konzentrierten in ihren Händen 1977 fast ein Viertel (22,6%) des Gesamtvermögens der Industrie.[47] Ähnliche Erscheinungen sind auch

[46] Vergleiche „Shakaishugi“, No. 121, Sept. 1976, S. 94.

[47] Nihon kokusei zue 1980, S. 415.

Konzentrationsgrad in einigen Produktionszweigen 1979

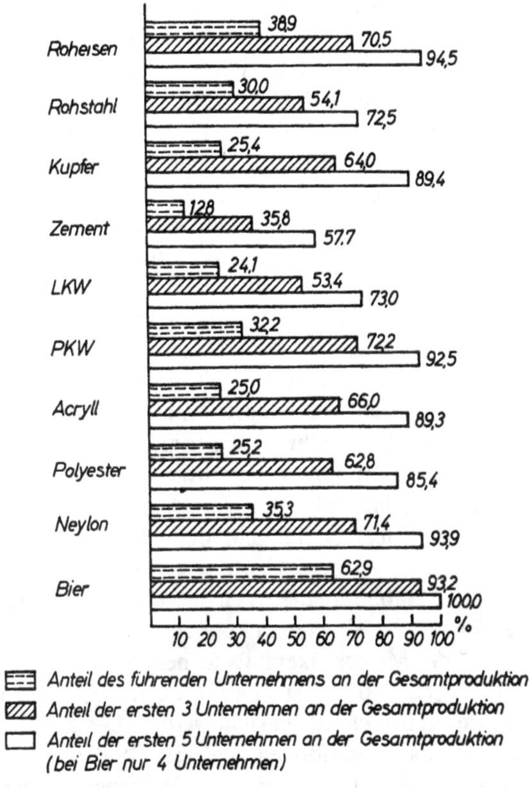

Quelle: Nihon kokusei zue 1981, S. 419.

in anderen Bereichen der japanischen Wirtschaft zu beobachten. Im Einzelhandel erzielten 1978 0,02 Prozent der Handelsfirmen 16,6 Prozent des Umsatzes, im Großhandel kamen auf 0,06 Prozent der Unternehmen 30,9 Prozent des Verkaufsertrages.[48]

Eine bedeutende Rolle im japanischen Wirtschaftsleben spielen die sogenannten Sōgō Shōsha, riesige Handelsgesellschaften, die alle Gebiete des Ex- und Imports sowie des Binnenhandels durchdringen. Sie widerspiegeln eine japanische Eigenheit und sind nicht identifizierbar mit großen Handelsgesellschaften anderer kapitalistischer Länder. Während letztere sich zumeist auf bestimmte Waren, auf den Ex- oder Import, auf bestimmte territoriale Gebiete etc. speziali-

[48] Nach Angaben aus: Seiji keizai sōran 1980, S. 244f.

siert haben, besitzen die Sōgō Shōsha universellen Charakter. Vor dem zweiten Weltkrieg existierten davon zwei, die dem Mitsui-Zaibatsu zugehörige Mitsui Bussan sowie die dem Mitsubishi-Zaibatsu entstammende Mitsubishi Shōji. Beide wurden nach 1945 im Zusammenhang mit der „Entflechtung“ der Monopole zunächst aufgelöst, begannen sich aber bereits Mitte der fünfziger Jahre — gemeinsam mit anderen, neuen — wieder zu formieren. Heute zählt man 9 dieser Universal-Handelsgesellschaften, die nicht nur alles „von Nesnudeln bis zur Rakete“ handeln, sondern auch im Ex- und Import, im Handel mit Drittländern, im Engros- und Einzelhandel des Landes eine bestimmende Rolle spielen. Die 9 Sōgō Shōsha Mitsui Bussan, Mitsubishi Shōji, Itō Chū Shōji, Marubeni, Nisshō Iwai, Sumitomo Shōji, Nichimen, Tōyō Menka und Kanematsu Gōshō bestimmten z. B. im März 1980 54,5 Prozent des gesamten japanischen Imports, 48,2 Prozent des Exports und 45,3 Prozent des Binnenhandels.[49] Hieraus ergibt sich ihr großer Einfluß auf Angebot und Nachfrage, auf Produktion und Preispolitik. Ihre Verkaufseinnahmen waren z. B. im März 1980 im Vergleich zum Vorjahr um 34 Prozent gestiegen, wobei 60 Prozent der Mehreinnahmen durch Preiserhöhungen zustande kamen sowie weitere 20 Prozent mit Hilfe der relativen Stabilität des Yen gegenüber anderen Währungen über den Export erzielt werden konnten.[50]

Ein weiteres Merkmal des Monopolkapitals ist neben der Existenz riesiger Konzerne der Kapitalexport. Auch auf diesem Gebiet kann Mitte der sechziger Jahre ein Einschnitt gemacht werden. Die direkten privaten japanischen Auslandsinvestitionen begannen 1951, erreichten indes bis 1966 lediglich eine Höhe von 1189 Millionen Dollar. Seit dieser Zeit aber stiegen sie zusehends. Bis 1970 verdreifachten sie sich auf 3605 Millionen Dollar und stiegen auf das 27fache bis 1979 (31804 Millionen Dollar).[51] Allein die 1979 getätigten direkten privaten Auslandsinvestitionen von etwa 5 Milliarden Dollar übertrafen bei weitem die von 1951 bis 1970 zusammengenommen. Sie wuchsen in den siebziger Jahren insgesamt schneller als in den anderen entwickelten kapitalistischen Ländern. Japan erzielte nicht nur die

---

[49] Siehe Asahi nenkan 1981, S. 328. [50] Ebenda.

[51] Nach Angaben aus: Waga kuni kaigai tōshi no genjō. Kaigai ichiba hakusho (Die Lage in den japanischen Auslandsinvestitionen. Weißbuch für den Auslandsmarkt), 1973. Nihon Bōeki Shinkokai, Tōkyō 1973, S. 4; Seiji keizai sōran 1978, S. 227 und Keizai yōran 1981, S. 285.

absolut höchsten Zuwachsraten, sondern exportierte hinter den USA auch die größte Kapitalmenge und rückte 1978 nach den USA, Großbritannien und der BRD im Gesamtumfang des exportierten Kapitals auf den vierten Rang unter den kapitalistischen Industrieländern vor.[52] Der Kapitalexport in die Entwicklungsländer dient vor allem der Erzielung von Extraprofiten durch Ausbeutung billigerer Arbeitskräfte sowie der Sicherung von Rohstoffen. Er orientiert also vorzugsweise auf die weiterverarbeitende Industrie und den Bergbau. Die Investitionen in die entwickelten kapitalistischen Länder hingegen fließen namentlich in Handelshäuser, Banken und Versicherungsgesellschaften, um die japanischen Exporte in die betreffenden Länder zu fördern und günstigere Konkurrenzbedingungen daselbst zu schaffen.[53] Die erzielten Gewinne haben steigende Tendenz. Sie beliefen sich 1976 auf 3,46, 1977 auf 3,74 und 1978 auf 5,28 Milliarden Dollar. Allein die Auslandsproduktion von 35 japanischen Konzernen erreichte 1978 insgesamt 7,36 Milliarden Dollar.[54] Die meisten privaten Auslandsinvestitionen tätigen solche Unternehmen wie

---

[52] Die direkten Auslandsinvestitionen der wichtigsten Kapital exportierenden Industriestaaten entwickelten sich von 1970 bis 1978 wie folgt:

Land	Gesamtbestand in Milliarden Dollar		Veränderung 1978 1970 = 1
	1970	1978	
USA	78	168	2,15
Großbritannien	20	35	1,75
BRD	7	29	4,14
Japan	4	27	6,75
Schweiz	8	25	3,12
Kanada	5	16	3,20
Frankreich	5	15	3,0

Nach Angaben aus: „DDR-Außenwirtschaft", Berlin, 19. 11. 1980.

[53] Von den 8202 Millionen Dollar, die Japan bis Ende 1979 in Nordamerika investierte, kamen nur 2030 Millionen auf die weiterverarbeitende Industrie (24,7 Prozent aller Investitionen), in den Handel und die Versicherungsgesellschaften flossen hingegen zusammen 3767 Millionen Dollar (45,9 Prozent). Vgl. auch Tabelle 4 im Anhang.

[54] nach Seiji Keizai sōran 1980, S. 263 und 268.

Mitsui and Co., Ltd., Mitsubishi Corp., Marubeni Corp., C. Itoh and Co., Ltd., Sumitomo Corp. und Matsushita Electric Industrial Co., Ltd. Die führenden 20 Monopole im Auslandsgeschäft erreichten bis 1978 an Investitionen und Anleihen im Ausland über 1200 Milliarden Yen und verfügten über 1656 ausländische Tochtergesellschaften, in denen mehr als 138000 ausländische Arbeitskräfte beschäftigt waren.[55] Die Gesamtzahl der in allen Auslandsfirmen Japans Arbeitenden belief sich im Mai 1979 auf 1,011 Millionen, darunter lediglich 18980 Japaner.[56]

Zur Wahrung seiner Interessen hat das japanische Kapital eine Reihe von Organisationen gegründet. Dazu gehören die Keidanren

---

[55] Im einzelnen besagt die Statistik für 1978

Firma	Auslandsinvestitionen u. Anleihen Mrd. Yen	Zahl der ausländ. Firmen	Zahl der ausländ. Beschäftigten
1. Mitsui and Co., Ltd.	246,8	228	3342
2. Mitsubishi Corp.	144,3	227	3695
3. Marubeni Corp.	125,3	229	3296
4. C. Itoh and Co., Ltd.	109,4	210	2487
5. Sumitomo Corp.	59,0	129	2135
6. Matsushita Electric Industrial Co., Ltd.	52,4	56	21000
7. Toray Industries Inc.	50,5	52	30300
8. Kawasaki Steel Corp.	40,8	27	1505
9. Teijin Limited	40,5	33	16500
10. Toyo Menka Kaisha Ltd.	39,4	84	1480
11.–20.	310,8	381	52555
1.–20.	1219,2	1656	138295*

* Hierin sind nicht enthalten die Beschäftigten der 16 ausländischen Unternehmen von Nissan Motor Co., Ltd.

Quelle: Toskikazu Nakase: The Postwar Overseas Expansion of Japanese Monopoly Capitals and their Multinationalizing Development. – A Historical Study on the Characteristics of Japanesetype Multinational Enterprises. In: Journal of Osaka Industrial University, Social Sciences, No. 53, Juli 1980, S. 33.

[56] Ebenda, S. 34.

(Keizai Dantai Rengōkai — Föderation Ökonomischer Organisationen), Nikkeiren (Nihon Keieisha Dantai Remmei — Assoziation Japanischer Unternehmerorganisationen), Keizai Dōyūkai (Vereinigung ökonomisch Gleichgesinnter) und Nisshō (Nihon Shōkō Kaigijo — Japanische Industrie- und Handelskammer).

Die bedeutendste von ihnen ist zweifellos die Keidanren, deren Präsident den Beinamen „Premierminister der Finanzwelt" hat und dessen Einfluß entsprechend hoch ist. Sie wurde 1946 aus mehreren Unternehmerorganisationen gebildet und 1952 zur Universalorganisation der Wirtschaft umfunktioniert. Die Keidanren vereinigte 1977 973 Mitglieder, davon über 100 Organisationen, ca. 800 juristische Personen (Banken, Unternehmen) sowie etwas über 60 „Empfohlene", zumeist erfahrene Wissenschaftler. Die Föderation plant die gegenseitige Verbindung der Wirtschaftsorganisationen, koordiniert wichtige Wirtschaftsinteressen und -probleme des Industrie- und Finanzkapitals und legt die Ergebnisse ihrer Absprachen der Regierung und dem Parlament zur Verabschiedung entsprechender Beschlüsse und Gesetze vor.

Nikkeiren, 1948 gegründet und nach regionalen Unternehmerorganisationen und Industriezweigen aufgebaut, vertritt die Gesamtinteressen des Kapitals gegenüber der Arbeiterklasse, insbesondere bei Streiks um höhere Löhne und bessere Arbeitsbedingungen. Sie erarbeitet beispielsweise gemeinsame Richtlinien für Lohnerhöhungen.

Während Keidanren und Nikkeiren fast ausschließlich die Interessen der Monopole vertreten, schließt Nisshō auch mittlere und kleine Unternehmen ein. Bereits vor dem Kriege gegründet, ist sie die älteste der 4 Vereinigungen. Ihr Ziel besteht in der Förderung von Wirtschaft und Handel innerhalb und außerhalb des Landes. Dazu erarbeitet sie Vorschläge, die sie der Regierung und dem Parlament vorlegt. Nisshō vereinigt 437 regionale Verbände und 20 Einzelpersonen.

Keizai Dōyūkai eint im Gegensatz zu den vorgenannten nicht Organisationen, sondern ca. 1000 Einzelmitglieder wie Unternehmer, Vorstandsmitglieder von Vereinigungen und „Sondermitglieder" vor allem in Gestalt erfahrener Wissenschaftler. Ihre Aufgabe sieht sie vorrangig im Studium politischer und ökonomischer Probleme, deren Diskussion und eine daraus resultierende Erarbeitung von Vorschlägen. Die Dōyūkai, wie sie auch kurz genannt wird, hat den Beinamen „Gewissen" bzw. „Gehirntrust" der Finanzwelt.

Innerhalb dieser 4 Dachorganisationen erfolgen Abstimmung und

Koordinierung der unterschiedlichen Interessen, der binnen- und außenökonomischen sowie der politischen Zielstellungen des Finanzkapitals, in dessen Ergebnis ein relativ einheitliches Auftreten gegenüber der Regierung, dem Parlament, der Arbeiterklasse usw. möglich ist.

Politisch verwirklichen die Monopole ihre Herrschaft nicht nur über ihre Partei, die regierende Liberaldemokratische Partei, sondern auch in Form von „Spenden" sowohl an Parteien als auch an Politiker. (Siehe dazu Kapitel III.) Sie bestimmen die Politik auch direkt durch die Entsendung ihrer Vertreter in entscheidungsfindende Regierungskommissionen. So ergab die Anfrage eines KPJ-Abgeordneten im Unterhaus, daß in 11 wichtigen Wirtschaftskommissionen, die der Regierung als beratende Organe unterstellt sind (so die Kommission für das Staatsbudget, für Steuern, Finanzen, internationale Wirtschaftskooperation usw.), 56 Prozent aller Mitglieder Mitte der siebziger Jahre direkte Vertreter der Zaikai, der Finanzwelt, waren. Schließt man die in diesen Kommissionen tätigen Vertreter von offiziellen Regierungsorganen mit ein, so erhöht sich ihr Anteil auf 80 Prozent.[57]

Hinsichtlich des Entwicklungsstandes des japanischen Kapitalismus gibt es in Japan seit den sechziger Jahren viele Diskussionen sowohl zwischen reformistischen und marxistischen als auch innerhalb der marxistischen Kräfte selbst. Dabei schälten sich drei noch heute relevante Linien heraus. Die Demokratisch-Sozialistische Partei und andere Anhänger des Reformismus behaupten, daß es in Japan einen „Volkskapitalismus" gäbe und der Staat „klassenneutral" sei. Diese „Theorie" ist international nicht neu und stellt den untauglichen Versuch dar, die Notwendigkeit des Klassenkampfes zu leugnen und das bestehende kapitalistische System zu verteidigen. Auf den vorangegangenen Seiten wurden die beherrschende Stellung des japanischen Monopolkapitals in der Wirtschaft sowie die Politik von Regierung und Bürokratie im Interesse des Finanzkapitals beschrieben. In Kapitel II und III werden weitere zahlreiche Beispiele dafür aufgeführt, wie der Staat unverändert als Klasseninstrument des Monopolkapitals gegen die Arbeiterklasse und andere Schichten des werktätigen Volkes dient. Im Vergleich zur Vorkriegszeit haben sich zwar teilweise die Formen der politischen Bevormundung und Unterdrückung sowie der ökonomischen Ausbeutung

---

[57] Daijuyonkai tōtaikai ni taisuru chūōiinkai hōkoku, S. 108.

der Werktätigen geändert, am Charakter aber sowohl des Staates als auch des Kapitalismus wandelte sich ebenso wenig wie an der Gesellschaftsordnung in Japan.

Unter den marxistischen Kräften gibt es Einigkeit in der Auffassung, daß in Japan ein hochentwickelter staatsmonopolistischer Kapitalismus herrscht. Im Gegensatz zu den linken Kräften in der SPJ, die seit Beginn der sechziger Jahre vom japanischen Imperialismus sprechen, vertritt die Kommunistische Partei Japans die Meinung, daß in Japan ein vom USA-Imperialismus abhängiges Monopolkapital existiere. In ihrem Programm schreibt die Partei: „Der japanische Monopolkapitalismus restaurierte sich und erstarkte unter den neuen Bedingungen der Herrschaft des amerikanischen Imperialismus . . . und stärkt seine Besonderheit als ein von den USA abhängiger staatsmonopolistischer Kapitalismus.“[58] Sicher ist die Frage seiner Abhängigkeit auch relativ zu sehen. Als ökonomisch, politisch und militärisch stärkstes imperialistisches Land haben die USA zweifellos Einfluß auf andere imperialistische Staaten. Das trifft zu Beginn der sechziger Jahre, als dieses Programm der KPJ erarbeitet wurde, noch mehr zu als heute. Auf ökonomischem Gebiet ist jedoch der Einfluß der USA in den sechziger und siebziger Jahren bedeutend zurückgegangen. Die enge Verbindung der japanischen Monopole mit der Bürokratie, die zum Schutze der inländischen Monopole das Eindringen ausländischen Kapitals außerordentlich erschwerte, bewirkte, daß dessen Anteil in der japanischen Wirtschaft gering ist. 1979 befanden sich nur 2,4 Prozent aller in Japan gehandelten Aktien in ausländischem Besitz und bei weitem nicht nur in amerikanischem.[59] Auch im Außenhandel haben sich zwischen beiden Ländern bedeutende Wandlungen vollzogen. Zum einen ist der USA-Anteil am japanischen Ex- und Import deutlich zurückgegangen, zum anderen entfaltete sich Japan im Ergebnis der ungleichen Entwicklung des Kapitalismus von einem Schuldner- zu einem Gläubigerland der USA. In den siebziger Jahren verging kaum ein Jahr, in dem Japan im bilateralen Handel keinen Überschuß erzielte. Auch auf außenpolitischem Gebiet zeigte Japan gegenüber den USA in den siebziger Jahren mehr eigenes Profil als vorher. Um z. B. im Zusammen-

---

[58] Nihon Kyōsantō kōryō. Nihon Kyōsantō kiyaku (Programm der KPJ. Statut der KPJ). Nihon Kyōsantō chūōiinkai shuppankyoky (Verlagsabteilung des ZK der KPJ), Tōkyō 1976, S. 10.

[59] Siehe Nihon kokusei zue 1981, S. 460.

hang mit dem Ausbruch der Energiekrise seine eigenen Interessen besser vertreten zu können, nahm es gegenüber den arabischen Ländern wiederholt konkrete Haltungen ein, die nicht mit der USA-Außenpolitik konform gingen, ja dieser sogar teilweise zuwiderliefen. Erinnert sei hier nur an die Anerkennung der PLO, die Mitte der siebziger Jahre in Japan ein Büro eröffnete, oder die Nichtunterstützung der amerikanischen Politik der Stärke gegenüber Iran 1980. Natürlich bleibt das ernste Problem des japanisch-amerikanischen Militärpaktes mit all seinen Gefahren für den Frieden in Asien und für das japanische Volk selbst. Doch sollte man auch hier sehen, daß Japan dem sich ständig verschärfenden Druck von seiten der USA zu größerer Aufrüstung auch in den siebziger Jahren nicht bedingungslos nachgab und eine eigene Linie bewahrte.

Die Frage nach dem Charakter des japanischen Monopolkapitals, ob abhängig oder nicht, ist keineswegs ein bloß theoretisches Problem, sondern von großer Wichtigkeit für die Strategie und Taktik des Klassenkampfes: Wer ist im Lande der Hauptgegner für den sozialen Fortschritt und gegen wen muß sich folglich der Hauptstoß in der Auseinandersetzung für größere demokratische und soziale Rechte und Freiheiten richten, welche Formen und Methoden müssen dabei gewählt werden? Gerade deshalb wird die Diskussion darüber unter den progressiven, marxistischen Kräften in Japan weitergehen.

Ursachen, Charakter und Äußerungen der Krise in den siebziger Jahren

Die allgemeine Krise des Kapitalismus, die nach dem zweiten Weltkrieg mit der Herausbildung des sozialistischen Weltsystems, dem Zusammenbruch des Kolonialsystems und einem weiteren Aufschwung der revolutionären Arbeiterbewegung in eine neue Phase trat, ging auch an Japan nicht spurlos vorüber. Im Ergebnis des Krieges verlor es seine Kolonien (Taiwan, Korea, Mandschurei), die das eigene Territorium an Umfang um ein Vielfaches übertrafen und eine Quelle zusätzlicher Profite darstellten. Das veränderte internationale Kräfteverhältnis trug ebenso wie die nach dem Kriege rasch wachsende Arbeiter- und demokratische Bewegung im Lande wesentlich dazu bei, daß die militaristische Politik als ein Hauptmerkmal des japanischen Imperialismus vor 1945 eine wesentliche Umorientierung erfuhr. Die auf Bajonetten und Kanonen basierende Außenpolitik wich der ökonomischen.

Wir haben gesehen, daß die herrschenden Kräfte Japans — gestützt auf eine Reihe besonderer Umstände — in den fünfziger und sechziger Jahren relativ gut mit den veränderten Bedingungen einer Vertiefung der allgemeinen Krise des Kapitalismus fertig wurden. Die siebziger Jahre jedoch zeigen, daß die vorangegangenen beiden Dezennien mit ihren hohen ökonomischen Wachstumsraten und einer insgesamt stabilen politischen Herrschaft auch für das kapitalistische System in Japan nicht von Dauer gewesen sind. Im Gegenteil: Das Primat eines raschen Wirtschaftswachstums, dem alles andere untergeordnet war, führte zwangsläufig zu neuen Widersprüchen bzw. potenzierte vorhandene, die nicht nur zu einer wesentlichen Ursache für die Krise in den siebziger Jahren wurden, sondern als permanente Faktoren auch darüber hinaus weiterwirken. Dazu gehörten die in den fünfziger und sechziger Jahren entstandenen und sich zuspitzenden Disproportionen in der Wirtschaft ebenso wie vor allem eine sich rasch vollziehende Veränderung in der sozialen Struktur, eine damit einhergehende weitere Polarisierung der Klassenkräfte, die zu neuen Formen der gesellschaftlichen Auseinandersetzungen führten und zu einer zunehmenden politischen Labilität des herrschenden Regierungssystems beitrugen. (Siehe dazu auch Kapitel II und III.)

Als die Wirtschaftskrise Mitte der siebziger Jahre voll ausbrach, wurde von bürgerlichen japanischen Ökonomen ebenso wie von der bürgerlichen Presse die Hauptursache dafür 1. im Zusammenbruch des IMF-Systems und dem Ausbruch der internationalen Währungskrise, beginnend mit dem Stop des Gold- und Dollartausches der USA-Regierung 1971 gesehen sowie 2. in einer Verschärfung der Energie- und Rohstoffkrise mit dem „Erdölschock" 1973 im Mittelpunkt. Zweifellos brachte sowohl das eine wie das andere für die japanische Wirtschaft bedeutende Schwierigkeiten. Zugleich wird mit dieser Darstellungsweise aber versucht, die eigentlichen Ursachen der Krise nicht im herrschenden System des Landes selbst, sondern einseitig in äußeren, d. h. in außerhalb Japans liegenden Sachzwängen zu suchen. Eine solche Betrachtungsweise führt jedoch am Kern der Wahrheit vorbei.

Die Hauptmerkmale der Wirtschaftskrise in Japan in den siebziger Jahren bestehen darin, daß in ihr sowohl permanente Faktoren einer gewachsenen Disproportionalität der Wirtschaft als auch zyklische Faktoren in Gestalt einer Überproduktion zusammenfielen, daß sie alle Bereiche der Industrie sowie alle wichtigen Bereiche der Wirtschaft wie die Finanz-, Währungs- und Energiepolitik erfaßte. Sie spitzte sich drastisch zu, als sie gleichzeitig mit der Wirtschaftskrise der anderen kapitalistischen Länder konfrontiert wurde.

Bereits in der Zeit des „hochgradigen Wachstums“ von Mitte der fünfziger bis Ende der sechziger Jahre traten wiederholt Phasen einer stark verlangsamten Wirtschaftsentwicklung auf, die sich infolge hoher einseitiger Investionen in Überproduktion bzw. Finanzschwierigkeiten äußerten, beispielsweise 1957/58, 1961/62, 1964/65 und erneut 1970/71.[60] Die hier zutage tretenden Erscheinungen von Krisen erstreckten sich zwar nur auf Teilbereiche der Wirtschaft und erfolgten inmitten einer insgesamt langfristigen Hochkonjunktur, deuten aber auf wachsende wirtschaftliche Schwierigkeiten hin, auch wenn diese noch nicht langfristig wirksam wurden.

Jährliche Zuwachsraten der Industrieproduktion 1955—1980
(in Prozent)

1956	23,2	1961	19,4	1966	13,1	1971	2,7	1976	11,2
1957	16,3	1962	7,9	1967	19,2	1972	7,4	1977	4,0
1958	— 1,3	1963	11,4	1968	17,5	1973	15,9	1978	6,3
1959	19,9	1964	15,7	1969	16,7	1974	— 3 9	1979	8,4
1960	24,5	1965	3,9	1970	16,0	1975	—11,0	1980	7,1

Vgl. Otto Reinhold: Die Wirtschaftskrisen. Dietz Verlag, Berlin 1977, S. 51 und (ab 1972) Nihon tōkei geppō, 1977—1981, S. 2.

Vergleicht man die Jahre der Wiederbelebung nach den Flauten, so zeigt sich, daß diese Anfang der siebziger Jahre nicht mehr so rasch vonstatten ging wie in den Vorjahren. Zwar konnte 1973 mit 15,9 Prozent nochmals eine zweistellige Wachstumsrate in der Industrieproduktion erreicht werden, doch ging sie 1974/75 absolut zurück und erreichte in den siebziger Jahren jährlich im Durchschnitt nur mehr 4,8% gegenüber 14,1 Prozent in den siebziger Jahren. Die ab Sommer 1970 einsetzende Wachstumsverlangsamung in der Industrieproduktion hat als Ursache eine zyklische Überproduktion, die im Ergebnis einer ungleichen Entwicklung der verschiedenen Wirtschaftszweige in den vorangegangenen Jahrzehnten eintrat.

Eine ungleiche Entwicklung vollzog sich besonders zwischen Industrie und Landwirtschaft, zwischen Schwer- und Leichtindustrie,

---

[60] Vergleiche Takao Kamakura: Gendankai no fukyō no seikaku (Charakter der gegenwärtigen Krise). In „Shakaishugi“, No. 49, Apr. 1971, S. 34ff.

zwischen einem wachsenden Energie- und Rohstoffbedarf und der Vernachlässigung eigener Ressourcen. Das heißt, einige Wirtschaftszweige hatten absolute Dominanz und entwickelten sich in raschem Tempo, andere hingegen wurden teilweise grob vernachlässigt. Hinzu kamen Probleme in der Standortverteilung der Industrie, ein wachsender Konzentrationsgrad der Bevölkerung in einigen Ballungsgebieten und Probleme der Umweltverschmutzung. Die angehäuften inneren Widersprüche wurden in den siebziger Jahren schonungslos aufgedeckt, als sie zunehmend zusammenstießen mit einer verschärften Konkurrenz der kapitalistischen Länder auf dem Weltmarkt, der internationalen Finanz-, Energie- und Rohstoffkrise.

Werfen wir zunächst einen Blick auf die disproportionale Entwicklung von Industrie und Landwirtschaft. Setzt man den Index für die Produktion beider Wirtschaftsbereiche 1955 mit 1 an, so betrug er 1973 in der Industrie 10,4 und in der Landwirtschaft 1,4. Die landwirtschaftliche Produktion stieg demnach in 18 Jahren um 40, die Industrieproduktion hingegen um 940 Prozent.[61] Sicher ist die vorrangige und rasche Entwicklung der Industrie gerade unter den Bedingungen der wissenschaftlich-technischen Revolution nur natürlich. Sie vollzog sich in anderen vergleichbaren Ländern ähnlich und machte Japan zu dem ökonomischen Giganten, der er heute ist. Vollzieht sich diese Entwicklung indes einseitig, so kann es zu erheblichen Störungen in der gesamten Wirtschaft kommen. In Japan zeigte sich dadurch Anfang der siebziger Jahre das Bild einerseits einer Überproduktion in der Industrie, einer Anhäufung von Industriewaren, die infolge Übersättigung des Marktes nicht oder nur schwer abzusetzen waren, und auf der anderen Seite ein ständig sinkender Selbstversorgungsgrad an Nahrungsmitteln für die Bevölkerung. War das Land 1960 noch in der Lage, seinen Bedarf an Lebensmitteln zu 90 Prozent aus der eigenen Produktion zu decken, so 1970 nur noch zu 78 und 1979 zu 72 Prozent.[62] Zunächst ist diese Entwicklung Ergebnis einer auf die Befriedigung des Profitstrebens orientierten einseitigen Investitionspolitik des Monopolkapitals in der Industrie. Hinzu kommt, daß der Import bestimmter landwirtschaftlicher Produkte lange Zeit billiger war als deren eigene Produktion und sich hier ein weiteres Feld zur Realisierung von Extraprofiten durch die großen Handelshäuser eröffnete. Der an sich schon geringe Anteil

---

[61] Masamichi Kawakami, S. 128.

[62] Nihon kokusei zue 1981, S. 207.

landwirtschaftlicher Nutzfläche erfuhr zugunsten der extensiven Erweiterung der Industrie, der damit einhergehenden Notwendigkeit der Errichtung neuer Wohngebiete und des Ausbaus der Transportwege eine weitere Einschränkung von 10 Prozent im Zeitraum 1960 bis 1980.[63] Der Import landwirtschaftlicher Produkte stieg folglich stark an. Gegenüber 10 Prozent 1960 mußte Japan 1979 bereits 28 Prozent der benötigten Nahrungsmittel importieren, bei Getreide sogar 65 Prozent — trotz eines Selbstversorgungsgrades an Reis von 107 Prozent.[64] Die Nahrungsmittelpreise aber stiegen auf den internationalen Märkten und damit auch die erforderlichen Mehraufwendungen für deren Einkauf.

So wie zwischen Industrie und Landwirtschaft gab es auch innerhalb der Industrie selbst bedeutende Veränderungen. Absolute Dominanz hatte die Schwerindustrie. Hier erfolgten die Hauptinvestitionen und die höchsten Zuwachsraten. Stammte 1955 noch über die Hälfte der auf den Markt gebrachten Produkte aus der Leichtindustrie, so war es 1970 nur noch ein Drittel, während umgekehrt der Marktanteil der Schwerindustrie von gut einem Drittel auf über die Hälfte anwuchs. Besonderen Anteil am Rückgang der Leichtindustrie hatten die Nahrungs- und die Textilindustrie, deren spezifisches Gewicht rapide abfiel. Auf dem Gebiet der Schwerindustrie wuchs namentlich der Maschinenbau von 1955 bis 1970 von 14,7 auf 32,4 Prozent der gesamten Industrieproduktion. Diese Entwicklung führte zu Störungen im Wirtschaftsablauf, und es erwuchs die Aufgabe, die Diskrepanz zwischen Leicht- und Schwerindustrie zu korrigieren, sie zumindest aber nicht größer werden zu lassen. Die beigefügte Grafik läßt hier in den siebziger Jahren bereits leichte Korrekturen erkennen.

Im Zusammenhang mit der vorrangigen Entwicklung der Schwerindustrie stiegen der Rohstoff- und der Energiebedarf sprunghaft an. Verglichen mit anderen entwickelten kapitalistischen Ländern, hatte

---

[63] Die landwirtschaftlich genutzte Fläche umfaßte 1960 6071000, 1980 aber nur noch 5461000 Hektar. Damit verringerte sich ihr Anteil am Gesamtterritorium (37231000 Hektar) von 16,3 auf 14,7 Prozent. Siehe ebenda, S. 208 und 216.

[64] Siehe Asahi nenkan 1981, Bekken, S. 332. Die Selbstversorgungsrate bei Getreide, einschließlich Reis, wo Japan 1975 einen Selbstversorgungsgrad von 110 Prozent hatte, betrug 1975

Japan	*USA*	*England*	*BRD*	*Frankreich*	*Italien*
40%	174%	64%	80%	152%	74%

Siehe Nihon kokusei zue 1981, S. 207.

Veränderungen in der Industriestruktur 1955—1978 (Marktanteile)

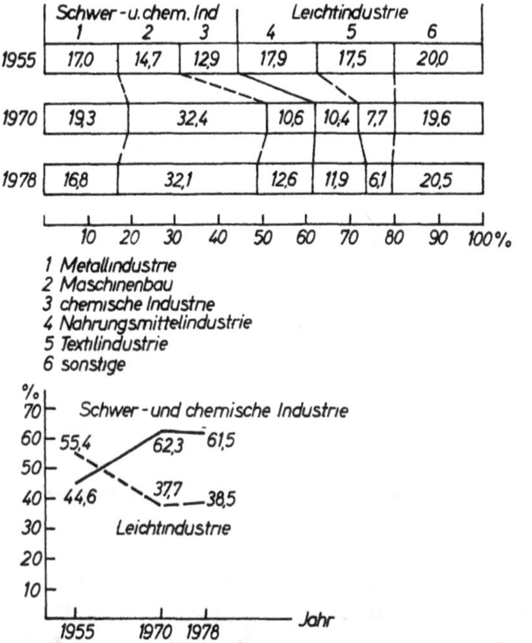

Quelle: Nihon kokusei zue 1981, S. 327.

Japan hier den absolut höchsten Zuwachs aufzuweisen. Er übertraf den durchschnittlichen Anstieg in der gesamten kapitalistischen Welt um das 2- bis 3fache. Der Energiebedarf stieg von 1960 bis 1970 auf über das 4fache. Dabei erhöhte sich der Erdölverbrauch auf das 8,4fache, und der Anteil des Erdöls an der gesamten Energie wuchs von 37,8 Prozent 1960 auf 74,4 Prozent 1974. Der Abhängigkeitsgrad der Wirtschaft vom Ausland stieg somit beträchtlich. Mußten 1960 zur Deckung des Energiebedarfs noch 44,2 Prozent aller Energie importiert werden, so waren es 1973 bereits 89,9 Prozent.[65]

Der Umstand, daß Rohstoffe und Energie in den sechziger Jahren auf den Weltmärkten preiswert gekauft werden konnten, bildete zwar einerseits eine wesentliche Voraussetzung für das rasche ökonomische

[65] Ebenda 1976, S. 132.

Durchschnittliche jährliche Zuwachsraten im Rohstoffverbrauch der wichtigsten kapitalistischen Länder 1960—1970
(in Prozent)

Rohstoff	Welt	Japan	USA	Frankreich	BRD	Italien	England
Kupfer	4,1	10,6	4,2	3,4	3,1	4,0	
Blei	3,6	7,9	2,3	1,8	2,5	9,3	
Zink	4,6	12,8	2,9	2,3	2,9	7,6	0,1
Aluminium[1]	8,4	20,9	5,8	8,8	9,7	15,4	2,3
Nickel	5,7	16,2	3,1	5,6	5,3	10,1	
Erdöl[2]	7,5	20,4	4,2	12,8	15,3	15,0	8,5
Roheisen	5,7	12,9	2,2	5,6	3,4	8,7	0,5
Bauholz	1,9	5,0	1,7	3,6	1,4	4,0	—1,1

[1] 1964—1970
[2] 1960—1969
Quelle: Shigen Kenkyū Iinkai Hōkokusho: Henka no naka no shigen mondai (Bericht der Studienkommission für Rohstoffe: Das Rohstoffproblem im Wandel). Ōkurashō Insatsukyoku, Tōkyō 1972, S. 37.

Wachstum in Japan, führte andererseits aber auch zur Vernachlässigung der natürlichen Ressourcen im eigenen Lande. Die inländische Steinkohleproduktion deckte z. B. 1960 noch 18,5 Prozent des Energiebedarfs, 1973 aber nur mehr 1,2 Prozent. Auch das hängt nicht nur mit einem größeren Energieverbrauch zusammen. Im Zuge der „Rationalisierung" wurden mehrere Bergwerke geschlossen, und die Kohleförderung ging von 1960 bis 1973 zugunsten billigerer Importe um über 60 Prozent zurück (von 52,6 auf 20,9 Millionen Tonnen).[66] Die 1973 ausbrechende Energiekrise traf Japan mit seiner 90prozentigen Energie-Importabhängigkeit härter als alle anderen entwickelten kapitalistischen Länder.

Auf ein weiteres Problem wurde bereits an anderer Stelle verwiesen: die bedeutende Konzentration der Industrie und Bevölkerung auf engem Raum. 1970 wohnten auf 1,73 Prozent des Territoriums 53,5 Prozent der Bevölkerung.[67] Diese Konzentration wurde durch die schnelle Expansion der Industrie gefördert, die immer mehr Menschen in wenigen Industriezentren zusammenballte.

[66] Ebenda 1980, Anhang I (B).
[67] Masamichi Kawakami, S. 38.

Bevölkerungswachstum und -konzentration
(in Tausend und Prozent)

Jahr	Bevölkerung insgesamt	drei große Stadtregionen			
		Tōkyō	Ōsaka	Nagoya	gesamt
1965	98275	21017			40400
	100,0	21,38			41,12
1975	111939	27042	15696	7550	50288
	100,0	24,16	14,02	6,74	44,92
1980	117057	28637	16173	7941	52751
	100,0	24,46	13,82	6,78	45,06

Zusammengestellt nach Angaben aus: Statistical Handbook of Japan 1976, S. 24 und Nihon tōkei geppō, No. 240, Juni 1981, S. 7.

Zugleich entwickelte sich das Problem der Umweltverschmutzung. Die rasch wachsende Industrie und die Bevölkerung drängten sich auf engem Raum zusammen. Die in den sechziger Jahren ausschließlich auf hohen Zuwachs orientierte Industrie vernachlässigte — weil mit Unkosten für die Privatunternehmen verbunden — den Schutz der Umwelt, was zu erhöhter Luft-, Wasser- und Bodenverschmutzung führte und teilweise erschreckende Folgen hatte. Die offiziell anerkannten Klagen der Bevölkerung gegen die Umweltverschmutzung stiegen von gut 27000 im Jahre 1967 auf über 62000 1970 und auf fast 88000 1972.[68] Die Unruhe unter der Bevölkerung nahm zu, und es entwickelte sich eine starke Bürgerbewegung, die die Regierung zwang, wirksamere Gesetze zur Erhaltung der Umwelt zu erlassen. Regierung und Unternehmer kamen nicht umhin, bedeutendere Summen, die vorher unmittelbar der einfachen und erweiterten Reproduktion zuflossen, in Maßnahmen zur Regeneration bzw. Erhaltung der Umwelt zu investieren. Um die größten Mißstände zu beseitigen, stiegen allein die privaten Investitionen auf diesem Gebiet 1975 im Vergleich zu 1970 auf das 5,6fache (von 164 auf 929 Milliarden Yen).[69] Zwar mußten und konnten dadurch beträchtliche Erfolge erzielt werden, doch zählte man noch Ende 1979 78409 offiziell

[68] Nihon kokusei zue 1973, S. 511 und ebenda 1976, S. 506.

[69] Ebenda 1981, S. 517.

anerkannte umweltgeschädigte Patienten. Die Zahl der Toten hatte sich bis dahin auf 5370 erhöht.[70]

Ein weiteres Opfer der vorrangig auf Profit orientierten Wirtschaftspolitik der Monopole in den fünfziger und sechziger Jahren wurde ein für die Wirtschaftsentwicklung und die Umwelt gleichermaßen wichtiges, aber mit bedeutendem Kostenaufwand verbundenes Gebiet, das Transportwesen. Japan baute zwar in den sechziger Jahren mit dem „Shinkansen" den schnellsten Zug der Welt, sein Straßennetz aber blieb weit hinter den Anforderungen zurück. 1972 bestand es zu über 78 Prozent aus unbefestigten Straßen.[71] Die Gewinn abwerfende Autoproduktion hingegen hatte sich von 1955 bis 1970 auf über das 150fache gesteigert. Die Straßen füllten sich immer mehr, der Verkehr wurde immer langsamer. Bedeutende Mittel mußten notgedrungen in den Straßenbau gesteckt werden, um das Verkehrschaos nicht weiter anschwellen und zu einem echten Hemmnis für den Transport und die gesamte Wirtschaftsentwicklung werden zu lassen. Die Tatsache, daß sich die Länge des befestigten Straßennetzes von 1972 bis 1979 mehr als verdoppelte, verdeutlicht, daß das Problem erkannt und energisch an seine Lösung gegangen wurde.

So zeigt sich, daß in der Zeit des „hochgradigen Wachstums" infolge einseitiger Investitionen eine Reihe von Widersprüchen heranreifte und sich zuspitzte. Die ungleiche Entwicklung der verschiedenen Wirtschaftsbereiche und -zweige nahm solche Ausmaße an, daß man zu Beginn der siebziger Jahre in Japan immer häufiger von einer Strukturkrise sprach. Sie stieß nunmehr zusammen mit dem Ausbruch der Wirtschaftskrise in der gesamten kapitalistischen Welt,

---

70 Ebenda, S. 518.

71 Straßennetz Japans in Kilometer

Jahr	Länge insgesamt	befestigt	unbefestigt	unbefahrbar
1972	1037763	226188	811574	266582
1974	1059101	303783	755318	259681
1976	1079210	372701	706510	256999
1978	1097248	440529	656719	268415
1979	1106138	474434	631704	268058

Vergleiche Asahi nenkan 1978, Bekken, S. 381 und Nihon kokusei zue 1980, S. 467 und 1981, S. 470. Noch 1979 kamen auf 1 Auto in Frankreich 43,2 Meter befestigte Straße, in den USA 21,7, in England 20,4 und in der BRD 19,3, in Japan aber nur 12,6 Meter. Siehe ebenda.

mit der Rohstoff-, Energie- und Währungskrise, was sie in hohem Grade verschärfte.

Die Wirtschaftskrise Mitte der siebziger Jahre ist Ausdruck der allgemeinen Krise des kapitalistischen Systems, dessen ökonomischer und politischer Spielraum nach dem zweiten Weltkrieg bedeutend eingeengt worden ist. Sie ist zugleich aber auch Ergebnis der ungleichen Entwicklung des Kapitalismus und eines seit den sechziger Jahren sich verschärfenden Konkurrenzkampfes um Absatzmärkte und Rohstoffquellen zwischen den kapitalistischen Hauptmächten im Ergebnis dieser Entwicklung sowie des allgemein beschleunigten Aufschwungs im Zuge der wissenschaftlich-technischen Revolution. Die ab der zweiten Hälfte der sechziger Jahre beginnende Exportoffensive der japanischen Monopole spielte dabei eine nicht unbedeutende Rolle. Von 1965 bis 1972 erhöhten sie ihren Anteil am Export der kapitalistischen Welt von 5,1 auf 7,6 Prozent. Dabei kehrten sich die Vorzeichen um: Von einem Schuldnerland sowohl der USA als auch der wichtigsten EG-Staaten wurde es zu einem Gläubigerland. Allein 1971/72 erzielte es einen Überschuß im Handel mit den USA von 5,5 und gegenüber der EG von gut 2 Milliarden Dollar.[72]

Die sich ab Ende der sechziger Jahre entwickelnde ungleiche Handelsbilanz Japans zuungunsten der beiden anderen imperialistischen Zentren führte zu wachsenden ökonomischen Widersprüchen mit diesen und trug in bestimmtem Maße bei zur Schwächung des internationalen kapitalistischen Währungssystems. Damit sind die japanischen Monopole auch nicht unbeteiligt an den auf die japanische Wirtschaft wirkenden „äußeren" Faktoren, die von bürgerlichen Ökonomen und Massenmedien gern als eigentliche Ursache der Wirtschaftskrise Japans gesehen werden.

Was nun diese „äußeren", auf die japanische Wirtschaftsentwicklung negativ wirkenden Faktoren angeht, so trafen sie Japan mit unterschiedlicher Gewalt. Die Abwertung des Dollars als kapitalistischer Leitwährung führte 1971 u. a. zu einer Aufwertung des Yen um 16,88 Prozent und legte den neuen Kurs von 1 Dollar zu 360 Yen auf 1 zu 306 fest. Dadurch verteuerten sich auf dem internationalen Markt zwar die japanischen Waren im Vergleich zum Dollar um fast 17 Prozent, hatten aber nicht die von den USA erhoffte und von den japanischen Massenmedien prophezeite Wirkung, die

---

[72] Waga gaikō no kinkyō 1973 (Gegenwärtige Lage unserer Außenpolitik). Gaimushō (Außenministerium), Tōkyō 1973, S. 753.

japanische Konkurrenzkraft spürbar zu schwächen. Im Gegenteil erzielten die japanischen Monopole von 1971 bis 1973 die größten Handelsgewinne in der Nachkriegsgeschichte. Die Yen-Aufwertung hatte lediglich Auswirkungen auf konkurrenzschwächere Zweige wie Produkte der Chemie- und Lebensmittelindustrie und traf in erster Linie viele exportorientierte kleine und mittlere Unternehmen.[73]

Anders als beim sogenannten Dollarschock traf Japan als rohstoffarmes Land die ab 1973 einsetzende explosive Erhöhung fast aller wichtigen Rohstoffe. Vor allem betraf dies den Anstieg der Erdölpreise. 1973 importierte Japan 90 Prozent seines gesamten Energiebedarfs und hatte damit den höchsten Abhängigkeitsgrad unter den entwickelten kapitalistischen Ländern. 77,4 Prozent der gesamten Energie aber wurde mit Erdöl abgedeckt.[74] 1973 importierte Japan fast jede zehnte Tonne des in der Welt geförderten Erdöls.[75] Infolge des Erdölpreisanstiegs auf über das 3fache innerhalb eines Jahres mußte Japan 1974 im Vergleich zum Vorjahr trotz eines Rückgangs seiner Erdölimporte um über 6 Millionen Tonnen statt 18,3 jetzt 61,6 Milliarden Yen aufbringen.[76] Die plötzlich notwendig gewordenen Mehrausgaben für Rohstoffe (einschließlich Lebensmittel) wirkten auf die Industrie wie ein Schock, zumal sie unverändert mit billigen Roh- und Brennstoffen plante und davon ausgehend, auf hohe Zuwachsraten orientierte.

Kommen wir zu den Äußerungen der Krise 1974/75. Zunächst ist ein bedeutendes Absinken der Industrieproduktion zu beobachten. Im Vergleich zum Vorjahr sank sie 1974 um 3,9 und 1975 nochmals um 11 Prozent.[77] Sie fiel in diesen 2 Jahren um insgesamt 17 Prozent. Betroffen wurden fast ausnahmslos alle Zweige, am stärksten aber die metallverarbeitende Industrie, die nichtmetallurgische In-

---

[73] Vergleiche auch Ryōkichi Minobe und Hitoshi Misonō: Nihon keizai nyūmon (Einführung in die Wirtschaft Japans). Yūbikaku, Tōkyō 1974, S. 28f. und 132f.

[74] Nihon kokusei zue 1976, S. 134.

[75] Die Welterdölproduktion betrug 1973 2749 Millionen Tonnen, Japans Import 247 Millionen. (Nach Nihon tōkei geppō, No. 204. Juni 1978, S. 46 sogar 286,7 Millionen Tonnen). Der japanische Erdölimport stieg von 1950 bis 1973 auf das 154fache, die Welterdölförderung aber nur auf das 6,5fache. Siehe Masamichi Kawakami, S. 22.

[76] Siehe Nihon kokusei zue 1976, S. 144 und Nihon tōkei geppō, No. 204, Juni 1978, S. 46.

[77] Vergleiche Tabelle auf S. 36.

Entwicklung der Exportpreise für Rohstoffe

	1970	1972	1973	1974	1977
Rohstoffe insgesamt	100	125	180	308	342
Nahrungsmittel	100	122	175	232	243
mineralische Rohstoffe	100	131	173	473	555
Erdöl	100	143	196	641	748

Nach: IPW-Berichte. Institut für Internationale Politik und Wirtschaft, Berlin 1978, Nr. 11, S. 12f. und 16.

dustrie, der allgemeine Maschinenbau, Elektrogeräte- sowie die Stahl- und Eisenindustrie. Die Überproduktionskrise erfaßte also vor allem Zweige der Schwerindustrie. Letztere erreichten 1975 ihren Tiefpunkt, konnten aber trotz einer Erholung ab 1976 das Niveau des Vorkrisenjahres 1973 erst 1978 wieder erreichen und überschreiten.

Betrachtet man die Auslastungsrate der Produktionskapazität in

Index der Bergbau- und Industrieproduktion 1973—1980 (1975 = 100)

Zweig	1973	1975	1976	1977	1978	1980
insgesamt	117,0	100,0	111,1	115,7	122,9	142,4
Bergbau	112,8	100,0	100,0	103,1	105,7	99,6
verarbeitende Industrie	117,0	100,0	111,2	115,7	123,0	142,7
Stahl und Eisen	118,8	100,0	109,5	108,1	110,1	124,8
nichtmetallurgische Industrie	128,6	100,0	119,3	125,0	135,0	143,5
metallverarbeitende Industrie	133,4	100,0	116,8	124,9	135,4	132,3
allgemeiner Maschinenbau	128,5	100,0	109,9	116,8	126,0	159,6
Elektrogeräte	122,2	100,0	128,3	136,5	155,2	212,2
Transportmaschinen	103,4	100,0	102,2	106,2	106,8	131,3
Präzisionsmaschinen	98,2	100,0	128,1	165,8	192,0	342,4
Chemie	110,2	100,0	111,5	117,2	131,3	144,2
Erdöl- und Kohleprodukte	106,6	100,0	102,7	104,7	104,0	101,2
Nahrungsmittel und Tabakwaren	99,0	100,0	101,5	105,6	107,8	110,9
Textilindustrie	118,5	100,0	108,4	106,7	107,7	107,1

Quelle: Keizai yōran 1981, S. 112f. und Nihon tōkei geppō, No. 240, Juni 1981, S. 28.

der weiterverarbeitenden Industrie, so zeigt sich hier ebenfalls deutlich das Moment einer zyklischen oder Überproduktionskrise. 1975 wurden die gesamten Produktionsanlagen in der Industrie im Vergleich zu 1973 um 28,1 Prozent weniger ausgelastet, d. h., daß die gesamte Produktion bedeutend gedrosselt worden war, um der Übersättigung bzw. geringeren Aufnahmefähigkeit des Marktes zu begegnen. Noch 1980 wurde in keinem Zweig die Auslastungsrate von 1973 wieder erreicht, in der Eisen- und Stahlindustrie sowie der Erdöl- und Kohleverarbeitung lag sie sogar noch unter dem Niveau von 1975.

Auslastungsrate der Produktionskapazität in der weiterverarbeitenden Industrie 1973—1980 (1975 = 100)

Zweig	1973	1975	1976	1977	1978	1980
insgesamt	128,1	100,0	108,3	107,5	110,7	119,5
Eisen und Stahl	127,5	100,0	100,8	93,9	90,7	98,8
nichtmetallurg. Ind.	152,4	100,0	120,5	120,7	131,6	131,2
metallverarb. Ind.	146,3	100,0	98,9	99,0	102,7	111,1
allgem. Maschinenbau	134,0	100,0	103,1	105,3	112,5	133,3
Chemie	130,7	100,0	104,2	102,5	108,6	111,5
Erdöl und Steinkohle	119,6	100,0	99,7	100,1	98,4	95,3
Textilindustrie	115,1	100,0	105,8	103,0	103,7	109,0

Quelle: Nihon tōkei geppō, No. 215, Mai 1979, S. 32 und ebenda, Nr. 240, Juni 1981, S. 31.

Verbunden mit der gezielten Drosselung der Produktion war eine Zunahme der Arbeitslosigkeit, die nach offiziellen Angaben auf permanent über 1 Million oder ca. 2 Prozent der Beschäftigten anstieg. In Wirklichkeit liegt sie bedeutend höher und wird von den Gewerkschaften auf das mehrfache geschätzt. (Siehe dazu Kapitel II.)

Bedeutend erhöhte sich die Zahl der Firmen, die in der Krisenkonkurrenz unterlagen und infolge Verschuldung Bankrott machten. Seit 1974 waren jährlich neue „Rekorde“ in der japanischen Geschichte sowohl bei der Anzahl der Firmenzusammenbrüche als auch in der Höhe ihrer Verschuldung zu registrieren. Daß sich dieser Trend auch nach 1975 fortsetzte, hängt vor allem damit zusammen, daß sich zum einen die Auswirkungen der Krise erst später bemerkbar machten und zum anderen die Wiederbelebung infolge einer anhaltenden Strukturkrise nicht alle Zweige gleichermaßen erfaßte.

Firmenzusammenbrüche 1971–1981

Jahr	Anzahl der Bankrotte	Verschuldung in Milliarden Yen	durchschnittl. Verschuldung pro Betrieb in Millionen Yen
1971	9206	712,5	77,4
1972	7139	497,8	69,7
1973	8202	705,3	86,0
1974	11681	1649,0	141,2
1975	12606	1914,6	151,9
1976	15641	2265,8	144,7
1977	18471	2976,1	161,1
1978	15875	2475,6	155,9
1979	16030	2191,3	136,7
1980	17884	2707,0	151,4
1981	17610	2691,6	152,8

Quelle: Asahi nenkan 1981, Bekken, S. 347 und ebenda 1983, S. 328. Es sind nur Firmen mit einer Verschuldung von über 10 Mill. Yen aufgenommen.

Die Krise griff auch auf das Finanzwesen über, was sich vorzugsweise in einer ansteigenden inflationistischen Tendenz widerspiegelte. Der Bargeldumlauf wuchs bedeutend rascher als das Wirtschaftspotential. Während beispielsweise die gesamte Bergbau- und Industrieproduktion 1977 noch um 1,3 Prozent unter dem Niveau von 1973 lag und damit auch entsprechend weniger nationaler Reichtum produziert wurde, war der Bargeldumlauf in der gleichen Zeit um über 50 Prozent (von 10,6 auf 16,2 Billionen Yen[78]) angewachsen. Eine Entwertung des Geldes und eine damit verbundene Erhöhung der Verbraucherpreise waren die Folge. Die Inflationspolitik diente als ein wichtiges Mittel, die Lasten der Krise auf die Werktätigen abzuwälzen. (Siehe auch Kapitel II.)

Wiederbelebung der Wirtschaft

So wie in den meisten anderen kapitalistischen Ländern begann 1976 wieder ein Anstieg in der Industrieproduktion. Gleichzeitig gelang es, die Inflationsrate auf einstellige Ziffern herunterzudrücken.

[78] Nihon tōkei geppō, No. 215, Tōkyō, Mai 1979, S. 111.

Im Gegensatz zur Wiederbelebung nach vorangegangenen Krisen in den fünfziger und sechziger Jahren erfolgte sie diesmal nicht geradlinig und steil: Nach Monaten der Belebung folgten Monate der Stagnation, einer erneuten Belebung, eines Rückganges, einer Belebung ... Sie erfaßte nicht alle Wirtschaftsbereiche und Industriezweige gleichermaßen, der Auslastungsgrad der Produktionskapazitäten schwankte in den einzelnen Industrien, und die Wachstumsraten blieben auffällig hinter denen vor der Krise zurück. Es konnten indes stabilere Zuwachsraten erzielt werden als in den meisten anderen entwickelten kapitalistischen Ländern.

Internationaler Vergleich des Wirtschaftswachstums
(auf Dollar-Basis und Preisen von 1975; Angaben in Prozent)

Jahr	Japan	USA	BRD	Frankreich	England	Italien
1974	−0,3	−1,3	0,5	3,2	−1,5	4,1
1975	1,4	−1,0	−1,8	0,2	−1,0	−3,6
1976	6,5	5,6	5,2	5,0	3,7	5,9
1977	5,4	5,1	2,7	2,8	1,3	2,0
1978	5,9	4,4	3,2	3,8	4,5	2,6
1979	5,9	2,3	4,4	3,2	1,7	5,0
1980	4,2	−0,2	1,8	1,2	−1,8	4,0

Quelle: Keizai yōran 1981, S. 372 und Nihon kokusei zue 1982, S. 29.

Um aus der Krise herauszukommen, beschritt der staatsmonopolistische Kapitalismus vor allem vier miteinander eng verwobene Hauptwege. Zum ersten betrieb er eine weitere zielstrebige Rationalisierung, zum zweiten griff er nach einer neuerlichen Exportoffensive, drittens führte der Staat finanzpolitische Maßnahmen im Interesse des Monopolkapitals durch und viertens ist eine bedeutende Verlangsamung des Reallohnwachstums bei gleichzeitig sprunghafter Steigerung der Arbeitsproduktivität zu verzeichnen.

Was die forcierte Weiterführung der Rationalisierung in der Industrie angeht, so erfolgte und erfolgt sie auch weiterhin in mehreren Richtungen und hat strategischen Charakter. Zum einen zielt sie weniger darauf ab, das Produktionsvolumen zu erweitern, als vielmehr Mehrwert durch Einsparung von Betriebskosten zu realisieren, billiger und qualitativ hochwertigere Waren zu produzieren. Die dabei eingeschlagene langfristige Orientierung zeigt sich u. a. im Ausbau solcher Fertigungsbereiche der Industrie wie integrierte Schaltkreise, Industrieroboter, numerisch gesteuerte Werkzeugmaschinen und Reaktortechnik, die sämtlich für die weitere ökonomische Entwicklung der achtziger Jahre von immenser Bedeutung sind. Der eingeschlagene Weg führte zu einer wesentlichen Steigerung der Arbeitsproduktivität vor allem in ausgewählten Industriezweigen. Beispielsweise berichtet die „International Herald Tribune“ vom 11. März 1980 über einen hohen Automatisierungsgrad in der japanischen Auto- und Stahlproduktion. Danach liefen bei dem japanischen Autokonzern Nissan-Motor täglich über 1300 Autos vom Band. In jeder Schicht aber waren nur 67 Arbeiter beschäftigt. Ein japanischer Stahlarbeiter produzierte Ende der siebziger Jahre 400 Tonnen Stahl im Jahr, ein amerikanischer hingegen nur 250. Das hohe wissenschaftlich-technische Niveau machte damit die Stahlproduktion in Japan um etwa 30 Prozent billiger als in den USA.[79] 1980 war etwa die Hälfte aller Industrieroboter im nichtsozialistischen Wirtschaftsgebiet in der japanischen Industrie im Einsatz.[80] Gleichzeitig werden im Zuge der Rationalisierung Industrien, die sich in Strukturkrisen befinden, rigoros reduziert (so der Schiffbau, der 1978 nur mehr knapp ein Drittel dessen von 1975 produzierte[81]), andere hingegen in raschem Tempo entwickelt (so die Autoproduktion, die 1980 erstmals die der USA übertraf und auf den 1. Platz in der Welt vorstieß). Zur Rationalisierung gehören in Japan schließlich auch solche Maßnahmen wie die Verlegung von energie-, arbeitskraft- und rohstoffaufwendigen Produktionen in Entwicklungsländer vor allem Südostasiens und eine stärkere Konzentration auf die Produktion technologisch hochwertiger Waren im Lande selbst. Mit diesem Weg wurden langfristig gewisse Weichen für die achtziger Jahre gestellt.

---

[79] Siehe auch „horizont“, Nr. 15, Berlin 1980, S. 6.

[80] „DDR-Außenwirtschaft“ vom 23. 7. 1980. Die „Stuttgarter Zeitung“ informierte am 6. 6. 1981, daß in Japan z. Zt. ca. 75000 Industrieroboter eingesetzt sind, davon etwa 14000 Roboter der 2. Generation, der sogenannten Intelligenzroboter. Von letzteren gäbe es zum gleichen Zeitpunkt in den USA nur 3000, in der BRD 850, in Schweden 600, in England 185. D. h., Japan führt mit Längen. Laut „Süddeutsche Zeitung“ (München, 24. 3. 1981) soll der japanische Zuwachs an Industrierobotern in den nächsten 10 Jahren jährlich 21—25 Prozent betragen, in den ersten 5 Jahren sogar 30—36 Prozent.

[81] 1975 liefen in Japan Handelsschiffe mit einer Gesamttonnage von 17,98 Millionen BRT vom Stapel, 1978 waren es nur mehr 4,92. Siehe Keizai yōran 1981, S. 379.

Der zweite Hauptweg bestand in einer enormen Exportoffensive, die auf der Rationalisierungwelle fußte und die weiter gestiegene Konkurrenzkraft der japanischen Wirtschaft demonstrierte. Der Export wuchs 1979 im Vergleich zu 1975 auf 184,8 Prozent.[82] Dabei richtete sich die Offensive auf die imperialistischen Zentren Nordamerikas und die EG. Der Export nach Nordamerika stieg in dieser Zeit auf 211,8 Prozent, der in die EG auf 223,5. Der erzielte Handelsüberschuß nahm enorme Dimensionen an: 29,8 Milliarden Dollar gegenüber Nordamerika und 20,5 gegenüber den EG-Staaten.[83] Natürlich mußte eine solche Handelspolitik, die die eigene Überproduktionskrise entschärfte und die Wirtschaftsentwicklung erneut stimulierte, auf den erbitterten Widerstand in den betroffenen Ländern führen, die in den vorangegangenen Jahren ebenfalls von einer Überproduktionskrise geschüttelt waren und noch immer mit Problemen eines notwendigen Strukturwandels zu kämpfen hatten. Infolge der hohen japanischen Überschüsse in der Handelsbilanz nahm zunächst der Druck auf den Yen stark zu, und Japan wurde gezwungen, seine Währung innerhalb von knapp 2 Jahren (1977/78) gegenüber dem Dollar erneut um etwa ein Drittel aufzuwerten (von ca. 300 auf 200 Yen pro Dollar). Abermals sollte durch eine Verteuerung der japanischen Waren auf dem Weltmarkt deren Konkurrenzfähigkeit geschwächt werden. Das gelang jedoch höchstens zeitweise und partiell, nicht aber generell, wie die über 23 Milliarden Dollar Handelsgewinn allein von 1978 bis 1980 gegenüber den USA deutlich ausweisen. Die Exportoffensive in die Zentren der stärksten ökonomischen Widersacher ist indes nicht nur Ausdruck einer bedeutend gewachsenen Stärke der japanischen Wirtschaft, basierend auf einem hohen wissenschaftlich-technischen Niveau der führenden Produktionszweige des Landes, sondern offenbart zugleich die Fähigkeit des staatsmonopolistischen Kapitalismus in Japan, sich kurzfristig um- bzw. langfristig einzustellen auf die Bedürfnisse der Außenmärkte.

Hinsichtlich der dritten Maßnahme zur wirtschaftlichen Wiederbelebung, der staatlichen Finanzpolitik, verdienen insbesondere zwei Faktoren hervorgehoben zu werden. Der eine ist die Erhöhung der Staatseinnahmen fast ausschließlich durch öffentliche Anleihen, der andere eine rasche Erweiterung der Ausgaben für öffentliche Arbeiten.

---

82 Berechnet auf Dollarbasis nach Angaben aus Keizai yōran 1981, S. 260.

83 Nach ebenda.

Die staatlichen Anleihen betrugen 1975 noch unter 10 Prozent der gesamten Staatseinnahmen, machten aber 1976 29,9, 1977 29,7, 1978 32,0 und 1979 39,6 Prozent aus. Ab 1980 ist wieder ein sinkender Trend zu beobachten. Die Staatsverschuldung stieg dabei von 1976 bis 1981 auf über 67 Milliarden Yen oder auf mehr als das 1,4fache der gesamten Staatseinnahmen 1981. Diese Mehreinnahmen des Staates dienten wesentlich dazu, mit Hilfe öffentlicher Arbeiten großen Stils (Straßen-, Eisenbahn-, Brücken-, Tunnel-, Hafen-, Flugplatz-, Wohnungsbau, Kanalisation, Flußregulierungen, Lösungen von Umweltfragen u. a.) den privaten Unternehmen Aufträge und Absatzmöglichkeiten auf dem Binnenmarkt zu verschaffen und gleichzeitig durch die disproportionale Entwicklung aus der Zeit vor der Krise dringend erforderlich gewordene Maßnahmen durchzuführen. Der Anteil der Ausgaben für die öffentlichen Arbeiten an den gesamten Staatsausgaben betrug 1976 14,0, 1977 15,0, 1978 15,9, 1979 17,0 und 1980 15,6 Prozent.[84] Die wachsende Staatsverschuldung ist allerdings mit der Gefahr verbunden, entweder bedeutende Steuererhöhungen nach sich zu ziehen oder eine neuerliche Inflationswelle auszulösen oder aber beides. Der erste Weg deutet sich bereits dadurch an, daß allein in den Jahren 1980/81 die Steuereinnahmen um über 50 Prozent im Vergleich zu 1979 hochschnellten, während sie sich von 1975 bis 1979 nur um knapp 24 Prozent entwickelt hatten.

Was den vierten Faktor angeht, das Verhältnis von Reallohn und Arbeitsproduktivität, so gelang es dem Monopolkapital nach 1975, den Gegendruck auf die gewerkschaftlichen Forderungen namentlich hinsichtlich der Löhne bedeutend zu erhöhen und mehr als zuvor seine eigenen Bedingungen durchzusetzen. Stiegen die Reallöhne von 1970 bis 1975 fast doppelt so schnell wie die Arbeitsproduktivität — erstere um 24,7, letztere um 13,8 Prozent —, so wurde dieses Verhältnis nach 1975 umgekehrt. In der weiterverarbeitenden Industrie erhöhten sich die Reallöhne von 1975 bis 1980 nur mehr um 9,3 Prozent, die Arbeitsproduktivität aber wuchs im gleichen Zeitraum um 56 Prozent.[85] Dadurch schufen die Unternehmer einerseits günstigere Bedingungen im internationalen Konkurrenzkampf, zum anderen wurden Gelder frei für zusätzliche Investitionen.

Ein weiterer Umstand muß in Betracht gezogen werden, um die stabilere BSP-Entwicklung und die hohe internationale Konkurrenz-

---

[84] Siehe Anhang „Budgetentwicklung 1975—1980".

[85] Vergleiche Tabelle 1 im Anhang.

fähigkeit auch nach der Krise 1974/75 zu verstehen: die Rüstungsausgaben. Im Vergleich zu den anderen imperialistischen Ländern blieben Japans Ausgaben für die Rüstung relativ gering und überschritten so wie in den vorangegangenen Jahren auch zu Beginn der achtziger Jahre nicht 1 Prozent des BSP. Dadurch daß das Land trotz ständigen Drucks der USA sich nur bedingt hat in das Wettrüsten eingliedern lassen, war es ihm möglich, pro Kopf der Bevölkerung mehr in die Wirtschaft zu investieren als die anderen entwickelten kapitalistischen Länder.[86] Zugleich ermöglichte diese Politik dem Lande, sein wissenschaftlich-technisches Potential auf die zivile Industrie zu konzentrieren, was auf den Weltmärkten zu einer Überlegenheit gegenüber seinen Konkurrenten in den wichtigsten nichtmilitärischen Industriezweigen führte.

Es erhebt sich natürlich die Frage, wie die japanische Wirtschaft sich in den achtziger Jahren entwickeln wird. Angesichts der Tatsache, daß die Ökonomie der kapitalistischen Länder nach 1975 zwar eine gewisse Wiederbelebung erfuhr, sie aber dennoch immer aufs neue mit partiellen und zeitweiligen Krisenerscheinungen und Stagnation zu kämpfen hat, weil der Grundwiderspruch zwischen dem gesellschaftlichen Charakter der Produktion und deren privatkapitalistischer Aneignung sich weiter verschärft, weil die ungleiche Entwicklung des Kapitalismus voranschreitet und weil der Konkurrenzkampf sowie die gegenseitige Marktabhängigkeit und Wirtschaftsverflechtung zunehmen, deshalb ist diese Frage von vornherein nur sehr zaghaft zu beantworten. Dennoch sollen hierzu einige generelle Bemerkungen versucht werden.

Zunächst scheint eines sehr sicher: Die Zeit der hohen Zuwachsraten, die die japanische Wirtschaft in den fünfziger und sechziger Jahren erzielte, gehören der Vergangenheit an. Der von der japanischen Regierung im August 1979 verabschiedete und 1980 nach unten revidierte neue 7-Jahr-Plan der Wirtschaft (1979—1985) sieht bis 1985 einen jährlichen Anstieg des BSP von real 5,5 (ursprünglich 5,7) Prozent (zu Preisen von 1978) und der Industrieproduktion von 5,3 (ursprünglich 5,6) Prozent vor. Der Handel soll jährlich um 5 Prozent zunehmen, ebenso die Verbraucherpreise. Die Arbeitslosenrate soll auf 1,7 Prozent gesenkt werden. An

[86] Japans Investitionstätigkeit war 1978 pro Kopf der Bevölkerung um 24 Prozent höher als in den USA, 21 Prozent höher als in der BRD, oder gar 61 Prozent höher als in England. Siehe Valentin Kudrow: Imperialistische Hauptzentren und die „technologische Lücke". In: „horizont", Nr. 10, 1980, S. 8.

Investitionen für Öffentlichkeitsarbeiten sind von 1979 bis 1985 insgesamt 190 (vorher 240) Billionen Yen veranschlagt, mit deren Hilfe ein großer Teil der Aufträge an die private Wirtschaft abgesichert werden soll.[87]

Vergleicht man diese Entwicklungsrichtzahlen mit denen vorangegangener langfristiger Wirtschaftspläne, so klingen sie für japanische Verhältnisse früherer Jahrzehnte zunächst bescheiden. Angesichts anhaltender Krisen- und Stagnationstendenzen in anderen entwickelten kapitalistischen Ländern auch Ende der siebziger/Anfang der achtziger Jahre sowie zeitweiliger Schwankungen in der Industrieproduktion Japans selbst zeugen sie wiederum von Optimismus und Selbstbewußtsein. In der Vergangenheit hat sich die japanische Wirtschaftsplanung auf Grund nicht zuletzt des außerordentlich engen Zusammenspiels zwischen Monopolen und Staat sehr flexibel und zumindest hinsichtlich der Entwicklung von BSP und Industrieproduktion realisierbar gezeigt, reslisierbarer zumindest als in anderen Ländern des staatsmonopolistischen Kapitalismus. In den ersten 3 Planjahren 1979 bis 1981 wurden die vorgegebenen Ziele zwar nicht erreicht, die Ergebnisse überragten indes noch deutlich die anderer kapitalistischer Länder.

Dennoch ist nicht zu übersehen, daß die Wirtschaft Japans in den achtziger Jahren vor einer Reihe von Schwierigkeiten stehen wird, deren Ausmaß und Wirkung nicht in jedem Falle vorausschaubar sind. Im Innern existieren weiterhin Disproportionen zwischen den einzelnen Bereichen und Zweigen, die nach wie vor gewisse strukturelle Wandlungen in der Wirtschaft erforderlich machen werden. Das zeigt sich darin, daß die Landwirtschaft heute noch weniger als vor der Krise in der Lage ist, die Bevölkerung zu ernähren, und daß der Selbstversorgungsgrad weiterhin zurückgegangen ist. Es äußert sich im Rückgang bzw. in der Stagnation solch wichtiger Industrien der japanischen Wirtschaft wie dem Schiffbau, der Textilindustrie und der Stahlproduktion. Auch die außerordentlich gewachsene Staatsverschuldung, die anhaltende Arbeitslosigkeit, die nach wie vor hohe Zahl von Firmenbankrotten zeigen, daß die ökonomische Wiederbelebung nach 1975 nur relativ ist und für die nächsten Jahre weitere Probleme beläßt.

Bedeutende Schwierigkeiten aber wirken auch von außen auf die

---

[87] Keizai yōran 1981, S. 338f., Asahi nenkan 1981, S. 299 und Nihon kokusei zue 1981, S. 32.

Wirtschaft ein. Da ist zunächst die unverändert hohe Rohstoff- und Energieabhängigkeit. Durch Rationalisierung und effektivere Verwendung der Rohstoffe sowie eine stärkere Orientierung auf die Entwicklung von intelligenzintensiven Industrien mit technologischen Spitzenerzeugnissen wird die Rohstoffabhängigkeit sicher gemildert, kaum aber entscheidend verändert werden können. Nicht anders verhält es sich auf dem Gebiet der Energie. Zwar wurden bedeutende Sparprogramme verabschiedet und der Produktionszuwachs bei insgesamt geringerem Zuwachs des Energieaufwandes erzielt, doch erhöhte sich der Anteil der importierten Energie 1979 auf 91,2 Prozent der Gesamtenergie.[88] Die bedeutenden Pläne zur stärkeren Nutzung der Atomenergie, der Erschließung neuer Energiequellen (Sonne, Erdwärme, Ozean u. a.) werden in den achtziger Jahren sicher Fortschritte verzeichnen, aber kaum durchgreifende Erleichterungen bringen. Da sind ferner die wachsenden ökonomischen Widersprüche mit den anderen imperialistischen Zentren, ist der Konkurrenzkampf um Absatzmärkte sowie Rohstoff- und Energiequellen. Die außerordentliche Abhängigkeit von Energie- und Rohstoffimporten sowie die dafür auf den internationalen Märkten bedeutend gestiegenen Preise zwingen, das notwendige Geld über den Außenhandel zu erwirtschaften, namentlich durch eine aktive Handelsbilanz gegenüber den anderen entwickelten kapitalistischen Staaten. Deren Widerstand gegen diese japanische Handelspolitik indes wächst, und eine Exportreduzierung könnte entsprechende Auswirkungen auf das japanische Wirtschaftswachstum haben. Von den 4,1 Prozent Wirtschaftswachstum 1981 z. B. resultierten 1,5 Prozent aus den Inlandanforderungen, weit über die Hälfte hingegen (2,6 Prozent) aus dem Export.[89]

Noch eine Frage wird für die ökonomische Entwicklung des Landes in den achtziger Jahren eine Rolle spielen: Inwieweit wird es dem anhaltenden Druck der USA auf bedeutend höhere Rüstungsausgaben widerstehen können, ein Druck, der auch in bestimmten Kreisen des japanischen Monopolkapitals stärker geworden ist? In der Vergangen-

---

[88] Nihon kokusei zue 1981, S. 132. Danach erhöhte sich der Energieverbrauch von 1960 bis 1965 um 76,7 Prozent, von 1965 bis 1970 um 87,5 Prozent, von 1970 bis 1975 um 17,8 Prozent und von 1975 bis 1979 um 11,7 Prozent. Der Abhängigkeitsgrad wuchs von 44,3 Prozent 1960 auf 89,7 Prozent 1975 und 91,2 Prozent 1979.

[89] Siehe „Shakaishugi“, No. 194, Febr. 1982, S. 28.

heit bildete die vergleichsweise langsamere Rüstungserweiterung einen Trumpf auf der Habenseite und der Konkurrenzfähigkeit der japanischen Wirtschaft. Gibt es ihn aus der Hand, wird nicht nur seine Wirtschaft darunter leiden, es werden sich die internationalen Beziehungen im Fernen Osten zuspitzen, und die Lebensbedingungen des japanischen Volkes werden zusätzlich erschwert.

Kapitel II

Die japanische Arbeiterklasse — Struktur, Entwicklung, Organisationen und soziale Lage

Der bedeutende Wirtschaftsaufschwung in den fünfziger und sechziger Jahren führte neben tiefgreifenden Wandlungen in der Wirtschaftsstruktur auch zu einschneidenden Veränderungen in der sozialen und Klassenstruktur. Die Proletarisierung von Millionen Bauern und Landarbeitern sowie Angehörigen städtischer Zwischenschichten schritt voran. Die Arbeiterklasse wuchs zahlenmäßig zur Hauptkraft der Gesellschaft, während die Zwischenschichten, die zu Beginn der fünfziger Jahre noch dominierten, ständig abnahmen. Zugleich wurden immer weitere Millionen Frauen in den Produktionsprozeß einbezogen.

In dem Maße, wie der Anteil der Arbeiterklasse an der Bevölkerung zunahm, erhöhte sich ihre Kraft, gestalteten sich objektiv die Bedingungen ihres Kampfes für bessere Arbeits- und Lebensbedingungen, gegen Ausbeutung und Unterdrückung günstiger. Es stieg die Zahl derer, die sich in Klassenkampforganisationen vereinten. Zahlreiche bedeutende Aktionen für den Frieden, für die Wahrung und Erweiterung ihrer demokratischen Rechte und für die Verbesserung ihrer sozialen Lage widerspiegeln ein erstarktes Klassenbewußtsein nach dem zweiten Weltkrieg.

Natürlich vollzog und vollzieht sich der Prozeß des Bewußtwerdens der eigenen Kraft und des historischen Platzes in der Gesellschaft, des aktiven Eingreifens in den Kampf für politische und soziale Rechte nicht reibungslos. Neben politischen, sozialökonomischen und anderen Faktoren wirken auch heute noch traditionell überkommene und von den herrschenden Kräften bewußt am Leben erhaltene Denk- und Verhaltensweisen, die immer aufs neue ein Eindringen des Opportunismus in die Arbeiterbewegung begünstigen und den Klassenkampf hemmen. Sie zu überwinden ist ein langwieriger und schwieriger Prozeß.

Im folgenden soll zunächst der nach 1945 erfolgte Wandel in der sozialen Struktur der Klassen und Schichten skizziert werden, um dann auf den Kampf, seine Erfolge und Schwierigkeiten sowie auf die Lage der Werktätigen einzugehen, wobei der Arbeiterklasse als der Hauptkraft der Gesellschaft der zentrale Platz eingeräumt wird.

Wandlungen in der Klassenstruktur nach 1945

Bürgerliche Ökonomen und Soziologen sind stets aufs neue bemüht, die marxistische Lehre von der fortschreitenden Proletarisierung der verschiedenen Schichten der Bevölkerung in der kapitalistischen Gesellschaft und eine damit einhergehende zunehmende Klassenpolarität zu widerlegen. Statt dessen entwickeln sie Thesen und Theorien, nach denen die „Mittelklassen“ in ständigem Wachstum begriffen seien. Bürgerliche Massenmedien greifen diese Theorien auf und propagieren sie mit dem Ziel, Klassenantagonismen verwischen zu wollen und die Notwendigkeit des Klassenkampfes zu leugnen. Das ist in Japan genau wie in anderen kapitalistischen Ländern, eventuell noch offizieller. So führt das Büro des Ministerpräsidenten seit Ende der fünfziger Jahre jährlich zweimal Meinungsumfragen unter der Bevölkerung zu deren sozialem Status bzw. ihrem „Lebensbewußtsein“ durch. Etwa 90 Prozent der Befragten rechnen sich danach mit ziemlicher Regelmäßigkeit zur „Mittelklasse“. Das Ergebnis 1980 z. B. besagte: 7 Prozent „obere Mittelklasse“, 54 Prozent „mittlere Mittelklasse“ und 28 Prozent „untere Mittelklasse“. Der Rest meinte, darunter oder darüber zu stehen. Kriterien dieser Selbstklassifizierung sind in der Regel materieller Besitz (ein Haus, ein Auto etc.) oder aber ein höherer Bildungsgrad.[1] Nähme man diese subjektiven Meinungen zur Grundlage, so gäbe es heute in Japan nur noch eine dreigeteilte Mittelklasse mit etwas darüber und etwas darunter.

Natürlich sind dem Marxismus-Leninismus derartige Klassen-„analysen“ fremd. Er unterscheidet Klassen nicht nach ihrem Privatbesitz an Konsumgütern oder ihrem Bildungsgrad, sondern nach ihrem Platz in der gesellschaftlichen Produktion, ihrer Stellung zu den Produktionsmitteln und ihrem Anteil am produzierten gesellschaftlichen Reichtum. Er unterscheidet sie folglich namentlich in

---

[1] Vergleiche Asahi nenkan 1981, Bekken, S. 364. Siehe auch „Rising ‚Middle Class‘ — Illusion or Real“ by Keisuke Okada and Toshiya Kawahara. In: „Japan Times“ vom 3.—5. 1. 1978.

Besitzende und Besitzlose an den Produktionsmitteln, in Ausbeutende und Ausgebeutete. Was die Arbeiterklasse in den kapitalistischen Ländern angeht, so gehört sie zweifelsohne zu den Letzteren: Sie verfügt über keine Produktionsmittel, ist daher zum Verkauf ihrer Arbeitskraft als Ware gezwungen, sie produziert für den Kapitalisten Mehrwert, den dieser sich kostenlos aneignet, und wird folglich ausgebeutet.

Mit den fortschreitenden Wandlungen in der Wirtschaftsstruktur verändert sich auch die Zusammensetzung der Arbeiterklasse. Unter den Bedingungen der wissenschaftlich-technischen Revolution wächst z. B. zwangsweise die Notwendigkeit, daß die Arbeiter über eine entsprechend höhere Qualifikation verfügen und der Anteil des ingenieurtechnischen Personals zunimmt. Es wächst überdies die Zahl der Angestellten sowie namentlich der im Dienstleistungsgewerbe Beschäftigten, während der Anteil der in der materiellen Produktion Tätigen abnimmt. Folglich zählt man heute zur Arbeiterklasse die Produktionsarbeiter in Industrie, Bauwesen und Landwirtschaft, den größten Teil der Angestellten und der Intelligenz in den Betrieben, die Angestellten in der Zirkulationssphäre und im Dienstleistungsgewerbe.[2] Nicht zur Arbeiterklasse gehören unverändert Gehaltsempfänger, deren Aufgabe in der Sicherung des kapitalistischen Herrschaftssystems besteht (leitende Beamte besonders in kapitalistischen Unternehmen, Polizei und Armee).

Welche tatsächlichen Wandlungen haben sich nach 1945 in der sozialen Struktur der einzelnen Klassen und Schichten in Japan vollzogen?

Beginnen wir zunächst mit der Entwicklung des Arbeitskräftepotentials. Bedingt durch bedeutende Fortschritte im Gesundheitswesen, die zu einer Ausmerzung epidemischer Krankheiten und zu einer Senkung der Kindersterblichkeit führten, vermehrte sich die Bevölkerung von 1945 bis 1980 um über 60 Prozent oder ca. 45 Millionen.[3] Gleichzeitig verbesserte sich ihre Struktur dahingehend, daß

---

[2] Vergleiche Politische Ökonomie des Kapitalismus. Dietz Verlag, Berlin 1980, S. 193f.

[3] 1945 hatte Japan 72,1 Millionen Einwohner und 1980 über 117. Siehe Keizai yōran 1980, S. 33. Was die epidemischen Krankheiten angeht, so verschieden z. B. 1950 von 100000 Einwohnern noch 146,4 an Tuberkulose, 1979 aber nur mehr 5,8; 1950 starben 60,1 von 1000 Neugeborenen, 1979 aber nur noch 7,9. Der Anteil beider an der Gesamtsterblichkeit betrug 1950 29 Prozent, 1979 2,9 Prozent. Siehe Nihon kokusei zue 1981, S. 506f.

der im arbeitsfähigen Alter befindliche Teil (von 15 bis 64 Jahren) kontinuierlich von knapp 60 auf über 67 Prozent 1980 anstieg. Damit gestaltete sich das Arbeitskräfteangebot für die Wirtschaft günstiger. Die berufstätige Bevölkerung wuchs von 1950 bis 1980 um 21 Millionen, davon gut 16 Millionen allein bis 1970. (Siehe Grafik.) In den siebziger Jahren verlangsamte sich ihr Anstieg, was damit zusammenhängt, daß die Phase der stark extensiven Entwicklung der Industrie um 1970 zu Ende ging, sich die Wirtschaftskrise einstellte, die kapitalistische Rationalisierung weiter vorangetrieben wurde und die Nachfrage nach Arbeitskräften bedeutend sank. Eine weitere Erklärung ergibt sich aus einer Verlangsamung des Bevölkerungswachstums.

Evolution von Bevölkerung und Arbeitskräften

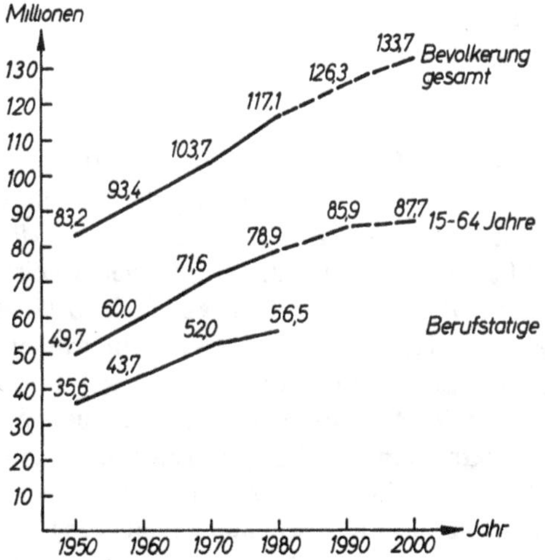

Quelle: Manyū hyakka daijiten, Bd. 12, S. 309; Asahi nenkan 1981, Bekken, S. 380; Nihon kokusei zue 1981, S. 94.

In den Nachkriegsjahren vollzog sich nicht nur ein quantitativer, sondern auch ein qualitativer Wandel unter den Arbeitskräften, bedingt durch die unterschiedliche Entwicklung der einzelnen Wirtschaftsbereiche. 1950 arbeitete noch jeder zweite Werktätige (48,3 %) in der Land-, Forst- und Fischereiwirtschaft, 1975 nur noch jeder siebente (13,9 %). Demgegenüber stieg der Anteil der in der Sphäre der Industrieproduktion Tätigen (weiterverarbeitende Industrie, Baugewerbe, Bergbau) in der gleichen Zeit von 21,9 auf 34,1 Prozent. Die Zahl der in der Land-, Forst- und Fischereiwirtschaft Arbei-

Wandlungen in der Klassenstruktur 1950-1975

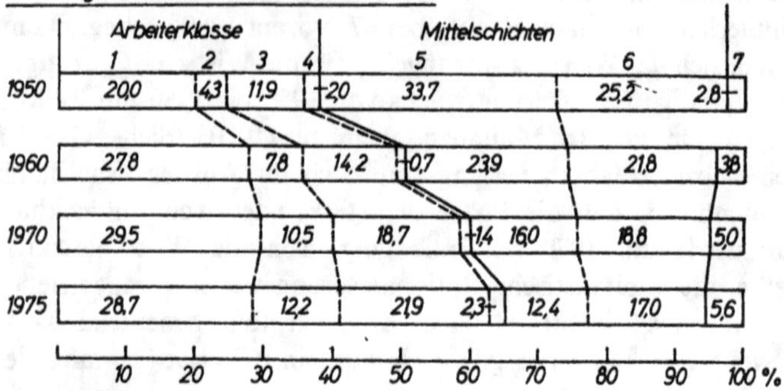

1 Produktionsarbeiter
2 Arbeiter der nichtmateriellen Produktion
3 Angestellte
4 Arbeitslose
5 mitarbeitende Familienangehörige
6 andere
7 Kapitalisten, Armee und Sicherheitsdienste

Quelle: Vgl. Tabelle 6 im Anhang

tenden verringerte sich in diesen 25 Jahren um absolut etwa 10 Millionen (von 17,2 auf 7,4 Millionen), und um etwa das gleiche vermehrte sie sich im Bereich der Industrieproduktion (von 7,8 auf 18,1 Millionen). Beachtenswert ist ferner ein bedeutender Anstieg der Arbeitskräfte im nichtproduktiven Bereich (wie Handel, Elektrizitäts-, Gas- und Wasserversorgung, Transport- und Nachrichtenwesen, Dienstleistungen) auf 52,1 Prozent aller Werktätigen.[4]

In dem Maße, wie sich die Wirtschafts- und damit parallel verlaufend die Arbeitskräftestruktur wandelte, kam es zu einer bedeutenden Umgestaltung der Klassenstruktur. Die Arbeiterklasse wuchs prozentual und absolut schneller als die arbeitende Bevölkerung insgesamt. Erhöhte sich die Zahl der Berufstätigen in den 25 Jahren von 1950 bis 1975 im ganzen um 50 Prozent, so wuchs die Arbeiterklasse in der gleichen Zeit auf über 250 Prozent. Konkreter formuliert: Die Zahl der Berufstätigen erhöhte sich von 1950 bis 1975 um 18,1 (von 36,3 auf 54,4) Millionen, die Angehörigen der Arbeiter-

[4] Keizai yōran 1980, S. 261. Der Strukturwandel schritt auch nach 1975 weiter fort. Nihon kokusei zue 1981 (S. 95) gibt die Anteile der Arbeitskräfte für 1980 wie folgt an: Land-, Forst- und Fischereiwirtschaft 10,4 Prozent, Bergbau-, Bau- und weiterverarbeitende Industrie mit 34,8 Prozent und den nichtproduktiven Bereich mit 54,8 Prozent.

klasse aber um absolut 21,5 (von 13,9 auf 35,4) Millionen.[5] Daraus ergibt sich die Schlußfolgerung, daß die Reihen der Arbeiterklasse nicht nur aus den neu in den Arbeitsprozeß Eingetretenen erweitert wurden, da die absolute Zahl der ersteren bedeutend höher liegt als die der zweiten.

Die Diskrepanz im zahlenmäßigen Anwachsen zwischen Arbeitskräften und Arbeitern erklärt sich daraus, daß der Prozeß der Proletarisierung der Mittel- oder auch Zwischenschichten rasch voranschritt. Auffallend ist der Rückgang der in der Land-, Forst- und Fischereiwirtschaft tätigen Selbständigen und mitarbeitenden Familienangehörigen. Das trug entscheidend dazu bei, daß die Mittel- und Zwischenschichten, die 1950 noch fast 60 Prozent der berufstätigen Bevölkerung ausmachten, 1975 nur mehr knapp 30 Prozent stellten.

Das rasche Anwachsen der Arbeiterklasse zeigt sich nicht nur in den Jahren des stürmischen industriellen Aufschwungs von Mitte der fünfziger bis Ende der sechziger Jahre, sondern setzte sich auch in den siebziger Jahren fort, trotz Krise, Produktionseinschränkung, Rationalisierung und Massenarbeitslosigkeit. Während beispielsweise die arbeitende Bevölkerung von 1970 bis 1975 jährlich um durchschnittlich 285000 zunahm, vermehrte sich die Zahl der Arbeiter um 725000 pro Jahr und wuchs damit fast dreimal schneller. Neben einer weiteren Ruinierung der Bauernschaft ist in den Jahren zwischen 1970 und 1975 erstmals ein absolutes Absinken der Selbständigen und mitarbeitenden Familienangehörigen im industriellen Bereich (Bergbau, Industrie, Transport) zu verzeichnen, während hier noch bis 1970 eine zahlenmäßig ansteigende Tendenz erkennbar war. Es wurden und werden also immer breitere Kreise der Mittelschichten von der Proletarisierung erfaßt.

Damit haben wirtschaftlich hohes Wachstumstempo ebenso wie Krise und Absinken ökonomischer Zuwachsraten die Gesetzmäßigkeit eines ständigen zahlen- und anteilmäßigen Erstarkens der Arbeiterklasse innerhalb der kapitalistischen Gesellschaft auch für Japan bestätigt, und es ist im Vergleich zu den fünfziger Jahren Mitte der siebziger Jahre ein völlig anderes Bild der sozialen und Klassenstruktur entstanden. Die Arbeiterklasse erhöhte ihren Anteil an der sozialen Struktur der japanischen Gesellschaft von 38,2 Prozent 1950 auf 65 Prozent 1975. Sie avancierte damit zur eindeutig dominierenden Kraft im Lande.

---

[5] Vergleiche Tabelle 6 im Anhang.

Ein ähnliches Bild veränderter sozialer Strukturen ergibt sich, wenn man die Berufstätigen unterteilt in Selbständige (vom kapitalistischen Unternehmer bis hin zum Ein-Mann-Betrieb), mitarbeitende Familienangehörige und Lohnarbeiter. Während die Skala bei den Lohnarbeitern (im weitesten Sinne) ständig nach oben tendiert, sinkt sie bei den Selbständigen und Familienmitarbeitern.

Art der Beschäftigten	1960	1965	1970	1975	1980
Selbständige	22,7	19,9	19,2	18,0	17,2
mitarbeitende Familienangehörige	23,9	19,3	15,8	12,0	10,9
Lohnarbeiter	53,4	60,8	65,0	70,0	71,9

Quelle: Nihon kokusei zue 1981, S. 100.

Verlagert man diesen Vergleich auf die internationale Ebene, so wird eine Besonderheit in der sozialen Struktur Japans dahingehend sichtbar, daß der Prozentsatz der Selbständigen und besonders auch der mitarbeitenden Familienangehörigen gegenüber anderen entwickelten kapitalistischen Ländern nach wie vor hoch ist: Bei den Selbständigen beträgt er etwa das Doppelte wie in den USA, in der BRD und in England und bei den Familienmitarbeitern über das Doppelte zur BRD und das Zwölffache zu den USA.[6] Der Anteil der Lohnarbeiter an den Werktätigen stieg zwar nach dem zweiten Weltkrieg außerordentlich rasch, liegt aber teilweise noch beträchtlich unter dem Niveau anderer vergleichbarer kapitalistischer Industriestaaten, deren sozialökonomischer Entwicklungsstand allerdings schon vor dem zweiten Weltkrieg merklich höher lag.

[6] Die vergleichbaren Zahlen für 1978 lauten:

	Japan	USA	England	BRD
Selbständige	17,8	8,4	7,7	9,8
mitarbeitende Familienangehörige	11,8	0,8	–	4,9
Lohnarbeiter	70,2	90,8	92,3	85,3

Siehe Nihon kokusei zue 1981, S. 100. Bei England sind die mitarbeitenden Familienangehörigen unter den Selbständigen mit erfaßt.

Aus der großen Anzahl der in Japan existierenden kleinen und mittleren privaten Warenproduzenten ergibt sich als eine Besonderheit für die japanische Arbeiterklasse ein hoher Grad ihrer Dezentralisation in Zwerg- und Kleinbetriebe. 1977 war jeder dritte Arbeiter in einem Kleinbetrieb bis zu 29 Beschäftigten tätig. Auffallend ist ihr

Veränderungen von Zahl und Anteil der Arbeiter außerhalb der Land- und Forstwirtschaft nach Größe der Betriebe
(in Tausend und Prozent)

Betriebsgröße	1968	1971	1974	1977	Veränderung 1977 zu 1968
gesamt	30197 100,0	33360 100,0	35622 100,0	37517 100,0	7320 24,2
1— 9	4906 16,2	5383 16,1	6226 17,5	6807 18,1	1901 38,7
10— 29	4242 14,0	4721 14,1	5018 14,1	5506 14,7	1264 29,8
30— 99	4438 14,7	4937 14,8	5356 15,0	5826 15,5	1388 31,3
100—299	3020 10,0	3475 10,4	3747 10,5	3944 10,5	924 30,6
300—499	1291 4,3	1427 4,3	1537 4,3	1529 4,1	238 18,4
500 und mehr	8425 27,9	9291 27,9	9281 26,1	9200 24,5	775 9,2
staatliche und Gemeindearbeiter	3831 12,7	4092 12,3	4350 12,2	4680 12,5	849 22,2

Quelle: Hachiju nendai rōdō undō no tembō. Sōhyō chōsa nempō 1980. (Ausblick auf die Arbeiterbewegung in den achtziger Jahren. Untersuchungsbericht des Sōhyō für 1980). Rōdō Kyōiku Cantā, Tōkyō 1980, S. 218.

rascher Anstieg seit Ausbruch der Krise 1973. Die Zwerg-, Klein- und Mittelbetriebe erweisen sich hier als Auffangbecken für die in den Großbetrieben nicht mehr beschäftigten Arbeitskräfte. Sie halten folglich die Arbeitslosigkeit besonders in Krisenzeiten in gewissen Grenzen und dämmen so zugleich die wachsende soziale und politische Unzufriedenheit ein. Gleichzeitig versuchen diese kleinen und auch mittleren Unternehmen, durch die Mehreinstellung von Beschäftigten der Konkurrenz zu begegnen. Da sie nicht über die Rationalisierungsmittel der Großindustrie verfügen, sind sie bestrebt, diesen Nachteil durch die Ausbeutung weiterer Arbeitskräfte zu bedeutend geringeren Löhnen und mit längerer Arbeitszeit wettzumachen.

Entsprechend ist der Teil der in der modernen Großproduktion Beheimateten gering. Nur jeder vierte von ihnen arbeitet in einem Betrieb mit 500 und mehr Beschäftigten, wobei die siebziger Jahre wiederum eine rückläufige Tendenz aufweisen, vorzugsweise durch die Krise, Rationalisierungen und Entlassungen bedingt. Verglichen mit anderen entwickelten kapitalistischen Ländern, ist folglich der Kern des modernen Industrieproletariats noch bedeutend weniger ausgeprägt. Er war zu Beginn der siebziger Jahre nur halb so groß wie in der BRD.

Internationaler Vergleich der Beschäftigtenstruktur nach Betriebsgröße in der weiterverarbeitenden Industrie
(in Prozent)

Betriebsgröße	Japan (1972)	USA (1967)	England (1963)	BRD (1970)
gesamt	100,0	100,0	100,0	100,0
500 und mehr	26,8	45,5	49,9	52,2
100—499	23,9	31,2	31,1	28,7
50—99	11,7	9,4	8,1	8,4
49 und weniger	37,6	13,9	10,9	10,7

Quelle: V. N. Chlynov: Rabočij klass Japonii v uslovijach naučno-techničeskoj revoljucii. Izd. „Nauka“, Moskau 1978, S. 82.

Für die Entwicklung der Arbeiterklasse sind somit objektiv zwei Faktoren zu beachten: Zum einen erhöhte und erhöht sich ihr Anteil an der sozialen Struktur der Bevölkerung, wurde sie zur absolut dominierenden Klasse. Das schuf zugleich neue Bedingungen für ihre Bewegung, ließ diese zu größeren Dimensionen anwachsen. Zum anderen ist der Kern des modernen Industrieproletariats noch relativ klein, der Prozentsatz der in den Kleinbetrieben Beschäftigten hingegen hoch. Dies wiederum hat Rückwirkungen auf ihren subjektiven Faktor, auf ihren Organisationsgrad und ihr Klassenbewußtsein, die besonders in den Klein- und Mittelbetrieben gering sind. Sowohl das Anwachsen der Arbeiterklasse als auch ihre noch immer starke Dezentralisierung wirken ihrerseits unterschiedlich auf ihren Kampf für größere demokratische Rechte sowie bessere Arbeits- und Lebensbedingungen.

Insgesamt aber vertiefen das unablässige potentielle Anwachsen der Arbeiterklasse und der Rückgang der Mittelschichten den Grundwiderspruch des kapitalistischen Systems zwischen gesellschaftlicher Produktion und privatkapitalistischer Aneignung. Es entwickelt sich dadurch objektiv die Konfrontation der einander antagonistisch gegenüberstehenden Klassen der Arbeit und des Kapitals. Die Legende vom Verschwinden der Klassen und Klassengegensätze erweist sich somit als plumpe Zweckpropaganda mit dem Ziel, die Arbeiterklasse vom Klassenkampf abzuhalten. Dieser hat, wie wir im folgenden sehen werden, im Gegenteil qualitativ höhere Formen im Vergleich zu der Zeit vor dem zweiten Weltkrieg angenommen.

Die Entwicklung der Arbeiterbewegung

Formierung und Kampf der Arbeiterklasse bis 1945

Bereits vor dem zweiten Weltkrieg sammelte die japanische Arbeiterklasse wichtige Erfahrungen, schuf sich ihre Klassenorganisationen und führte eine Reihe bemerkenswerter Kämpfe. Die innenpolitischen Bedingungen waren jedoch für die Organisierung und den Kampf der Werktätigen namentlich infolge der brutalen Unterdrückung durch die herrschenden Kräfte außerordentlich kompliziert, so daß eine breite und massenwirksame Bewegung wie nach 1945 nicht möglich sein konnte. Die jahrzehntelangen Erfahrungen bildeten indes den Ausgangspunkt für die breite Entwicklung ihrer Bewegung in den zurückliegenden Jahrzehnten nach dem zweiten Weltkrieg und sollen daher zunächst kurz skizziert werden.

Mit der beschleunigten Durchsetzung kapitalistischer Produktionsverhältnisse seit dem Anbruch der Meiji-Periode (1868—1912) begann auch die Herausbildung einer Arbeiterklasse. In den siebziger und achtziger Jahren des 19. Jh. wehrte sie sich gegen die unbarmherzige Unterdrückung und Ausbeutung (12—14stündige Arbeitszeit, Kontraktsysteme, Kinderarbeit, körperliche Züchtigungen, Löhne am Rande des Existenzminimums) zunächst durch spontane Erhebungen, Maschinenstürmereien u. a. Der Beginn der Gewerkschaftsbewegung und damit auch der Anfang eines organisierten und bewußten Eintretens für die eigenen Klasseninteressen datiert aus dem Jahre 1897, in dem erste moderne Gewerkschaften gegründet wurden. Im Dezember 1898 erblickte die Zeitschrift „Rōdō Sekai" (Welt der Arbeit) unter der Chefredaktion von Sen Katayama das Licht der Welt. Sie war das erste Organ, das die Interessen der Werktätigen vertrat. Ihre Verbundenheit mit der internationalen Arbeiterbewegung brachte sie u. a. dadurch zum Ausdruck, daß sie ausführlich über diese berichtete und auf der letzten Seite, in englischer Sprache weltweit zugänglich, über die japanische Arbeiterbewegung informierte. Etwa gleichzeitig wurde die Gesellschaft zum Studium des Sozialismus geschaffen (Shakaishugi Kenkyūkai, 1898), deren aktivste Kräfte 1901 die Sozialdemokratische Partei gründeten.

Kaum begann sich jedoch die Arbeiterklasse politisch zu formieren, schufen die herrschenden Kräfte ein Polizeigesetz der öffentlichen Ordnung (Chian Keisatsuhō, März 1900), das die eben erst gegründete Sozialdemokratische Partei noch am gleichen Tage wieder verbot. Ebenso bildete das Polizeigesetz eine Handhabe zur Verfolgung und Unterdrückung der Gewerkschaftsbewegung, es kam zu deren Stagnation und Rückentwicklung.

Zu den Initiatoren der Arbeiter- und sozialistischen Bewegung zählten Persönlichkeiten wie Sen Katayama, Toshihiko Sakai, Shūsui Kōtoku u. a., die sich nach dem Verbot der Sozialdemokratischen Partei in der Heiminsha (Gesellschaft des einfachen Volkes) organisierten, weiterhin aktiv Ideen des Sozialismus im Lande propagierten, das „Manifest der Kommunistischen Partei" und andere Arbeiten von Marx und Engels übersetzten (vor allem Sakai und Kōtoku), aktiv gegen den russisch-japanischen Krieg 1904/05 auftraten und 1906 die Sozialistische Partei Japans (SPJ) schufen. Diese wurde nach einem Jahr mit Hilfe des Polizeigesetzes ebenfalls verboten, wobei innerparteiliche Auseinandersetzungen um den weiteren Weg („parlamentarische Aktionen", vertreten von Katayama, oder „direkte Aktionen", vertreten von Kōtoku) die sozialistisch orientierten Kräfte zusätzlich schwächten. Kōtoku wurde schließlich 1911 gemeinsam mit 11 weiteren Kampfgefährten des Hochverrats angeklagt und hingerichtet, Katayama nach einem von ihm erfolgreich geführten Streik 1912 eingekerkert. Er ging anschließend in die Emigration und starb 1933 als Mitglied des Exekutivkomitees der Kommunistischen Internationale (seit 1921) in Moskau.

Zu Beginn des ersten Weltkrieges hatte sich der Monopolkapitalismus in Japan im wesentlichen herausgebildet, die Arbeiterklasse wuchs und begann sich in Großbetrieben zu konzentrieren. 1916/17 nahm die Zahl der Komflikte und Auseinandersetzungen in den Betrieben zu, und 1918 kam es zu den „Reisaufständen“, den bis dahin größten Volkserhebungen in der japanischen Geschichte, an denen sich insgesamt etwa 10 Millionen beteiligten.

Unter dem Einfluß des Sieges der Großen Sozialistischen Oktoberrevolution von 1917 nahm auch die japanische Arbeiterbewegung einen Aufschwung. Streiks mehrten sich und der Organisationsgrad der Arbeiter stieg an. 1920 wurde erstmals der 1. Mai begangen, 1921 bildete sich die nationale Gewerkschaft Nihon Rōdō Sōdōmei (Föderation Japanischer Gewerkschaften). Sie formierte sich aus der 1912 als Instrument des Industriekapitals zur Förderung von Harmonie zwischen Kapital und Arbeit gebildeten gewerkschaftsähnlichen Yūaikai (Brüderschaftsverein) und ist die erste gesamtnationale Gewerkschaftsföderation in Japan. Am 15. Juli 1922 schließlich erfolgte als vorläufiger Höhepunkt die Gründung der Kommunistischen Partei Japans (KPJ) als avantgardistische Partei der japanischen Arbeiterklasse. Sie mußte bis 1945 in strengster Illegalität arbeiten.

Ab 1923 setzte unter Ausnutzung eines Ausnahmezustandes im Gefolge des verheerenden Erdbebens vom September des gleichen Jahres im Gebiet um Tōkyō eine verstärkte Verfolgung linker Kräfte ein, die zu einer Schwächung auch der Gewerkschaftsbewegung und zur Spaltung der Nihon Rōdō Sōdōmei führte. Die aus dieser ausgeschlossenen 30 Gewerkschaften gründeten 1925 den unter Führung der KP Japans stehenden Rat der Japanischen Gewerkschaften (Nihon Rōdōkumiai Hyōgikai, kurz auch Hyōgikai genannt). Unterstützte der Hyōgikai die KPJ, so unterstützte der Sōdōmei die 1926 geschaffene rechtssozialdemokratische Soziale Volkspartei (Shakai Minshūtō), und der Bund Japanischer Gewerkschaften (Nihon Rōdōkumiai Dōmei), nach einer zweiten Spaltung des Sōdōmei Ende 1926 gegründet, war mit der ebenfalls 1926 gebildeten legalen Partei der Werktätigen Rōnōtō (Arbeiter-und-Bauern-Partei) liiert. Damit begann die Unterstützung verschiedener Parteien durch verschiedene Gewerkschaften, die zu einer Tradition bis in die Gegenwart wurde und auf Grund ihres zersplitternden Charakters auch negative Folgen für die Arbeiter- und Gewerkschaftsbewegung insgesamt mit sich brachte und bringt.

Das 1900 erlassene Polizeigesetz erfuhr 1925 eine Verschärfung und Ergänzung durch das Gesetz zur Aufrechterhaltung der öffentlichen Sicherheit (Chian Ijihō). Die gewaltsame Auflösung der Arbeiter-und-Bauern-Partei Rōnōtō und des unter Führung der KPJ stehenden Gewerkschaftsverbandes Hyōgikai 1928 gingen ebenso auf das Konto dieser reaktionären Gesetzgebung wie eine neuerlich verschärfte Verfolgung der KPJ. Insbesondere infolge Verrats durch in die Partei eingeschleuste Polizeispitzel gelang es der politischen Sicherheitspolizei mehrfach, das gesamte ZK der KPJ zu verhaften. Das führte zu einer solchen Schwächung der Partei, daß sie ab 1935 nicht mehr in der Lage war, im Landesmaßstab zu agieren.

Dennoch wehrte sich die japanische Arbeiterklasse gegen die zunehmende Verelendung in der Zeit der Weltwirtschaftskrise. 1930 fanden weit über 2000 Streikaktionen mit insgesamt nahezu 200000 Teilnehmern statt, was einen Rekord in der japanischen Geschichte vor dem zweiten Weltkrieg bedeutete. Unmittelbar nach dem Überfall der japanischen Militärs auf die Mandschurei im September 1931 entfalteten die progressiven Kräfte den Kampf gegen die imperialistische Eroberungspolitik unter der Losung „Hände weg von der Mandschurei und China“. Sie waren jedoch noch zu schwach, um wirkungsvolle Erfolge erzielen zu können.

Das Jahr 1931 sah knapp 8 Prozent aller japanischen Arbeiter in Gewerkschaften organisiert, womit die größte Organisationsrate vor dem zweiten Weltkrieg erreicht wurde. Die höchste Mitgliederzahl gab es 1936 mit 420000. Großen Anteil an den Kämpfen hatte der Nationale Rat der Japanischen Gewerkschaften (Nihon Rōdōkumiai Zenkoku Kyōgikai, kurz auch Zenkyō genannt), der 1928 als Nachfolgeorganisation des verbotenen Hyōgikai gegründet wurde und ebenfalls unter dem Einfluß der KPJ stand. Zenkyō galt als außerordentlich kämpferisch, wurde daher stark verfolgt und mußte fast illegal arbeiten. Einsetzende linksextremistische Tendenzen in ihr verhinderten allerdings die Schaffung einer Massenbasis. Es kam im Zenkyō zu inneren Auseinandersetzungen, zur Spaltung und schließlichen Einstellung ihrer Tätigkeit ab 1934 infolge jahrelanger Unterdrückung.

1932 formierte sich die Soziale Massenpartei (Shakai Taishūtō) aus der Sozialen Volkspartei und der 1930 gegründeten Japanischen Massenpartei der Arbeiter und Bauern (Zenkoku Rōnō Taishūtō) als sozialdemokratische Einheitspartei. Sie stellte die einzige legale Partei der japanischen Werktätigen in den dreißiger Jahren dar, doch zeigte sich ihr negativer Charakter u. a. während des japanischen Überfalls 1937 auf China. In chauvinistischer Manier rief sie das Volk auf, diesen Krieg „als heiligen Krieg zur Erfüllung der historischen Mission des japanischen Volkes zu unterstützen“, sie wandte sich gegen Streikaktionen und anderes. Einer ihrer Führer war Suehiro Nishio, der auch nach 1945 im rechten Flügel der Sozialistischen Partei Japans (SPJ) eine unrühmliche Rolle spielte. Er wurde 1960 erster Vorsitzender der von der SPJ abgespaltenen Demokratisch-Sozialistischen Partei. Die Soziale Massenpartei, die bei den allgemeinen Wahlen 1937 38 Sitze im Parlament errang (1925 war das allgemeine Wahlrecht für Männer ab 25 Jahre eingeführt worden, Frauen blieb es weiterhin vorenthalten) und die wohlwollende Unterstützung der herrschenden Kräfte genoß, löste sich 1940 ebenso wie die damals bestehenden Parteien des Kapitals und des Großgrundbesitzes auf und trat der „Bewegung zur Unterstützung des Thrones“ bei, die als ein organisatorisches und ideologisches Instrument der totalen Kriegführung des japanischen Imperialismus diente.

1938 war das Gesetz zur Totalen Mobilisierung der Nation erlassen worden, das auch den Einsatz und die Verteilung der Arbeitskräfte durch die Regierung regelte. Dies sowie die Tatsache, daß zu diesem Zeitpunkt die Militärs die Regierung beherrschten, bedeuteten faktisch das Ende der selbständigen Arbeiterbewegung vor 1945 in Japan.

Somit zeigt sich, daß die Entwicklung der Arbeiterbewegung vor 1945 unter außerordentlich schwierigen und komplizierten Bedingungen vonstatten ging. Der Terror gegen alle progressiven und revolutionären Kräfte bis hin zu ihrer physischen Vernichtung seit den ersten Anfängen der Formierung der Arbeiter zur Klasse und der Schaffung erster Klassenorganisationen führte dazu, daß sie fast nur in tiefer Illegalität wirken und daher nicht die breiten Massen erfassen konnten. Demgegenüber wurden rechtssozialdemokratische Strömungen und auf Klassenfrieden orientierte Gewerkschaften wohlwollend geduldet und sogar unterstützt. Diese Kräfte erreichten verständlicherweise breitere Schichten des werktätigen Volkes, konnten ihre Ideologie propagieren und die Entwicklung des Klassenbewußtseins der Arbeiter hemmen.

Die jahrzehntelange Verfolgung und Unterdrückung der klassenbewußten Kräfte sowie insbesondere die Zerschlagung der Kommunistischen Partei Mitte der dreißiger Jahre bildeten eine wesentliche Ursache dafür, daß es während des zweiten Weltkrieges in Japan selbst zu keiner Widerstandsbewegung gegen den Krieg kam. Durch Auflösung der letzten noch geduldeten opportunistischen Gewerkschaften sank der Organisationsgrad ab 1940 auf den Nullpunkt. Die Erfahrungen vor dem zweiten Weltkrieg aber hatten gelehrt, daß nur eine breit organisierte, auf kämpferischen Positionen stehende und geschlossen handelnde Arbeiterklasse in der Lage ist, ihre Interessen wirkungsvoll zu vertreten.

Aufschwung der Arbeiterbewegung nach dem zweiten Weltkrieg und deren Entwicklung bis Mitte der siebziger Jahre

Durch die Zerschlagung des japanischen Militarismus und die bedingungslose Kapitulation 1945 veränderte sich auch die politische Situation für die Entwicklung der Arbeiterbewegung bedeutend. Die neuen Bedingungen erwuchsen vor allem durch den Sieg der Völker mit der Sowjetunion an der Spitze gegen die im Antikominternpakt zusammengeschlossenen faschistischen und militaristischen Kräfte. Auch die USA, als die alleinige Besatzungsmacht Japans, waren zunächst gezwungen, den Willen der friedliebenden und fortschrittlichen Weltöffentlichkeit — nicht zuletzt auch ihres eigenen Volkes — nach demokratischer Umgestaltung Japans, wie sie in der Potsdamer Deklaration ihren Ausdruck fand, zu berücksichtigen und eine Reihe Reformen durchzuführen.

Das bisherige Unterdrückungsregime wurde zerschlagen, das gegen die progressiven Kräfte im allgemeinen und gegen die Arbeiterklasse im besonderen gerichtete reaktionäre Gesetzeswerk — namentlich das Polizeigesetz der öffentlichen Ordnung von 1900 und das Gesetz zur Aufrechterhaltung der öffentlichen Sicherheit von 1925 — wurden außer Kraft gesetzt und die allein zum Zwecke der Überwachung und Verfolgung der revolutionären und demokratischen Kräfte des Landes geschaffene Geheime Sonderpolizei Tokkō (Abkürzung für Tokubetsu Kōtō Keisatsu, Sonderpolizei Erster Klasse) aufgelöst. Gleichzeitig wurden die demokratischen Rechte und Freiheiten erweitert, das Recht auf gewerkschaftlichen Zusammenschluß und auf Streik gewährt, Rede-, Presse-, Versammlungs- und Koalitionsfreiheit garantiert, eine Bodenreform durchgeführt, die Frau in der 1947 in Kraft getretenen neuen Verfassung dem Manne politisch gleichgestellt und ihr das Wahlrecht eingeräumt. Als bedeutungsvoll für die Entwicklung in den ersten Nachkriegsjahren erwies sich auch die Schwächung des Monopolkapitals, vornehmlich durch die „Entflechtung" der Zaibatsu.

Dennoch kann man 1945 nicht von einer revolutionären Situation im Lande sprechen, wie sie sich im Ergebnis des Sieges über den Faschismus in einer Vielzahl europäischer Staaten herausgebildet hatte. Zwar waren der japanische Militarismus und Imperialismus im Ergebnis ihrer Niederlage im zweiten Weltkrieg außerordentlich geschwächt, doch wurde diese Schwäche wesentlich kompensiert durch die Besetzung Japans durch den amerikanischen Imperialismus. Zudem waren die Kampforganisationen der Arbeiterklasse und anderer demokratischer Kräfte seit Jahren zerschlagen und mußten erst neu aufgebaut werden.

In der neuen Situation nach 1945 konnte sich die japanische Arbeiterbewegung erstmals seit ihrer Entstehung im ausgehenden 19. Jh. relativ frei entfalten. Zum ersten Mal konnten die Kommunistische Partei Japans und andere demokratische Kräfte legal wirken, offen die Forderungen der Arbeiterklasse und anderer Schichten des werktätigen japanischen Volkes vertreten, sie in Kampforganisationen zur Durchsetzung ihrer politischen und ökonomischen Interessen zusammenschließen und ihr politisches Bewußtsein heben. Es begann für die japanische Arbeiterklasse nach 1945 eine neue Etappe ihres Kampfes, die zugleich Bestandteil des sich mit Macht entwickelnden weltrevolutionären Prozesses nach dem zweiten Weltkrieg war.

Der Aufschwung der Arbeiterbewegung Japans in den ersten Nachkriegsjahren verdeutlicht sich in folgenden Fakten: Zur Zeit der Kapitulation stand die Gewerkschaftsbewegung auf dem Nullpunkt. Bereits ein Jahr später aber gab es über 17000 Gewerkschaften (im Sinne von autonomen Betriebsgewerkschaften, die bis heute die Basis der Gewerkschaftsbewegung Japans bilden) mit knapp 5 Millionen Organisierten. 1949 waren es 34688 Gewerkschaften mit insgesamt 6,655 Millionen Mitgliedern. Der gewerkschaftliche Organisationsgrad wuchs bis 1949 auf 55,8 Prozent an, womit der Höchststand nach dem zweiten Weltkrieg erreicht wurde.[7] Die durch Hunger, Wohnungsnot, Inflation und Arbeitslosigkeit außerordentlich angespannte und schwierige soziale Lage der Werktätigen sowie das Verlangen nach größeren demokratischen Rechten führten in den Jahren von 1946 bis 1950 zu über 6300 Arbeitskonflikten mit mehr als 19 Millionen Beteiligten, darunter 3820 Streikaktionen mit insgesamt 5,8 Millionen Teilnehmern. Das kämpferische Aufbegehren der Arbeiterklasse brachte es mit sich, daß in den ersten fünf Nachkriegsjahren viermal so viele Streikteilnehmer registriert wurden wie in der gesamten vorangegangenen Geschichte der japanischen Gewerkschaftsbewegung.[8]

Ein Merkmal der Arbeiterbewegung unmittelbar nach dem Kriege

---

[7] Zahlenangaben nach Mainichi nenkan 1978, S. 187.

[8] Von 1897 bis 1945 gab es in Japan 12971 Streikaktionen mit insgesamt 1426635 Teilnehmern. Nach Angaben aus Manyū hyakka daijiten, Bd. 6, S. 1220.

bildete der von der KPJ maßgeblich geführte und unterstützte gewerkschaftliche Kampf für die demokratische Verwaltung der Produktion. Allein von Oktober 1945 bis Juni 1946 kam es in 124 Betrieben zu einer zeitweiligen Übernahme der Produktionsleitung durch Gewerkschaften (u. a. bei der Zeitung „Yomiuri Shimbun", in Teilen des Verkehrswesens, des Bergbaus, der Elektrotechnik). Sie alle wurden jedoch von der japanischen Regierung und mit Unterstützung der amerikanischen Besatzungsmacht im Juni 1946 für „ungesetzlich" erklärt und rückgängig gemacht.[9]

Am 30. März 1947 konstituierte sich die Gesamtnationale Verbindungskonferenz der Gewerkschaften (Zenkoku Rōdōkumiai Renraku Kyōgikai, kurz Zenrōren genannt). Diese Verbindungskonferenz bildete die erste Organisation in der Geschichte der japanischen Arbeiterbewegung, die linke, rechte und neutrale Gewerkschaften in gemeinsamen Forderungen zusammenführte. Sie vereinigte den im August 1946 gegründeten und unter sozialdemokratischer Führung stehenden Generalbund der Japanischen Gewerkschaften (Nihon Rōdōkumiai Sōdōmei, kurz Sōdōmei), den unter Führung der KPJ stehenden, ebenfalls im August 1946 gegründeten und 43 Prozent aller gewerkschaftlich Organisierten in sich vereinigenden Gesamtjapanischen Rat der Industriegewerkschaften (Zennihon Sangyōbetsu Rōdōkumiai Kaigi, kurz Sambetsu Kaigi) sowie neutrale Gewerkschaften.

Von Mai 1947 bis Februar 1948 regierte erstmals — und bis heute einmalig — in der japanischen Geschichte ein Kabinett unter Vorsitz eines Sozialdemokraten, Tetsu Katayama. Die Kommunistische Partei festigte ihre Positionen in der Arbeiterbewegung und im Volk rasch und konnte bei den allgemeinen Wahlen zum Haus der Abgeordneten (auch Unterhaus genannt) im Januar 1949 3 Millionen Wählerstimmen auf sich vereinigen und mit 35 Abgeordneten ins Parlament einziehen.

Der stürmische Vormarsch der Arbeiterbewegung und anderer demokratischer Kräfte stieß jedoch auf zwei wesentliche Hindernisse, die ihre weitere Entwicklung erschwerten und zunächst auch bremsten. Das war zum einen die Uneinigkeit zwischen SPJ und KPJ, bedingt durch ausgeprägten Antikommunismus unter den damals führenden sozialdemokratischen Kräften in der SPJ sowie Erscheinungen des linken Opportunismus in der KPJ. Das war zum

---

9 Shōbei Shiota, Kenjirō Nakabayashi, Hajime Tanuma: Sengo rōdōkumiai undō no rekishi (Geschichte der Gewerkschaftsbewegung nach dem Krieg). Shin Nihon Shinsho, Tōkyō 1975, S. 38ff.

anderen der Umstand, daß die USA als alleinige Besatzungsmacht Japans fungierten. Die fehlende Einheit und Geschlossenheit der Arbeiterbewegung — eine Hauptschwäche, die mit unterschiedlicher Wirksamkeit bis in die Gegenwart andauert — erleichterte ihre erneute Unterdrückung und empfindliche Schwächung gegen Ende der vierziger Jahre.

Ab 1947 vollzog sich in der Politik der amerikanischen Besatzungsmacht eine Wende. Der Prozeß der Demokratisierung Japans wurde gestoppt, die Repressalien gegen die demokratische und Arbeiterbewegung des Landes nahmen zu. Den Wandel verursachte der Übergang des USA-Imperialismus zur Politik des kalten Krieges, dessen Ziel darin bestand, den Vormarsch der revolutionären Kräfte in der Welt aufzuhalten und rückgängig zu machen. Angesichts der sich auch im Fernen Osten vollziehenden politischen Veränderungen, namentlich die rasche Vorwärtsentwicklung der chinesischen Volksrevolution und ihr Sieg 1949 sowie die Vorbereitung des Koreakrieges, nahmen die USA verstärkt Kurs darauf, die politische Herrschaft des japanischen Kapitals wieder zu festigen, Japan zu ihrem Juniorpartner und größtem Militärstützpunkt in Asien zur Realisierung ihrer Aggressionspolitik in diesem Raum auszubauen. In der demokratischen und Arbeiterbewegung sahen der amerikanische Imperialismus und die herrschenden Kräfte Japans mit Recht das Haupthindernis für die Verwirklichung ihrer reaktionären und friedensgefährdenden Pläne, weshalb sie nunmehr systematisch deren Unterdrückung, Spaltung und Schwächung verfolgten.

Die Arbeiterklasse wurde mit dem wahren Charakter der USA-Besatzungspolitik erstmals deutlich konfrontiert, als der Oberbefehlshaber der amerikanischen Besatzungsstreitkräfte, General MacArthur, einen für den 1. Februar 1947 vorgesehenen Generalstreik verbot. Der geplante Streik forderte nicht nur bessere materielle Lebensbedingungen, sondern stellte auch eindeutige politische Ziele wie den Sturz des Yoshida-Kabinetts und die „Errichtung einer demokratischen Regierung mit der SPJ als Kern“[10]. MacArthur begründete das von ihm erlassene Verbot damit, daß der geplante Streik „die öffentliche Wohlfahrt außerordentlich bedrohe“[11].

Der 1947 durch die Gründung des Zenrōren vollzogene Schritt

---

[10] Ebenda, S. 57f.

[11] Ebenda, S. 59.

zur Schaffung einer Gewerkschaftseinheit erlitt bereits Mitte 1948 durch den Austritt des sozialdemokratisch geführten Sōdōmei einen Rückschlag. Diese negative Entwicklung geht ebenfalls vorwiegend auf das Konto der USA, die die Spaltung der Gewerkschaftsbewegung zur damaligen Zeit bekanntlich auch international (Spaltung des Weltgewerkschaftsbundes — WGB 1949) aktiv betrieben, wobei ihnen besonders die amerikanischen Gewerkschaften AFL und CIO sowie rechtssozialdemokratische Bewegungen Schrittmacherdienste leisteten. Hier wie dort waren antikommunistische Demagogie und Verleumdungen ideologisches Hauptmittel.

Zur gleichen Zeit, da zielstrebige Aktionen gegen die Arbeiterbewegung begannen, wurde die „Entflechtung" der Zaibatsu für beendet erklärt und Kurs auf das Wiedererstarken des japanischen Kapitals genommen. Erfolgte einerseits die Spaltung der Gewerkschaftseinheit, so beobachtete man andererseits den Zusammenschluß der Unternehmer der Privatindustrie in einheitlichen und mit konkreten Aufgaben abgegrenzten Organisationen wie Keidanren, Nikkeiren und Dōyūkai. Das ermöglichte ein einheitliches und abgestimmtes Vorgehen gegen die durch ihre Spaltung geschwächte Arbeiterklasse.

Kurz nach dem Austritt des Sōdōmei aus dem Zenrōren holte die Regierung mit Unterstützung und auf „Empfehlung" der USA-Besatzung zu einem neuen, schwerwiegenden Schlag gegen die Gewerkschafts- und Arbeiterbewegung aus. Am 31. Juli 1948 verkündete sie den Regierungserlaß 201, der den Arbeitern und Angestellten aller öffentlichen Unternehmen das Recht auf kollektive Verhandlungsführung und auf Streik raubte. Hiervon wurde über ein Drittel der zumeist am besten organisierten und geschulten Kräfte der Gewerkschaftsbewegung betroffen. Diese gegen die Grundprinzipien der japanischen Verfassung verstoßende Maßnahme diente den USA als Mittel, das konservative Regime politisch zu festigen. Als die USA zum Zwecke der ökonomischen Stabilisierung des kapitalistischen Systems für 1949 die „Neun Prinzipien der Wirtschaftsstabilisierung" befahlen, ordnete MacArthur zur Realisierung derselben an, „einen Teil der Freiheiten und Rechte, die von einer freien Gesellschaft anerkannt werden, zeitweilig außer Kraft zu setzen" und weder politischen noch anderweitigen Widerstand zu dulden.[12] Im Zusammenhang mit dem Regierungserlaß 201 und der Durch-

[12] Ebenda, S. 102.

setzung der Neun Wirtschaftsprinzipien kam es zur Kündigung von Arbeitsverträgen und zu Massenentlassungen, zu Lohnstopp und anderen Maßnahmen gegen die Lebensinteressen der Werktätigen.

Zur Unterstützung und Rechtfertigung antikommunistischer Demagogie, der Spaltungsbemühungen, der Verabschiedung reaktionärer Gesetze und gewaltsamer Unterdrückung wurden Verleumdungen und Provokationen inszeniert, die sich insbesondere gegen den kämpferischen Teil der Gewerkschaften und gegen die KPJ richteten. Ein Beispiel von vielen ist der Matsukawa-Fall. Am 17. August 1949 ereignete sich inmitten von Streikvorbereitungen nahe der Stadt Matsukawa eine Zugentgleisung, bei der 3 Bahnangestellte tödlich verunglückten. Umgehend wurden führende Gewerkschaftsfunktionäre eines in Matsukawa befindlichen Betriebes des Toshiba-Konzerns verhaftet, zumeist KP-Mitglieder. Die Klassenjustiz sprach alle zunächst „schuldig“, verhängte 5 Todesurteile und fünfmal lebenslängliche Haft. Machtvolle Aktionen der progressiven Kräfte erzwangen jedoch immer wieder eine Neuaufnahme des Verfahrens, und nach mehrfachen Urteilrevisionen mußten 1963 — nach über 14 Jahren Kerkerhaft, stets der Vollstreckung des Todesurteils gewärtig — alle für „nicht schuldig“ erklärt und freigesprochen werden.[13] Zunächst aber konnte dieser wie ähnliche Fälle gegen die Arbeiterklasse und für die Legende von einer „kommunistischen Gefahr“ genutzt werden.

Am 6. Juni 1950, kurz vor dem Ausbruch des Koreakrieges, erhielten die 24 Mitglieder des ZK der KPJ, die entschieden gegen die Vorbereitung dieses Krieges eintraten, von MacArthur politisches Betätigungsverbot, und am Tage nach dem Überfall auf Korea erfolgte ein Verbot ihres Zentralorgans „Akahata“ („Rote Fahne“). Massenentlassungen bzw. Berufsverbote von KP-Mitgliedern und und ihren Anhängern aus Betrieben und Ämtern in Verfolgung der Linie des „Red purge“, der „Roten Reinigung“, nahmen zu.

So bietet sich im Ergebnis von Streikverboten, Polizeieinsatz, gerichtlichen Verfolgungen, Massenentlassungen, Ausschluß linker Kräfte aus Gewerkschaften unter dem Deckmantel der „Demokratisierung“, des Kampfes gegen „Industriezerstörung“ und „ultralinker Strategie“ sowie der Spaltung der Arbeiterklasse und der Repressalien insbesondere von seiten der amerikanischen Besatzungsmacht

---

[13] Zum Matsukawa-Fall siehe: Kazuo Ōkōchi, Hiroshi Matsuo: Nihon rōdōkumiai monogatari, Sengo 1 (Berichte zur japanischen Gewerkschaftsbewegung, Nachkriegszeit, Bd. 1). Chikuma Shobō, Tōkyō 1977, S. 350ff.

um 1949/50 ein verändertes Bild. Die KPJ wurde bedeutend geschwächt, die Gewerkschaftsbewegung ging zahlenmäßig zurück, ihr Organisationsgrad fiel von 55,8 Prozent 1949 auf 46,8 im Jahre 1950 und sank in der Folgezeit bis etwa 34 Prozent ab. (Vgl. Grafik.) Es erstarkten zunächst die rechten, opportunistischen Kräfte.

Unter den neuen innenpolitischen Bedingungen formierte sich kurz nach Ausbruch des Koreakrieges — und wiederum mit aktiver Beihilfe der Besatzungsmacht — im Juli 1950 der Gewerkschaftsverband Sōhyō, dessen Hauptstütze der weitgehend auf Klassenharmonie ausgerichtete Sōdōmei bildete. Dieser eindeutig unter antikommunistischen Vorzeichen gegründete Gewerkschaftsverband entwickelte sich jedoch in kürzester Zeit durch das Wirken vor allem linker Kräfte in der SPJ zum kämpferischsten Gewerkschaftsverband Japans bis in die heutige Zeit. (Siehe S. 108f.)

Trotz erschwerter Bedingungen führte das japanische Proletariat auch zu Beginn der fünfziger Jahre eine Reihe bedeutender Klassenkämpfe. Ab Ende 1950 nahm die Zahl der für ihre Rechte Streikenden wieder einen Aufschwung. Der Kampf für den Abbruch des amerikanischen Interventionskrieges in Korea, anfangs nur von den bewußtesten Kräften geführt, erfaßte ebenso wie der Widerstand gegen den von den USA vorbereiteten einseitigen Friedensvertrag mit Japan immer breitere Schichten. Im Januar 1951 gründeten die KPJ, die Rōnōtō (Arbeiter- und-Bauern-Partei, eine linke sozialistische Gruppierung, die sich nach ihrem Austritt aus der SPJ Ende 1948 formiert hatte), der Sambetsu Kaigi und andere, insgesamt 40 Gewerkschaften und demokratische Organisationen, den „Rat der patriotischen Bewegung für einen allseitigen Friedensvertrag" (japanisch kurz Zenaikyō), der binnen weniger Monate 4,8 Millionen Unterschriften für einen allseitigen Friedensvertrag und gegen die 1950 auf Befehl MacArthurs einsetzende Wiederaufrüstung sammelte. Die Sozialistische Partei beschloß auf ihrem 7. Parteitag im Januar 1951 die drei Prinzipien zum Friedensvertrag (allseitiger Vertrag, Aufrechterhaltung der Neutralität Japans, keine Militärstützpunkte) und nahm eine Entschließung gegen die Wiederaufrüstung des Landes an. Alle vier Punkte wurden vom 2. Sōhyō-Kongreß 1951 übernommen.

Zwar konnten der einseitig von den USA diktierte Friedensvertrag von San Franzisko und der am gleichen Tage abgeschlossene japanisch-amerikanische Sicherheitspakt nicht verhindert werden, doch ging der Kampf auch nach dem „San Franziskoer-System", wie dieses Vertragswerk samt Nachfolgeabkommen in Japan bezeichnet wird, weiter. Der 1. Mai 1952, in der japanischen Geschichte als der

„Blut-Mai“ bekannt, vereinte allein in Tōkyō 450000 Teilnehmer, die Transparente mit sich führten, auf denen Losungen wie „Gegen den Friedens- und Sicherheitspakt“ und „Vergeßt nicht den 28. April“ (1952, den Tag des Inkrafttretens der Verträge) zu lesen waren. Bei Zusammenstößen mit der Polizei gab es 2 Tote, viele Verletzte und 1230 Verhaftungen.[14]

Der Friedensvertrag brachte gewisse veränderte Bedingungen für den weiteren Kampf insofern, als nunmehr eine direkte Unterdrückung durch den USA-Imperialismus nicht mehr möglich war (u. a. Abschaffung der Militärgerichte), was in der Folgezeit zu einer offeneren Entfaltung der antiamerikanischen Bewegung führte. Diese zeigte sich in immer neuen machtvollen Aktionen gegen den Sicherheitspakt, gegen die amerikanischen Militärstützpunkte in Japan, gegen den Vietnamkrieg der USA und in anderen Beispielen.

Um dem „Vakuum“ zu begegnen, das durch die Beseitigung der amerikanischen Besatzungsdiktatur gegen die fortschrittlichen Kräfte entstanden war, nahm die japanische Regierung bereits im März 1952, kurz vor Inkrafttreten der Verträge, ein „Gesetz zur Verhinderung zerstörerischer Tätigkeit“ an, gegen das zwischen dem 12. April und 20. Juni 1952 machtvolle Einheitsaktionen, einschließlich 3 Generalstreiks mit insgesamt etwa 10 Millionen Teilnehmern, geführt wurden. An diesen vom Sōhyō organisierten Streiks beteiligten sich auch neutrale Gewerkschaften. Man rechnet sie zu den ersten politischen Einheitsstreiks in der japanischen Geschichte. Zwar gelang es nicht, die Annahme des Gesetzes zu verhindern, doch wurde es aus Furcht vor der Arbeiterbewegung und den wieder erstarkenden anderen demokratischen Kräften bis heute von der japanischen Regierung kaum in Anwendung gebracht.

Anfang der fünfziger Jahre begann mit aktiver Unterstützung der USA die Wiederaufrüstung des Landes. Im Juli 1950, d. h. zu Beginn des Koreakrieges, befahl MacArthur der japanischen Regierung, eine „Polizeireserve“ von zunächst 75000 Mann aufzustellen, die im Laufe der Zeit weiter verstärkt wurde. Die „Polizeireserve“ hatte zunächst die Aufgabe, die „Lücke“ zu schließen, die die in den Koreakrieg geschickten amerikanischen Besatzungssoldaten hinterließen. Sie bildete indes darüber hinaus die Grundlage für den Wiederaufbau japanischer Streitkräfte, der mit der Schaffung der Jieitai (Selbstverteidigungskräfte) 1954 in aller Öffentlichkeit seinen An-

---

[14] Shōbei Shiota u. a.: Sengo rōdōkumiai undō no rekishi, S. 130f.

fang nahm. Gleichzeitig damit begannen ernsthafte Bemühungen der herrschenden Kräfte, den Artikel 9 der Verfassung abzuschaffen, der den Verzicht auf die Anwendung von Gewalt in den internationalen Beziehungen und das Verbot der Unterhaltung von Streitkräften zu diesem Zwecke beinhaltet.

Die demokratischen Kräfte des Landes erkannten die mit der beginnenden Wiederaufrüstung verbundene Gefahr für das japanische Volk. Sie gründeten im Januar 1954 die Nationale Föderation zur Verteidigung der Verfassung (Kempō Yōgo Kokumin Renraku), die 120 demokratische Organisationen umfaßte. Ihr entschiedener Kampf trug wesentlich dazu bei, daß bei den Unterhauswahlen 1955 die konservativen Kräfte ihre Zweidrittelmehrheit im Parlament verloren und damit auch die legale Möglichkeit, die Verfassung zu ändern.

Im gleichen Jahr 1954 entstand das „Nationale Komitee zum Verbot der A- und H-Waffen", das innerhalb eines Jahres 30 Millionen Unterschriften sammelte. Ihr Wort wog um so schwerer, als sie die Grausamkeit der Atomwaffe noch wenige Tage vor Kriegsende mit dem Tod Hunderttausender erfahren mußten. Auf Initiative dieses Komitees findet seit 1955 alljährlich im August, zur Zeit des Jahrestages der Atombombenabwürfe auf Hiroshima und Nagasaki, in Japan der Weltkongreß zur Ächtung der nuklearen Waffen statt.

Das Jahr 1955 war in mehrfacher Hinsicht bedeutungsvoll für die japanische Arbeiterbewegung. Zunächst kam es auf ihrem 6. Nationalkongreß im Juli 1955 zur Wiedervereinigung der KPJ, die sich 1950 im Ergebnis der gegen sie unternommenen Repressalien und damit einhergehender Auseinandersetzungen innerhalb der Partei über die einzuschlagende weitere Taktik organisatorisch gespalten hatte. (Siehe auch unter dem Abschnitt KPJ.) Im Oktober vollzog sich dann die Wiedervereinigung der SPJ, deren Spaltung das Ergebnis von Auseinandersetzungen um den Friedens- und Sicherheitspakt 1951 war. (Siehe unter Abschnitt SPJ.) Der neuerliche Zusammenschluß der SPJ erfolgte unter der Dominanz der linken Kräfte, deren Einfluß sich in den Jahren zuvor unter den Werktätigen gefestigt und erweitert hatte. Beide Ereignisse bildeten zweifelsfrei einen Gewinn für die Arbeiterbewegung. 1955 stieg auch die Zahl der an Arbeitskonflikten Beteiligten. Mit über 3,7 Millionen Streikenden wurde ein neuer Höchststand seit 1948 erreicht.[15] 1956 fanden

[15] Shōbei Shiota: Nihon rōdōundō no rekishi, S. 298.

erstmals die inzwischen weltbekannt gewordenen Frühjahrskämpfe statt.

Die Festigung ihrer Reihen im Ergebnis der Lehren namentlich aus dem Kampf der ersten Hälfte der fünfziger Jahre bildete eine wichtige Voraussetzung für die weiteren Auseinandersetzungen der demokratischen mit den monopolkapitalistischen Kräften. Einen herausragenden Platz in den politischen Klassenkämpfen in der zweiten Hälfte der fünfziger Jahre nahmen speziell die Aktionen ein, die sich gegen ein reaktionäres Änderungsgesetz zum Polizeilichen Dienstvollzugsgesetz 1958 und gegen die Revision des japanisch-amerikanischen Sicherheitspaktes 1960 richteten.

Um den Wiederaufschwung der Arbeiterbewegung zu hemmen und die Herrschaft der 1955 gegründeten und seitdem als Partei des wiedererstarkenden Monopolkapitals regierenden Liberaldemokratischen Partei (LDP) zu festigen, legte die Regierung am 8. Oktober 1958 — für die Opposition völlig unerwartet — dem Parlament einen Änderungsantrag zum Polizeilichen Dienstvollzugsgesetz vor. Es beinhaltete eine Erweiterung der Polizeibefugnisse wie die Ausweitung des Rechtes auf das Betreten von Gewerkschaftsbüros bis hin zu Privatwohnungen und deren Durchsuchung, die Teilnahme an Versammlungen jeder Art, das Verbot von Massenaktionen im vorhinein, das Recht auf Leibesvisitationen ohne entsprechende Vollmachten sowie die Inhaftierung ohne Haftbefehl. Gegen diesen Gesetzesantrag, der vielfach verglichen wurde mit der reaktionären Vorkriegsgesetzgebung zur Aufrechterhaltung der öffentlichen Sicherheit, erhob sich ein Sturm der Entrüstung, und bereits wenige Tage später, am 13. Oktober, wurde ein Volkskongreß gegen das Polizeidienstgesetz organisiert. In ihm verbündeten sich bis 7. November 396 demokratische Organisationen und Gewerkschaften. Es schlossen sich Vereinigungen der Arbeiter, der Bauern, der Intellektuellen, der Kulturschaffenden, der Frauen und der Jugendlichen zusammen, die im ganzen Lande Kampfkomitees bildeten. Die KPJ, die auf Drängen antikommunistischer Kräfte aus dem Vorstand des Volkskongresses ausgeschlossen blieb, wirkte aktiv auf lokaler Ebene und war Mitglied in 22 Gemeinsamen Bezirkskampfkomitees. Nach 45tägigen heftigen Auseinandersetzungen mußte der Gesetzesantrag zurückgezogen werden.[16]

---

[16] Zum Kampf gegen das Polizeigesetz siehe u. a.: Shōichi Fujii, Shinobu Ōe: Sengo Nihon no rekishi. (Nachkriegsgeschichte Japans), Aoki Shoten, Tōkyō 1977, Bd. 2, S. 42ff.

Der bedeutende Sieg der Arbeiter- und demokratischen Bewegung gegen die reaktionäre Polizeigesetzesvorlage und die hierbei sowie in anderen Kämpfen gemachten Erfahrungen spielten eine wichtige Rolle in den machtvollen Aktionen gegen die Revision des japanisch-amerikanischen Sicherheitspaktes, zu dem die entsprechenden Vorverhandlungen ebenfalls im Herbst 1958 begannen. Die Revision des Paktes verfolgte das Ziel, das militärische Bündnis zwischen beiden Ländern noch enger zu gestalten.[17] Gegen die Festigung des Militärbündnisses und die damit verbundene Gefahr für das japanische Volk, gegen seinen Willen in die abenteuerliche Politik des amerikanischen Imperialismus und in einen eventuellen Krieg der USA in Asien hineingezogen zu werden, entfaltete sich die größte Massenbewegung, die die japanische Geschichte kennt.

Der Ampōtōsō, wie der Kampf gegen den Sicherheitspakt in Japan genannt wird, dauerte über eineinhalb Jahre. Er fand damals nicht nur große internationale Aufmerksamkeit, sondern auch weltweite Sympathie und Unterstützung der progressiven, antiimperialistischen Kräfte, nicht zuletzt deshalb, weil er einen festen Bestandteil des weltweiten Kampfes für den Frieden und die Sicherheit der Völker darstellte.

Bereits im Herbst 1958 wandten sich KPJ und SPJ gegen die Revision des Sicherheitspaktes und forderten dessen völlige Annullierung. Im März 1959 konstituierte sich der „Volksrat zur Verhinderung einer Revision des Sicherheitsvertrages“, dem 134 Parteien, Gewerkschaften und andere demokratische Organisationen der verschiedensten Schichten des Volkes angehörten. Vom 15. April 1959 bis 2. Juli 1960 führte er insgesamt 23 Einheitsaktionen im Landesmaßstab durch. Dabei weitete sich ihr Umfang ständig aus. Existierten anfangs ca. 300 Kampfkomitees und beteiligten sich nur einige Hunderttausend, so gab es Ende 1959 bereits 900 Komitees, und man zählte bei den Aktionen schon einige Millionen Teilnehmer. Auf seinem Höhepunkt Mitte 1960 stieg die Zahl der Kampfkomitees im Lande auf ca. 2000, und es beteiligten sich etwa 20 Millionen Werktätige an den organisierten Einheitsaktionen. Dennoch stimmte das Haus der Abgeordneten am 19. Mai nach einem gewaltsamen Ausschluß der SPJ- und KPJ-Abgeordneten und unter Einsatz von starken Polizeikräften (allein 500 im Parlament selbst) dem revi-

---

[17] Über den Inhalt des Militärpaktes siehe: Handbuch der Verträge von 1871 bis 1964. Herausgegeben von Helmuth Stoecker unter Mitarbeit von Adolf Rüger. VEB Deutscher Verlag der Wissenschaften, Berlin 1968, S. 688ff.

dierten Sicherheitspakt zu. Dieser Gewaltakt der LDP entfachte den Volkszorn aufs neue. Im Juni fanden drei politische Generalstreiks statt mit 4,6 bis 6,2 Millionen Teilnehmern sowie Massendemonstraktionen von Hunderttausenden vor dem Parlament und an anderen Orten. Damit sollte die endgültige Ratifizierung des Vertrages durch das Oberhaus verhindert werden. Zwar konnte erreicht werden, daß das Oberhaus nicht mehr zur Abstimmung zusammentrat, das Inkrafttreten des Vertrages aber konnten sie nicht abwenden.[18] Die japanische Regierung mußte indes den amerikanischen Präsidenten Eisenhower, der als erster Präsident der USA im Juni 1960 zur Entgegennahme der Ratifikationsurkunde Japan besuchen wollte und sollte, wieder ausladen, und die 1957 gebildete Kishi-Regierung wurde gezwungen, am 23. Juni 1960 zurückzutreten.[19]

Die politischen Massenaktionen der Jahre 1958 bis 1960 offenbarten jedoch auch gewisse Schwächen und führten zu einer neuerlichen Differenzierung in der Arbeiterbewegung. Zum einen war die KPJ infolge antikommunistischer Vorbehalte rechter SPJ- und Gewerkschaftsführer nicht gleichberechtigt im Nationalen Kampfkomitee vertreten. Der Druck linker, vor allem im Sōhyō aktiver SPJ-Funktionäre erreichte lediglich, daß sie als „Beobachter" im zentralen Führungsgremium zugelassen werden mußte. Auf lokaler Ebene allerdings und somit in der Aktion selbst nahm sie gleichberechtigt teil. Ferner trat im Oktober 1959, als der Kampf sich seinem Höhepunkt immer mehr näherte, eine rechte Gruppierung unter Suehiro Nishio (insgesamt 57 Abgeordnete) aus der SPJ aus und gründete am 24. Januar 1960; fünf Tage nach der Unterzeichnung des revidierten Sicherheitspaktes durch den japanischen Ministerpräsidenten Kishi in den USA, die Demokratisch-Sozialistische Partei (DSP). Sie wurde unterstützt von dem damals zweitgrößten Gewerkschaftsverband Zenrō, der, mit einer ausgeprägt antikommu-

---

[18] Das Oberhaus trat aus Furcht vor dem Volkszorn nicht mehr zur Abstimmung zusammen, doch ist lt. japanischer Verfassung, Artikel 61, ein vom Unterhaus angenommener Vertrag rechtskräftig, wenn das Oberhaus innerhalb von 30 Tagen — ausgenommen bei einer Parlamentspause — keinen gegenteiligen Beschluß faßt. Siehe Nihonkoku kempō (Japanische Verfassung). Yūikaku, Tōkyō 1956, S. 16.

[19] Zum Kampf gegen den Sicherheitspakt siehe u. a.: Itaru Yonehara: Der heldenhafte Kampf des japanischen Volkes und seine Perspektive. In „Einheit", 13. Jg., August 1960, S. 1263ff.: Shōichi Fujii, Shinobu Ōe, Bd. 2, S. 53f.; Shōbei Shiota u. a.: Sengo rōdōkumiai undō no rekishi, S. 186ff.

nistischen Linie 1954 gegründet, bereits im Juli 1959 das Kampfkomitee gegen den Sicherheitspakt verlassen hatte. Die Bewegung gegen den Sicherheitspakt offenbarte sowohl trotzkistisches, linkes Abenteurertum — besonders durch die Führung des Gesamtnationalen Studentenverbandes (Zengakuren) inszeniert (u. a. drangen am 27. November 1959 ca. 20000 gewaltsam in das Parlamentsgelände ein) — als auch Aktivitäten rechter Terrorgruppen, denen noch am 12. Oktober 1960, wenige Monate nach Inkrafttreten des revidierten Paktes, der damalige SPJ-Vorsitzende Inejirō Asanuma zum Opfer fiel, als er während seiner Rede auf einer Kundgebung im Hibiya-Park in Tōkyō erdolcht wurde.

Trotz dieser Schwächen markieren die Kämpfe gegen Ende der fünfziger und zu Beginn der sechziger Jahre einen Höhepunkt in der japanischen Arbeiterbewegung. Nicht unerwähnt bleiben darf hier auch der noch heute unter dem klassenbewußten Teil der japanischen Arbeiter lebendige aufopferungsvolle Kampf der Bergarbeiter von Miike, der vom 25. Januar bis 28. Oktober 1960 stattfand und der längste Streik in der japanischen Geschichte ist. Er richtete sich primär gegen die geplante Entlassung von Tausenden Bergarbeitern im Zusammenhang mit der Umstellung der Energiebasis von Kohle auf Erdöl und erhielt bedeutende Unterstützung und Anteilnahme aus dem In- und Ausland. Der heldenmütige Kampf der Bergarbeiter scheiterte letztlich nicht am Masseneinsatz von Polizei, Terrorgruppen und Gerichten, sondern vor allem an der Tatsache, daß es dem Monopolkapital gelang, die Einheitsfront zu brechen und mit Hilfe von Zenrō und DSP eine zweite, auf Harmonie zwischen Kapital und Arbeit orientierte Gewerkschaft zu gründen.[20]

Die Spuren des Kampfes gegen den Sicherheitspakt waren auch 1961 zunächst noch deutlich sichtbar. Die Frühjahrskämpfe dieses Jahres standen unter der Losung: „Laßt uns einheitlich kämpfen wie gegen den Sicherheitspakt“. Erstmals seit der Verkündung des Regierungserlasses 201 kam es zum Streikaufruf der Arbeiter der Staatlichen Eisenbahn und weiterer 9 Gewerkschaften öffentlicher Unternehmen.[21] Ein im Mai 1961 gemeinsam von LDP und DSP im Parlament eingebrachter Gesetzesantrag zur Verhinderung politischer

---

[20] Zum Kampf der Miike-Bergarbeiter siehe u. a.: Shigeo Haibara: Chōki teikō — tōitsu sensen (Langfristiger Widerstand — Einheitsfront). Rōdō Daigaku, Tōkyō 1972: Itsurō Sakisaka: Miike to watakushi (Miike und ich). Rōdō Deigaku, Tōkyō 1975.

[21] Siehe Shōbei Shiota u. a.: Sengo rōdōkumiai undō no rekishi, S. 202.

Gewalttaten konnte durch machtvolle Demonstrationen und andere Volksaktivitäten zu Fall gebracht werden. Offiziell war dieser Antrag mit zunehmenden Ausschreitungen rechter Terrorgruppen und dem Hinweis auf die in aller Öffentlichkeit stattgefundene Ermordung des SPJ-Vorsitzenden Asanuma motiviert worden. Die Volksmassen erkannten jedoch, daß ein solches Gesetz sich rasch auch gegen jede demokratische Bewegung und Aktion richten konnte.

Zur Weiterführung des Kampfes gegen den Sicherheitspakt, für die Verteidigung der nationalen Unabhängigkeit und für demokratische Grundrechte wurde im März 1961 der „Volksrat gegen den Sicherheitspakt und zur Verteidigung von Freiheit und Demokratie" geschaffen, in dessen Vorstand man der KPJ allerdings unverändert nur den Status eines „Beobachters" einräumte. Dieser Volksrat mobilisierte nochmals die Massen zu einigen bedeutenden Aktionen wie die gegen die japanisch-südkoreanischen Gespräche zur Normalisierung der Beziehungen zwischen beiden Ländern (1962/63) und gegen das Anlaufen japanischer Häfen durch amerikanische Atom-U-Boote. Er zerbrach jedoch 1963 infolge Unstimmigkeiten zwischen KPJ und SPJ zunächst auf zentraler und dann auch auf lokaler Ebene.

Einen wichtigen Anteil am Auseinanderbrechen des Volksrates und am Rückgang der Einheitsaktionen von SPJ und KPJ hatten zunehmende Rechtstendenzen in der SPJ-Führung Anfang der sechziger Jahre. Nach der Ermordung von Asanuma übernahm Saburō Eda den Posten des Parteivorsitzenden. Es wuchs der Einfluß der rechten und zentristischen Parteifraktionen und damit auch ein antikommunistisches Sektierertum in der SPJ. Das wiederum hatte bestimmte Auswirkungen auf die Gewerkschaftsbewegung. Es verstärkte sich in einer Reihe von Industriegewerkschaften des unter dem Einfluß der SPJ stehenden Sōhyō der Kurs auf den rein ökonomischen Kampf.

Zugleich nahm mit dem Erstarken des Monopolkapitals der Druck auf die progressive Gewerkschaftsbewegung zu. Genutzt wurde u. a. die wachsende Zahl von Fusionen in der Wirtschaft, durch die neue Struktureinheiten in der Industrie entstanden. Die Führung der neuen Großunternehmen nahm dies zum Anlaß, auf einer Auflösung der bisherigen Betriebs- und Unternehmensgewerkschaften zu bestehen und die Bildung neuer zu fordern. Bei der Formierung der neuen Gewerkschaften bedienten sie sich von Anfang an sowohl rechter Gewerkschaftsführer als auch der Demagogie und des Druckes. Die neuen, rechtsorientierten Gewerkschaften wurden voll in das jeweilige

Unternehmen integriert. Sie erhielten sofort eigene Büros und andere Unterstützung. Demgegenüber erhöhte sich der Druck auf den kämpferischen Teil der Gewerkschaften. Mit diesem Prozeß gelang es, das zahlenmäßig wachsende moderne Industrieproletariat namentlich in den neuen Konzernen stärker unter die Kontrolle des Monopolkapitals zu bringen, was die Einheit und Kraft der Arbeiterbewegung wesentlich schwächte.

Verstärkte opportunistische Tendenzen in der Gewerkschaftsbewegung nahmen 1964 durch die Bildung des Gesamtjapanischen Bundes der Gewerkschaften (Zennihon Rōdō Sōdōmei kurz Dōmei, Bund, genannt) und des IMF-JC (International Metal Workers Federation — Japanese Committee) nationale organisatorische Gestalt an. Den entscheidenden Kern des am 11. November 1964 gegründeten Dōmei bildete der Zusammenschluß von Zenrō und Sōdōmei. Mit 1,47 Millionen Mitgliedern zur Zeit der Gründung stellte er den zweitgrößten Gewerkschaftsverband Japans. Er trat geschlossen dem Internationalen Bund Freier Gewerkschaften (IBFG) bei und unterstützte von Anbeginn die DSP. Der IMF-JC, im Mai 1964 ins Leben gerufen, entstand als Teil des IBFG und unter aktiver Mitwirkung des US-State Department und der AFL-CIO-Gewerkschaftsführung, so wie diese die Spaltung der japanischen Arbeiter-, insbesondere Gewerkschaftsbewegung bereits 1949/50 aktiv betrieben hatten.[22] Damals, 1949/50, stand der Ausbruch des Koreakrieges bevor, diesmal die Eskalation des Vietnamkrieges (ab August 1964). Beide Male diente Japan als eine Art natürliches Hinterland im Krieg der USA gegen asiatische Völker, beide Male sollte der Widerstand der japanischen Arbeiterklasse geschwächt werden. Das erschien den USA offensichtlich um so notwendiger, als die machtvollen antiamerikanischen Aktionen des japanischen Volkes aus den fünfziger Jahren und besonders gegen den Sicherheitspakt 1959/60 noch in lebhafter Erinnerung waren.

Eine wesentliche Ursache für das Erstarken opportunistischer Tendenzen in der japanischen Gewerkschaftsbewegung der sechziger Jahre ist mit dem „hochgradigen Wirtschaftswachstum“, mit seiner schnell expandierenden Industrie und einer damit verbundenen höheren Nachfrage nach Arbeitskräften, steigenden Löhnen und einem relativ rasch wachsenden Lebensstandard, der Möglichkeit des Erwerbs auch langlebiger Konsumgüter wie Fernsehapparate und Autos

---

[22] Ebenda, S. 220.

zu suchen. Es verbreitete sich die Illusion — und sie wurde bewußt von den im Dienste der Monopole stehenden Massenmedien und rechten Gewerkschaftsführern kultiviert —, daß sich unter den Bedingungen des wiedererstandenen Imperialismus die Lebensqualität ständig verbessert, was Tendenzen einer Politik der Harmonie zwischen Kapital und Arbeit gewissen Vorschub leistete. Hinzu kommen weitere Faktoren, so insbesondere die Proletarisierung breiter bäuerlicher und anderer Mittelschichten, mit denen zugleich auch immer aufs neue kleinbürgerliches Gedankengut in die Arbeiterbewegung eindrang.

Mit der Herausbildung rechtsopportunistischer Zentren (Dōmei, IMF-JC) hatte zugleich auch ein gewisser Differenzierungsprozeß stattgefunden. Es gelang zwar, bedeutende Teile, nicht aber die Arbeiterklasse als ganze vom Weg der Klassenauseinandersetzung wegzuführen. Im Gegenteil, es fanden auch in den folgenden Jahren machtvolle politische Aktionen statt, die nicht nur für Japan, sondern darüber hinaus internationale Bedeutung erlangten. Unter ihnen ist namentlich der Kampf gegen die Aggressionspolitik der USA in Vietnam und deren Unterstützung durch die herrschenden Kräfte Japans hervorzuheben, ein Kampf, der sich zugleich erneut gegen den Militärpakt zwischen Japan und den USA richtete.

Als im Zusammenhang mit der Eskalation des Krieges in Vietnam ab November 1964 amerikanische Atom-U-Boote wiederholt die japanischen Häfen Sasebo und Yokohama anliefen, bildeten sich zwei Komitees, die den Kampf dagegen organisierten. Eines stand unter der Leitung der SPJ und eines unter der Führung der KPJ, die auf lokaler Ebene auch zu einheitlichem Vorgehen fanden. Diese Komitees initiierten ferner einige gesamtnationale Einheitsaktionen gegen den Abschluß des japanisch-südkoreanischen Vertrages zur Normalisierung der staatlichen Beziehungen, der auf amerikanisches Drängen nach mehrjährigen Verhandlungen 1965 zustande kam. An diesen Einheitsaktionen beteiligten sich Hunderttausende. Sie protestierten einerseits gegen die Unterstützung des reaktionären Regimes in Seoul, das in diesem Vertrag von Japan als einzig rechtmäßiger Staat auf der koreanischen Halbinsel anerkannt wurde, gleichzeitig aber auch gegen die Gefahr einer möglichen Ausweitung des Militärpaktes Japan — USA mit Südkorea. Es kam zu tagelangen Demonstrationen und den ersten politischen Streiks nach 1960.

Ein Höhepunkt des Kampfes der japanischen Arbeiterklasse in den sechziger Jahren und ein Ruhmesblatt in ihrer Geschichte ist der Streik vom 21. Oktober 1966. Dieser Streik, organisiert und durchgeführt vom Sōhyō im Bündnis mit dem Neutralen Gewerkschaftsverband Chūritsu Rōren, hatte eindeutig politischen Charakter. Er forderte die Beendigung des Krieges des US-Imperialismus in Vietnam, wandte sich gegen dessen Unterstützung durch Japan und war der erste einheitliche Antikriegsstreik in der japanischen Geschichte. An ihm beteiligten sich etwa 5,2 Millionen Gewerkschafter. Der Sōhyō rief damals die Arbeiter der Welt zur Solidarität mit dem kämpfenden Vietnam auf und erhielt viele Solidaritätsschreiben aus Europa, Asien und Lateinamerika. Es ist ein Verdienst der japanischen Arbeiterklasse, daß ab 1967 in vielen Ländern der Welt, einschließlich den USA selbst, der 21. Oktober als Kampftag gegen den Krieg der USA in Vietnam durchgeführt wurde.[23] Die japanischen Werktätigen begingen diesen Tag alljährlich bis zum erzwungenen Rückzug der USA mit machtvollen Aktionen als Tag der Solidarität mit dem vietnamesischen Volk.

1969/70 weitete sich die antiamerikanische Bewegung erneut im Lande aus, diesmal ihren Schwerpunkt wie schon 10 Jahre vorher gegen den japanisch-amerikanischen Sicherheitspakt richtend. Der revidierte Sicherheitspakt vom 23. Juni 1960 hatte eine befristete Laufzeit von 10 Jahren und konnte dann „automatisch" verlängert bzw. bei Kündigung nach einem Jahr außer Kraft gesetzt werden. Ihrem Willen nach Beseitigung dieses Paktes verliehen allein am 23. Juni 1970 auf einer zentralen Kundgebung in Tōkyō 220000 und im Landesmaßstab etwa 2 Millionen Werktätige in vielfältigen Aktionen Ausdruck.[24]

Eine umfassende Bewegung entfaltete sich ab Ende der sechziger Jahre auch für die bedingungslose Rückgabe Okinawas, das, nach dem zweiten Weltkrieg von den USA besetzt, unverändert als riesiger amerikanischer Militärstützpunkt diente und eine Basis im Krieg gegen das vietnamesische Volk bildete. In den Kämpfen Ende der sechziger Jahre ging es schon nicht mehr wie in den vorangegangenen Jahren nur um die Rückgabe Okinawas an sich. Diese war bei den Gipfelgesprächen zwischen dem amerikanischen Präsidenten Johnson und dem japanischen Premier Satō im November 1967 in Washington beschlossen und bei einem erneuten Treffen, diesmal zwischen Satō und Nixon, im November 1969 erneuert und für

---

[23] Zum Antikriegsstreik vom 21. 10. 1966 siehe ebenda, S. 233f. und Shōichi Fujii, Shinobu Ōe, Bd. 2, S. 287f.

[24] Bunzō Katō, Nobuo Satō u. a.: Nihon rekishi (Geschichte Japans). Shin Nihon Shinsho, Tōkyō 1978, Bd. 3, S. 262.

Mai 1972 vorgesehen worden. Es ging vielmehr darum, Okinawa vor einer „Atomarisierung“ zu schützen. Die USA forderten damals als „Gegenleistung“ für die Rückgabe der Insel eine Stärkung der japanischen Streitkräfte sowie amerikanische Atomstützpunkte in Okinawa, was Satō unterstützte, das japanische Volk aber entschieden ablehnte. Die Wachsamkeit und energische Kampfmaßnahmen zwangen die USA, von der Errichtung atomarer Stützpunkte zunächst Abstand zu nehmen. Die Aktionen gegen die amerikanischen Militärstützpunkte auf Okinawa und in anderen Teilen Japans halten bis heute an und sind immanenter Bestandteil des Widerstandes gegen den Militärpakt überhaupt.

Die auf den vorangegangenen Seiten kurz dargestellte Entwicklung der japanischen Arbeiterklasse bis Mitte der siebziger Jahre ist bei weitem unvollständig und berührt nur einige wichtige Seiten. Sie zeigt indes, daß große Teile der Arbeiterklasse aktiv für ein friedliches und demokratisches Japan eintraten und so ihrer politischen Verantwortung als progressivste Kraft der japanischen Gesellschaft Rechnung trugen. Bereits aufgezeigte und später noch ausführlicher darzulegende opportunistische Tendenzen hemmten den Kampf jedoch immer aufs neue und verhinderten größere Erfolge.

Natürlich hat die japanische Arbeiterklasse nach 1945 nicht nur und auch nicht in erster Linie rein politische Auseinandersetzungen mit den herrschenden Kräften des Landes geführt. In weit stärkerem Maße noch stritten sie für die Verbesserung der materiellen Sphäre ihres Lebens, für die Verbesserung ihrer Arbeits- und Lebensbedingungen. Auch auf diesem Gebiet offenbart sich in einer bis Mitte der siebziger Jahre ständig anschwellenden Streikbewegung der Aufschwung der Arbeiterbewegung nach dem zweiten Weltkrieg.

Die Zahl der Arbeitskonflikte[25], d. h. der Kampf für bessere Löhne und mehr Rechte, nahm nach 1945 rasch zu und dehnte sich mit Ausnahme der ersten Hälfte der fünfziger Jahre, in denen auf

---

[25] Unter diesem Begriff (japanisch „Rōdō sōgi“) werden alle Auseinandersetzungen zwischen Kapital und Arbeit erfaßt. Lt. Artikel 6 des japanischen Arbeitsgesetzes spricht man von Arbeitskonflikten dann, wenn infolge „Nichtübereinstimmung der Beziehungen“ zwischen Arbeitnehmern und Arbeitgebern eine Situation entsteht oder zu entstehen droht, die zu „Konflikthandlungen“, d. h. zu Lohn- und Rechtskämpfen, führt. Siehe Kazuo Ōkōchi: Rōdō undō (Arbeiterbewegung). Iwanami shojiten. Iwanami Shoten, Tōkyō 1976, S. 219f.

Grund der Spaltung und Unterdrückung der Arbeiterbewegung eine gewisse Stagnation im Vergleich zur zweiten Hälfte der vierziger Jahre herrschte, beständig aus. Wurden in der ersten Dekade nach 1945 (1946—1955) über 12600 Konflikte vom Ministerium für Arbeit registriert, so waren es in der zweiten Dekade (1956—1965) über 21000 und in der dritten (1966—1975) mehr als 61400. Ebenso rasch stieg die Zahl der Teilnehmer, nämlich von 33,5 Millionen 1946 bis 1955 auf 116,8 Millionen 1966 bis 1975. Ein ähnliches Bild ergibt sich, wenn wir die Konflikthandlungen[26], d. h. die Streiks und streikähnlichen Kämpfe, die im Ergebnis der Arbeitskonflikte entstehen, beobachten. Unterteilt man die Zeit von 1945 bis 1975 in zwei Hälften und vergleicht diese miteinander, so zeigt sich, daß 1961 bis 1975 fast fünfmal mehr Streikkämpfe stattfanden als von 1945 bis 1960 (62532 zu 13449). Die Zahl der gestreikten Tage betrug von 1961 bis 1965 23,2 Millionen, von 1966 bis 1970 15 und von 1971 bis 1975 33,5 Millionen.[27]

Eine bedeutende Rolle im Kampf der japanischen Arbeiterklasse für höhere Löhne sowie bessere Arbeits- und Lebensbedingungen spielen die international bekannten und beachteten Frühjahrskämpfe. Vom Sōhyō initiiert, werden sie seit 1956 regelmäßig durchgeführt. Ihr Anliegen besteht darin, die Lohnkämpfe der Arbeiter in den einzelnen Betrieben und Industriezweigen aufeinander abzustimmen, einheitliche Forderungen aufzustellen und geschlossen für deren Realisierung zu kämpfen.

Die Shuntō, wie die Frühjahrskämpfe japanisch genannt werden, durchlaufen in der Regel folgenden Prozeß: Konstituierung des Gemeinsamen Kampfkomitees und Aufstellung gemeinsamer Lohn- und anderer Forderungen (ab Herbst des vorangehenden bis Beginn des Kampfjahres) — Verhandlungen der Betriebsgewerkschaften mit den Unternehmern (Februar/März) — Streikkämpfe zur Durchsetzung der Forderungen (Ende März bis Mitte Mai mit dem April als Höhepunkt) — Abschluß neuer Tarifverträge. Im März und April

---

26 Konflikthandlungen (japanisch „Sōgi kōi") werden lt. Artikel 7 des japanischen Gesetzes zur Regulierung der Arbeitsbeziehungen in aktive und passive unterteilt. Aktive sind Streiks, Arbeitsverlangsamung, Boykott, Streikposten und ähnliches, passive sind vor allem das Anbringen von Stirn- und Armbändern, auf denen Forderungen der Betriebsangehörigen, Proteste etc. zum Ausdruck kommen. Siehe ebenda.

27 Nach Angaben aus: Asahi nenkan 1967, S. 475, 1974, S. 581 und 1979, Bekken, S. 420.

Arbeitskonflikte und Zahl der Teilnehmer 1945—1975

Zeit	Zahl der Arbeitskonflikte		Zahl der Teilnehmer (in Tausend)	
	insgesamt	Streikaktionen	insgesamt	Streikaktionen
1946—50	6373	3820	17202	5802
1951—55	6288	3684	16284	8379
1956—60	8805	5945	29833	10593
1961—65	12259	9018	42157	9907
1966—70	20427	16561	57239	11337
1971—75	41025	36953	59588	21148
insgesamt	95177	75981	222303	67166

Zusammengestellt nach Angaben aus: Manyū hyakka daijiten. Bd. 6, S. 1220 und Asahi nenkan 1979. Bekken, S. 420.

jeden Jahres wird das Staatsbudget für das kommende Finanzjahr (von April bis März des nächsten Jahres) ebenso verabschiedet wie die Pläne und Kalkulationen in den Unternehmen, weshalb die Arbeiter vornehmlich zu diesem Zeitpunkt entschieden für die Wahrung ihrer Interessen eintreten.

Die Frühjahrskämpfe begannen Mitte der fünfziger Jahre in Anpassung an die veränderten sozialökonomischen Bedingungen, die durch die einsetzende Restauration der Monopole entstanden waren. Die Gewerkschaften, nach 1945 ausschließlich als Betriebsgewerkschaften gegründet, kämpften im Rahmen des Betriebes und hatten hierbei gewisse Erfolge, solange nach der „Entflechtung" der Zaibatsu der Konkurrenzkampf der einzelnen Unternehmen untereinander groß war. Mit dem Wiedererstehen des Monopolkapitals aber mußten neue Kampfformen gefunden werden, mußte der Einheit des Kapitals mehr denn je die Einheit der Arbeiter gegenübertreten. Diese Form des Kampfes, in dem Arbeiter unterschiedlicher Industriezweige und Berufe regelmäßig und gleichzeitig höhere Löhne fordern, existiert außer in Japan in keinem entwickelten kapitalistischen Land. Den Frühjahrskämpfen, die anfangs nur die im Sōhyō organisierten Gewerkschaften durchführten, schloß sich ab 1959 auch das Zentrum der Neutralen Gewerkschaften Chūritsu Rōren an, und es folgten in den weiteren Jahren andere, so daß sie in den siebziger Jahren gut 8 Millionen organisierte Gewerkschafter vereinten. Das abgestimmte Auftreten brachte bedeutende materielle Erfolge, es trug aber auch wesentlich dazu bei, die Klassensolidarität unter den Arbeitern zu fördern.[28]

Die Zunahme der Arbeitskonflikte und Streikaktionen verdeutlicht zum einen, daß sich mit dem Wiedererstehen und Erstarken des japanischen Imperialismus, mit dem Ausbau seines Herrschafts- und Unterdrückungsapparates die Klassengegensätze objektiv zuspitzten und die Arbeiterklasse gezwungen wurde, durch immer umfassendere und entschiedenere Kämpfe für die Verteidigung und Verbesserung ihrer Arbeits- und Lebensbedingungen einzutreten. Sie zeigen zum anderen, daß sie sich auf die neuerliche Herausforderung einstellte und ihre Rechte und Interessen verteidigte. Die Zuspitzung des Klassenkampfes, die in den aufgezeigten vielfältigen politischen und ökonomischen Aktionen der japanischen Werktätigen ihren Ausdruck findet, ist ferner auch das Ergebnis der Wandlungen in der Klassenstruktur nach dem zweiten Weltkrieg, d. h. die durch eine fortschreitende Proletarisierung hervorgerufene Einbeziehung immer weiterer Millionen in die Klassenauseinandersetzung mit dem Monopolkapital.

Stagnation der Arbeiterbewegung in der zweiten Hälfte der siebziger Jahre sowie einige Besonderheiten und entwicklungshemmende Faktoren

Der Ausbruch der Wirtschaftskrise mit ihrem Höhepunkt 1974/75 leitete für die japanische Arbeiterklasse einen neuen Abschnitt ihrer Entwicklung ein. Inflation und zunehmende Massenarbeitslosigkeit bedrohten nicht nur die erkämpften sozialen Errungenschaften, verschlechterten nicht nur die Arbeits- und Lebensbedingungen der Werktätigen, die Krise erschwerte auch ihre Kampfbedingungen. Sie deckte zugleich die Schwächen, die namentlich aus ihrer fehlenden Geschlossenheit resultieren, schonungsloser auf, gab den einheitlich handelnden Monopolen immer wieder Möglichkeiten, zwischen den Gewerkschaften zu differenzieren, sie gegeneinander auszuspielen.

[28] Zu den Frühjahrskämpfen siehe: This is Sohyo. Japanese Workers and their Struggles 1978. Hrsg. Sōhyō, o. O., o. J., S. 63f.; Mitsuyuki Shinōtō: Sōhyō undō nijugonen to „Kokumin Shuntō" rosen (25 Jahre Sōhyō — Bewegung und die Linie der „Volksfrühjahrskämpfe"). In „Shakaishugi", No. 109, Okt. 1975, S. 46ff.

Die gewachsene soziale Unsicherheit, die anhaltende Massenarbeitslosigkeit und die damit einhergehende Angst vor dem Verlust des Arbeitsplatzes und eines gesicherten Lebensunterhalts ihrer Familien hielten viele Arbeiter und andere Werktätige vom aktiven und konsequenten Kampf ab. Es kam in der zweiten Hälfte der siebziger Jahre zu einer Stagnation, ja sogar zu einem gewissen Rückgang in der Arbeiterbewegung.

Zunächst allerdings fanden in den Jahren 1974/75 noch einmal bedeutende Kampfaktionen statt. Sie galten sowohl der Verteidigung der sozialen Errungenschaften der Werktätigen als auch der Wahrung und Erweiterung ihrer demokratischen Rechte. Die bereits in den vorangegangenen Jahren ständig gestiegenen Lebenshaltungskosten schnellten mit Ausbruch der Krise drastisch in die Höhe. Die Preise kletterten 1974 im Vergleich zum Vorjahr um 22,7 Prozent (im Vergleich zu 1970 sogar auf 152,7 Prozent), darunter die Lebensmittelpreise um 25,9 und die Mieten um 24,9 Prozent.[29] Die Antwort der Arbeiter auf den Versuch des Kapitals, die Lasten der Krise einseitig auf das werktätige Volk abzuwälzen, war eindeutig: Die 9581 Streikaktionen 1974 stellten einen neuen Rekord in der Geschichte der japanischen Arbeiterbewegung dar, ebenso wie die über 5,3 Millionen Teilnehmer sowie die 9,7 Millionen durch Streiks ausgefallenen Arbeitstage noch nie zuvor innerhalb eines Jahres erreicht wurden. Gegen dieses kraftvolle einheitliche Aufbegehren zeigte sich das Monopolkapital nebst Regierung machtlos, und es gelang bei den Frühjahrskämpfen 1974, Lohnerhöhungen von durchschnittlich über 30 Prozent durchzusetzen.

1975 nahmen nochmals 4,6 Millionen Werktätige an über 7500 Streikaktionen für höhere Löhne und bessere Arbeitsbedingungen teil. Darunter war der historisch bedeutsame „Streik fürs Streikrecht“ der Arbeiter und Angestellten der öffentlichen Unternehmen. Der Kampf zur Wiedergewinnung des 1948 geraubten Streikrechts hatte auch in den vorangegangenen Jahrzehnten nie aufgehört, er erlebte jedoch im Herbst 1975 seinen Höhepunkt, insbesondere durch die entschlossene Haltung der Gewerkschaft der Staatlichen Eisenbahnen. Dieser Streik, vom 26. November bis 3. Dezember durchgeführt, war nicht nur der größte für das Streikrecht in der japanischen Geschichte, sondern zugleich auch der mächtigste Eisenbahnerstreik, den Japan je erlebt hat. 192 Stunden ruhte der gesamte

[29] Nihon kokusei zue 1976, S. 431ff.

staatliche Eisenbahnverkehr, 142502 Personenzüge und 41317 Güterzüge fielen aus. Es entstand dem Unternehmen der Staatlichen Eisenbahn ein Verlust von 33,7 Milliarden Yen.[30] Der Streik mußte dennoch ergebnislos abgebrochen werden, nicht in erster Linie infolge des Drucks der staatlichen Organe, sondern vor allem deshalb, weil er zu wenig Verständnis und Solidarität in der japanischen Gewerkschaftsbewegung als ganze und im japanischen Volk fand.

Der „Streik fürs Streikrecht" war der letzte bedeutende politische Streik der japanischen Arbeiter in den siebziger Jahren. Es zeigte sich, daß die Arbeiterklasse angesichts der erschwerten Kampfbedingungen, die mit der umfassendsten Wirtschaftskrise seit 1945 eintraten, nicht in der Lage war, dem Monopolkapital so erfolgreich wie in den sechziger Jahren und zu Beginn der siebziger Jahre entgegenzutreten. Die Streikaktionen gingen von Jahr zu Jahr zurück, ebenso die Zahl der Teilnehmer und der gestreikten Tage.

Entwicklung der Streikaktionen und der gewerkschaftlichen Organisiertheit seit 1974

Jahr	Streikaktionen[1]		Gestreikte Tage	Anzahl der Gewerkschaftsmitglieder	Organisationsgrad
	Anzahl	Teilnehmer			
1974	5197	3620000	9662945	12462000	33,5%
1975	3385	2731000	8015772	12590000	34,1%
1976	2715	1354000	3253715	12509000	33,7%
1977	1707	692000	1518476	12437000	33,2%
1978	1512	660000	1357502	12383000	32,6%
1979	1151	450000	930000	12309000	31,6%
1980	1128	563000	1001000	12369000	30,8%
1981	950	247000	554000	12471000	30,8%

[1] Es werden nur diejenigen aufgeführt, die einen halben Tag und länger währten.

Zusammengestellt nach Angaben aus: Asahi nenkan 1980—1983.

Zurück ging auch der Organisationsgrad. Die Zahl der Gewerkschaftsmitglieder nahm 1980 trotz eines erstmaligen leichten Wiederanstiegs in diesem Jahr im Vergleich zu 1975 nominell um 221000 ab.

[30] Asahi nenkan 1978, S. 395.

Berücksichtigt man zudem, daß sich die Anzahl der Beschäftigten im gleichen Zeitraum um etwa 3,3 Millionen erhöhte, so gab es 1980 tatsächlich 3,5 Millionen mehr unorganisierte Arbeiter und Angestellte als 1975.[31]

Sucht man nach den Ursachen der Schwächung der Arbeiterbewegung ab Mitte der siebziger Jahre, so sind sicher erschwerte Kampfbedingungen von Wichtigkeit. Wesentlicher erscheinen jedoch Tendenzen des Opportunismus und eine damit verbundene Uneinigkeit im Handeln, sind bewußtseinshemmende Faktoren, die mit der massenweisen Proletarisierung der Mittelschichten zusammenhängen oder aber traditionell historische Hintergründe haben.

Es wurde bereits darauf verwiesen, daß in den sechziger Jahren Erscheinungen des Opportunismus in der Gewerkschaftsbewegung erstarkten, einerseits gefördert durch leichtere Kampfbedingungen (die steigende Nachfrage der rasch expandierenden Industrie nach Arbeitskräften erhöhte deren Wert, die Durchsetzung der Forderungen zur materiellen Verbesserung der Lebensbedingungen und der Erweiterung anderer sozialer Rechte wurde durch eine anhaltende Wirtschaftskonjunktur begünstigt), andererseits durch die Schaffung neuer Gewerkschaften unter direkter Einflußnahme des Monopolkapitals in den aus Fusionen hervorgegangenen neuen Konzernen. Es entstanden viele völlig neue Industriezweige mit neuen Arbeitskräften und Arbeitsbedingungen, die weder Streiktraditionen noch andere Traditionen des Kampfes hatten. Überdies gehören die Arbeiter in diesen neuen, modern ausgerüsteten Industrien wie der Elektro- und Elektronik-, der Stahl- und Eisen- sowie der Autoindustrie, dem Maschinen- und Schiffbau zu den bestbezahlten Japans. In diesen Konzernen der Schlüsselindustrie entwickelte sich mit Hilfe rechter Gewerkschaftsführer in zunehmendem Maße eine Politik der Harmonie zwischen Kapital und Arbeit, prägten sich direkte Partnerschaftsbeziehungen zwischen der Konzernleitung und den Gewerkschaftsführern aus. Letztere stimmten weitgehend der Forderung der Unternehmer zu, Lohnerhöhungen grundsätzlich abhängig zu machen von der Steigerungsrate der Arbeitsproduktivität, die nicht nur bedeutend höher lag, sondern auch die Zustimmung zur kapitalistischen Rationalisierung einschloß. Die Politik des in den sechziger Jahren herausgebildeten Klassenfriedens der Gewerkschaften

[31] 1975 zählte man 53,23 Millionen Berufstätige, 1980 56,50 Millionen. Siehe Nihon kokusei zue 1981, S. 94.

in der Schlüsselindustrie war natürlich in den siebziger Jahren — als allgemeine und zyklische Krise miteinander verschmolzen, die ökonomischen Wachstumsraten bedeutend hinter denen der sechziger Jahre zurückblieben, sich die Rationalisierung verschärfte, ganze Industriezweige schrumpften (z. B. Schiffbau) und Inflation und Arbeitslosigkeit stiegen — noch weniger als vorher in der Lage, die Interessen der Arbeiter zu vertreten.

Wesentlichen Anteil daran, daß in den Gewerkschaften der Schlüsselindustrie opportunistisches und reformistisches Gedankengut verbreitet sind, haben der gewerkschaftliche Dachverband Dōmei sowie die Demokratisch-Sozialistische Partei. Mit ihrer Hilfe gelang es dem Monopolkapital auch, einen Keil zwischen die Gewerkschaftsorganisationen der Privatindustrie sowie der staatlichen und öffentlichen Unternehmen zu treiben und diesen in den siebziger Jahren weiter zu vertiefen. Dadurch wurden Einheitsaktionen während der Frühjahrskämpfe immer schwieriger und so auch die Erfolge geringer.

Von außerordentlicher Bedeutung ist ferner der Umstand, daß es den herrschenden Kräften gelang, die Front der Oppositionsparteien, die in der ersten Hälfte der siebziger Jahre noch in vielen bedeutenden Aktionen einheitlich handelten, zu durchbrechen. Zunächst ging die Demokratisch-Sozialistische Partei, sodann die Kōmeitō mehr und mehr auf Positionen der regierenden LDP über. Gleichzeitig wurde der Druck auf die SPJ verstärkt, Kōmeitō und DSP zu folgen und sich von gemeinsamen Handlungen mit der KPJ loszusagen. Die Kontroversen in der SPJ nahmen zu, ihr rechter Flügel gewann erneut an Einfluß. Die Auseinandersetzungen und die weitere Differenzierung innerhalb und zwischen den Parteien verstärkten die Unsicherheit in der Gewerkschaftsbewegung, die mit einzelnen Parteien liiert ist wie der Sōhyō mit der.SPJ und der Dōmei mit der DSP. Die Propagierung eines Mittelweges durch zentristische, sozialdemokratische und neoliberale Parteien sowie das Bemühen dieser Kräfte, eine gemeinsame antikommunistische Front aufzubauen, führte zu Auseinandersetzungen auch in der Gewerkschaftsbewegung und hemmte deren Entwicklung.

Ein weiterer Faktor, der Tendenzen des Opportunismus und Reformismus immer erneut nährte, ergibt sich aus den Wandlungen in der sozialen Struktur. Das rasche zahlenmäßige Anwachsen der Arbeiterklasse in den fünfziger und sechziger Jahren führte dazu, daß allein in den 10 Jahren von 1960 bis 1970 die Arbeiterklasse um 9,5 Millionen zunahm. Berücksichtigt man aber, daß jährlich etwa

1 Million aus unterschiedlichen Gründen aus dem Produktionsprozeß ausschieden, so beläuft sich der tatsächliche Neuzugang pro Jahr auf ca. 2 Millionen. Der größere Teil von ihnen sind Proletarier in der ersten Generation, die sich aus einer Proletarisierung der Mittelschichten, vornehmlich aus bäuerlichen Kreisen, aus mitarbeitenden Familienangehörigen der Kleinbetriebe und ruinierten Selbständigen rekrutierten.[32] Mit ihnen kam stets aufs neue kleinbürgerliches, reformistisches Gedankengut in die Arbeiterbewegung. Sie mußten erst lernen, sich als Teil der Arbeiterklasse zu fühlen, sie brauchten Zeit, um Klassendenken und -solidarität zu entwickeln.

Als hemmender Faktor erweist sich ferner die Existenz einer Vielzahl von Klein-, Zwerg- und Mittelbetrieben, in denen ein bedeutender Teil der Arbeiterklasse beheimatet ist. Stärker als in Großbetrieben werden die Arbeiter hier mit kleinbürgerlichen Ideen und Verhaltensweisen konfrontiert. Sie verfügen auch über weit schlechtere Organisationsbedingungen. Während z. B. 1977 außerhalb der Land- und Forstwirtschaft fast jeder zweite Werktätige in einem Betrieb mit weniger als 100 Beschäftigten arbeitete, betrug ihr Anteil an der Gesamtheit der Gewerkschaftsmitglieder im gleichen Jahr lediglich 6,2 Prozent.[33] Man kann in diesen Betrieben faktisch von einer völligen Unorganisiertheit der Arbeiter und Angestellten sprechen.

Ein wichtiges, traditionelles Moment, das eine Entwicklung des Klassenbewußtseins verzögert, ist ein mit patriarchalischen Zügen durchsetztes ausgeprägtes „Betriebsbewußtsein“, namentlich der Beschäftigten in den Großbetrieben. Es ist historisch gewachsen und wird vom Monopolkapital bewußt gefördert, um sowohl den Gedanken der Harmonie zwischen Kapital und Arbeit zu untermauern als auch die Arbeiter besser ausbeuten, aus ihnen größere Leistungen herausholen zu können.

Wiederholt wird von Ausländern mit Erstaunen registriert, daß es in Japan nicht wenige Firmen gibt, in denen sich die Arbeiter vor Beginn der Arbeitszeit versammeln und eine Hymne auf das Wohlergehen „ihrer“ Firma singen, bevor sie dann fleißig an die Arbeit gehen, und daß die Beschäftigten bereit sind, in bedeutendem Um-

---

[32] Allein aus der Landwirtschaft kamen in den sechziger Jahren jährlich etwa 800000 Arbeitskräfte, von denen allerdings ca. 300000 wieder aufs Land zurückkehrten. Siehe Masamichi Kawakami, S. 104.

[33] Vergleiche auch die Tabellen S. 63 und S. 107.

fang Überstunden zu leisten oder aus Loyalität gegenüber dem Betrieb auf einen Teil ihres Jahresurlaubs zu verzichten. Für einen japanischen Arbeiter oder Angestellten nimmt nämlich der Betrieb, in dem er arbeitet, einen bedeutenderen Platz im Leben ein als bei einem Arbeiter oder Angestellten in einem entwickelten kapitalistischen Land Westeuropas oder in den USA. Er betrachtet ihn nicht vorrangig als Besitz einer Gruppe von Aktionären, sondern in erster Linie als diejenige Institution, die ihm und seiner Familie die Existenzgrundlage gibt. Wenn sich ein Japaner vorstellt, so wird er sich nicht — wie das in Europa der Fall wäre — als „Schlosser", „Buchdrucker", „Dreher", „Buchhalter" oder auch als „Professor für . . ." ausweisen, sondern wird zuallererst sagen: „Ich gehöre zur ‚Firma A', ‚zum Betrieb B' oder ‚zur Universität C'." Sein Ansehen wird offiziell gemessen am Ansehen seiner Arbeitsstätte, seines Betriebes, seiner Universität. Der Betrieb oder auch die Firma stellt für ihn noch heute in der Regel die Gemeinde oder Gruppe von Menschen dar, zu der er sich primär zugehörig zählt und die das Wichtigste in seinem Leben ausmacht.[34] Mit der Einstellung, die vielfach mit großem Zeremoniell verbunden ist, wird dem Arbeiter seine Verantwortung gegenüber der Firma verdeutlicht, und er verpflichtet sich zu Loyalität und Arbeitsamkeit nach besten Kräften. Er wird damit faktisch aufgenommen in seine neue „Familie", dessen Oberhaupt der Unternehmer bzw. Vorstand ist.

Im Feudalismus geprägte Denk- und Verhaltensweisen wurden mit der Herausbildung des Kapitalismus bewußt übernommen, den neuen Bedingungen angepaßt und gefördert. An die Stelle des Feudalherren trat der Fabrikherr, an die Stelle des Klandenkens das Betriebsdenken bzw. die Propagierung des Leitgedankens: „Der Betrieb als Familie" (Keiei kazokushugi). Als Modell diente ein 1910 von der Staatlichen Eisenbahn eingeführtes System der „Nationaleisenbahn als eine einzige Familie". Danach galten alle Beschäftigten der Nationaleisenbahn als Mitglieder einer großen „Familie", aufgebaut in Pyramidenform mit dem Präsidenten als Patriarchen. Die Basis der Pyramide bildeten die einfachen Arbeiter und Angestellten, die den vorgesetzten „Familienmitgliedern" gehorsam zu sein hatten. Waren sie das, so wurde ihnen eine Förderung in dieser Hierarchie in Aussicht gestellt, waren sie aber „ungehorsam, so wurden sie

---

[34] Siehe auch Chie Nakane: Japanese Society. Hazell Watson and Viney Ltd., Aylesbury, Bucks (Pinguin Books), 1974, S. 3f.

unbarmherzig aus dieser Familie ausgeschlossen oder entlassen. Dieses Mittel, die Arbeiter innerhalb eines gegebenen Unternehmens zu binden, wurde nach dem ersten Weltkrieg von den Monopolunternehmen übernommen" und „blieb bis in die Gegenwart die Grundlage der Arbeiterpolitik der japanischen Unternehmen".[35] Für jemanden, der aus einer solchen Großfamilie, d. h. aus einem Großbetrieb oder Konzern ausgeschlossen wurde, ist es so gut wie aussichtslos, in eine andere wieder aufgenommen zu werden. Er kann in der Regel nur noch in einem Kleinbetrieb mit schlechteren Arbeits-, Lohn- und sozialen Bedingungen eine Anstellung finden.

Ausdruck des Betriebsbewußtseins ist u. a. auch die Tatsache, daß sich der überwältigende Teil der leitenden Kader eines Betriebes in langjährigen Bemühungen und entsprechender Qualifizierung aus der eigenen Firma emporarbeitet. Eine Untersuchung der Unternehmerorganisation Keizai Dōyūkai in 180 Gesellschaften ergab beispielsweise, daß 91 Prozent aller ständigen Direktoren aus den Angestellten der jeweiligen Gesellschaften hervorgingen. Aufschlußreich an dieser Untersuchung ist ferner der Fakt, daß 34,3 Prozent dieser Direktoren vordem als Gewerkschaftsfunktionäre tätig waren.[36]

Namentlich in den Großbetrieben dienen solche Maßnahmen wie das System der Beschäftigung auf Lebenszeit, steigende Löhne mit zunehmendem Betriebsalter und eine Reihe sozialer Leistungen dazu, das „Betriebsbewußtsein" zu materialisieren, das Denken und Handeln der Arbeiter zum Wohle „ihres" Betriebes zu fördern. Es ist überdies keine Ausnahme, daß ein leitender Vertreter des Betriebes bei wichtigen Familienangelegenheiten seiner Angestellten (wie Hochzeiten, Geburten oder Sterbefälle) zugegen ist, wobei seine Anwesenheit neben der ideellen Bedeutung auch durch materielle Zuwendungen unterstrichen wird.

Das für die japanischen Konzerne typische System der Beschäftigung auf Lebenszeit begann mit der Herausbildung und Entwicklung moderner Großbetriebe. Es verfolgte speziell zwei Ziele: Zum einen sollten mit der Einführung moderner Technik erfahrene Arbeitskräfte an den Betrieb gebunden, ihre Fluktuation niedrig gehalten oder völlig vermieden werden; zum anderen aber diente dieses

[35] This is Sohyo 1978, S. 39ff.

[36] Taishiro Shirai: Corporate Management and Worker Participation in Japan. Berliner Beiträge zur sozial- und wirtschaftswissenschaftlichen Japan-Forschung. Ostasiatisches Seminar, FU-Berlin, Berlin (West), o. J., S. 8.

System dazu, die Loyalität des Arbeiters zum Betrieb zu festigen und sogenannte sichere oder auch harmonische Beziehungen zwischen Kapital und Arbeit zu schaffen. Verbunden mit der Beschäftigung auf Lebenszeit, die noch heute in den großen Privatunternehmen sowie den Regierungs- und anderen öffentlichen Unternehmen vorherrscht[37], sind garantierte steigende Löhne entsprechend den Dienstjahren im Betrieb (Nenkō chingin) sowie eine Art Treueprämie bei altersbedingter Entlassung (Taishoku-kin), deren Höhe sich ebenfalls nach der Anzahl der Dienstjahre in dem betreffenden Betrieb richtet. Dazu muß gesagt werden, daß das altersbedingte Ausscheiden aus dem Betrieb in der Regel zwischen 55 und 60 Jahre erfolgt, eine Betriebsrente (Kigyō nenkin) ab 60 Jahren entrichtet werden kann und eine bescheidene staatliche Rente erst ab 65 Jahre gezahlt wird.[38] Das Taishoku-kin bildet somit eine Art Überbrückung, um sich gemeinsam mit dem Ersparten und der Unterstützung der Kinder nach Ausscheiden aus dem Betrieb einigermaßen über Wasser halten zu können. Sein Ursprung geht zurück bis in die Tokugawa-Zeit (Anfang des 17. bis in die Mitte des 19. Jh.), wo es üblich war, jemandem, der viele Jahre in einem Geschäft gedient hatte, als Entgelt für treue Dienste ein „Zweiggeschäft" (Noren wake) einzurichten. Mit der Entwicklung des Kapitalismus wurde es in einer Reihe von Unternehmen für längerdienende Arbeiter zunächst dahingehend angewandt, daß diese bei ihrer Pensionierung eine gewisse Abfindung, auch „Wohltätigkeitszahlung" genannt, erhielten. Nach dem zweiten Weltkrieg wurde seine Höhe vom Kampf der Gewerkschaften beeinflußt und mit Gesetzeskraft 1959 auf die kleinen und mittleren Betriebe ausgedehnt.[39]

Aus mehreren Gründen sind die Unternehmer heute jedoch weniger als früher daran interessiert, gegen eine entsprechende Loyalität eine garantierte Beschäftigung auf Lebenszeit zu gewähren. Zum einen sind erfahrungsgemäß jüngere Arbeitskräfte bei entsprechender Qualifizierung eher in der Lage, sich den Bedingungen der raschen technischen Entwicklung anzupassen, zum zweiten sind die Lohnkosten für ältere, längerdienende Arbeiter merklich höher als bei jüngeren. Die Entlohnung nach Leistung statt nach Alter bzw. der

---

[37] Hiroyuki Ōya: Gendai Nihon no kaikyū kōsei (Klassenstruktur im heutigen Japan). In „Shakaishugi", No. 100, Jan. 1975, S. 43.

[38] Vergleiche auch S. 164f. des Buches.

[39] Kazuo Ōkōchi: Rōdō undō. Iwanami Shojiten. S. 122f.

Dauer der Betriebszugehörigkeit wird in den Unternehmen als immer dringender empfunden. Hinzu kommt, daß mit der voranschreitenden Rationalisierung immer weitere Arbeitskräfte freigesetzt werden und für den Unternehmer die Belastung entsteht, fest eingestellte Arbeiter auf Grund dieses Systems nicht willkürlich entlassen zu können und sie unter Umständen sogar unproduktiv oder zumindest weniger effektiv beschäftigen zu müssen. Das aber gerät mehr und mehr in Widerspruch zum Charakter des Kapitals, Maximalprofite zu realisieren.

Eine Abschaffung des Systems der Lebenszeitbeschäftigung würde indes dem Betriebsbewußtsein vieler Arbeiter in kapitalistischen Großunternehmen einen empfindlichen Stoß versetzen, den verbreiteten Gedanken von der „Einheit zwischen Arbeit und Management“ schwächen, die soziale Unsicherheit steigern, damit der Loyalität zum Betrieb Abbruch tun und die Klassenauseinandersetzungen weiter zuspitzen. Es ist verständlich, daß das Monopolkapital eine solche Entwicklung verhindern möchte. In einer Untersuchung der Keizai Dōyūkai vom November 1978 zu der Frage, „Wie eine neue Beschäftigtenordnung aussehen soll“, wird daher u. a. folgende Linie empfohlen: „Um einer Betriebsstarre, wie sie in einigen fortgeschrittenen (kapitalistischen) Ländern Europas und in den USA in Gestalt einer Konfrontation von Arbeitnehmern und Arbeitgebern existiert . . . begegnen zu können, müssen die auf den innerbetrieblichen Gewerkschaften basierenden guten Beziehungen zwischen Arbeitnehmern und Arbeitgebern unseres Landes aufrechterhalten bleiben. Daher ist es notwendig, durch Realisierung und Ausweitung des bestehenden Beratungssystems von Arbeitnehmern und Arbeitgebern das Bewußtsein der Teilnahme aller an der Betriebsverwaltung zu erhöhen.“[40] Einem sich entwickelnden Klassenkampfgedanken soll also in noch stärkerem Maße ein bewußtes Denken im Rahmen des privatkapitalistischen Betriebes, eine „gemeinsame Verantwortung“, ein „Miteinander“ von Kapital und Arbeit im Interesse der Unternehmer entgegengesetzt werden, um eine „Betriebsstarre“ und die „Konfrontation von Arbeitnehmern und Arbeitgebern“ zu vermeiden.

Heute existiert in allen größeren Unternehmen — wenn auch im Einzelfall unterschiedlich ausgeprägt — ein Beratungssystem zwischen Vertretern der Betriebsleitung und den Gewerkschaften, wo regel-

---

[40] „Shakaishugi“, No. 155, Mai 1979, S. 44.

mäßig nicht nur Arbeitsbedingungen, Löhne, Urlaub, Qualifizierung etc., sondern auch Probleme der Disziplin, der Entlassungen oder Neueinstellungen bzw. Umbesetzungen, der Energie- und Rohstoffsituation, der Umweltverschmutzung u. a. erörtert werden. Diese Maßnahmen dienen wesentlich dazu, den Gedanken des Einvernehmens zwischen Unternehmern und Arbeitern zu festigen, den Arbeitern ein Gefühl der Mitsprache und der Zufriedenheit zu vermitteln, ihre Loyalität zur Firma zu sichern und die existierenden sozialen Widersprüche zu „minimalisieren"[41].

Neben einer ideologischen Beeinflussung durch die Erzeugung eines Betriebsbewußtseins wurde zur Überwachung der Arbeiter in den Großbetrieben ein sogenanntes Kontrollsystem (Kantokusha seido) geschaffen, bekannt auch als „Vorgesetztensystem" (Shokuchō seido). Dieses System legt u. a. die Kompetenzen der dem Arbeiter vorgesetzten Personen bis hin zum Vorarbeiter, Gruppenführer oder -leiter fest, die in der Regel aus langjährigen, erfahrenen Arbeitern des Betriebes von der Betriebsleitung ausgesucht sind. Diese Vorarbeiter, Gruppen- und Kolonnenführer tragen Verantwortung für die Produktionssteigerungen und die Handlungen der ihnen Unterstellten. Sie werden entsprechend geschult, um die Interessen der Firma jederzeit voll wahren zu können, spielen eine wichtige Rolle hinsichtlich des „Ausgleichs der Interessen" zwischen Arbeitern und Unternehmern und haben besonders auch darauf zu achten, daß keine Kampfaktionen am Arbeitsplatz erfolgen. Die Arbeitsplatzkämpfe (Shokuba tōsō) waren nach dem Verbot des Generalstreiks vom 1. Februar 1947 entwickelt worden und erwiesen sich bis Ende der fünfziger Jahre als sehr erfolgreich zur Durchsetzung dringender Forderungen wie bessere Arbeitsbedingungen, gegen Entlassungen und für mehr Demokratie im Betrieb. Seit den sechziger Jahren aber gelang es nicht zuletzt mit Hilfe des ausgebauten Shokuchō-Systems und eines Verbotes gewerkschaftlicher Tätigkeit am Arbeitsplatz, diese Waffe der Arbeiterklasse stumpf zu machen.[42]

Eng verbunden mit dem Betriebsbewußtsein ist auch eine Besonderheit in der Gewerkschaftsstruktur: eine generelle Organisierung der Arbeiter in autonomen Betriebsgewerkschaften, die die Gewerkschaftsbewegung in ihrer Gesamtheit dezentralisiert und gemeinsame

---

[41] Siehe Taishiro Shirai, S. 11ff.

[42] Kazuo Ōkōchi, S. 95f.

Aktionen erschwert. Verbunden damit ist ferner ein traditionelles System der Entlohnung nach Geschlecht, Alter, Beruf, Betriebsgröße sowie Vollbeschäftigten, Saisonarbeitern und Tagelöhnern, was eine Entwicklung des Solidaritätsbewußtseins und des Wissens, Angehöriger ein und derselben Klasse zu sein, sehr erschwert. Wir werden auf diese Fragen in den Abschnitten über die Gewerkschaften sowie die soziale Lage der Werktätigen ausführlicher zurückkommen.

Fassen wir die Entwicklung der japanischen Arbeiterbewegung nach dem zweiten Weltkrieg zusammen, so kann festgestellt werden, daß sie einen raschen Aufschwung nahm und bedeutende politische und ökonomische Kämpfe führte, die ein Ruhmesblatt sowohl in der nationalen als auch in der internationalen Arbeiterbewegung darstellen. Besonders ihre politischen Massenaktionen erreichten dabei einen Umfang wie in kaum einem anderen entwickelten kapitalistischen Land. Hervorzuheben sind vor allem die großen Bewegungen gegen den japanisch-amerikanischen Sicherheitspakt und den Krieg des amerikanischen Imperialismus gegen das koreanische und namentlich das vietnamesische Volk. Zu unterstreichen ist ferner die Antiatomwaffenbewegung, die in Japan umfassender als in jedem anderen kapitalistischen Land ist. Ein bedeutender Erfolg der Friedensbewegung besteht u. a. darin, daß durch die Wachsamkeit und durch entschlossenes Handeln der progressiven Kräfte mit der Arbeiterklasse an der Spitze die Friedensverfassung mit ihrem Artikel 9 heute unverändert in Kraft ist. Hervorgehoben zu werden verdient aber auch die in Japan entwickelte Form der Frühjahrskämpfe, die Jahr für Jahr Millionen Arbeiter im Kampf für ihre sozialen und demokratischen Rechte mobilisierte und noch immer mobilisiert. Viele, ja die meisten dieser Kämpfe beinhalten einen hohen Grad an Klassenbewußtsein. Dabei gab es Höhen und Tiefen, Offensiven und Defensiven. Die Stagnationserscheinungen seit Ausbruch der Wirtschaftskrise Mitte der siebziger Jahre können als ein solcher Tiefpunkt angesehen werden, der aus einer Reihe subjektiver Schwächen resultiert, die es der Arbeiterklasse insgesamt nicht ermöglichten, ihren Kampf unter den neuen ökonomischen und politischen Bedingungen erfolgreich zu gestalten.

Was die weitere Entwicklung der japanischen Arbeiterklasse und ihrer Bewegung für die achtziger Jahre, aber auch darüber hinaus betrifft, so sollte man vor allem folgende Aspekte im Auge behalten:

Erstens wird die Arbeiterklasse zahlenmäßig weiter erstarken, ihr Anteil an der sozialen Struktur wird sich erhöhen. Damit zugleich wächst ihr Anteil in der Klassenauseinandersetzung. Dieses Wachstum aber wird sich nicht mehr im gleichen Tempo fortsetzen wie in den fünfziger und sechziger Jahren. Das bedeutet u. a., daß nicht mehr in der gleichen großen Anzahl mit kleinbürgerlichem ideologischem Gedankengut behaftete Teile der Landbevölkerung und städtischen Mittelschichten proletarisiert werden. Der Prozeß des Eindringens kleinbürgerlicher Schichten in die Arbeiterklasse wird sich im Vergleich zu den vorangegangenen Jahrzehnten verlangsamen, was einer Festigung des Kerns der Arbeiterklasse förderlich ist. Verhältnismäßig hoch wird allerdings auch in den achtziger Jahren der Teil der in den Klein- und Mittelbetrieben beschäftigten, mit kaum geformtem Klassenbewußtsein und sehr niedrigem Organisationsgrad ausgestatteten Arbeiter sein.

Zweitens wird unter den Bedingungen der Verflechtung von allgemeiner und zyklischer Krise die soziale Unsicherheit zunehmen, die Unzufriedenheit und damit auch der Gedanke des Klassenkampfes erstarken. Dem Monopolkapital neue Zugeständnisse abzuringen wird immer schwieriger werden und erfordert objektiv, konsequenter und organisierter, bewußter und einheitlicher zu handeln. Historisch überkommene traditionelle Denk- und Verhaltensweisen, einschließlich die Beschäftigung auf Lebenszeit und Betriebsbewußtsein, werden sich nicht zuletzt durch die weitere sozialökonomische Entwicklung allmählich abschwächen und damit auch bestimmten Wurzeln des Opportunismus und Reformismus entgegenwirken.

Drittens schließlich wird von wesentlicher Bedeutung sein, wie die in vielen Klassenschlachten bewährte japanische Arbeiterbewegung Lehren aus den Niederlagen in der zweiten Hälfte der siebziger Jahre zieht, ihren subjektiven Faktor entwickelt und sich neu formiert. Bedeutende Erfolge konnte sie nach dem zweiten Weltkrieg immer dann erzielen, wenn einheitliches und geschlossenes Handeln ihren Kampf bestimmte. Zu Beginn der achtziger Jahre ist leider eine solche Situation zu verzeichnen, daß alle progressiven Bewegungen des Landes gespalten sind, angefangen bei der Friedensbewegung oder anderen demokratischen Massenorganisationen bis hin zur Gewerkschaftsbewegung und den progressiven Parteien. Die Wiederherstellung ihrer Einheit wird sicher langwierig sein, sie ist indes eine wesentliche Voraussetzung für den erfolgreichen Verlauf der Klassenkämpfe in den achtziger Jahren. Eine besondere Verantwortung tragen dafür namentlich die Kommunistische und die Sozialistische Partei.

Die Hauptkampforganisationen der japanischen Arbeiterklasse

Die Kampforganisationen der Arbeiterklasse, deren Charakter und Aktionsfähigkeit reflektieren in entscheidendem Maße den Reifegrad der Arbeiterbewegung eines Landes und damit deren Fähigkeit, die eigenen Interessen konsequent zu wahren, die errungenen Erfolge zu verteidigen und auszubauen und die Ziele ihrer Klasse hartnäckig zu verfolgen. Sie widerspiegeln den Grad ihrer Organisiertheit und ihres Klassenbewußtseins. Ihre Kenntnis hilft, klarer die Erfolge und Mißerfolge zu erfassen, die die Arbeiterbewegung auf ihrem Wege bisher durchlebte. Im folgenden sollen zunächst die Gewerkschaften als die Massenorganisationen des japanischen Proletariats näher vorgestellt, Aussagen namentlich zur Struktur, zum Organisationsgrad, zu den zentralen Dachverbänden gemacht werden. Im Anschluß daran werden Entwicklung und Politik der in der japanischen Arbeiterbewegung fest verankerten KPJ und SPJ skizziert. Auf eine Darstellung der Demokratisch-Sozialistischen Partei, die durch den Gewerkschaftsverband Dōmei ebenfalls über bedeutende Positionen in der Arbeiterklasse verfügt, wird an dieser Stelle wegen des ausgeprägt antikommunistischen, spalterischen und systemstabilisierenden Charakters der Partei sowie der Tatsache, daß die DSP für sich in Anspruch nimmt, keine Klassenpartei zu sein, bewußt verzichtet und in Kapitel III näher eingegangen.

Gewerkschaften

Organisationsprinzip und Grad der Organisiertheit

Im vorangegangenen Abschnitt über die Entwicklung der japanischen Arbeiterbewegung konnten wir feststellen, daß sich die Gewerkschaftsbewegung in Japan bereits Ende des vorigen Jahrhunderts zu formieren begann, nach dem ersten Weltkrieg zu größerer Bedeutung gelangte, insgesamt aber bis zum Ende des zweiten Weltkrieges durch scharfe Repressalien in ihrer Entwicklung stark gehemmt wurde und erst nach 1945 einen raschen Aufschwung nahm.

Die Gewerkschaften entstanden nach 1945 grundsätzlich als Betriebsgewerkschaften (Kigyōbetsu Kumiai). In ihnen werden die ständig Beschäftigten eines Betriebes oder Unternehmens — unabhängig von ihrer beruflichen Tätigkeit — zusammengeschlossen, nicht aber die Teilzeitbeschäftigten. Diese von den Arbeitern selbst gewählte Organisationsform hat ihre Ursachen wesentlich in dem bereits erwähnten „Betriebsbewußtsein“, dem System der Beschäftigung auf Lebenszeit, dem Entschädigungssystem gegenüber den Arbeitern und Angestellten und in der Gewohnheit, ständig in demselben Betrieb zu arbeiten. Mit der Entwicklung der Industrie stieg ihre Zahl beständig an und erreichte Ende Juni 1980 72693, die insgesamt 12,37 Millionen Gewerkschafter vereinigten.

Entwicklung der Gewerkschaftsbewegung nach dem zweiten Weltkrieg

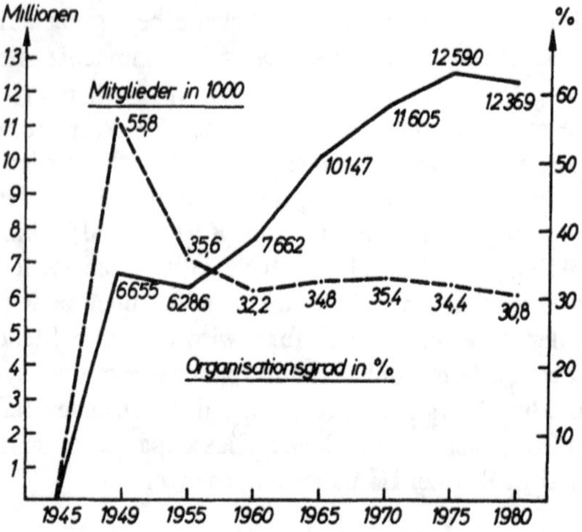

Nach Angaben aus: Mainichi nenkan 1978, S. 187 und Nihon kokusei zue 1981, S. 109. Die Angaben beziehen sich auf den 31. Juni des jeweiligen Jahres.
Die Grafik zeigt
- den stürmischen Aufschwung in der unmittelbaren Nachkriegszeit,
- einen durch Repressalien bedingten Rückgang ab 1950,
- eine rasche Zunahme der Mitglieder z. Zt. des hohen Wirtschaftswachstums, das einherging mit einem schnellen Anwachsen des Proletariats, und
- eine Rückwärtstendenz nach der Wirtschaftskrise 1974/75.

Die Grundform bilden somit die Betriebsgewerkschaften, die jede für sich völlig selbständig ist. In der Regel sind sie in Industriegewerkschaften zusammengeschlossen, verlieren dadurch jedoch nicht ihre Entscheidungsfreiheit. Die IG sind in ihrem Wesen Föderationen unabhängiger Betriebsgewerkschaften eines Industriezweiges. Vielfach existieren in ein und demselben Bereich mehrere IG unterschiedlichen politisch-ideologischen Charakters. Sie sind zumeist mit einem der nationalen Dachverbände liiert, doch gibt es daneben auch zahlreiche „unabhängige“.

Aus dieser dezentralisierten Organisationsstruktur resultiert eine wesentliche Schwäche der Gewerkschaftsbewegung. Kollektive Verhandlungen mit den Unternehmern können grundsätzlich nicht von einem Gewerkschaftsverband wie dem Sôhyô und nur in Ausnahmefällen von einer IG, sondern fast ausschließlich durch die Betriebsgewerkschaften geführt werden. Das Ergebnis dieser Verhandlungen bringt folglich auch kein einheitliches Niveau der Arbeitsbedingungen für alle Arbeiter eines entsprechenden Industriezweiges, sondern allein für die Arbeiter eines Betriebes. Zwar werden die Forderungen der Betriebsgewerkschaften weitgehend durch die Richtlinien des Frühjahrskampfkomitees, soweit sie diesem angehören, koordiniert, doch sind diese Richtlinien letztlich nicht bindend. Ähnliches gilt auch für Streikdirektiven, die von einem Gewerkschaftsverband oder einer IG nur mit dem Mandat der Betriebsgewerkschaften gegeben werden können.[43]

Das dezentralisierte Organisationsprinzip erfordert oft lange Wege der Entscheidungsfindung und erschwert immer wieder Einheitsaktionen. Es bietet den Unternehmern vielfältige Möglichkeiten, getrennt gegen die Arbeiter vorzugehen und durch Druck und Kompromisse bestimmte Betriebsgewerkschaften oder IG mit Hilfe opportunistischer Gewerkschaftsführer aus einer einheitlichen Kampffront herauszulösen.

Die Tatsache, so schätzt der Sôhyô selbst ein, daß die Macht, Verhandlungen zu führen und zum Streik aufzurufen, allein bei den Betriebs- bzw. den Unternehmensgewerkschaften liegt, führt wiederholt dazu, daß „die Konkurrenzbeziehungen zwischen Unternehmen oft in die zwischengewerkschaftlichen Beziehungen übertragen werden. Es geschieht somit oft, daß eine Betriebsgewerkschaft, wenn ihre Forderungen abgewiesen oder nicht voll erfüllt werden, mit einem Streik zögert, weil sie nicht sicher ist, daß andere Gewerkschaften des gleichen Industriezweiges ebenfalls streiken werden. Die Gewerkschafter eines bestimmten Unternehmens befürchten stets, daß, falls sie streiken und die Tätigkeit ihres Unternehmens lähmen, die Konkurrenzfirma in der Zwischenzeit den Marktanteil auf ihre Kosten ausdehnt. Sie fürchten ferner, daß

---

[43] Zum Problem der Betriebsgewerkschaften siehe auch: This is Sohyo 1978, S. 25f.

die Möglichkeiten ihres Unternehmens zur Lohnzahlung sich dadurch verringern und schlimmstenfalls ihr Unternehmen in der Geschäftskonkurrenz unterliegt und bankrott geht"[44].

Diese Darstellung macht deutlich, wie sich Betriebsbewußtsein und Betriebsgewerkschaften negativ auf die ideologische und organisatorische Entwicklung der Arbeiterbewegung auswirken, ihre Kampfmoral, ihr Klassenbewußtsein, ihre Solidarität schwächen. Wir können andererseits in Japan beobachten, wie Gewerkschaften staatlicher oder öffentlicher Unternehmen, in denen das Betriebsbewußtsein weitestgehend fehlt, einen entschieden kämpferischeren Charakter aufweisen. So z. B. die Gewerkschaft der Staatlichen Eisenbahnen Kokurō mit ihren über 250000 Mitgliedern, die trotz Streikverbot und praktizierter „Bestrafung" (Entlassungen, Lohnkürzungen) oft Tausender ihrer Mitglieder bei einem Verstoß gegen das Streikverbot alljährlich aktiv an den Frühjahrskämpfen teilnimmt. Sie entwickelte überdies eine dem Streikverbot angepaßte besondere Form des Kampfes, den zumeist im Sommer durchgeführten sogenannten Jumpō Tōsō, zu deutsch etwa Dienst nach Vorschrift. Er beinhaltet u. a., alle Sicherheitsbestimmungen genauestens zu beachten, einschließlich die Ablehnung von Überstunden, was dann bei der sprichwörtlich minutiösen Pünktlichkeit der japanischen Eisenbahnen oft zu stundenlangen Verspätungen führen kann.

Einige Bemerkungen zum Grad der Organisiertheit. Das wichtigste verrät die grafische Darstellung auf S. 104. Nach einem steilen Aufstieg in den ersten Nachkriegsjahren erfolgte bis Ende der fünfziger Jahre ein Rückgang, dem sich ein neuerlicher Aufschwung bis Mitte der siebziger Jahre anschloß. Auf die Ursachen des Rückschritts nach Ausbruch der Krise wurde bereits eingegangen. Mit 30,8 Prozent ist 1980 der niedrigste Organisationsgrad seit Ende des zweiten Weltkrieges zu registrieren. Er ist zwar noch höher als in den USA, liegt aber bedeutend unter dem Niveau solcher Länder wie Englands oder der BRD.[45] Einen entscheidenden Anteil daran hat die fast völlige Unorganisiertheit der Arbeiter und Angestellten in den Zwerg-, Klein- und Mittelbetrieben. Von den etwa 25 Millionen nichtorganisierten Arbeitern 1975 rekrutierten sich rund 70 Prozent aus diesen Betrieben.[46] Die nachfolgende Tabelle verdeut-

---

[44] Ebenda, S. 26f.

[45] In den USA betrug die Organisationsrate 1978 23,4 Prozent, in England und in der BRD 1978 57,4 resp. 41,9 Prozent. Siehe Nihon kokusei zue 1981, S. 109.

[46] „Akahata" vom 30. 9. 1977.

Anzahl der Gewerkschaften und Gewerkschaftsmitglieder nach Betriebsgröße in der Privatindustrie

Betriebsgröße nach Beschäftigtenzahl	Zahl der Betriebsgewerkschaften		Zahl der Mitglieder (in Tausend)	
	1963	1980	1963	1980
gesamt	33344	53768	6153	8628
Anteil	100,0	100,0	100,0	100,0
1000 und mehr	8811	14827	3494	4867
Anteil	26,4	27,6	56,8	56,4
100—999	10568	17747	1697	2395
Anteil	31,7	33,0	27,6	27,7
30—99	8026	12447	341	464
Anteil	24,1	23,1	5,5	5,4
29 und weniger	4260	5823	62	69
Anteil	12,8	10,8	1,0	0,8
andere[1]	1679	2922	559	834
Anteil	5,0	5,4	9,1	9,7

[1] Gewerkschaften, die durch Beschäftigte aus 2 und mehr Firmen organisiert sind, und Gewerkschaften in Unternehmen unbekannter Größe.
Quelle: Nihon rōdō nenkan 1968 und Asahi nenkan 1981, Bekken.

licht dies und zeigt an, daß der Grad ihrer Unorganisiertheit in den sechziger und siebziger Jahren eher zu- als abnahm.

Ist der Grad der Organisiertheit unterschiedlich entsprechend der Größe der Betriebe, so differiert er auch zwischen staatlichem und privatkapitalistischem Sektor (in ersterem ist er höher) sowie zwischen einzelnen Wirtschaftszweigen. Betrug er 1980 im Durchschnitt 30,8 Prozent, so erwies er sich als relativ hoch im Bereich der Angestellten öffentlicher Dienste (74,6 Prozent), der Elektrizitäts-, Gas-, Wasser- und Wärmeversorgungsdienste (80,1 Prozent) und im Bereich der Finanzen, Versicherungen und Liegenschaften (56,1 Prozent) sowie im Transport- und Fernmeldewesen (62,3 Prozent). Demgegenüber ist er sehr niedrig im Handel (9,4 Prozent) und in der Bauindustrie (16,5 Prozent). In der Mitte liegen die weiterverarbeitende Industrie (35,3 Prozent) und der Bergbau (47,2 Prozent).[47] Im Vergleich zu anderen entwickelten kapitalistischen

[47] Siehe Asahi nenkan 1981, Bekken, S. 387.

Industriestaaten zeigt sich in Japan somit eine höhere Organisationsrate bei den „Kopfarbeitern“, eine niedrigere hingegen bei den Produktionsarbeitern.

Verhältnis von Arbeitskräften und gewerkschaftlich Organisierten in der Privatindustrie 1977

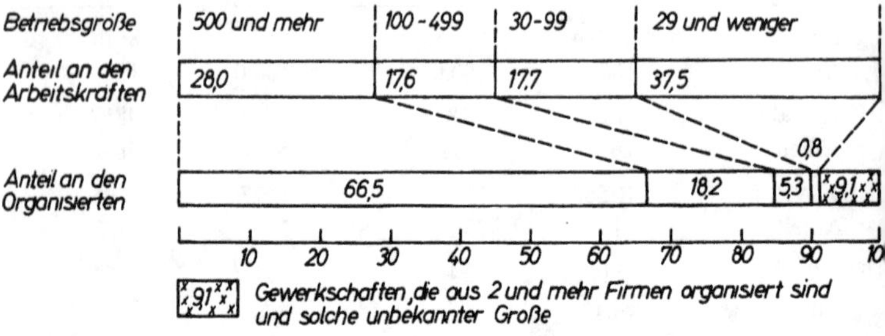

Betriebe mit 500 und mehr Beschäftigten stellten 1977 zwei Drittel aller in der Privatindustrie organisierten Gewerkschafter, obgleich sie nur 28% aller Arbeitskräfte ausmachten. Demgegenüber stellten 37,5% aller Arbeitskräfte (Betriebe mit 29 und weniger Beschäftigten) nur 0,8% der Organisierten.

Quelle: Zusammengestellt nach Angaben aus: Asahi nenkan 1979, Bekken, S. 420 (für die Organisierten) und Tabelle S. 84 dieses Buches (zugrundegelegt wurde die Gesamtzahl der Arbeiter ohne staatliche und Gemeindearbeiter).

Die wichtigsten Gewerkschaftsverbände

Die wichtigsten Gewerkschaftsverbände sind der Sōhyō, der Dōmei, Chūritsu Rōren und Shinsambetsu. Ihnen gehörten 1980 knapp zwei Drittel oder 8 Millionen Organisierte an. Wir haben gesehen, daß ihre Kompetenzen gegenüber den ihnen angeschlossenen IG und Einzelgewerkschaften zwar stark beschränkt sind, doch spielen sie eine wichtige Rolle. Sie spiegeln bestimmte politische Linien in der Gewerkschaftsbewegung wider, schließen Teile der Arbeiterklasse zur Durchsetzung dieser Linien zusammen und sind bemüht, auf die Forderungen durch deren Koordinierung Einfluß zu nehmen.

Der größte und zugleich progressivste Gewerkschaftsverband ist der Sōhyō. Seit Anfang der fünfziger Jahre steht er mit an der Spitze der entscheidenden Klassenschlachten im Lande.

Sōhyō ist die Abkürzung für Nihon Rōdōkumiai Sōhyōgikai, zu deutsch Generalrat der Japanischen Gewerkschaften. Er konstituierte

Gewerkschaften und Gewerkschaften (der großen Dachverbände; Vergleich 1965 und 1980)

	gesamt	Sōhyō	Dōmei	Chūritsu Rōren	Shin-sam-betsu	Einzelgewerk-schaften
Gewerkschaften						
1965	52879	19865	7139	2253	187	
1980	72693	6484	5929	952	76	
Mitglieder						
1965	10069761	4225025	1655073	966838	59602	3269667
1980	12369262	4550522	2161786	1357979	62286	4627000
Anteil der Mitglieder						
1965	100,0	41,9	16,4	9,6	0,6	32,5
1980	100,0	36,8	17,5	11,0	0,5	37,4

Angaben aus: Asahi nenkan 1967, S. 475 und 1981, S. 472. Die Addition der Mitglieder und Anteile ergibt Abweichungen von der Gesamtzahl, da ein Teil der Einzelgewerkschaften auch Mitglied von Gewerkschaftsverbänden sind, zweimal registriert werden und doppelt auftauchen.

sich am 11./12. Juli 1950, kurz nach Ausbruch des Koreakrieges und inmitten einer Welle scharfer Repressalien gegen den kämpferischen Teil der Arbeiterklasse. Seine von der amerikanischen Besatzungsmacht geförderte Gründung stand ursprünglich unter eindeutig opportunistischen, auf Klassenharmonie orientierenden und antikommunistischen Vorzeichen. Sein Haupttråger war der unter sozialdemokratischer Führung stehende Sōdōmei. Deutlich offenbarte sich sein opportunistischer und reformistischer Charakter in den Hauptpunkten seines Grundsatzprogramms, das er mit seiner Gründung verabschiedete und in dem es u. a. heißt: Die Gewerkschaften „sollen nicht als Instrument des Kampfes für die politische Macht benutzt werden", sie „sollen nicht die destruktive, ultralinke (gemeint ist die kommunistische — R. H.) Bewegung akzeptieren, die zu dem Zwecke organisiert wurde, die ökonomische Stabilität und Prosperität der Gesellschaft zu zerstören", sie „sollen aktiv kooperieren mit solchen politischen Parteien, die danach streben, den Sozialismus durch friedliche und demokratische Mittel zu erreichen".[48]

Der Sōhyō hatte jedoch in seinem Grundsatzprogramm auch positive Ansatzpunkte. So heißt es in diesem u. a.: „Der Generalrat der Japanischen Gewerkschaften strebt danach, die Arbeitsbedingungen der Arbeiter ... zu verteidigen und zu verbessern, ihren ökonomischen, politischen und sozialen Status zu heben, die sich in Japan im Gange befindliche demokratische Revolution zu einer möglichen Errichtung des Sozialismus voranzutreiben ..." Oder: „Unter spezifischen Bedingungen müssen Unternehmer und Arbeiter zusammenarbeiten, doch soll das Prinzip Berücksichtigung finden, daß die Interessen der Arbeiterklasse grundsätzlich unvereinbar sind mit denen der Kapitalistenklasse, solange die Arbeitsbeziehungen auf der Basis der Ausbeutung der Arbeiter andauern."[49]

Die Widersprüchlichkeit — einerseits sollen die Gewerkschaften „nicht als Instrument des Kampfes für die politische Macht benutzt werden", andererseits sollen sie die „im Gange befindliche demokratische Revolution zu einer möglichen Errichtung des Sozialismus" vorantreiben; einerseits „Zusammenarbeit" zwischen Arbeit und Kapital, andererseits Unvereinbarkeit der Klasseninteressen — erklärt sich daraus, daß bereits zur Zeit seiner Gründung unter-

---

[48] This is Sohyo 1978, S. 55f.

[49] Ebenda.

schiedliche Strömungen im Sōhyō wirkten, der von Anfang an voll unter dem Einfluß der SPJ stand, in der wiederum neben sozialdemokratischen auch starke klassenbewußte Kräfte wirkten.

Den klassenbewußten Kräften gelang es relativ rasch, ihren Einfluß im Sōhyō auszubauen und ihn in ein echtes Kampfinstrument der Arbeiterklasse umzugestalten. Der beginnende Wandel zeigte sich bereits 1951, als der Sōhyō gegen den Widerstand seines rechten Flügels mit dem Sōdōmei und der Seeleutegewerkschaft auf seinem 2. Kongreß im März als 11. Punkt seinem Programm die „Vier Friedensgrundsätze" hinzufügte: Gegen Wiederaufrüstung, für die Bewahrung der Neutralität, gegen Militärstützpunkte und für den Abschluß eines allseitigen Friedensvertrages.[50] Sie bildeten den Ausgangspunkt für das Eintreten des Sōhyō gegen den japanisch-amerikanischen Sicherheitspakt, gegen die amerikanischen Militärstützpunkte in Japan, für die aktive Unterstützung der Friedensbewegung allgemein. Einen weiteren bedeutenden Schritt vollzog er auf seinem 7. Kongreß im August 1956, als er aus seinem Aktionsprogramm die antikommunistische Maxime strich, „nicht an Kämpfen teilzunehmen, die von der KPJ beherrscht werden"[51]. Damit änderte sich zwar nichts an der weiteren einseitigen Unterstützung der SPJ, doch bedeutete die damalige grundsätzliche Bereitschaft, auch mit der KPJ zusammenzuarbeiten, zweifelsfrei einen großen Fortschritt für die japanische Arbeiterbewegung insgesamt. Daß die Zusammenarbeit Sōhyō — KPJ jedoch bis heute Grenzen hat und immer wieder Schwankungen unterworfen ist, hängt wesentlich mit Schwankungen innerhalb der SPJ zusammen.

Das Monopolkapital unternahm mit Hilfe rechter Gewerkschaftsführer wiederholt Anstrengungen, den Sōhyō zu spalten oder zumindest zu schwächen. Bereits Ende 1950 trat ein Teil des Sōdōmei wieder aus dem Sōhyō aus. 1954 trennten sich aus Protest gegen kämpferische Aktionen zur Durchsetzung von Lohnerhöhungen und anderen Forderungen, wie sie besonders von den damals im Sōhyō führenden Gewerkschaften des Kohlebergbaus und der Elektroindustrie vertreten wurden, die Alljapanische Seeleutegewerkschaft, die Textilarbeitergewerkschaft u. a. und bildeten den neuen Gewerkschaftsverband Zenrō, der eine lose Vereinigung mit dem Sōdōmei einging. Die in den sechziger Jahren im Zusammenhang mit den

---

[50] „Shakaishugi", No. 182, Apr. 1981, S. 15; Shōbei Shiota u. a.: Sengo rōdōkumiai undō no rekishi, S. 124.

[51] Ebenda, S. 160.

zunehmenden Betriebsfusionen von seiten der Unternehmer initiierten neuen Betriebsgewerkschaften und die Spaltung und Schwächung der bestehenden Gewerkschaften führten dazu, daß der Sōhyō in diesem Jahrzehnt in seiner Mitgliederbewegung stagnierte und es ihm nicht gelang, in den neu errichteten Industriezweigen der Schwer- und Chemieindustrie Fuß zu fassen. Seit Ausbruch der Krise und insbesondere eingedenk der vom Sōhyō organisierten machtvollen und erfolgreichen Frühjahrsoffensive 1974 verstärkten sich die Bemühungen des Monopolkapitals zu seiner Schwächung erneut, und seine Mitgliederzahl ging zurück, ohne daß jedoch seine dominierende Position in der japanischen Gewerkschaftsbewegung erschüttert werden konnte.

Im Vergleich zu den anderen japanischen Gewerkschaftsverbänden besteht eine Besonderheit des Sōhyō darin, daß über zwei Drittel seiner Mitglieder dem staatlichen oder öffentlichen Sektor der Wirtschaft und Verwaltung angehören, darunter die Jichirō (Gesamtjapanische Gewerkschaft der Selbstverwaltungskörperschaften) mit 1,254 Millionen Mitgliedern 1980, die Nikkyōsō (Japanische Lehrergewerkschaft) mit 672000 Mitgliedern, die Dentsū Kyōtō (Gewerkschaft der Arbeiter des Fernsprech- und Nachrichtenwesens) mit 332000 Mitgliedern, die Kokurō (Gewerkschaft der Staatlichen Eisenbahner) mit 250000 Mitgliedern, die Zentei (Gewerkschaft der Postarbeiter) mit 188000 Mitgliedern und andere.[52] Damit ist er faktisch die gewerkschaftliche Heimat aller organisierten Arbeiter und Angestellten der staatlichen und öffentlichen Unternehmen. Er ist so zugleich der Gewerkschaftsverband, der über den größten Einfluß auf die wirtschaftlichen und politischen staatlichen Institutionen verfügt, weshalb seine Aktivitäten von der Regierung besonders aufmerksam verfolgt werden. Neben dieser Stärke des Sōhyō ist aber auch zu berücksichtigen, daß die genannten über zwei Drittel seiner Mitglieder dem Regierungserlaß 201 von 1948 unterliegen und damit dem Streikverbot, was wiederum seinen Aktionsradius und seine Möglichkeiten bedeutend einschränkt. Es ist nur natürlich, daß der Sōhyō beständig für die Wiedergewährung des Streikrechts für die Arbeiter und Angestellten öffentlicher Unternehmen eintritt.

Innerhalb des Sōhyō bestehen mehrere Strömungen, die unterschiedliche Auffassungen vom Klassenkampf und damit auch von

---

[52] Asahi nenkan 1981, S. 472.

den Aufgaben der Gewerkschaften und der Arbeiterbewegung haben. Deren Kräftekonstellation ist wechselhaft, was wiederum zu zeitweiligen Schwankungen in der Linie des Sōhyō führt und dessen Politik zuweilen verworren, widersprüchlich, schwer verständlich erscheinen läßt. Zunächst existiert eine sogenannte Hauptströmung (Shuryū), die sich wiederum in eine linke und eine rechte Fraktion unterteilt. Zur ersteren rechnet man u. a. die Gewerkschaft der Staatlichen Eisenbahner sowie der Kommunalarbeiter (Kokurō und Jichirō). Zur rechten Fraktion zählen Zendentsū (mit 291000 Mitgliedern, Hauptorganisation innerhalb der Dentsū Kyōtō) und Tekkō Rōren (Metallarbeitergewerkschaft, 229000 Mitglieder), die zugleich führendes Mitglied des IMF-JC ist. Neben der Hauptströmung oder Shuryū unterscheidet man die Han-Shuryū oder Anti-Hauptströmung, worunter einige IG verstanden werden (Medizin, Tagelöhner, Transport, Zeitungen), die, von Klassenpositionen ausgehend, unter anderem eine engere Zusammenarbeit auch mit der KPJ fordern und sich gegen den Beschluß der einseitigen und alleinigen Unterstützung der SPJ wenden.

Gegen den vor Jahrzehnten angenommenen Beschluß, daß alle Mitglieder des Sōhyō allein die SPJ insbesondere bei Parlaments- und Lokalwahlen unterstützen, gab es in der zweiten Hälfte der siebziger Jahre wiederholt heftige Meinungsverschiedenheiten zwischen einzelnen IG. Zendentsū und Tekkō Rōren beispielsweise fordern die Unterstützung auch kleinbürgerlicher Parteien wie Kōmeitō und Demokratisch-Sozialistische Partei, nicht aber eine Unterstützung linker Kräfte in der SPJ selbst und schon gar nicht der KPJ.

Durch die enge Liierung zwischen Sōhyō und SPJ wirken politische Schwankungen der einen auch auf die andere Organisation. Die im Sōhyō in der zweiten Hälfte der siebziger Jahre zugenommenen Rechtstendenzen wirken zurück auf die SPJ, wie umgekehrt ein Erstarken reformistischer Kräfte in der SPJ die Politik des Sōhyō beeinflußt. Die zunehmende Forderung rechter Gewerkschaftsführer im Sōhyō nach einer verstärkten Zusammenarbeit mit den zentristischen Parteien trug nicht unwesentlich dazu bei, daß die SPJ im Januar 1980 ein Abkommen mit der zweitstärksten Oppositionspartei im Parlament, der Kōmeitō, schloß. Diesem Abkommen wiederum, in dem die SPJ ausdrücklich von einer Zusammenarbeit mit der KPJ bei einer eventuellen Regierungsbildung durch die heutige Opposition abrückte, stimmte der Sōhyō gegen den Willen der klassenbewußten Teile seiner Mitglieder vollinhaltlich zu. Zu seinem Jahreskongreß 1980 lud er die Kommunistische Partei erstmals nach vielen Jahren nicht ein. Die KPJ warnte, daß der Sōhyō, falls seine Führung diesen Weg weiterbeschreite, „unvermeidlich eine wichtige Rolle in der wachsenden Offensive der Reaktion spielen wird“[53].

Der zweitgrößte japanische Gewerkschaftsverband ist der Dōmei, mit vollem Namen Zennihon Rōdō Sōdōmei (Gesamtjapanischer Generalbund der Gewerkschaften). Hat der Sōhyō in den 30 Jahren seiner Existenz seinen kämpferischen Charakter vielfach unter Beweis gestellt, so profilierte sich der Dōmei von Anbeginn als Instrument des Opportunismus, als eine gegen die progressive Einheitsfront der japanischen Arbeiter wirkende Kraft.

Die Gründung des Dōmei erfolgte am 12. November 1964 durch die Gewerkschaftsverbände Zenrō, Sōdōmei und Zenkankō. Der Sōdōmei ist die Fortsetzung einer rechten Gruppierung, die es 1950 ablehnte, dem Sōhyō beizutreten. Der Zenrō setzte sich wesentlich aus Gewerkschaften zusammen, die den Sōhyō aus Protest gegen dessen kämpferische Aspekte verlassen hatten, und Zenkankō war ebenfalls — als Spaltergewerkschaft der Arbeiter und Angestellten öffentlicher Unternehmen gebildet — aus dem Sōhyō ausgetreten. Der Dōmei entstand somit als Zusammenschluß spalterischer Elemente der Gewerkschaftsbewegung auf rechtsopportunistischer Grundlage. Bis heute hat sich an diesem seinem Charakter nichts geändert. Er ist politisch und ideologisch eng verbunden mit der Demokratisch-Sozialistischen Partei. Seine Mitgliederzahl wuchs in den sechziger Jahren im Zusammenhang mit der Umstrukturierung der Industrie und der damit einhergehenden Bildung neuer und der Zerschlagung bestehender Gewerkschaften rasch.

In seinem Gründungsmanifest wendet er sich gegen die Einbeziehung von Gewerkschaften in „politische Machtkämpfe“, tritt er ein für „eine Beschleunigung der Modernisierung der Industriegesellschaft“, für „die Aufstellung erfolgreicher Pläne zur Produktivitätserhöhung“ und erhebt andere, den Interessen des Monopolkapitals entsprechende Forderungen. Der Dōmei sieht den Weg zur Erfüllung der Forderungen der Arbeiterklasse nicht im Kampf, sondern in einer „Entwicklung des Beratungssystems zwischen Kapital und Arbeit“[54]. Mit seiner Gründung, an der auch eine Delegation des amerikanischen Gewerkschaftsverbandes AFL-CIO teilnahm, trat er geschlossen dem IBFG bei. Er unterstützte während des Vietnam-

---

[53] „Japan Press News“, No. 891, 1. 8. 1980.

[54] Aus dem Aktionsprogramm für 1978. Siehe Asahi nenkan 1979, S. 504.

krieges regierungsgesteuerte südvietnamesische Gewerkschaften, begrüßte die Ratifizierung des japanisch-südkoreanischen Vertrages und schloß Abkommen mit südkoreanischen Gewerkschaften.[55]

Im Gegensatz zum Sōhyō, dessen Mitglieder zu gut zwei Dritteln aus staatlichen und öffentlichen Unternehmen kommen, vereinigt der Dōmei fast ausschließlich Gewerkschaften der Privatindustrie. Er tritt ein für die Schaffung einer Einheitsfront der Gewerkschaften in der Privatindustrie auf der Grundlage der Anerkennung des IBFG und fordert u. a. ein gemeinsames Vorgehen aller kleinbürgerlichen und rechtssozialdemokratischen gegen die progressiven Kräfte, d. h., er befürwortet aktiv die Bildung einer breiten Front gegen die KPJ und linke Kräfte der SPJ. 1976 erklärte ihr Vorsitzender Amaike: „Die Wiederherstellung der Einheit der progressiven Parteien (worunter die sogenannten Mittelwegkräfte DSP, Kōmeitō, Neoliberaler Klub und rechte Gruppierungen der SPJ gemeint sind — R. H.), die auf Anti-LDP- und Anti-KPJ-Positionen stehen, ist von außerordentlicher Wichtigkeit. Möglich aber ist sie nur mit kräftiger Unterstützung der Gewerkschaften. Wenn die Gewerkschaften diese Rolle erfüllen, wird die Einheit der Arbeiterfront zu einer wichtigen Aufgabe."[56] Hierin widerspiegelt sich das Bemühen, die Arbeiterklasse unter dem Begriff der „Einheitsfront" nach rechts, auf eindeutig antikommunistischen Positionen zu entwickeln.

Der dritte Gewerkschaftsverband Japans ist die Verbindungskonferenz der Neutralen Gewerkschaften, japanisch Chūritsu Rōdō-kumiai Renrakukaigi oder kurz Chūritsu Rōren genannt. Am 8. September 1956 konstituiert, schloß sie Gewerkschaften zusammen, die weder dem Sōhyō noch dem damaligen Zenrō beitreten wollten, eine ihrer Aufgaben aber darin zu sehen meinten, zwischen beiden zu vermitteln und eine Einheit herzustellen. Noch heute besteht eines ihrer Ziele in der Schaffung einer wenn auch losen Verbindung der wichtigsten 4 Gewerkschaftsverbände des Landes. In ihren Reihen vereinigt sie ausschließlich Gewerkschaften der Privatindustrie. Seit Ende der fünfziger Jahre arbeitet sie in der Praxis eng mit dem Sōhyō zusammen. Seit dieser Zeit bilden beide auch gemeinsam das Frühjahrskampfkomitee und erarbeiten gemeinsame Richtlinien zur Durchsetzung der Forderungen der Arbeiter. Im Gegensatz zum Sōhyō und Dōmei gibt es für ihre Mitglieder keine

---

[55] Shōichi Fujii, Shinobu Ōe: Sengo Nihon no rekishi. Bd. 2, S. 192f.

[56] „Akahata" vom 15. 2. 1977.

verbindlichen Richtlinien zur Unterstützung einer bestimmten Partei.

Auf ihrem Kongreß 1978 beschloß die Chūritsu Rōren, ab 1979 eine „lose Koalition“ mit dem vierten und zugleich kleinsten Gewerkschaftsverband, der Shinsambetsu, einzugehen, was auch von dieser angestrebt wurde.[57] Die Shinsambetsu (mit vollem Namen Zenkoku Sangyōbetsu Rōdōkumiai Rengō — Gesamtnationale Gewerkschaftsföderation nach Industriebereichen) vereinigt ebenso wie die Chūritsu Rōren nur Gewerkschaften der Privatindustrie und formierte sich im Dezember 1949 auf antikommunistischer Grundlage. Ihre Mitglieder gehörten ursprünglich dem unter Führung der KPJ stehenden Sambetsu Kaigi an. Wiederholt arbeitete sie später mit dem Sōhyō besonders bei den Frühjahrskämpfen zusammen. Da sie nur 0,5 Prozent aller gewerkschaftlich Organisierten in ihren Reihen zusammenschließt, ist ihr Einfluß relativ gering.

Neben diesen 4 Gewerkschaftszentren existieren zahlreiche selbständige Industrie- bzw. Einzelgewerkschaften großer Unternehmen, die in keinem der genannten Zentren verankert sind. In ihnen war 1980 über ein Drittel aller Organisierten vereinigt. Sie wirken fast ausschließlich im Rahmen ihrer Betriebe, ein Teil von ihnen aber schließt sich bei den Frühjahrskämpfen dem Gemeinsamen Kampfkomitee an. Bedeutende unabhängige IG sind die Gesamtjapanische Gewerkschaftsföderation der Autoindustrie Jidōsha Sōren mit über 596000 Mitgliedern (ein Teil davon ist dem Dōmei angeschlossen), die Gewerkschaftsföderation der Städtischen Bankangestellten Shiginren mit 177000 sowie der Gesamtjapanische Gewerkschaftsrat der Transportarbeiter Unyū Rōren mit 131000 Mitgliedern.[58]

Eine besonders reaktionäre und spalterische Rolle spielt der auch in Japan unter seiner englischen Bezeichnung IMF-JC (International Metal Workers Federation — Japan Council) bekannte Gewerkschaftsrat. Unter diesem Namen wird er als Mitglied des IBFG, dem er seit seiner Gründung im Mai 1964 angehört, geführt. Sein japanischer Name lautet Zennihon Kinzoku Rōdōkumiai Kyōgikai (Gesamtjapanischer Rat der Gewerkschaften der Metallindustrie) oder kurz Kinzoku Rōkyō. Er ist weniger ein eigenständiges nationales Gewerkschaftszentrum wie Sōhyō, Chūritsu Rōren, Dōmei oder Shinsambetsu, sondern durchdringt vielmehr sowohl diese Zentralen als auch eine Reihe „unabhängiger“ Gewerkschaften. In seinem di-

---

[57] Asahi nenkan 1979, S. 504.

[58] Ebenda 1981, S. 472.

rekten Einflußbereich befanden sich Mitte 1980 2202 Gewerkschaften mit insgesamt 1869000 Mitgliedern.[59] Die wichtigsten in ihm vertretenen IG sind die Gesamtjapanische Gewerkschaftsföderation der Elektromaschinenbauer Denki Rōren (Mitglied des Chūritsu Rōren, 531000 Mitglieder), die Nationale Gewerkschaftsföderation des Schiff- und Schwermaschinenbaus Zōsen Jūki Rōren (Mitglied des Dōmei, 177000 Mitglieder), die unabhängige Gesamtjapanische Gewerkschaftsföderation der Autoindustrie Jidōsha Sōren und die im Shinsambetsu verankerte Nationale Gewerkschaft des Maschinenbaus und der Metallurgie Zenkikin (32000 Mitglieder). Zählten die genannten vier zu den Gründern des IMF-JC, so gesellte sich im Februar 1966 die dem Sōhyō assoziierte Gesamtjapanische Gewerkschaftsföderation der Eisen- und Stahlarbeiter Tekkō Rōren hinzu. Es handelt sich somit um eine Koalition von Gewerkschaften der Schwerindustrie, die in der Zeit des raschen Wirtschaftsaufschwungs im Mittelpunkt der Entwicklung stand und deren Mitglieder zu den bestbezahlten Arbeitern Japans gehören. Der Einfluß der Monopole auf diese Gewerkschaften ist sehr groß, das Leitmotiv ist Harmonie zwischen Kapital und Arbeit. Eines ihrer Ziele besteht darin, eine Einheit der Gewerkschaften der Privatindustrie auf rechter Grundlage zu schaffen, die Gewerkschaftsbewegung insgesamt auf Positionen der Zusammenarbeit mit den Unternehmern zu stellen und die bestehenden antagonistischen Klassengegensätze zu negieren, zumindest aber abzuschwächen. Dadurch daß er alle Gewerkschaftszentren durchdringt, erhält sein negatives spalterisches und opportunistisches Wirken besonderes Gewicht, das erhöht wird durch seine Verankerung in der Schlüsselindustrie. Die in ihm vertretenen Industriezweige (Stahl- und Eisenindustrie, Elektroindustrie, Maschinen- und Schiffbau) sind von entscheidender Bedeutung für die Entwicklung der Wirtschaft als Ganzes, und der Kampf der Arbeiter in diesen Zweigen hat darüber hinaus wesentlichen Einfluß auf den Kampf der Arbeiter in anderen Wirtschaftsbereichen. In den Zweigen der Schlüsselindustrie wird z. B. in der Regel zuerst über die jährlichen Lohnerhöhungen entschieden, die dann den Unternehmern in anderen Industriezweigen als Richtschnur dienen.

Angesichts zunehmender Rechtstendenzen in der Gewerkschaftsbewegung ist ein Anwachsen der Unzufriedenheit unter den klassenbewußten Teilen ihrer Mitglieder zu beobachten. Es wird die For-

---

59 Ebenda.

derung lauter, notfalls ein neues, auf Klassenpositionen basierendes nationales Gewerkschaftszentrum zu schaffen. Bereits 1974 formierte sich die Gewerkschaftskonferenz zur Förderung einer Progressiven Einheitsfront (Tōitsusensen-sokushin Rōdōkumiai Kondankai — kurz Tōitsu Rōsōkon) als eine lose Koalition mehrerer Gewerkschaften. Ihr Ziel bestand und besteht darin, ein weiteres Abgleiten der Gewerkschaftsbewegung in ihrer Gesamtheit auf opportunistische und reformistische Positionen zu verhindern und durch die Zusammenführung aller progressiven Kräfte den Weg einer konsequenten Wahrung der Interessen der Arbeiterklasse zu fundamentieren. Sie setzt sich zusammen aus einigen IG des Sōhyō sowie Gewerkschaften, die keinem der 4 Dachverbände angeschlossen sind. Anfang 1980 vereinte sie etwa 670000 Organisierte.[60] Während der Sōhyō und die SPJ diese Bewegung scharf als Spaltertätigkeit kritisieren, wird sie von der KPJ aktiv unterstützt. 1980 verdoppelte die Gewerkschaftskonferenz zur Förderung der Progressiven Einheitsfront ihre Mitgliederzahl auf 1,2 Millionen und beschloß auf ihrem Jahreskongreß ein Aktionsprogramm, das u. a. die Errichtung eines „klassenmäßigen nationalen Zentrums" der Gewerkschaften vorsah.[61]

Demgegenüber führte das langjährige Bemühen opportunistischer Kräfte am 14. Dezember 1982 zur Gründung des Gesamtjapanischen Rates der Gewerkschaften der Privatindustrie (Zennihon Minkan Rōdōkumiai Kyōgikai, kurz Zemmin Rōkyō). Mit dem Rat soll in der Privatindustrie eine Einheitsgewerkschaft auf rechter Grundlage gebildet werden. Daran sind Gewerkschaften aller 4 Dachverbände sowie der IMF-JC beteiligt. Mit seinen knapp 5 Millionen Mitgliedern 1983 stellte der Zemmin Rōkyō die größte gewerkschaftliche Vereinigung dar, bildete aber noch kein eigenes Gewerkschaftszentrum neben den bestehenden 4.[62]

Abschließend noch ein Wort zur Mitgliedschaft der japanischen Gewerkschaften in internationalen Organisationen. In den zurückliegenden Jahrzehnten nach dem zweiten Weltkrieg fanden wiederholt Auseinandersetzungen sowohl in den nationalen Gewerkschaftszentren als auch in einzelnen IG um den Beitritt zum WGB oder zum IBFG statt. In der Aufschwungphase der Arbeiterbewegung in der zweiten Hälfte der vierziger Jahre dominierte die Tendenz, dem WGB

---

60 Über die Gewerkschaftskonferenz zur Förderung einer Progressiven Einheitsfront siehe „Japan Press Weekly Bulletin", No. 1185, 11. 3. 1980, S. 13ff.

61 Asahi nenkan 1981, S. 471.

62 Vergleiche auch: „Shakaishugi", No. 2, 1983, S. 108ff.

beizutreten, die durch den Aufenthalt einer WGB-Delegation im März 1947 in Japan eine Förderung erfuhr. Das einheitliche nationale Gewerkschaftszentrum Zenrōren, das damals 80 Prozent aller gewerkschaftlichen Organisationen Japans vereinte, beschloß, ab 1. Januar 1949 dem WGB beizutreten. Da es jedoch zur Spaltung des Zenrōren durch den sozialdemokratisch beeinflußten Sōdōmei und dessen Anschluß an den im Juli 1949 gegründeten IBFG kam, war tatsächlich allein der unter dem Einfluß der KPJ stehende Sambetsu Kaigi bis zu seiner Auflösung 1958 Mitglied des WGB. Wiederholt gab es besonders in den fünfziger Jahren Versuche, den Sōhyō in den IBFG einzugliedern, die aber alle scheiterten.[63]

Mit dem Eindringen verstärkten opportunistischen Gedankengutes in die Gewerkschaftsbewegung besonders in den sechziger Jahren nahm die Zahl der IG, die Mitglieder des IBFG wurden, zu. Von den nationalen Gewerkschaftsverbänden trat allein der unter dem Einfluß der Demokratisch-Sozialistischen Partei stehende Dōmei bei, darüber hinaus wurden aber auch einzelne IG des Sōhyō, Chūritsu Rōren und Shinsambetsu Mitglieder von Berufsverbänden des IBFG. Der Stand von 1977 besagt, daß knapp 5 Millionen oder etwa 40 Prozent aller gewerkschaftlich Organisierten Mitglieder des IBFG sind, darunter der Dōmei vollständig, Shinsambetsu zu 69,5 Prozent, Chūritsu Rōren zu 44 Prozent, Sōhyō zu 30 Prozent.[64] Mitglieder des WGB waren zum gleichen Zeitpunkt 3 IG des Sōhyō, die zusammen knapp 150000 Mitglieder zählten bzw. lediglich 1,2 Prozent aller gewerkschaftlich Organisierten ausmachten. Die Eingliederung in internationale Organisationen, die ihrem Charakter nach völlig unterschiedlich sind bzw. die Wahrung von Neutralität diesen Organisationen gegenüber durch IG ein und derselben nationalen Gewerkschaftszentren verdeutlicht hier erneut Uneinigkeit und das Wirken heterogener Strömungen. Es unterstreicht das Vorhandensein unterschiedlicher Auffassungen vom Klassenkampf, die Schwankungen entsprechend dem jeweiligen Kräfteverhältnis hervorrufen.

---

[63] Siehe Shōbei Shiota u. a.: Sengo rōdōkumiai undō no rekishi. S. 63ff. und 164ff.

[64] Berechnet nach Angaben aus: This is Sohyo 1978, S. 120ff. und Japan Labour Bulletin, Issued by the Japan Institute of Labour. Band 17, No. 4, Tōkyō, März 1978, S. 9ff. Bei Abweichungen in den Angaben wurden die Daten des vom Sōhyō herausgegebenen Materials This is Sohyo 1978 verwandt.

Die Kommunistische Partei Japans

Die Kommunistische Partei — japanisch Nihon Kyōsantō — ist die älteste der heute in Japan existierenden Parteien. Alle anderen entstanden erst nach dem zweiten Weltkrieg. Am 15. Juli 1922 als revolutionäre Vorhut der japanischen Arbeiterklasse unter dem Einfluß der Großen Sozialistischen Oktoberrevolution und dem revolutionären Aufschwung der internationalen sowie dem Vormarsch der japanischen Arbeiterbewegung nach dem ersten Weltkrieg gegründet, mußte sie vom Tage ihrer Geburt bis zur bedingungslosen Kapitulation des japanischen Militarismus 1945 in tiefer Illegalität wirken. Ihr galten in besonderem Maße Haß, Verfolgung und Unterdrückung durch die herrschenden Kräfte des Landes bis hin zur physischen Vernichtung vieler ihrer Funktionäre. Mehrfach mußte sie bedeutende Verluste hinnehmen. So durch die Inhaftierung von etwa 100 Kommunisten im Juni 1923, darunter ein Teil des ZK und Mitbegründer der KPJ (wie Shōichi Ichikawa, Kyūichi Tokuda, Sanzō Nosaka, Toshihiko Sakai), von 1600 Mitgliedern und Anhängern der KPJ am 15. März 1928, von über 1000 Funktionären am 16. April 1929, von jeweils etwa 1500 Mitgliedern und Anhängern im Oktober 1932 und Februar 1933. Unter den Verhafteten befand sich jedesmal ein bedeutender Teil oder sogar das gesamte ZK der KPJ (1928, 1929, 1932). Die Massenverhaftungen wurden ermöglicht, indem es der Geheimen Sonderpolizei Tokkō besonders ab Ende der zwanziger Jahre gelungen war, ihre Spitzel und Provokateure bis in leitende Positionen der Partei zu lancieren. Der sich mehrfach wiederholende Verlust führender Parteifunktionäre schwächte die KPJ sowohl organisatorisch als auch in ihrer Führungsfähigkeit gegenüber den Volksmassen bedeutend. Zwar gelang es ihr immer wieder, sich neu zu formieren, doch waren durch die großen Kaderverluste schwankende Tendenzen von rechten Auflösungserscheinungen bis hin zu linkem Sektierertum nicht immer zu vermeiden gewesen. Die von der Komintern unter aktiver Mitwirkung japanischer Kommunisten 1927 und 1932 erarbeiteten „Thesen" zur Lage in Japan und den Aufgaben der KPJ bildeten unter diesen Bedingungen für die Partei eine bedeutende orientierende Hilfe gegen rechte und linke Schwankungen.

Trotz der außerordentlich schwierigen Situation kämpfte die Partei aufopferungsvoll für die Interessen der Arbeiter und anderen werktätigen Schichten. Unter ihrer Leitung standen solch kämpferische Gewerkschaftsorganisationen wie der Rat der Japanischen

Gewerkschaften (Nihon Rōdōkumiai Hyōgikai, gegründet 1925) und nach dessen Verbot 1928 die neu gegründete Gesamtnationale Konferenz der Japanischen Gewerkschaften (Nihon Rōdōkumiai Zenkoku Kyōgikai). Der Einfluß der Partei innerhalb der Arbeiterbewegung war insbesondere z. Zt. der Weltwirtschaftskrise bedeutend. Er erstreckte sich vor allem durch ihr konsequentes Auftreten gegen Militarismus und Krieg auch auf weitere demokratische Kräfte des Landes. Eine zentrale Rolle dabei spielte der im Mai 1928 begründete „Antikriegsbund" (Sensō Hantai Dōmei), der seine zentrale Aufgabe im Kampf gegen die Aggression des japanischen Militarismus gegenüber China sah. Der „Antikriegsbund" wirkte bis zu seiner völligen Zerschlagung 1934 und war Bestandteil des damaligen internationalen Kampfes gegen Krieg und Reaktion. Von 1924 bis 1929 gab die Partie legal die Zeitschrift „Marukusu Shugi" („Marxismus"), ab 1925 die „Musansha Shimbun" („Proletarische Zeitung") heraus, und am 1. Februar 1928 erschien illegal die erste Nummer der noch heute als Zentralorgan fungierenden Zeitung „Akahata" („Rote Fahne"), damals unter dem Namen „Sekki".

Nach der Verhaftung des letzten noch in Freiheit befindlichen ZK-Mitglieds, Satomi Hakamada (1935), gelang es der Partei nicht wieder, sich im Landesmaßstab zu organisieren und Aktionen durchzuführen. Nur noch einzelne Gruppen im Lande (darunter im Gefängnis) und im Ausland (Antikriegspropaganda an der chinesisch-japanischen Front unter der Leitung von Sanzō Nosaka) konnten begrenzt für die Ideale der KPJ wirken.

Die Zerschlagung der Organisation der KPJ war nicht nur ein Verlust für das japanische Volk und insbesondere für die japanische Arbeiterklasse, der ihre avantgardistische Partei und damit ihre Führung genommen wurde, sondern auch für die Partei selbst, die nunmehr über 10 Jahre, bis zur Niederlage des japanischen Militarismus 1945, keine Parteifunktionäre mehr heranziehen, Theorie und Erfahrungen der Partei nicht mehr weitergeben und weiterentwickeln konnte, was sich in der ersten Etappe des Kampfes nach 1945 zwangsweise auf die Führungskraft der KPJ auswirken mußte.[65]

Mit der Entlassung der ersten KPJ-Funktionäre am 9./10. Oktober

---

[65] Zur Geschichte der KPJ vor 1945 siehe Nihon Kyōsantō no gojunen. Zōhohan (50 Jahre Kommunistische Partei Japans, Erweiterte Auflage). Nihon Kyōsantō Chūōiinkai Shuppankyoku, Tōkyō 1978, S. 8—98; ferner I. I. Kovalenko: Očerki istorii kommunističeskogo dviženija v Japonii do vtoroj mirovoj vojny. Izd. „Nauka", Moskau 1979.

1945 aus den Gefängnissen, in denen sie teilweise seit 1928 eingekerkert waren, begann der sofortige Neuaufbau der Partei, diesmal unter legalen Bedingungen. Am 1./2. Dezember 1945 fand nach 19 Jahren Unterbrechung infolge brutaler Unterdrückung und Verfolgung der IV. Parteitag statt, der ein Aktionsprogramm und ein Statut verabschiedete, die auf dem V. Parteitag im Februar 1946 teilweise revidiert wurden. Das vom IV. Parteitag angenommene Aktionsprogramm und das „Parteitagsmanifest" des V. Parteitages traten für eine konsequente demokratische Umgestaltung des Landes und die vollständige Realisierung der Potsdamer Deklaration ein und stellten zur Lösung der bevorstehenden Aufgaben, der Durchführung einer demokratischen Revolution, folgende Forderungen in den Mittelpunkt:

- Abschaffung des absolutistischen Tennō-Systems;
- Errichtung einer demokratischen Republik mit dem Volk als Souverän;
- Beseitigung des Militarismus;
- Beseitigung des parasitären Grundbesitzersystems;
- Bestrafung der Kriegsverbrecher;
- Auflösung des Monopolkapitals;
- Festlegung eines Mindestlohnsystems und des 7-Stunden-Tages;
- Volksverwaltung der Finanzorgane und wichtiger Industriezweige;
- demokratischer Wiederaufbau des Landes.[66]

Zur Erreichung des Zieles, Japan in ein demokratisches und friedliebendes Land umzugestalten, die Wurzeln des Krieges für immer auszurotten, die bürgerlich-demokratische Revolution zu vollenden und damit die Möglichkeit für den Übergang zur sozialistischen Revolution zu schaffen, trat die Partei von Anfang an für die Bildung einer Einheitsfront aller demokratischen Kräfte ein, doch wurden alle Vorschläge von der damaligen rechten SPJ-Führung abgelehnt, und es kam lediglich zu einzelnen gemeinsamen Aktionen mit linken Kräften in der Sozialistischen Partei.

Der Aufbau der Kommunistischen Partei schritt rasch voran, und ihr Einfluß erweiterte sich zusehends. Vereinte sie auf ihrem IV. Parteitag im Dezember 1945 erst 1083 Kommunisten, so versiebenfachte sich diese Zahl innerhalb von 3 Monaten auf ca. 7500 zum V. Parteitag im Februar 1946.[67] Der im August 1946 gegründete

---

[66] Nihon Kyōsantō no gojunen, S. 104.

[67] Ebenda, S. 103.

und unter Führung der KPJ stehende Gesamtjapanische Rat der Industriegewerkschaften (Sambetsu Kaigi) war mit weit über 40 Prozent aller organisierten Arbeiter der damals größte nationale Gewerkschaftsverband. Er spielte eine entscheidende Rolle in der japanischen Gewerkschaftsbewegung der ersten Nachkriegsjahre. Auch unter den Bauern, den städtischen Werktätigen, den Kulturschaffenden und anderen Schichten wuchs das Ansehen der Partei. Stimmten 1946 bei den ersten Parlamentswahlen nach dem Krieg 3,8 Prozent der Wähler für die KPJ, so waren es 1949 bereits rund 9,8 Prozent. Die Zahl ihrer Sitze im Haus der Abgeordneten (Unterhaus) erhöhte sich somit von 5 im Jahre 1946 (dies waren zugleich die ersten Abgeordneten der KPJ überhaupt) auf 35 im Jahre 1949.[68]

Das wachsende Gewicht der Kommunistischen Partei im politischen Leben Japans war der amerikanischen Besatzungsmacht und den konservativ-reaktionären Regierungskräften ein besonderes Hemmnis für die Realisierung der Politik des kalten Krieges, die Ende der vierziger Jahre für Japan immer deutlicher in Erscheinung trat. Das 1948 erlassene Streikverbot für Arbeiter und Angestellte öffentlicher Unternehmen traf namentlich den Sambetsu Kaigi und schwächte dessen Kampfkraft. Eine zunehmende antikommunistische Welle führte 1950 auf Weisung des Oberbefehlshabers der amerikanischen Besatzungsmacht, MacArthur, schließlich zum Betätigungsverbot für das ZK der KPJ, zum Verbot ihres Zentralorgans „Akahata“ und zum Betätigungsverbot für die Parlamentsabgeordneten der Partei. Mit Hilfe „Roter Listen“ wurde nach Angaben des japanischen Ministeriums für Arbeit allein bis Dezember 1950 12000 KP-Mitgliedern und Sympathisanten in wichtigen Betrieben und Gewerkschaften jede politische Betätigung untersagt.[69]

Die neuerliche massenweise Verfolgung japanischer Kommunisten war jedoch nur *eine* ursächliche Seite dafür, daß sich der Einfluß der Partei in den fünfziger Jahren stark reduzierte. Eine falsche Einschätzung der politischen Lage im Lande, vor allem der Rolle der amerikanischen Besatzungsmacht, und die Vernachlässigung des demokratischen Zentralismus führten zu schwerwiegenden Fehlern. Einen wesentlichen Anteil daran hatte Kyūichi Tokuda, der nach 17 Jahren Gefängnishaft auf dem IV. Parteitag Ende 1945 zum Generalsekretär gewählt wurde. Der IV. und V. Parteitag stimmten

---

[68] Mainichi nenkan 1978, Bessatsu, S. 10f.

[69] Shōbei Shiota u. a.: Sengo rōdōkumiai undō no rekishi, S. 113f.

damals seiner Einschätzung zu, daß die amerikanische Besatzungsarmee eine Armee der „Weltbefreiung von Faschismus und Militarismus“ sei und die Möglichkeit bestünde, die demokratische Revolution im Lande unter den Bedingungen der USA-Besatzung „durch friedliche und demokratische Methoden zu verwirklichen“.[70] Zweifellos trugen die Zerschlagung des japanischen Militarismus und die anfänglich entsprechend den Festlegungen der Potsdamer Deklaration von den USA angewiesenen demokratischen Reformen zur Nährung dieser Illusion bei. Gleichzeitig vereinigte Tokuda immer mehr Macht auf seine Person, und es erstarkte die „Tendenz einer patriarchalischen Einzelführung“[71]. Überdies wirkte ein sektiererisches Verhalten, wie die KPJ selbst einschätzt, negativ auf eine Einheitsfrontpolitik. So forderte die Partei in Vorbereitung der Parlamentswahlen vom Januar 1949 den „Zusammenschluß von KPJ und SPJ“, indem sie „die verantwortungsbewußten Führungskräfte und Unterorganisationen der SPJ aufrief, der KPJ beizutreten“.[72] Eine solche Linie, die de facto auf eine weitgehende Zerschlagung der SPJ orientierte, zerstörte die Basis der Beziehungen zwischen beiden Parteien nur noch weiter.

Ab 1949 verstärkten sich in der Partei die Forderungen nach einer Diskussion über die bisherige Linie und einer Korrektur der Fehler, doch wurden sie von Tokuda unterdrückt. Als die Verfolgung der KPJ zunahm, wuchsen auch die Meinungsverschiedenheiten über die weitere Strategie und Taktik der Partei. Der heutige Vorsitzende der KPJ, Kenji Miyamoto, und Yoshio Shiga, die gegen den von Tokuda verfolgten Kurs auftraten, wurden im April 1950 aus dem Politbüro der Partei ausgeschlossen. Es kam zu einer Spaltung der Partei, als die Mehrheit um Tokuda im Juni 1950 im Zusammenhang mit den erwähnten politischen Betätigungsverboten beschloß, das ZK offiziell aufzulösen und in die Illegalität zu gehen. Sieben ZK-Mitglieder, die sich dagegen aussprachen, wurden vorher ausgeschlossen.

Die Gruppe um Tokuda führte im Oktober 1951 den 5. Gesamtnationalen Kongreß durch, auf dem sie ein neues Programm verabschiedete, das starke Züge eines linken Abenteurertums trug. Sein Wesen bestand in der Linie, daß es „gegenüber der Herrschaft der bewaffneten reaktionären Kräfte der USA und Japans keinen anderen

---

[70] Nihon Kyōsantō no gojunen, S. 106.
[71] Ebenda, S. 130.
[72] Ebenda, S. 126.

Weg zur Verteidigung der Interessen des Volkes und zur nationalen Befreiung gibt als den Widerstand mit militärischer Gewalt"[73]. Insbesondere in der Zeit von Ende 1951 bis Mitte 1952 bildete die KPJ „Selbstverteidigungsorganisationen des Volkes" (Jimmin Jiei Soshiki) und errichtete militärische Basen in den Bergen, wobei hier eine automatische und daher fehlerhafte Übernahme von Erfahrungen aus der chinesischen Revolution erfolgte. Die Möglichkeit einer Anwendung friedlicher Mittel und Methoden des Kampfes wurde faktisch völlig negiert und so ein extremer Gegensatz zur politischen Linie der Partei bis 1950 eingeschlagen.

Der abenteuerliche Kurs fügte der Partei schweren Schaden zu. Er schwächte ihren Einfluß auf die Volksmassen außerordentlich. Von 1949 bis 1953 verlor sie fast 80 Prozent ihrer Wähler. Vereinte sie 1949 noch 9,76 Prozent aller Stimmen auf sich (knapp 3 Millionen Wähler), so waren es 1953 nur mehr 1,89 Prozent (656000 Stimmen).[74]

Als mit der Ratifizierung des Friedensvertrages die von der amerikanischen Besatzungsmacht erlassenen Anordnungen und Befehle ihre Gültigkeit verloren, bestand die Möglichkeit, daß die Partei wieder zur öffentlichen Tätigkeit zurückkehrte. Tokuda blieb jedoch bei seiner Linie der freiwilligen Illegalität, und erst nach seinem Tode im Oktober 1953 in Peking brachen die Gegensätze in der Parteiführung offen aus. Durch sein Ableben entstand eine neue Situation, die die Überwindung der fehlerhaften Linie und die Wiederherstellung der Parteieinheit förderte.

Der 6. Gesamtnationale Kongreß der KPJ im Juli 1955 rechnete öffentlich mit der Linie der linken Abenteurer ab. Er betonte die Notwendigkeit, „die gesamte Partei mit der Theorie des Marxismus-Leninismus zu bewaffnen", bezeichnete die Überwindung der Spaltung als „dringendste Aufgabe der Gegenwart", forderte, die innerparteiliche Demokratie und kollektive Parteiführung wiederherzustellen und wählte ein neues ZK.[75]

Dieser Kongreß war ein bedeutender Schritt zur Wiederherstellung der Parteieinheit und ein entscheidender Gewinn für die weitere Entwicklung des Kampfes der japanischen Arbeiterklasse. In den nachfolgenden Klassenschlachten vor allem Ende der fünfziger Jahre

---

[73] Ebenda, S. 143.

[74] Mainichi nenkan 1978, Bessatsu, S. 10.

[75] Nihon Kyōsantō no gojunen, S. 146f.

gegen die reaktionäre Polizeigesetzesvorlage und die Revision des japanisch-amerikanischen Sicherheitspaktes konnte sie durch ihr aktives Wirken im Interesse des japanischen Volkes ihr Ansehen wieder bedeutend erhöhen und ihren Einfluß in der demokratischen und Arbeiterbewegung des Landes erweitern.

Auf ihrem VII. Parteitag 1958 verabschiedete die KPJ ein neues Aktionsprogramm und auf ihrem VIII. Parteitag 1961 ein neues Programm, das, aus einer jahrelangen Diskussion erwachsen, eine ausführliche Analyse der Lage in Japan vornahm, den Charakter der bevorstehenden Revolution, den Weg zur Erreichung dieses Zieles und die daraus abgeleiteten Aufgaben für die Partei bestimmte. Dieses Programm ist mit einigen Änderungen von 1976 und 1977 bis heute in Kraft.

Ausgehend von der Analyse der nationalen und internationalen Entwicklung nach 1945, kommt das Programm zu dem Schluß, daß „die vor Japan stehende Revolution eine neue demokratische Revolution, eine volksdemokratische Revolution gegen die zwei Hauptfeinde, d. h. gegen die Herrschaft des amerikanischen Imperialismus und die des japanischen Monopolkapitals, ist. Der Weg zum Sozialismus, die historische Mission der Arbeiterklasse, kann mit Gewißheit nur erschlossen werden über eine Revolution, die die antinationale und gegen das Volk gerichtete Herrschaft der Kräfte zerschlägt, in deren Mittelpunkt der amerikanische Imperialismus und das japanische Monopolkapital stehen, die diesen Weg versperren, über eine Revolution, die wahre Unabhängigkeit und eine konsequente demokratische Umgestaltung von Politik, Wirtschaft und Gesellschaft erreicht“[76]. Verwirklicht werden soll diese Revolution durch eine breite Einheitsfront all jener, „die gegen eine Kriegspolitik der landesverräterischen Kräfte, gegen nationale Unterdrückung, gegen die Wiedererrichtung von Militarismus und Imperialismus, gegen politische Reaktion, Ausbeutung und Ausplünderung und für Unabhängigkeit, Demokratie, Frieden, Neutralität und eine Verbesserung des Lebens eintreten“[77]. Mit diesen Kräften der nationalen demokratischen Einheitsfront soll eine „Volksregierung, eine demokratische Volksmacht“ errichtet werden, deren Aufgabe in der Realisierung vorgenannter grundlegender Ziele besteht. Eine Konkre-

---

[76] Nihon Kyōsantō kōryō. Nihon Kyōsantō kiyaku. (Programm der KPJ. Statut der KPJ). Nihon Kyōsantō Chūōiinkai Shuppankyoku. Tōkyō 1978, S. 17f.

[77] Ebenda, S. 18.

tisierung der Aufgaben erfolgte im Aktionsprogramm. Es erhob eine Vielzahl außen- und innenpolitischer, ökonomischer und sozialer Forderungen wie die Beseitigung des japanisch-amerikanischen Militärpaktes und anderer der Souveränität Japans widersprechender Abkommen mit den USA, eine Verbesserung und Vervollkommnung des Lebens sowie der Rechte der Arbeiter, Bauern, Fischer, Geistesschaffenden, der Frauen, Jugendlichen, Studenten sowie kleinen und mittleren Unternehmer und führt bis hin zur Forderung nach einer „Volkskontrolle über die Monopole“ und eine „Verstaatlichung monopolkapitalistischer Finanzorgane und Monopolunternehmen wichtiger Industrien“.[78]

Eine gewisse Problematik dieses Programms besteht in der konkreten Politik hinsichtlich der Zwei-Feinde-Theorie, d. h. „der Herrschaft des amerikanischen Imperialismus und des japanischen Monopolkapitals“ über das japanische Volk. Zweifellos ist, wie die Konferenz der kommunistischen und Arbeiterparteien 1960 in Moskau, an der auch eine Delegation der KPJ teilnahm, unterstrich, der amerikanische Imperialismus als „Weltgendarm“ der internationalen Reaktion ein Feind aller progressiven Kräfte der Welt. Die Existenz des japanisch-amerikanischen Militärpaktes, das Vorhandensein zahlreicher amerikanischer Militärstützpunkte in Japan, die vielfältige enge Verschmelzung zwischen dem japanischen und dem amerikanischen Monopolkapital und die wiederholte Koordinierung der japanischen mit der aggressiven amerikanischen Außenpolitik stellen Gefahren für das japanische Volk dar, gegen die es entschiedene Aktionen führte. Sicher nicht zufällig wurde im Programm der amerikanische Imperialismus an erster Stelle genannt. In der Praxis indes verschoben sich die Proportionen zuweilen dahingehend, daß der Kampf gegen den amerikanischen Imperialismus Vorrang vor den Auseinandersetzungen mit dem japanischen Monopolkapital hatte, dem Hauptgegner der japanischen Arbeiterklasse im nationalen Maßstab. Damit zugleich kam es zeitweilig auch zur Geringschätzung ökonomischer Kämpfe. So wandte sich die Partei im April 1964 gegen einen für den 17. April geplanten Streik für höhere Löhne, weil er sich nicht gegen den amerikanischen Imperialismus richten würde. Die Partei korrigierte diese damalige Fehleinschätzung rasch (9. Plenum im Juli 1964), doch fügte sie — wie die KPJ einschätzte — „den Parteikräften in der Gewerk-

---

[78] Zum Aktionsprogramm siehe ebenda, S. 18—24.

schaftbewegung einen ziemlich schweren Schlag zu“ und „schadete dem Vertrauen der Arbeiter in die Partei“.[79]

Ausgerüstet mit diesem Programm, konnte sie ihrer Rolle als avantgardistische Partei der japanischen Arbeiterklasse und anderer Schichten des werktätigen Volkes besser gerecht werden, ihre Stellung im politischen und gesellschaftlichen Leben kontinuierlich ausbauen und ihre eigenen Reihen systematisch festigen und erweitern. Zählte die KPJ auf ihrem VII. Parteitag 1958 erst etwas über 30000 Mitglieder, so waren es auf dem X. Parteitag 1966 bereits fast 300000. Die Zahl der Leser ihres Zentralorgans „Akahata“ stieg in der gleichen Zeit von etwa 50000 auf weit über 1 Million. Damit hatte sie Mitte der sechziger Jahre ihre Stärke von vor 1950 bedeutend überschritten und war zu einer gewichtigen Kraft unter den politischen Parteien des Landes und zu einer der zahlenmäßig größten kommunistischen Parteien der kapitalistischen Welt aufgestiegen.

Erstarken der KPJ seit dem VII. Parteitag

	Mitglieder	Leser der „Akahata“
VII. Parteitag 1958	über 30000	ca. 50000
VIII. Parteitag 1961	ca. 80000	ca. 300000
IX. Parteitag 1964	über 100000	ca. 800000
X. Parteitag 1966	ca. 270000	über 1000000
XI. Parteitag 1970	ca. 300000	ca. 2000000
XII. Parteitag 1973	ca. 360000	ca. 2800000
XIV. Parteitag 1977	knapp 400000	ca. 3200000
XV. Parteitag 1980	ca. 440000	ca. 3570000

Zusammengestellt nach Parteitagsdokumenten der KPJ und der Parteigeschichte Nihon Kyōsantō no gojunen. Die Zahl der Leser des KPJ-Zentralorgans „Akahata“ summiert Tages- und Sonntagsausgabe, wobei die umfangreiche Sonntagsausgabe den weitaus größeren Leserkreis erfaßt. Der XIII. Parteitag war ein Außerordentlicher Parteitag und fand 1976 statt.

Ein gewachsenes Vertrauen des Volkes in die Politik der Partei widerspiegelt sich u. a. in einer gestiegenen Zahl ihrer Wähler. Vereinte sie auf ihre Kandidaten zum Haus der Abgeordneten (Unterhaus) 1960 knapp 1,2 Millionen Stimmen, so waren es 1980 5,8 Millionen. Entsprechende Stimmengewinne konnte sie auch bei den Wahlen zum Haus der Ratgeber (Oberhaus) erzielen, doch

[79] Nihon Kyōsantō no gojunen, S. 211.

verhindert ein undemokratisches Wahlsystem eine adäquate Widerspiegelung dieser Entwicklung bei der Sitzverteilung im Parlament. Mit 9,8 Prozent der Stimmen erhielt sie 1980 z. B. nur 5,7 Prozent der Mandate im Unterhaus.

Die KPJ erreichte jedoch nicht nur bedeutende Erfolge beim organisatorischen Auf- und Ausbau ihrer Reihen. Eine Grundvoraussetzung für das einheitliche und geschlossene Handeln der zahlenmäßig erstarkenden Partei war die unablässige Erhöhung des politisch-ideologischen und politisch-theoretischen Niveaus ihrer Mitglieder. Die 2. ZK-Tagung beschloß im Dezember 1961, in verschiedenen Teilen des Landes Parteischulen zu gründen. Bereits im Februar 1962 eröffnete sie die Zentrale Parteischule in Atami. Das Selbststudium des wissenschaftlichen Sozialismus wurde für alle Mitglieder zur „freiwilligen Aufgabe“ erklärt, Literatur bereitgestellt, ein Bildungssystem erarbeitet, und bis zum XI. Parteitag 1970 wurden ca. 13000 Lektoren für die Parteischulung qualifiziert.[80] Entsprechend einer Orientierung des XIV. Parteitages vom Oktober 1977 wurde das Parteischulungssystem ausgebaut (Beschluß der 2. ZK-Tagung vom Dezember 1977). Es

Stimmenzahl und -anteil der KPJ bei den Wahlen zum Haus der Abgeordneten seit ihrem VII. Parteitag 1958

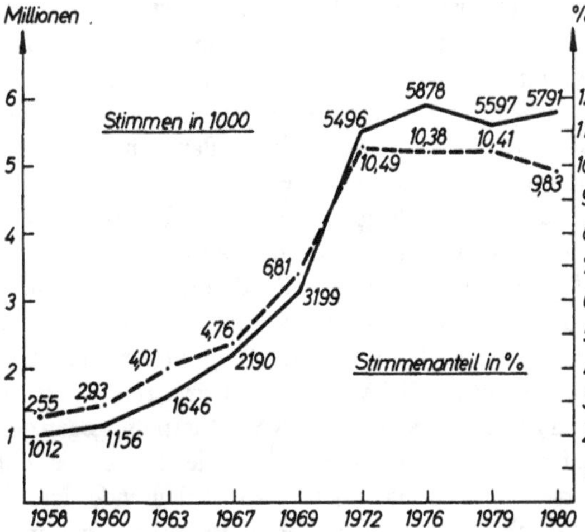

Zusammengestellt nach Angaben aus: Mainichi nenkan und Asahi nenkan.

[80] Ebenda, S. 227.

erfaßt in 5 aufeinander aufbauenden Grundkursen von der Kandidatenschulung bis hin zur Funktionärsschulung und den Lehrgängen an der Parteihochschule alle Mitglieder und orientiert in abgestufter Form vorrangig auf das Studium von Statut, Programm und Geschichte der Partei, aber auch auf Werke des wissenschaftlichen Sozialismus von Marx, Engels und Lenin sowie auf das Studium der Geschichte der internationalen Arbeiterbewegung.

In der Gewerkschaftsbewegung wirkt die KPJ für die Durchsetzung einer klassenmäßigen Politik, für eine richtige Verbindung von ökonomischen und politischen Forderungen und tritt gegen Opportunismus und antikommunistisches Sektierertum auf. Sie wendet sich entschieden gegen den „engen Parteifraktionalismus" in der Gewerkschaftsbewegung und betont die Notwendigkeit einheitlicher Aktionen. Seit Jahren geht ihr Bemühen dahin, die klassenbewußten Kräfte in den Gewerkschaften stärker zusammenzuschließen. (Siehe S. 118f.)

Aktiv wirkt sie auch auf dem Lande, um die Landarbeiter und armen Bauern in sogenannten Dorfgewerkschaften (Nōson Rōdō-kumiai) zu vereinen, ist sie stark vertreten in demokratischen Massenorganisationen der Frauen, der Jugendlichen, der städtischen Werktätigen, der Kulturschaffenden, der Friedensbewegung.

Während sich in der ersten Hälfte der sechziger Jahre die politisch-ideologischen Differenzen zwischen KPJ und SPJ weiter verschärft hatten, so daß selbst eine Reihe demokratischer Massenorganisationen und -bewegungen (wie die Vereinigung der A- und H-Bomben-Gegner) eine Spaltung erfuhr, kam es ab der zweiten Hälfte wieder zu Einheitsaktionen zwischen beiden Parteien, zunächst vorzugsweise auf regionaler Ebene. Einerseits ist dies das Ergebnis des seit dem VIII. Parteitag rasch gewachsenen Einflusses der KPJ im japanischen Volk, andererseits aber auch zurückzuführen auf veränderte Konstellationen innerhalb der SPJ, deren klassenbewußte Kräfte bedeutend an Gewicht gewannen, so daß der 24. Parteitag 1964 das programmatische Dokument „Der Weg zum Sozialismus in Japan" annehmen konnte. (Siehe S. 143f.) Erinnert sei hier an einheitliche Aktionen gegen den Krieg der USA in Vietnam, gegen den japanisch-amerikanischen Sicherheitspakt und die Rückgabe der amerikanisch besetzten Insel Okinawa an Japan. Bedeutende Erfolge brachten auch Lokalwahlen, ermöglicht durch Bündnisse zwischen KPJ und SPJ. Wiederholt kam es zu gemeinsamen Beratungen auf höchster Ebene, und namentlich in der ersten Hälfte der siebziger Jahre konnte das Bündnis partiell (Aktivitäten im Parlament, Regionalwahlen) durch die Parteien Kōmeitō und DSP erweitert werden.

Etwa ab Mitte der siebziger Jahre erstarkten indes wieder antikommunistische Haltungen, zunächst bei den kleinbürgerlich-reformistischen Parteien DSP und Kōmeitō, ab 1977/78 aber auch in der SPJ-Führung. Sie wurden von den herrschenden Kräften des Kapitals bewußt genährt, um angesichts der Krisenauswirkungen auf die soziale Lage der Werktätigen deren Widerstandskraft durch Diversion zu schwächen, den gewachsenen Einfluß der KPJ rückgängig zu machen und das gesunkene Prestige der LDP wieder anzuheben. Letzteres hatte Mitte der siebziger Jahre zu einem annähernden Kräftegleichgewicht zwischen Regierungs- und Oppositionsparteien geführt, was einen zunehmenden Differenzierungsprozeß zwischen den nichtregierenden Parteien hervorrief, der namentlich bei DSP und Kōmeitō zu einer eskalierenden Abgrenzung nach links und einer Annäherung nach rechts zur LDP führte. Eindeutig stand das Ziel, die Kommunistische Partei zu isolieren und bis zur Bedeutungslosigkeit zu schwächen. Ihr Charakter und ihre Politik wurden entstellt, sie wurde als diktatorisch, als eine die Freiheit und Demokratie unterdrückende, die Verfassung mißachtende, nur für die eigenen unmittelbaren Machtinteressen wirkende Partei verleumdet, führende Parteifunktionäre wurden massiv diffamiert u. a. m. Die KPJ stand vor einer harten Bewährungsprobe, wenn sie sich all der Angriffe erfolgreich erwehren wollte.

Ausgehend davon, daß die weitere Stärkung der Partei und der Ausbau ihres Einflusses im japanischen Volk von entscheidender Bedeutung für die Herstellung einer Einheitsfront aller progressiven Kräfte sind, faßte der XIV. Parteitag 1977 den Beschluß, als unmittelbare Aufgabe die Schaffung einer „Partei von einer halben Million Mitglieder" und langfristig den Aufbau einer „Partei von einer Million Mitglieder" in Angriff zu nehmen. Als Nahziel wurde außerdem die Aufgabe gestellt, die Leserzahl des Zentralorgans „Akahata" auf 4 Millionen zu erhöhen.[81] Gleichzeitig wurde, wie bereits vermerkt, das System der Schulung aller Kandidaten und Mitglieder ausgebaut und die Notwendigkeit einer weiteren Erhöhung der Parteidisziplin betont, um mit der quantitativen zugleich auch eine qualitativ höhere Schlagkraft zu erreichen.

Der Außerordentliche XIII. Parteitag verabschiedete 1976 ein

---

[81] Nihon Kyōsantō daijuyonkai taikai tokushū, S. 62 und 126f.

„Manifest der Freiheit und Demokratie", das einerseits umfassende Freiheiten und demokratische Rechte für das Volk fordert, gleichzeitig aber auch einige separate Linien in der Politik der KPJ formuliert und verdeutlicht. Das ist zunächst eine starke Betonung nationaler Besonderheiten gegenüber allgemeingültigen Gesetzmäßigkeiten beim Aufbau des Sozialismus, wie sie sich nicht zuletzt seit der Oktoberrevolution in den sozialistischen Ländern bestätigten. Die Betonung des Nationalen zeigt sich z. B. in der Formulierung des „Manifests": „Die Kommunistische Partei Japans wiederholt, daß sie nicht die Erfahrungen irgendeines anderen Landes, wie etwa der Sowjetunion oder der VR China, zum Vorbild nehmen wird."[82] Ferner tritt das Dokument ein für ein Mehrparteiensystem in einem sozialistischen Japan, „das Oppositionsparteien einschließt und in dem Aktionsfreiheit für alle Parteien garantiert wird"[83]. Das „Manifest" wendet sich weiterhin gegen jegliche „Intervention durch irgendeine öffentliche Machtinstanz in das geistige Leben des Volkes" und gegen eine „bestimmte Weltanschauung" als „Staatsphilosophie" und „garantiert die Freiheit, unterschiedliche Auffassungen und Anschauungen zu vertreten"[84]. Es tritt folglich für einen Pluralismus nicht nur der Parteien, sondern auch der Ideologien ein. Diese und ähnliche Standpunkte erinnern an bestimmte Leitlinien des sogenannten Eurokommunismus der siebziger Jahre, zu dem sich die KPJ wiederholt nachdrücklich bekannte. Und ähnlich wie einige Parteien Westeuropas faßte der gleiche Parteitag den Beschluß, die Termini „Diktatur des Proletariats" und „Marxismus-Leninismus" aus Programm und Statut zu streichen. An die Stelle des Terminus „Diktatur des Proletariats" setzte die KPJ den Begriff „Macht der Arbeiterklasse"[85]. Sie betonte indes, „daß es die Arbeiterklasse ist, die in Wirklichkeit die Mission hat, den Kapitalismus zu überwinden und den Sozialismus zu errichten", und daß „die Arbeiterklasse die führende Rolle in der sozialistischen (Regierungs-) Macht und zwischen den Volkskräften (der sozialistischen Einheitsfront), die

---

[82] 13th Extraordinary Congress of the Communist Party of Japan, Central Committee of the Communist Party of Japan. Tōkyō 1977, S. 82.

[83] Ebenda, S. 88.

[84] Ebenda, S. 89.

[85] Das Wort „Diktatur" erfuhr bereits in den vorangegangenen Jahren eine Änderung. Anfangs als „dokusai" (japanisches Wort für „Diktatur") wurde es auf dem XII. Parteitag 1973 in „Shikken" (etwa „Regentschaft") abgewandelt.

die Basis der sozialistischen Macht bilden, spielen muß".[86] Unverändert charakterisiert sie sich selbst im Statut als „Avantgarde der Arbeiterklasse Japans, als höchste Klassenorganisation innerhalb der verschiedenen Organisationen der Arbeiterklasse"[87]. „Marxismus-Leninismus" wurde subsummiert unter der Bezeichnung „wissenschaftlicher Sozialismus", um, wie es in der Begründung heißt, damit zugleich auch die Erfahrungen der internationalen kommunistischen und Arbeiterbewegung der letzten Jahrzehnte mit einzubeziehen. Im Statut heißt es nunmehr: „Die Partei hat als theoretische Grundlage den wissenschaftlichen Sozialismus, der von Marx und Engels durch die Zusammenfassung der wissenschaftlichen Erkenntnisse der Menschheit begründet, von Lenin weiterentwickelt und danach durch den Vormarsch der internationalen kommunistischen Bewegung bereichert wurde."[88]

Auf ihrem 3. ZK-Plenum Ende Mai 1980 legte die KPJ ausführlich ihre Vorstellungen über die dringenden Aufgaben, die eine demokratische Koalitionsregierung zu lösen hat, dar. In diesem Programm[89] tritt sie auf innenpolitischem Gebiet ein

— für die Beendigung einer Politik, die auf der „Macht des Geldes, der Dekadenz und der Korruption" beruht, und für die Errichtung einer sauberen und gerechten Politik;
— für die Beendigung einer Wirtschaftspolitik im Interesse des Monopolkapitals und für den Schutz und die Verbesserung des Lebens des Volkes;
— für die Beseitigung der lokalen Finanzkrise in den Städten und Gemeinden und für den Ausbau der lokalen Selbstverwaltungen;
— für eine reichhaltige Entwicklung von Bildung, Wissenschaft, Kultur und Sport und
— für die Bewahrung der fünf Verfassungsgrundsätze (Volkssouveränität und staatliche Souveränität, dauerhaften Frieden, grundlegende Menschenrechte, parlamentarische Demokratie, lokale Selbstverwaltung), für die Verteidigung und Entwicklung der Freiheit und Demokratie des Volkes.

Als wichtigste außenpolitische Aufgaben betrachtet sie
— die Verteidigung der nationalen Souveränität und die Bewahrung

---

[86] 13th Extraordinary Congress of the Communist Party of Japan, S. 61.
[87] Nihon Kyōsantō kōryō. Nihon Kyōsantō kiyaku, S. 34.
[88] Ebenda.
[89] Siehe „Akahata" vom 25. 5. 1980.

des Friedens durch das Verbot der Atomwaffen und die allgemeine Abrüstung sowie
— die Beseitigung des japanisch-amerikanischen Sicherheitsvertrages und die Errichtung eines Japans der Nichtpaktgebundenheit, der Neutralität und der Selbstverteidigung.

Die Kommunistische Partei Japans unterstreicht, daß die Garantie für ein Aufblühen Japans und ein reichhaltiges Leben des Volkes die „Errichtung eines wahrhaft freien sozialistischen Japans" sei. Sie betont jedoch, daß die angestrebte „demokratische Koalitionsregierung keine Regierung ist, die den Aufbau des Sozialismus in Angriff nimmt, sondern eine Regierung, die die Ziele des größten gemeinsamen Teilers dringender politischer Reformen verwirklicht".[90] D. h., es handelt sich um eine ihrem Charakter nach nichtsozialistische, demokratische Regierung, deren Aufgabe in der „Schaffung eines Japans der Unabhängigkeit, der Demokratie, des Friedens, der Neutralität und der Verbesserung des Lebens" besteht. Diese Regierung soll auf einer progressiven Einheitsfront basieren, die vorbehaltlos alle politischen Kräfte, Organisationen und Persönlichkeiten vereint, „die mit dem größten gemeinsamen Nenner, den Forderungen des Volkes, übereinstimmen".[91]

Die Sozialistische Partei Japans

Die Sozialistische Partei Japans (Japanisch Nihon Shakaitō) ist heute unter den im Parlament vertretenen 7 Parteien die zweitstärkste und damit die größte Oppositionspartei, sowohl im Haus der Abgeordneten als auch im Haus der Räte. Ihre Linie besteht im Kampf „gegen die Liberaldemokratische Partei und gegen das Monopolkapital", für die Beseitigung des japanisch-amerikanischen Sicherheitspaktes und die Wiederherstellung der vollen Souveränität Japans, für die Neutralität des Landes und die Erhaltung des Friedens, für die Verteidigung und Erweiterung der Demokratie und Erhöhung des Lebensniveaus des Volkes. Sie ist fest verankert in der japanischen Arbeiterbewegung, insbesondere über den größten japanischen Gewerkschaftsverband Sōhyō. Die SPJ ist Mitglied der Sozialistischen Internationale. Dank dem jahrzehntelangen Wirken starker Klassenkräfte in der Partei, deren Kern die auf marxistischen Positionen stehende Sozialistische Assoziation ist, unterscheidet

[90] Ebenda.
[91] „Japan Press Weekly Bulletin", No. 1197, 31. 5. 1980.

sie sich wesentlich von solchen sozialdemokratischen Parteien wie der Labour Party in Großbritannien oder der SPD in der BRD. Ihre Entwicklung ist geprägt von zahllosen permanenten Auseinandersetzungen zwischen den in ihr existenten widerstreitenden ideologischen Strömungen vom Marxismus-Leninismus bis zu rechtem Opportunismus und sozialdemokratischem Reformismus, die mehrfach auch zu Spaltungen der Partei führten. Ein wiederholt verändertes Kräfteverhältnis zwischen den einzelnen Gruppierungen und Fraktionen innerhalb der Partei führte des öfteren zu Wandlungen und Schwankungen in ihrer Politik. Die Auseinandersetzungen rankten sich immer wieder speziell um die Problematik des Charakters und der Bündnispolitik der Partei, d. h. um die zentralen Fragen „Klassenpartei“ oder „Volkspartei“ und Zusammenarbeit oder Konfrontation mit der KPJ.

Die Sozialistische Partei Japans wurde am 2. November 1945 durch den Zusammenschluß von vor dem zweiten Weltkrieg existierenden unterschiedlichen sozialistischen und sozialdemokratischen Strömungen gebildet. Dadurch bestimmten ideologische Uneinigkeit und Kompromisse seit Anbeginn ihr Profil wesentlich. So nahm man auf dem Gründungsparteitag ein drei Punkte umfassendes „Programm“ an, das aber in Wirklichkeit kein Programm war, sondern lediglich eine Einigung auf die drei Grundsätze politische Freiheit, Sozialismus und Frieden darstellte, ohne diese näher zu definieren oder den Weg dorthin zu zeigen.[92] Die linken Kräfte um Hitoshi Yamakawa — in den zwanziger Jahren zeitweilig führendes Mitglied der KPJ — und Mosaburō Suzuki traten 1946 für die Bildung einer Demokratischen Volksliga (Minshu Jimmin Remmei) unter Einschluß der KPJ ein, doch scheiterte dieses Vorhaben an der Dominanz antikommunistischer Kräfte in der Parteiführung unter Tetsu Katayama als Vorsitzendem und Suehiro Nishio als Generalsekretär sowie damaligen sektiererischen Erscheinungen in der KPJ.[93]

Die Erwartungen der Volksmassen in die SPJ erwiesen sich nach 1945 als bedeutend, und so erhielt die Partei bei den Wahlen zum Haus

---

92 Zu diesem Programm siehe: Mitsuyuki Shinōtō und Yutaka Fukuda: Nihon Shakaitō (Sozialistische Partei Japans). Rōdō Daigaku, Tōkyō 1975, S. 52.

93 So bezeichnete der damalige Generalsekretär der KPJ, Tokuda, die SPJ-Führung als „Sozialfaschisten“ (siehe ebenda, S. 54). Die KPJ kritisiert in ihrer Parteigeschichte (Nihon Kyōsantō no gojunen, S. 116) ebenfalls, daß in der Partei „Sektierertum aus der Vorkriegszeit in verschiedener Form übriggeblieben“ sei.

der Abgeordneten im April 1947 mit 143 Sitzen und 26,3 Prozent der Wählerstimmen als stärkste Partei das Recht zur Regierungsbildung. Das daraufhin von Premierminister Tetsu Katayama gebildete Kabinett (Mai 1947—Februar 1948) basierte auf einer Koalition mit mehreren bürgerlichen Parteien. Es enttäuschte jedoch die Erwartungen des Volkes in hohem Grade. Die materielle und rechtliche Lage der Werktätigen wurde eher schlechter statt besser. Die Auseinandersetzungen in der Partei nahmen zu. Die im Mai 1947 von den linken Kräften gebildete „Maigesellschaft" kritisierte Ende des Jahres, daß die Politik der Katayama-Regierung eine „Verwirklichung der wahren Politik der SPJ unmöglich macht"[94]. 1948 kam es zu ersten Abspaltungen. Unter anderem traten 16 Abgeordnete des linken Flügels unter Kuroda aus und bildeten im Dezember die Arbeiter- und Bauern-Partei (Rōdōsha Nōmintō). Der größere Teil der linken Gruppierung verblieb in der Partei und setzte den Kampf gegen die Kräfte des Opportunismus fort.

Die Quittung für die enttäuschten Erwartungen der Volksmassen erhielt die Partei bei den Parlamentswahlen vom Januar 1949, als der Anteil ihrer Sitze von 143 auf 48 zurückging, während die KPJ die Zahl ihrer Abgeordneten schlagartig von 4 auf 35 erhöhen konnte. Das Ergebnis zeigte, daß sich insbesondere klassenbewußte Teile der Bevölkerung von der SPJ ab- und der KPJ zugewandt hatten und damit die eklatante Wahlniederlage auf den enttäuschenden Rechtskurs der Partei zurückzuführen war.

Die Niederlage verschärfte die aufgehäuften Widersprüche und damit den Widerstreit der verschiedenen Fraktionen in der Partei. Auf dem 4. Parteitag im April 1949 zeigte sich ein Erstarken der klassenbewußten Kräfte, Mosaburō Suzuki wurde Generalsekretär.

Der Vormarsch der Linken, ihr weiter gewachsener Einfluß dokumentierten sich erneut auf dem 7. Parteitag im Januar 1951. Die zentrale Frage dieses Parteitages galt der Haltung der Partei zum Frieden, konkret zum beabsichtigten separaten Friedensvertrag mit den USA, zum japanisch-amerikanischen Sicherheitspakt und zur Wiederaufrüstung Japans. Die Rechten vertraten dabei die Linie und versuchten sie dem Parteitag als Beschlußfassung aufzudrängen, daß

— ein allseitiger Friedensvertrag zwar wünschenswert, in der gegenwärtigen Lage ein einseitiger Friedensvertrag mit den USA aber unumgänglich sei;

---

[94] Mitsuyuki Shinōtō und Yutaka Fukuda, S. 56f.

— eine Politik der Neutralität nicht realisierbar sei, ohne daß sich Japan an das „Lager der Freiheit“ mit den USA als Zentrum binde;
— eine „Selbstverteidigungsmacht“ gegen eine „Invasion kommunistischer Kräfte“ errichtet werden müsse.[95]

Diese auf eine feste Bindung an die USA orientierende, die Wiederaufrüstung Japans bejahende, ausgeprägt antikommunistische Linie erfuhr auf dem Parteitag eine entschiedene Abfuhr. Der entsprechende Antrag wurde mit 342 gegen 81 Stimmen abgelehnt. Statt dessen wurden die „Vier Friedensgrundsätze“ beschlossen, die einen allseitigen Friedensvertrag und Neutralität für Japan forderten, sich gegen die Wiederaufrüstung und die amerikanischen Militärstützpunkte in Japan und damit auch gegen den geplanten Sicherheitspakt mit den USA wandten. Die klare Friedensorientierung erfuhr großen Widerhall im japanischen Volk, wurde vom Sōhyō auf dessen Kongreß im März 1951 voll übernommen und zur politischen Grundlinie der Partei, des Sōhyō und anderer demokratischer Friedenskräfte im Lande. Der Parteitag wählte Mosaburō Suzuki zum neuen Vorsitzenden.

Nicht gewillt, sich den Beschlüssen des Parteitages zu beugen, trennten sich die extrem rechten Kräfte auf dem 8. Parteitag im Oktober 1951, und es kam zu einer deutlichen Spaltung in „SPJ-Linke“ und „SPJ-Rechte“, die bis 1955 anhielt.

Im Mai 1951 formierte sich innerhalb der SPJ die Sozialistische Assoziation (Shakaishugi Kyōkai, kurz auch Kyōkai genannt) als theoretische Studiengruppe, die ihre Aufgabe darin sah und noch heute sieht, die marxistische Weltanschauung zur Grundlage des Handelns in der Partei zu machen und diese insgesamt in eine Klassenpartei umzugestalten. Auf ihre Initiative hin wurde 1954 die Arbeiterhochschule (Rōdō Daigaku) gegründet, die seitdem eine wichtige Rolle spielt bei der Schulung und Heranbildung klassenbewußter Partei- und Gewerkschaftsfunktionäre. Die Assoziation tritt ein für enge Beziehungen der SPJ zu den sozialistischen Ländern mit der Sowjetunion an der Spitze und für das Studium des real existierenden Sozialismus. Sie steht auf festen Positionen des proletarischen Internationalismus, betrachtet die Arbeiterklasse als führende Kraft der revolutionären Bewegung und betont die Notwendigkeit der Diktatur des Proletariats und der Planwirtschaft beim Aufbau des

[95] Ebenda, S. 71.

Sozialismus. Unermüdlich trat und tritt sie ein für die Zusammenarbeit aller progressiven Kräfte mit SPJ und KPJ als Kern. Ihr Einfluß insbesondere an der Basis erweiterte sich kontinuierlich und erfaßte in den siebziger Jahren zeitweilig etwa die Hälfte der SPJ-Mitglieder in allen Teilen des Landes. Ihr theoretisches Organ ist die Zeitschrift „Shakaishugi" (Sozialismus), und einer ihrer hervorragendsten Vertreter ist Itsurō Sakisaka.[96]

Das Erstarken der linken Kräfte in der SPJ zu Beginn der fünfziger Jahre hatte zugleich positiven Einfluß auf die Arbeiterbewegung, vor allem hinsichtlich der Orientierung des Sōhyō auf Positionen des Klassenkampfes. Der 2. Sōhyō-Kongreß 1951 übernahm nicht nur die „Vier Friedensgrundsätze", sondern lehnte es gleichzeitig ab, geschlossen dem IBFG beizutreten, und wählte Minoru Takano, später Mitglied der Sozialistischen Assoziation, zu seinem Vorsitzenden. Auch dessen Nachfolger, Kaoru Ōta und Shō Iwai, die die Strategie der Frühjahrskämpfe entwickelten, zählten zu den Mitbegründern der Assoziation.

Im Januar 1954 verabschiedete die „SPJ-Linke" ein Fünf-Punkte-Programm, in dem sie für die Wiedererlangung der Autonomie gegenüber den USA, gegen die Wiederaufrüstung und für die Verteidigung der Demokratie eintrat. Sie bestimmte ihren Charakter als „klassenmäßige Massenpartei" und orientierte auf eine noch engere Zusammenarbeit mit den Gewerkschaften, Bauernorganisationen und anderen demokratischen Kräften. Eine entscheidende Schwäche des Programms äußerte sich jedoch in Punkt 5, der einen „konsequenten Kampf gegen Kommunismus und Faschismus" formulierte.[97] Sicher spielen bei der Fixierung dieses Punktes einige Fehler der KPJ in dieser Zeit, wie linkes Abenteurertum und Sektierertum, eine Rolle, doch zeigt sich hier deutlich, daß antikommunistische Positionen auch unter den linken Kräften nach wie vor stark verbreitet waren. Zugleich stimmte dieser Punkt 5 überein mit dem Stand-

---

[96] Zur Sozialistischen Assoziation siehe u. a.: Shakaishugi Kyōkai no nijugonen (25 Jahre Sozialistische Assoziation). „Shakaishugi", No. 118 (Sondernr.), Juni 1976; Shakaishugi Kyōkai sōritsu sanju shūnen (30. Jahrestag der Gründung der Sozialistischen Assoziation). Ebenda, No. 185, Juni 1981.

[97] Zum Fünf-Punkte-Programm siehe: Mitsuyuki Shinōtō und Yutaka Fukuda, S. 84f. sowie Nihon Shakaitō no sanjunen (30 Jahre Sozialistische Partei Japans), Nihon Shakaitō Chūōhombu Kikanshikyoku, Tōkyō 1977, 3. Auflage, S. 161.

punkt der „SPJ-Rechten“ und diente als wesentlicher Ansatzpunkt für die Wiedervereinigung beider Strömungen im Oktober 1955.

Zur Zeit der Wiedervereinigung war die Position der linken Gruppe stärker als die der rechten, ihr Ansehen und ihr Einfluß im Volk hatten sich bedeutend erweitert, zurückzuführen auf ihre hohe Aktivität in den Gewerkschaften und anderen demokratischen Massenorganisationen des Volkes. Entsprechend wurde der Führer der linken Gruppe, Mosaburō Suzuki, vom Einheitsparteitag zum Vorsitzenden gewählt. Das gleichzeitig angenommene Parteiprogramm zeigte indes eine ganze Reihe Kompromisse nach rechts, deren Kern in einem ausgeprägten Antikommunismus bestand. So heißt es in dem Programm, daß „der Kommunismus in der Praxis die Demokratie mit Füßen tritt, die Individualität, Freiheit und Achtung des Menschen leugnet und nicht übereinstimmt mit einem Sozialismus durch Demokratie“, und an anderer Stelle wird sogar die Aufgabe gestellt, „den Kommunismus zu überwinden“.[98]

Wandlungen des parlamentarischen Kräfteverhältnisses zwischen „SPJ-Linke“ und „SPJ-Rechte“ in der Zeit der Parteispaltung (1951—1955)

Jahr	Haus der Abgeordneten			Haus der Räte		
	links	rechts	zusammen	links	rechts	zusammen
Spaltung 1951	16	30	46	30	32	62
April 1952	54	57	111			
April 1953	72	66	138	43	26	69
Februar 1955	89	67	156			

Quelle: Mitsuyuki Shinōtō und Yutaka Fukuda, S. 93.

Der im Parteiprogramm 1955 festgeschriebene Antikommunismus diente dem rechten Flügel als Plattform gegen jegliche Zusammenarbeit mit der KPJ. Er erschwerte den linken Kräften in der Folgezeit, die Linie einer Zusammenarbeit der SPJ mit allen progressiven Kräften, darunter auch mit der KPJ, durchzusetzen.

Ein Abrücken der Linken von der im Programm fixierten antikommunistischen Linie wurde bereits gut ein Jahr später auf dem 13. Parteitag im Januar 1957 sichtbar, als sie offen die Auffassung

[98] Nihon Shakaitō, Kōryō — Kiyaku (Sozialistische Partei Japans, Programm — Statut). Nihon Shakaitō Chūōhombu, Tōkyō 1976, 13. Auflage, S. 6 und 8.

vertraten, daß ein gemeinsamer Kampf mit der KPJ nach deren 6. Gesamtnationaler Konferenz 1955 möglich sei und von der SPJ anerkannt werden solle. Gleichzeitig bezogen sie einen eindeutigen Klassenstandpunkt zu den konterrevolutionären Aktionen 1956 in Ungarn.[99] Dies war ein wichtiger Schritt zur Überwindung antikommunistischer Vorbehalte bei einem bedeutenden Teil der Partei. Zwar gab es, wie wir in der Darstellung der Arbeiterbewegung gesehen haben, bei den nachfolgenden großen Klassenschlachten gegen die Verabschiedung eines reaktionären Polizeigesetzes und gegen den japanisch-amerikanischen Sicherheitspakt, infolge des Drucks der rechten Führungskader keine Aktionseinheit auf zentraler Ebene, lokal aber kam es in diesem Ausmaße wohl zum ersten Male in der japanischen Geschichte zur Formierung zahlreicher gemeinsamer Kampfkomitees und zu gemeinsamen Handlungen mit beiden Parteien im Mittelpunkt.

Bereits in den damaligen Klassenauseinandersetzungen zeigte sich eine generelle Stärke der linken Kräfte in der SPJ: ihr bedeutender Einfluß an der Basis, unter den einfachen Mitgliedern und den Führungsgremien auf regionaler Ebene. Daran hat sich bis heute kaum etwas geändert. Andererseits aber existiert eine nicht adäquate Widerspiegelung dieses Kräfteverhältnisses in der Führung der Partei. Diese Diskrepanz dauert mit zeitweiligen Unterbrechungen bis in die Gegenwart an. Eine der Ursachen ist sicher darin zu suchen, daß die Vertreter der Linken den wiederholten Drohungen der Rechten, die Partei zu spalten, nachgaben. Ausgehend von der Prämisse, daß eine Spaltung der SPJ die progressiven Bewegungen schwäche und allein dem japanischen Monopolkapital diene, waren und sind sie im Interesse der Einheit der Partei immer wieder zu Kompromissen bereit. Einen konsequenten Standpunkt vertrat und vertritt in dieser Frage innerhalb der linken Strömung der SPJ die Sozialistische Assoziation, auch wenn sie sich nicht durchzusetzen vermochte. Ihre führenden Kräfte, Hitoshi Yamakawa und Itsurō Sakisaka, warnten beispielsweise 1955 mehrfach vor einer Vereinigung der Linken mit den Rechten. Die Parteiorganisation von Kyūshū,

---

[99] Während die rechten Kräfte die Konterrevolutionäre in Ungarn als Repräsentanten der „Liberalisierung" und „Demokratisierung" bzw. der „Freiheit" und „Demokratie" feierten, schätzten die linken Kräfte ein, daß die Ereignisse in Ungarn aus der reaktionären Politik von Nagy resultierten, der sich dem Kapital und den Grundbesitzern unterworfen habe. Siehe Mitsuyuki Shinōtō und Yutaka Fukuda, S. 95.

wo die Position der Assoziation besonders stark war, sprach sich direkt gegen diesen Zusammenschluß aus. Als er indes nicht verhindert werden konnte, stellten Yamakawa und Sakisaka die Aufgabe, den Geist des Programms der Linkssozialisten in der neuen Partei zu bewahren, zu verbreiten und namentlich die unteren Parteiorganisationen auf dieser ideologischen Plattform auszubauen und zu stärken.[100] Daß ihr Widerstand gegen den bei der Wiedervereinigung 1955 vollzogenen Kompromiß seine Berechtigung hatte, zeigte sich nur wenige Jahre später in aller Deutlichkeit, als sich während der historischen Kämpfe Ende der fünfziger Jahre gegen den Sicherheitspakt eine größere Gruppe der Opportunisten, darunter 57 Parlamentsabgeordnete, von der Partei trennte und im Januar 1960 die Demokratisch-Sozialistische Partei unter Nishio gründete.

Der Austritt der rechten Fraktion um Nishio führte jedoch zunächst nicht zu einer Erhöhung des Einflusses der Linken. Auf dem 19. Parteitag im Oktober 1960 wurde Saburō Eda mit der Ausübung der Funktion des Parteivorsitzenden betraut, nachdem am Tage vor dem Parteitagsbeginn der bisherige Vorsitzende Inejirō Asanuma von einem 17 Jahre alten Mitglied des „Bundes der Jugend Asiens gegen den Kommunismus“ ermordet wurde. Eda drängte der Partei die Linie „Struktureller Reformen“ auf. Diese sprachen sich zwar offiziell für die Verwirklichung des Sozialismus aus, doch sollte der Weg dorthin beschritten werden über Teilreformen der Wirtschaftsstruktur, die nicht das Ziel anstrebten, die monopolkapitalistische Staatsmacht zu zerschlagen.[101] Zweifellos nimmt der Kampf für demokratische Reformen einen wichtigen Platz in der revolutionären Arbeiterbewegung ein, da ihre Verwirklichung die Macht der Monopole zurückdrängen und die Bedingungen für den weiteren Vormarsch der revolutionären und demokratischen Kräfte günstiger gestalten kann. Wenn demokratische Reformen jedoch nicht als Schritte auf dem Wege zur Überwindung des kapitalistischen Systems gesehen werden, sondern wie bei Eda lediglich zur Wandlung und „Besserung“ des Kapitalismus, so sind sie ein wesentliches Merkmal des Sozialdemokratismus und nicht in der Lage, grundlegende gesellschaftliche Veränderungen herbeizuführen.

1962 verdeutlichte sich der reformistische Charakter der Politik

---

[100] Siehe „Shakaishugi“, No. 180, Febr. 1981, S. 20f.

[101] Siehe hierzu: Itsurō Sakisaka: Nihon kakumei to Shakaitō (Revolution in [illegible] und die SPJ). Shakaishugi Kyōkai, Tōkyō 1972, 2. Auflage, S. 167ff.

Entwicklung der Sozialistischen Partei Japans

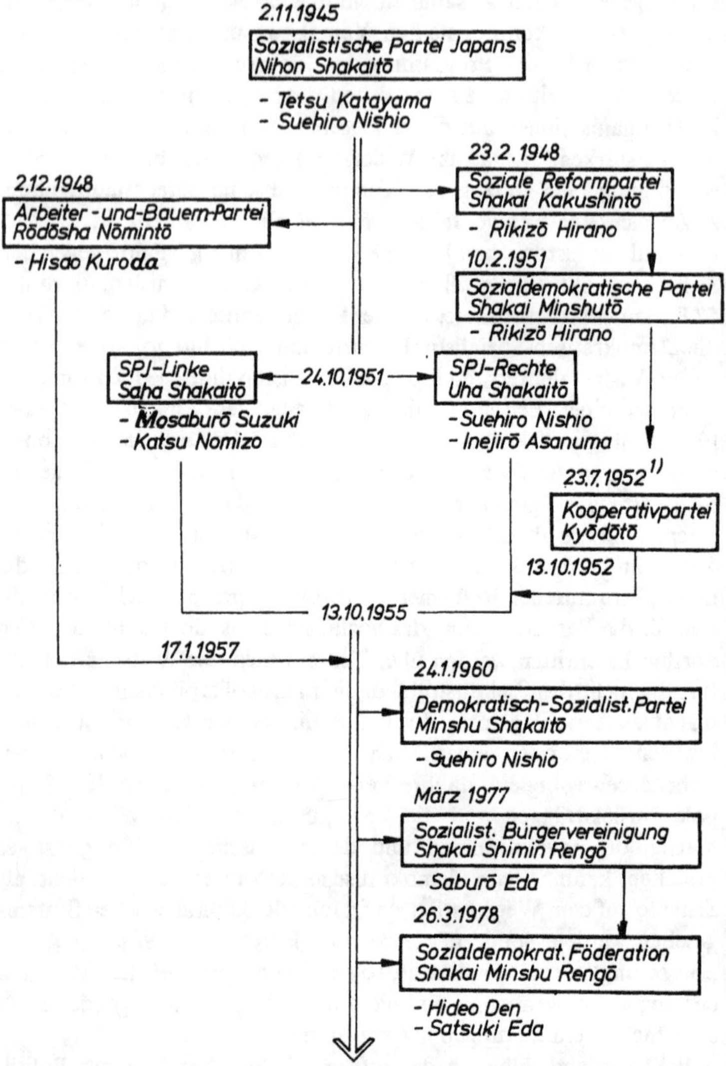

[1] Zusammenschluß mit einem Teil der Bäuerlichen Kooperativpartei (Nōmin Kyōdōtō).

Zusammengestellt nach Angaben aus: Asahi nenkan 1979, Bekken, S. 333; Mitsuyuki Shinōtō und Yutaka Fukuda: Nihon Shakaitō, S. 457; Nihon Shakaitō no sanjunen, S. 653ff.

Edas weiter, als er die sogenannte Eda-Vision vom Sozialismus formulierte. Der Sozialismus sollte danach bestehen aus

— einem durchschnittlichen Lebensniveau wie in den USA,
— einer konsequenten sozialen Sicherheit wie in der UdSSR,
— einer parlamentarischen Demokratie à la Großbritanniens und
— der Friedensverfassung Japans.[102]

Auf dem 22. Parteitag im November 1962 wurde Eda wegen seiner klassenindifferenten, revisionistischen Auffassungen scharf kritisiert. Er mußte sein Amt als Generalsekretär niederlegen, sein Nachfolger wurde Tomomi Narita. Das neuerliche Erstarken der Linkskräfte ermöglichte 1964 die Annahme des programmatischen Dokumentes „Der Weg zum Sozialismus in Japan"[103]. Es war von einer Parteikommission unter Vorsitz von Mosaburō Suzuki und Seiichi Katsumata erarbeitet worden.

Das Dokument formuliert ausführlich Ziel und Aufgaben der SPJ auf innen- und außenpolitischem Gebiet. Es betont den friedlichen Weg zum Sozialismus in Japan und schreibt, daß „die Verwirklichung der sozialistischen Revolution demokratisch, friedlich, über das Parlament möglich und angemessen ist, wenn die Energie der werktätigen Massen mit den Arbeitern im Mittelpunkt richtig zusammengefaßt wird und die subjektiven Bedingungen geschaffen werden . . . Auch die Erfahrungen der sozialistischen Länder helfen uns bei unserem großen Werk, bereichern seinen Inhalt"[104]. Die Betonung des außerparlamentarischen Kampfes neben dem parlamentarischen und der Notwendigkeit, die „Energie der Massen" zu mobilisieren, durchdringen als Leitfaden den gesamten „Weg" ebenso wie die Unterstreichung der zentralen Rolle der Arbeiterklasse in der Revolution. Beachtung verdient auch die Forderung, die Erfahrungen der sozialistischen Länder für den eigenen Kampf zu studieren. Im Gegensatz zum Parteiprogramm von 1955 ist dieses programmatische Dokument frei von Antikommunismus und anerkennt, daß die sozialistischen Länder mit der Sowjetunion an der Spitze eine gewaltige, die Weltgeschichte bewegende Kraft sind. Damit ist der 24. Parteitag, der diesen „Weg" beschloß, von wahrhaft historischer Bedeutung, insofern er die gesamte Partei mit einer auf Positionen der Arbeiterklasse ausgerichteten politisch-ideologischen Plattform aus-

---

[102] Mitsuyuki Shinōtō und Yutaka Fukuda, S. 124.
[103] Siehe Nihon Shakaitō no sanjunen, S. 733—778.
[104] Ebenda, S. 740.

rüstete, die in den Folgejahren als Grundlage für eine Reihe wichtiger Beschlüsse diente.

Ein Mangel bestand allerdings darin, daß dieser stark von marxistisch-leninistischen Positionen durchdrungene „Weg zum Sozialismus in Japan" nicht ausdrücklich als neues Programm angenommen und das alte nicht außer Kraft gesetzt wurde. So wird das Programm von 1955 noch heute von der SPJ-Führung als offizielles Programm der Partei vertrieben. Erkennen die linken Kräfte um die Sozialistische Assoziation heute allein den „Weg" als gültige Leitlinie der Partei an und handeln danach, so stützen sich die rechten auf das 1955 angenommene Dokument.

Um entsprechend dem „Weg" die Positionen der SPJ in der Arbeiterklasse zu festigen, beschloß das Zentrale Exekutivkomitee der Partei 1965, „Grundorganisationen der Partei an allen Arbeitsplätzen" zu schaffen. Auf dem 30. Parteitag 1968 wurde die „Mittelfristige Linie" angenommen, die in Vorbereitung auf den Kampf gegen den Sicherheitspakt 1970 auf ein Erstarken der Arbeiterbewegung, der Bewegung der Bauern, der Fischer und anderer werktätiger Schichten orientierte und für einen Einheitskampf sowohl gegen den Sicherheitspakt als auch gegen den Vietnamkrieg, für die Rückkehr Okinawas und den Schutz der Verfassung eintrat.

Durch das Erstarken und aktive Wirken des linken Flügels kam es in der zweiten Hälfte der sechziger Jahre wieder zu gemeinsamen Aktionen mit der KPJ. Der 26. Parteitag im August 1965 beschloß, „einen gemeinsamen Kampf, einen Kampf all der Kräfte, die sich gegen den Krieg in Vietnam, gegen den japanisch-südkoreanischen Vertrag und gegen die Wirtschaftspolitik des Satō-Kabinetts wenden", zu führen.[105] Das ermöglichte die wiederholte Durchführung eines „Gemeinsamen Kampftages" von SPJ und KPJ. Durch vereintes Handeln, das auf entsprechenden Abkommen zwischen beiden Parteien basierte, konnten progressive Kandidaten in zunehmendem Maße Erfolge bei Regionalwahlen erzielen. 1967 siegte bei den Gouverneurswahlen von Tōkyō der von SPJ und KPJ gemeinsam unterstützte Kandidat Ryōkichi Minobe, wodurch die Riesenmetropole erstmals in ihrer Geschichte einen progressiven Gouverneur erhielt. Weitere bedeutsame Fortschritte auf diesem Gebiet konnten in der ersten Hälfte der siebziger Jahre erreicht werden.

---

[105] Mitsuyuki Shinōtō und Yutaka Fukuda, S. 133.

Mit dem „Weg“ und der „Mittelfristigen Linie“ hatte die SPJ zwar Konzeptionen erarbeitet, die im Interesse der japanischen Arbeiterklasse und anderer werktätiger Schichten lagen, doch blieb die Partei ideologisch und theoretisch zerstritten, was eine einheitliche Führung faktisch unmöglich machte. Das zeigte sich insbesondere, als Narita 1968 Vorsitzender und Eda erneut Generalsekretär wurde. Eda wandte sich gegen beide Dokumente, forderte deren Reformierung. Auf dem 33. Parteitag 1970 gelang es der rechten Gruppierung mit Eda im Mittelpunkt, im Aktionsprogramm für 1970 eine rechtsopportunistische Linie festzulegen. Der Parteitag bestätigte den Antrag, daß das, „wonach die Massen die Partei beurteilen und verstehen, weniger programmatische Dokumente als vielmehr Aktivitäten im Dienste der Massen sind“, vor allem die Aktivität „im Parlament und in den Selbstverwaltungsorganen“.[106] Damit wurde der revisionistischen Auffassung Ausdruck verliehen, daß die Bewegung alles, Theorie und Prinzipien aber nichts bedeuten. Die linken Kräfte — außer der Sozialistischen Assoziation — waren nicht dagegen aufgetreten, weil ihr Hauptziel darin bestand, Narita als Parteivorsitzenden zu halten. Dies gelang bei den Ende des gleichen Jahres auf dem 34. Parteitag stattgefundenen Parteiwahlen (Ende November/Anfang Dezember 1970). Eda, der ebenfalls für den Posten des Parteivorsitzenden kandidierte, fiel mit 148 Stimmen durch. Narita siegte mit 207. Generalsekretär wurde Masashi Ishibashi, gleichfalls ein vom linken Flügel unterstützter Kandidat. Die Etappe Narita—Ishibashi währte bis 1977.

Der 34. Parteitag verabschiedete als „Neue mittelfristige Linie“ das Dokument „Die Aufgaben der siebziger Jahre und die Pflichten der SPJ“. Als wichtigste Aufgabe wird darin die Schaffung einer „Volksfront gegen die Monopole und gegen die LDP“ formuliert. Diese Volksfront sollte eintreten für die Abschaffung des Sicherheitspaktes, für Frieden und Neutralität Japans, für die Verteidigung der Lebensinteressen des Volkes und den Schutz der Verfassung.[107]

Die Absage an Edas Politik und die Annahme der „Neuen mittelfristigen Linie“ ermöglichten einen weiteren Schritt in der Zusammenarbeit mit der KPJ. Die Reformisten um Eda unternahmen jedoch zahlreiche Anstrengungen, die „Linie“ zu unterlaufen. Ihr Widerstand galt insbesondere dem Grundsatz der Partei, einen gemeinsamen Kampf mit allen Oppositionsparteien gegen LDP und

---

[106] Ebenda, S. 164.
[107] Ebenda, S. 169.

Monopole zu führen. Sie wandten sich gegen eine Zusammenarbeit mit der KPJ und forderten statt dessen in zunehmendem Maße eine Koalition mit der 1960 abgespaltenen Demokratisch-Sozialistischen Partei und der kleinbürgerlich-buddhistisch orientierten Partei Kōmeitō. 1976 gründete Eda, seinerzeit stellvertretender SPJ-Vorsitzender, zusammen mit den Generalsekretären der Kōmeitō, Yano, und der DSP, Sasaki, sowie einigen nicht parteigebundenen Kräften die „Gesellschaft zum Nachdenken über ein neues Japan" (Shin Nihon wo kangaeru Kai), deren Plattform darauf orientierte, eine neue, „über den Klassen" stehende Partei eines „Bürgersozialismus" zu formieren. Dadurch sollten Tatsachen geschaffen werden für eine enge Zusammenarbeit SPJ — Kōmeitō — DSP, um später unter Einschluß auch „oppositioneller" konservativer Teile der LDP eine Koalitionsregierung zu bilden.

Das Jahr 1977 wurde zu einem Frontalangriff der rechten Kräfte mit den Fraktionen Eda, Sasaki und der „Neuen Strömungsgesellschaft" (Shin Nagare no Kai) gegen die sich in der „Märzgesellschaft" (Sangatsukai) formierten Linken.[108] Ihren Versuch, Narita und Ishibashi von der Parteiführung zu verdrängen und die Negierung einer Zusammenarbeit mit der KPJ herbeizuführen, machte der 40. Parteitag im Februar 1977 zunichte. Narita blieb ohne Wahl Vorsitzender der Partei, Ishibashi siegte mit 273 zu 218 Stimmen über seinen von den rechten Kräften unterstützten Gegenkandidaten Shimodaira. Die Linie der Zusammenarbeit mit allen Oppositionsparteien, einschließlich KPJ, wurde beibehalten. Die Tätigkeit Edas in der „Gesellschaft zum Nachdenken . . ." erfuhr eine scharfe Kritik.

Im Ergebnis seiner wiederholten Niederlagen trat Eda im März 1977 schließlich aus der Partei aus und gründete die Bürgervereinigung (Shimin Rengō). Er wollte mit ihrer Hilfe und im Bündnis mit der Kōmeitō und der DSP den Druck auf die SPJ von außen verstärken.[109] Zugleich erhöhten die in der Partei verbliebenen rechten

---

108 Den Kern der „Märzgesellschaft" bildete die Sozialistische Assoziation, auf deren Initiative sie auch gegründet wurde. Sie erfaßte auf dem Parteitag im Februar 1977 neben Assoziationsmitgliedern auch Vertreter aus den Fraktionen Katsumata, Sasaki u. a. Der Name „Märzgesellschaft" entstand, weil erste Vorgespräche zu einer engeren Vereinigung der linken Kräfte im März 1976 begonnen hatten.

109 Saburō Eda starb kurz darauf am 22. Mai 1977, doch wurde seine Linie von seinem Sohn Satsuki Eda und den am Tage nach Edas Tod aus der SPJ ausgetretenen Abgeordneten Shigeo Ōshiba fortgesetzt, indem sie die Leitung der Shimin Rengō übernahmen.

Kräfte ihre Aktivität von innen heraus, und es entstand die Gefahr einer größeren Parteispaltung. Eine großangelegte Kampagne gegen die Sozialistische Assoziation, die ihren bedeutenden Einfluß auf dem 40. Parteitag erneut unter Beweis gestellt hatte, setzte ein. In aller Öffentlichkeit vorgetragene Angriffe bezeichneten die Assoziation als „Partei innerhalb der Partei“, forderten deren Ausschluß aus der Parteiführung, die Veröffentlichung ihrer Mitgliederlisten und Einnahmequellen und gingen bis zur Forderung des Parteiausschlusses ihrer Mitglieder.

Die scharfen inneren Auseinandersetzungen 1977, die destruktive und opportunistische Politik des rechten Flügels schwächten die Partei und führten zu einer Niederlage bei den Oberhauswahlen 1977. Narita und Ishibashi übernahmen die „Verantwortung“ für die Wahlniederlage und stellten ihre Posten zur Verfügung. So kam es im September 1977 zum 41. Parteitag, in dessen Mittelpunkt die Wahl eines neuen Parteivorsitzenden stand. Heftige Auseinandersetzungen führten zu keiner Einigung. Der von den linken Kräften unterstützte damalige Oberbürgermeister von Yokohama, Ichio Asukata, wurde von den rechten Gruppen, die mit einer Spaltung der Partei drohten, abgelehnt. Asukata selbst aber wollte nicht die Parteiführung unter dem Vorzeichen der Uneinigkeit übernehmen und machte die Zustimmung auch der rechten Kräfte zur Bedingung. Noch während des Parteitages traten Hideo Den, damals Leiter der Internationalen Abteilung der SPJ, und zwei weitere Parlamentsabgeordnete aus der Partei aus und gründeten im März 1978 gemeinsam mit der Bürgervereinigung die Sozialdemokratische Föderation (Shakai Minshu Rengō).

Der Parteitag vertagte sich bis Dezember. Unter Zustimmung nunmehr auch der rechten Kräfte trat Asukata das Amt des Parteivorsitzenden an. Generalsekretär wurde Shinnen Tagaya. Asukata hatte als weitere Bedingung für seine Amtsübernahme gefordert, die Parteifraktionen aufzulösen und die Wahl des Parteivorsitzenden durch alle Parteimitglieder durchzuführen. Tatsächlich lösten sich Ende 1977/Anfang 1978 die verschiedenen Fraktionen in der SPJ als solche formal auf, existieren größtenteils allerdings weiter als „Studiengesellschaften“. In der Wahl des Parteivorsitzenden, die nach einer entsprechenden Veränderung des Parteistatuts Ende Februar 1978 erfolgte, stimmten über 80 Prozent aller Mitglieder für Asukata, dessen Position damit vor Beginn des 42. Parteitages im März 1978 eine bedeutende Stabilisierung erfuhr.

Der 42. Parteitag beschloß als Fernziel, eine „Eine-Million-Partei“

aufzubauen. Ein außerordentlich großes Ziel, wenn man berücksichtigt, daß die SPJ in den sechziger und siebziger Jahren in ihrer Mitgliederbewegung im wesentlichen stagnierte und im März 1978 nur 43000 Mitglieder zählte, was in krassem Widerspruch zu ihrer Position als eindeutig stärkste Oppositionspartei im Parlament stand. Zweifellos würde die organisatorische Stärkung der SPJ ein Gewinn für die japanische Arbeiterklasse sein, wenn diese zugleich gepaart ist mit einer qualitativen Stärkung, einem einheitlichen und geschlossenen Auftreten im Interesse der Arbeiterklasse und aller anderen Werktätigen.

Einige Tendenzen der jüngsten Vergangenheit zeigen, daß sich ab 1978 der Einfluß der rechten Gruppierungen in der Partei bedeutend erweiterte. Auf dem 42. Parteitag 1978 nahmen unter dem Druck dieser Kräfte erstmals wieder alle Parlamentsabgeordneten der SPJ automatisch als Delegierte teil. Das schwächte den Einfluß der um die Sozialistische Assoziation gescharten Linken beträchtlich. Die weit über ein Jahrzehnt konsequent verfolgte Linie der Zusammenarbeit mit allen Oppositionsparteien, einschließlich der KPJ, wurde mehr und mehr abgeschwächt. Bereits bei der Wahl für den Nachfolger von Asukata als Oberbürgermeister von Yokohama ging die SPJ ein Bündnis mit allen anderen Parteien, einschließlich der LDP, gegen die KPJ ein. Bei den Wahlen für den Gouverneursposten von Tōkyō 1979 gelang es der KPJ im Verein mit linken Kräften der SPJ und unter dem Druck der Forderung vieler demokratischer Kräfte zwar noch einmal, ein Wahlbündnis zwischen beiden Parteien herzustellen, im Januar 1980 jedoch schloß die SPJ eine „Vereinbarung über eine Koalitionsregierung“ mit der Kōmeitō ab, die jedes Regierungsbündnis mit der KPJ ablehnt. Die SPJ-Kōmeitō-Vereinbarung wurde auf dem 44. Parteitag im Februar 1980 bestätigt. Mit dieser Vereinbarung rief die SPJ erstmals seit 20 Jahren offen zum Ausschluß der KPJ aus einer künftigen Koalitionsregierung auf. Gegen die Vereinbarung wandten sich einige Parteitagsdelegierte, da sie die Grundlinie der Partei verlasse und die Gefahr in sich berge, die Partei in eine Allianz auch mit konservativen Kräften zu führen, zumal die Kōmeitō bereit sei, mit Teilen der LDP zusammenzuarbeiten. Sie forderten statt dessen die konsequente Fortführung des Kampfes „gegen die Monopole und gegen die LDP“ sowie die Zusammenarbeit auch mit der KPJ. Ihr Einfluß reichte jedoch nicht aus, diese richtige Linie auf dem Parteitag durchzusetzen. Angesichts einer weiteren Annäherung der Kōmeitō an konservative Grundhaltungen der regierenden LDP mehrten sich indes in der Folgezeit die kritischen Stimmen gegen das Bündnis mit der Kōmeitō, so auch auf dem 45. und 46. Parteitag 1980 und 1982.

Die ab 1977/78 erstarkten Positionen der rechten Kräfte zeigten sich u. a. auch in dem offiziellen Bemühen der Parteiführung, das auf dem 24. Parteitag 1964 beschlossene programmatische Dokument „Der Weg zum Sozialismus in Japan“ auf revisionistischer Basis umzuarbeiten. Ihr Ziel ist es, dem „Weg“ seinen Klasseninhalt zu nehmen, zumindest aber diesen zu verwischen. Zu diesem Zweck wurde 1978 ein dem Zentralen Exekutivkomitee der Partei unterstelltes Theoretisches Zentrum unter Vorsitz von Seiichi Katsumata mit der Aufgabe gegründet, ein Programm für die Politik der SPJ in den achtziger Jahren auszuarbeiten. Zwar gilt Katsumata selbst als ein linker Repräsentant, der bereits den „Weg“ 1964 federführend miterarbeitete, doch ist der Einfluß rechter Kräfte innerhalb des Theoretischen Zentrums stark. Die nach 2 Jahren Diskussion erarbeitete politische Plattform wurde im Dezember 1980 dem 45. Parteitag vorgelegt. Darin wurde im Gegensatz zum „Weg“ behauptet, daß es kein „Modell“, d. h. keine allgemeingültigen Gesetzmäßigkeiten für den Sozialismus, gäbe und ein „eigenständiger, japanischer Sozialismus“ angestrebt werden müsse. Die „Theorie von der Revolution im Ergebnis der Vertiefung der Krise des Kapitalismus und einer Verelendung der Arbeiter“, wie sie der „Weg“ formuliert, wurde abgelehnt und statt dessen einer Systemveränderung durch „Mitsprache und Intervention“ der Werktätigen der Vorzug gegeben. Namentlich durch die scharfe Kritik der Linken mit der Assoziation im Mittelpunkt konnte die Annahme dieses, seinem Wesen nach reformistischen und opportunistischen Dokuments zunächst zurückgewiesen werden, um die Diskussion darüber bis zum nächsten Parteitag fortzusetzen, doch faßte auch dieser 46. Parteitag (Februar 1982) noch keine Beschlüsse.

Welche Seite letztendlich den Sieg davontragen wird — die gesunden, klassenbewußten oder die rechtssozialdemokratischen Kräfte —, ist eine Frage, die für die Partei auch in den achtziger Jahren steht. Die Auseinandersetzungen in der Partei werden weitergehen, denn die ideologischen und theoretischen Standpunkte zu Charakter, Ziel und Aufgaben der Partei sind nach wie vor uneinheitlich.

Zur sozialen Lage der Werktätigen

Durch seinen Kampf hat das Volk seine Lage nach 1945 bedeutend verbessert. Die Löhne stiegen beträchtlich, ebenso die sozialen

Aufwendungen des Staates, wenngleich letztere auch heute noch hinter denen anderer entwickelter kapitalistischer Länder zurückstehen. Die durchschnittliche Lebenserwartung ist sprunghaft gestiegen und liegt heute mit an der Spitze in der Welt. Von 32,2 Millionen Familien verfügten nach regierungsoffiziellen Angaben 1978 19,4 Millionen über ein eigenes Haus, 57,2 Prozent über einen PKW, 98,2 Prozent über einen Farbfernseher, 99,1 Prozent über einen Kühlschrank und 98,8 Prozent über eine elektrische Waschmaschine.[110] Das sind Zahlen, die auf ihrem Gebiet international durchaus Spitzenpositionen darstellen.

Die Theoretiker und Ideologen des Kapitals behaupten, daß das Proletariat infolge seiner sozialen Errungenschaften der letzten Jahrzehnte aufgehört habe, eine ausgebeutete und revolutionäre Klasse zu sein. Zweifellos kann die japanische Arbeiterklasse eine Vielzahl sozialer Erfolge für sich verbuchen. Doch nicht einer wurde ihr von den herrschenden Kräften geschenkt. Immer aufs neue hat sie sich dafür nach 1945 zu erbitterten Auseinandersetzungen erhoben und bedeutende Klassenschlachten führen müssen. Die Dialektik zwischen Kampf und materieller Lage der Werktätigen verdeutlichen auch die Jahre nach 1975. In dem Maße, wie der Kampf nachließ, verringerten sich auch die Erfolge. Die Tatsache wiederum, daß der Kampfgeist nach der Wirtschaftskrise Mitte der siebziger Jahre abebbte, bedeutet keineswegs, daß das japanische Proletariat aufgehört hat, eine revolutionäre Klasse zu sein. Diese Erscheinung ist auf subjektive Faktoren zurückzuführen und wird zeitweiliger Natur sein. Vor allem aber hat sich nichts geändert an der gesellschaftlichen Stellung des Proletariats, namentlich an seiner Stellung zu den Produktionsmitteln. Damit ist auch der Grundwiderspruch zwischen Kapital und Arbeit bestehengeblieben, ebenso wie die weitere Ausbeutung des Proletariats. Da sich in ihrer Stellung als ausgebeutete Klasse nichts verändert hat, änderte sich folglich auch nichts an ihrem Charakter. Und es ist nur natürlich, daß zugleich mit der raschen ökonomischen Entwicklung die Werktätigen einen entsprechend höheren Anteil an dem von ihnen erarbeiteten nationalen Reichtum erhalten und sich ihre materielle Lage verbessert. Im Kapitalismus heißt das indes, daß der Lohnarbeiter dem Kapitalisten immer aufs neue einen Teil seiner ständig steigenden Profite abringen muß, sich letzterer aber unverändert den größten Teil des materiellen Reichtums unentgeltlich aneignet.

[110] Asahi nenkan 1981, Bekken, S. 358 und 361.

Eine Verbesserung der materiellen Lage der Werktätigen ist somit unter kapitalistischen Bedingungen nur relativ.

Ende Juni 1969, nach langjähriger wirtschaftlicher Hochkonjunktur, veröffentlichte die bürgerliche Zeitung „Yomiuri Shimbun" das Resultat einer Meinungsumfrage zu dem Thema „Haben sie aus dem wirtschaftlichen Wachstum irgendwelche persönlichen Vorteile ziehen können?" Nur 6,3 Prozent der Befragten antworteten mit „Eine ganze Menge", während über 70 Prozent „Ein wenig" bis „Überhaupt keinen" Vorteil für sich verbuchen konnten.[111] Eine Meinungsumfrage der bürgerlichen Zeitung „Asahi Shimbun" 9 Jahre später brachte am 22. Juli 1978 auf die Frage: „Meinen Sie, daß Ihr Lebensunterhalt in der Zukunft angenehmer wird?" folgendes Er-Ergebnis: „Er wird angenehmer" 6 Prozent, „Es wird sich nichts ändern" 48 Prozent, „Er wird schwieriger" 41 Prozent.[112] Sicher sind solche Meinungsumfragen immer mit Vorsicht zu genießen, da sie nur einige Tausend erfassen und die Manipulierung der Ergebnisse nicht ausgeschlossen werden kann. Es fällt jedoch auf, daß es stets etwa 6 Prozent sind, die „eine ganze Menge" Vorteile erzielten bzw. einen „angenehmeren" Lebensunterhalt auch für die Zukunft erwarten. Tatsächlich verteilten sich 1960 43,5 Prozent des Gesamteinkommens auf nur 5 Prozent der Bevölkerung und 1970 46,3 Prozent auf 6 Prozent aller Japaner, während die übrigen 95 bzw. 94 Prozent sich in die andere reichliche Hälfte teilen mußten.[113] Offensichtlich hat sich daran nichts geändert.

Die politische Unterdrückung der japanischen Arbeiterklasse äußert sich heute unter anderem darin, daß in der Verfassung garantierte Grundrechte, wie das Recht auf Streik, Millionen Arbeitern und Angestellten öffentlicher Unternehmen noch immer geraubt sind, das Demonstrationsrecht ebenfalls seit 1948 eingeschränkt und das 1952 erlassene Gesetz zur Verhinderung zerstörerischer Tätigkeit unverändert in Kraft ist. In sozialer Hinsicht leiden die Werktätigen heute insbesondere unter hoher Arbeitslosigkeit, steigenden Preisen bei gleichzeitigem Lohndruck der Unternehmer, einem Rückgang sozialer Leistungen, der Angst vor Krankheit und Alter. Und das alles, obgleich mehrere von der Regierung seit Ende der fünfziger bis

---

[111] Hakan Hedberg: Die japanische Herausforderung, Hoffmann und Campe Verlag, Hamburg 1970, S. 80f.

[112] Vergleiche Asahi nenkan 1979, S. 604.

[113] Masamichi Kawakami: Sengo Nihon keizai zusetsu, S. 50.

Anfang der siebziger Jahre fixierte 5-Jahr-Pläne als Ziel die „Vollbeschäftigung“ und die Schaffung eines „Wohlfahrtsstaates“ stellten.

Die Lage der japanischen Arbeiter ist abhängig von einer Reihe Faktoren. Wesentliches Kriterium ist zunächst ihr Status als Vollbeschäftigter, als Saisonarbeiter oder Tagelöhner. Die meisten von ihnen sind vollbeschäftigte Arbeiter mit Verträgen, höheren Löhnen und besseren Arbeitsbedingungen. Infolge des Systems der Beschäftigung auf Lebenszeit ist ihr Arbeitsplatz relativ gesichert. Ein großer Prozentsatz von ihnen ist — namentlich in den größeren Betrieben — gewerkschaftlich organisiert. Der Anteil der Vollbeschäftigten betrug Anfang der siebziger Jahre etwa 90 Prozent und darüber, ist aber in den letzten Jahren beträchtlich gesunken.

Vollbeschäftigte und Teilzeitbeschäftigte

	1974		1977	
	in Tausend	in Prozent	in Tausend	in Prozent
Beschäftigte insgesamt	51341	100,0	53649	100,0
Vollbeschäftigte	45265	88,2	46540	86,7
Teilzeitbeschäftigte	6076	11,8	7109	13,3

Quelle: A Quick Report on the Results of „1977 Basic Survey of Employment Structure“, S. 5 (% eigene Berechnung).

Die Saisonarbeiter haben keine Arbeitsverträge, sind damit weitgehend rechtlos, haben niedrigere Löhne als die Stammbelegschaft und können entsprechend der konjunkturellen Lage nach Gutdünken der Unternehmer entlassen werden. Sie sind gewerkschaftlich kaum organisiert, rekrutierten und rekrutieren sich zumeist aus kleinen Bauern, die von der Landwirtschaft allein nicht leben können, und spielen bei Konjunktur und Krise die Rolle eines Regulators auf dem Arbeitsmarkt. Ihre niedrigen Löhne und schwierigen Arbeitsbedingungen werden oft als Hebel zur Verschlechterung der Lage der Vollbeschäftigten genutzt.

Die schlechtesten Arbeits- und Lebensbedingungen haben die Tagelöhner, die oft täglich nach neuer Arbeit suchen müssen. Sie sind gezwungen, schmutzige und körperlich schwere Arbeit zu verrichten, sind fast nicht organisiert und zwangsläufig zu jeder Arbeit bereit. Sie wohnen zumeist in Elendsvierteln, die in fast allen Großstädten existieren, und sind von der Gesellschaft weitgehend zu einem asozialen Dasein gezwungen.[114]

Die Chance für die Kurzarbeiter, den Status eines Vollbeschäftigten zu erhalten, verringerte sich in den letzten Jahren mehr und mehr. Statt dessen leiden sie unter einer zunehmenden Arbeitslosigkeit. Nach offiziellen Statistiken der Regierung schwankte die Rate der Arbeitslosen in den sechziger und zu Beginn der siebziger Jahre um 1 Prozent. Nach 1973 aber stieg sie im Ergebnis von Krise, Bankrotten Zehntausender kleiner und mittlerer Unternehmen, kapitalistischer Rationalisierung, Verlagerung von Teilen der Produktion zur Einsparung von Lohnkosten in sogenannte Niedriglohnländer und trotz umfangreicher „Öffentlichkeitsarbeiten" der Regierung und lokaler Verwaltungen auf das Doppelte an.

Entwicklung der Arbeitslosigkeit (1970—1982) (in Tausend und Anteil in Prozent zur arbeitenden Bevölkerung)

	1970	1975	1976	1977	1978	1979	1980	1981	1982
Arbeitslose	590	1000	1080	1100	1240	1170	1140	1260	1360
Anteil	1,14	1,88	2,01	2,02	2,24	2,09	2,0	2,2	2,4

Quelle: Nihon tōkei geppō.

Ähnlich wie in anderen kapitalistischen Ländern hat die Arbeitslosigkeit auch nach der Krise 1974/75 nicht ab-, sondern im Gegenteil zugenommen und ist zu einer permanenten Erscheinung geworden. Vergleicht man die Arbeitslosenrate mit der anderer entwickelter kapitalistischer Länder[115], so fällt zunächst auf, daß sie mit offiziell gut 2 Prozent bedeutend niedriger liegt, woran das System der Beschäftigung auf Lebenszeit bedeutenden Anteil hat. Tatsächlich aber verschleiern die Regierungsangaben so wie in anderen kapitalistischen Ländern vieles und spiegeln bei weitem nicht die gesamte Realität wider. Sie erfassen z. B. nicht

— diejenigen, die nur zeitweilig ihre Arbeit verlieren;
— die über 4 Millionen Klein- und Zwergbauern, die zur Bestreitung ihres Lebensunterhalts gezwungen sind, einer Zweit-

[114] Siehe auch V. N. Chlynov: Rabočij klass Japonii v uslovijach naučno-techničeskoj revoljucii. Izd. „Nauka", Moskau 1978, S. 82f.

[115] Sie betrug z. B. im September 1980 in den USA 7,1 Prozent, in England 8,4 und in Italien 7,9 Prozent. Vergleiche Nihon kokusei zue 1981, S. 101.

beschäftigung in der Stadt nachzugehen, bei Verlust des Arbeitsplatzes aber wieder in ihr Dorf zurückwandern;

- die über 6 Millionen unbezahlten mitarbeitenden Familienangehörigen, die es 1978 in Japan gab[116];
- die über 1 Million Werktätigen, die 1978 nur 1 bis 14 Stunden bezahlte Arbeit in der Woche fanden[117];
- die weit über 1 Million Saisonarbeiter und Tagelöhner, die auf Grund ihrer miserablen Arbeitsbedingungen ebenfalls eine feste Anstellung suchen;
- diejenigen, die noch nicht gearbeitet haben bzw. vor geraumer Zeit aus dem Produktionsprozeß ausgeschieden sind und wieder arbeiten möchten, und schließlich
- diejenigen, die nach einem von der überwältigenden Mehrheit der japanischen Unternehmen gehandhabten „System der Dienstaltersgrenze" (siehe S. 165f.) vor Erreichen des Rentenalters ihre Arbeitsstelle aufgeben müssen.

Sie alle könnte man als potentielle Arbeitsuchende zählen, da sie tatsächlich ganz ohne bzw. ohne eine gesicherte Arbeitsstelle sind. Nach einer 1978 veröffentlichten „Basisuntersuchung zur Beschäftigtenstruktur" gab es 1977 32,48 Millionen nichtberufstätige Japaner über 15 Jahre. 10,7 Millionen von ihnen hatten den Wunsch nach einer Arbeitsstelle, 4,09 Millionen sogar den dringenden Wunsch. Hinzu kamen 1,34 Millionen Saisonarbeiter und Tagelöhner, die ebenfalls eine andere Arbeit suchten.[118] Geht man von diesen Zahlen aus, so würde man für 1977 statt der offiziell angegebenen 1,1 Millionen Arbeitslosen auf ein Vielfaches kommen.

Als Kontrast zur Arbeitslosigkeit ist ein Ansteigen der Überstunden zu beobachten. Während 1978 über 1 Million Werktätige nur 1 bis 14 Stunden bezahlte Arbeit pro Woche hatten, ist gleichzeitig ein deutliches Anwachsen derer zu registrieren, die Überstunden machen. Ein internationaler Vergleich besagt, daß ein japanischer Werktätiger 1980 ca. 400 Stunden oder aber über 2 Monate mehr im Jahr arbeitete als sein Kollege in der BRD oder in Frankreich.[119] Laut offizieller japanischer Statistik gab es 1975

---

[116] Ebenda, S. 100.

[117] Nihon tōkei geppō, No. 215, Mai 1979, S. 12.

[118] „Shakaishugi", No. 155, Mai 1979, S. 47.

[119] Nach Angaben des japanischen Arbeitsamtes („Weißbuch der Arbeit für 1980") betrug die Arbeitszeit pro Arbeiter und Jahr in Japan 2146 Stunden, in England 1957, in den USA 1934, in Frankreich 1799 und in der BRD

15,2 Millionen, 1978 aber bereits 17,9 Millionen, die 49 und mehr Stunden pro Woche arbeiteten. Reduzierte man die Arbeitszeit dieser fast 18 Millionen Werktätigen auf ein international übliches Maß von ca. 40 Stunden pro Woche, wie es auch der Sōhyō, KPJ und SPJ fordern, so könnten schlagartig fast 4 Millionen Arbeitskräfte mehr beschäftigt werden. Das aber liegt nicht im Interesse der Unternehmer, weil die Bezahlung der Überstundenarbeit für sie billiger ist als die Einstellung zusätzlicher Arbeitskräfte und überdies ein großes Heer von Arbeitslosen ein ständiges Druckmittel gegen Lohnforderungen darstellt. Hierin zeigt sich erneut, daß die Arbeitslosigkeit eindeutig im System des Kapitalismus liegt, in seinem Streben nach Superprofiten.

Neben einer bedeutenden Überstundenarbeit fällt ein vergleichsweise geringer Jahresurlaub ins Auge. Es ist allgemeiner Brauch, den Urlaub nur in Ausnahmefällen zusammenhängend zu nehmen,

Arbeitsstunden pro Woche für Beschäftigte außerhalb der Landwirtschaft (in Tausend)

Arbeitsstunden	1975	1976	1977	1978
1–14	980	980	1020	1090
49 und mehr	15220	16200	17180	17910

Quelle: Nihon tōkei geppō, No. 215, Mai 1979, S. 12.

Jahresurlaub eines Werktätigen und dessen Nutzung 1976

Betriebsgröße nach Zahl der Arbeiter	gewährte Urlaubstage	genutzte Urlaubstage	genutzte Rate
1000 und mehr	16,2	10,6	65,4
100–999	12,0	7,1	59,2
30–99	10,4	5,4	51,9
gesamt	13,4	8,2	61,2

Quelle: Hachijunendai rōdōundō no tembō. Sōhyō chōsa nempō 1980 (Ausblick auf die Arbeiterbewegung der 80er Jahre. Untersuchungsbericht des Sōhyō für 1980). Rōdō Kyōiku Centā. Tōkyō 1980, S. 243.

Fortsetzung Fußnote 119

1728 Stunden. Siehe „Gekkan Rōdōkumiai" (Monatszeitschrift Gewerkschaft). Rōdō Daigaku, Tōkyō, Nov. 1981, S. 87.

ihn vielmehr zur Erledigung dringender Familienangelegenheiten bruchstückweise in Anspruch zu nehmen und als Zeichen der Loyalität zum Betrieb einen Teil ungenutzt zurückzugeben. Eine Erweiterung oder auch nur die Inanspruchnahme des bezahlten Jahresurlaubs würde der sozialen Lage eines jeden Werktätigen zugute kommen und Raum für weitere Arbeitskräfte schaffen.

Die verschärfte Ausbeutung führte zwangsläufig zu einer Erhöhung der Arbeitsunfallziffer. Nach Veröffentlichungen des japanischen Ministeriums für Arbeit gab es von 1976 bis 1979 insgesamt 4,544 Millionen Verletzte durch Arbeitsunfälle. Von ihnen verunglückten 13050 tödlich. 1,368 Millionen mußten infolge ihrer Verletzungen 4 Tage und länger ihre Arbeit unterbrechen.[120]

Wie in fast allen kapitalistischen Ländern gibt es auch in Japan eine auf einer Arbeitslosenversicherung basierende Arbeitslosenunterstützung. Versichert waren im März 1980 24,62 Millionen, darunter 174000 Tagelöhner. Das heißt, es ist nur knapp die Hälfte versichert, und nicht alle erhalten bei Verlust des Arbeitsplatzes eine Unterstützung: 1979 beispielsweise nur 645000 Vollbeschäftigte und 127000 Tagelöhner von offiziell anerkannten 1,17 Millionen Arbeitslosen. Die Unterstützung für einen Vollbeschäftigten, der seinen Arbeitsplatz verlor, betrug monatlich im Durchschnitt 90107 Yen, die eines Tagelöhners nur 19195.[121] Das Existenzminimum für einen 4-Personen-Haushalt aber betrug im gleichen Jahr pro Monat in der Großstadt 143000 und auf dem Dorfe 117000 Yen.[122]

Wenden wir uns einem weiteren für das Lebensniveau wichtigen Faktor zu, den Einkommen und Preisen. In den fünfziger und auch noch in den sechziger Jahren galt Japan als Land mit vergleichsweise niedrigen Arbeitslöhnen. Die Werktätigen konnten jedoch durch Streiks und andere Aktionen vor allem während der Frühjahrskämpfe bedeutende Erfolge erringen. Verglichen mit 1960, erhöhten sich die Nominallöhne bis 1978 auf das 9- bis 10fache. Dabei stiegen die Realeinkommen in den sechziger Jahren jährlich um etwa 7 Prozent, von 1970 bis 1973 sogar um 8 bis 11 Prozent.[123] Ab 1974 jedoch gingen

---

[120] Asahi nenkan 1981, S. 488.

[121] Angaben nach ebenda, Bekken, S. 366. Danach wurde an die 645000 Arbeitslosen der Kategorie Vollbeschäftigte 1979 eine Summe von insgesamt 697431 Millionen Yen gezahlt, an die 127000 Teilzeitbeschäftigten eine Summe von 29253 Millionen Yen. Umgerechnet auf 1 Empfänger pro Monat ergibt sich eine Summe von 90107 bzw. 19195 Yen.

[122] Ebenda 1980, S. 397.

[123] This is Sohyo 1978, S. 64 und Seiji keizai sōran 1978, S. 333.

Monatliche nominelle Durchschnittslöhne für Vollbeschäftigte 1960—1979 (in Yen)

Jahr	Betriebsgröße						unter 5 Beschäftigte
	30 Beschäftigte und mehr			5—29 Beschäftigte			
	gesamt	Männer	Frauen	gesamt	Männer	Frauen	
1960	24375	29029	12414	15197	18318	8838	8971
1965	39360	46571	22275	29504	35472	18347	20070
1970	75670	89934	45801	56434	69331	36660	36631
1975	177213	204295	114067	133436	160421	91560	84600
1979	247933	289052	158825	181200	219258	123263	122400
1981	279096	328001	174895	200967	244809	136361	135533

Zusammengestellt nach Angaben aus: Asahi nenkan 1967, S. 473, 1974, S. 579, 1981. Bekken, S. 386.

sie beträchtlich zurück. Sie erreichten 1981 im Vergleich zu 1975 eine Gesamtzunahme von etwa 8 Prozent oder 1,4 Prozent pro Jahr. (Vgl. Grafik auf S. 159.)

Ursache für die bedeutende Diskrepanz zwischen Nominal- und Reallöhnen ist die ständige Erhöhung der Verbraucherpreise vor allem für Waren des täglichen Bedarfs, durch die die erkämpften Lohnerhöhungen fast wirkungslos werden. Die Teuerungen betrugen in den sechziger Jahren 5 bis 7 Prozent und erreichten in den siebziger Jahren mehrfach zweistellige Ziffern pro Jahr, was dazu führte, daß 1980 die Verbraucherpreise um 135,9 Prozent höher lagen als 1970.[124]

Inwieweit sich die finanzielle Lage eines Werktätigenhaushaltes tatsächlich veränderte, macht ein Vergleich der Einnahmen und der notwendigen Ausgaben sichtbar. Die durchschnittlichen Einkommen eines Werktätigenhaushaltes (Hauptverdiener, Neben- oder Mitverdiener, Überstunden, Bonus u. a.) stiegen von 1965 bis 1980 auf das 5,1fache und die Lebenshaltungskosten auf das 4,8fache. Das bedeutet, daß von den 410 Prozent erkämpften und erarbeiteten Mehreinnahmen in dieser Zeit 380 Prozent wieder durch erhöhte Lebenshaltungskosten genommen wurden. Schaut man genauer hin, so liegt das Plus an Einkommen vor 1975. In den Jahren 1975 bis 1980 hingegen entwickelten sich die Lebenshaltungskosten rascher als die Einkommen (43,4 zu 41,8 Prozent), wodurch eine Stagnation

[124] Nihon kokusei zue 1981, S. 435.

Einkommen und Lebenshaltungskosten eines Werktätigenhaushaltes pro Monat 1965—1980

	1965	1970	1975	1980
Einkommen[1] in Yen	59577	103634	215509	305549
Wachstum in %	100,0	174,0	361,8	513,0
		100,0	207,9	294,8
			100,0	141,8
Lebenshaltungskosten in Yen	49335	82582	166032	238126
Wachstum in %	100,0	167,4	336,5	482,7
		100,0	201,0	288,4
			100,0	143,4

[1] nach Abzug von Steuern und Sozialversicherungsgebühren im Betrieb.
Zusammengestellt nach Angaben aus: Nihon kokusei zue 1981, S. 112.

bzw. sogar eine geringfügige Verschlechterung des materiellen Lebensniveaus eintrat, namentlich durch ein Absinken der realen Nettoeinnahmen 1976 (—0,9 Prozent) und 1980 (—1,4 Prozent).[125]

Differenziert man die Familieneinkommen, so ergibt sich, daß das untere Viertel aller Familien (8,3 von 33 Millionen) 1975 durchschnittlich nur etwa ein Sechstel von dem zur Verfügung hatte, was das obere Viertel an Jahreseinkommen besaß.[126]

Die großen Unterschiede in den Einnahmen ergeben sich in erster Linie aus einem überaus differenzierten Lohnsystem. Wir haben aus der Tabelle über die Entwicklung der monatlichen Durchschnittslöhne (S. 157) bereits einen bedeutenden Kontrast zwischen Betrieben unterschiedlicher Größe sowie zwischen den Geschlechtern entnehmen können. Darüber hinaus unterscheiden sich die Löhne der Teilzeitbeschäftigten von denen der fest angestellten Arbeiter, sie unterscheiden sich nach Alter und nach Dienstjahren, nicht zu sprechen von Unterschieden zwischen einzelnen Industriezweigen oder Berufen. Ein Tagelöhner erhält weniger Lohn als ein Saisonarbeiter, letzterer wieder weniger als ein Vollbeschäftigter; ein jüngerer Arbeiter verdient weniger als ein älterer, eine Frau weniger als ein Mann, ein kleiner

[125] Ebenda, S. 111.

[126] Das untere Viertel hatte 1975 ein Jahreseinkommen von durchschnittlich 860000 Yen, das obere von 5240000. Siehe Changes in the postwar Japanese class structure. In: „Japan Press Weekly Bulletin", No. 1066, 15. 10 1977, S. 7.

Betrieb zahlt weniger als ein großer usw. Dieses außerordentlich vielschichtige Entlohnungssystem wird bewußt zur Spaltung der Arbeiterklasse in besser und schlechter bezahlte, in sogenannte privilegierte und nicht privilegierte Arbeiter genutzt, was die Entwicklung der Klassensolidarität erschwert.

Sicher findet man ähnliche Erscheinungen — wenn auch nicht immer in so ausgeprägter und gebündelter Form wie in Japan — in anderen kapitalistischen Ländern. Auffallend und typisch für Japan ist vor allem das sogenannte Senioritätsprinzip, d. h. die Entlohnung nach der Dauer der Betriebszugehörigkeit und dem Alter. Die Grafik „b" über die unterschiedliche Entlohnung (S. 160) besagt, daß z. B. ein 50- bis 59jähriger Arbeiter in einem Großbetrieb mit 1000 und mehr Beschäftigten etwa das Doppelte seines 30 Jahre jüngeren Kollegen verdient.

Das Senioritätsprinzip war ursprünglich unter dem Gesichtspunkt entstanden, daß mit dem Alter Erfahrungen, Fähigkeiten und Fertigkeiten im Beruf zunehmen, weshalb automatisch auch Rang und Lohngruppe wachsen. Zudem wurde und wird mit dem höheren Lohn

Tendenz der Löhne für Vollbeschäftigte und der Verbraucherpreise

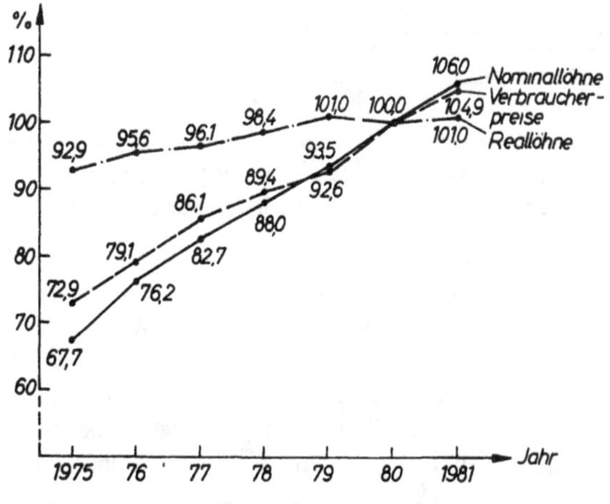

Nach Angaben aus: Nihon tōkei geppō 1982.

die Loyalität des Arbeiters zum Betrieb honoriert. Was die Erfahrungen, Fähigkeiten und Fertigkeiten angeht, so haben sie mit der zunehmenden Technisierung in der Produktion viel von ihrer ursprünglichen Bedeutung verloren, insofern die Meisterung der modernen Technik von vornherein einen höheren Bildungsgrad verlangt. Trotz

Lohnunterschiede nach Betriebsgröße, nach Alter und Geschlecht 1979

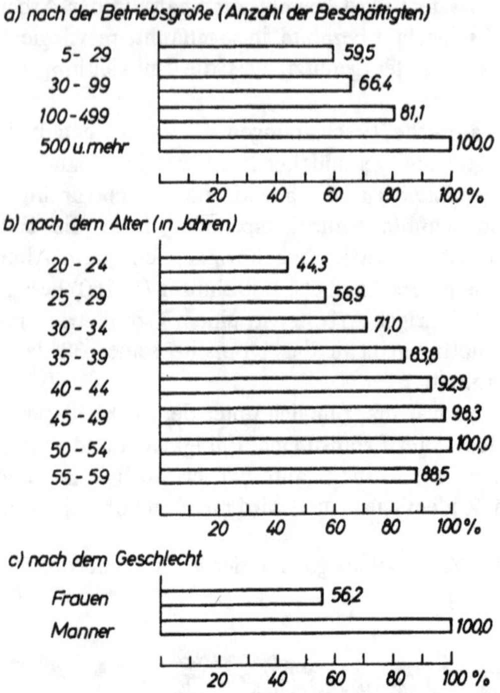

Zusammengestellt nach Angaben aus: Nihon kokusei zue 1981, S. 423 (für a) und S. 104 (für b) sowie Asahi nenkan 1980, Bekken, S. 296 (für c); a und b gelten nur für männliche Arbeiter und Angestellte, für c gilt das Bezugsjahr 1978.

höherer, zunächst zumindest theoretisch höherer Qualifikation erhalten jedoch die jüngeren Arbeiter unverhältnismäßig niedrigere Löhne. Sicher sehen auch die japanischen Unternehmer diesen Widerspruch, denn nicht nur, daß die Lohnkosten mit dem steigenden Alter der Arbeitskräfte in die Höhe schnellen, es wächst auch beständig das Durchschnittsalter der arbeitenden Bevölkerung. Es betrug beispielsweise 1960 30,9 Jahre, 1978 aber bereits 36,3.[127] Die Ursachen dafür

---

[127] Asahi nenkan 1981, Bekken, S. 387. Bei den Männern stieg das Durchschnittsalter der Berufstätigen in dieser Zeit von 32,8 auf 37,2 Jahre, bei den Frauen von 26,3 auf 34,1. 1970 betrug der Anteil der männlichen Arbeitskräfte zwischen 45 und 64 Jahren an der Gesamtzahl der Arbeitskräfte noch 27 Prozent, 1985 aber wird mit 37 Prozent gerechnet. Siehe Asahi nenkan 1979, S. 501.

liegen u. a. in einer steigenden Zahl von Hochschulabsolventen, die erst mit 24 bis 25 Jahren in den Produktionsprozeß einsteigen, sowie in einer sinkenden Geburtenzuwachsrate. Daher gibt es auch in Kreisen des Monopolkapitals hinsichtlich der Beibehaltung des Senioritätsprinzips ein Für und Wider. Nikkeiren z. B. stellte im Dezember 1977 fest, daß das bisherige System der Entlohnung nach Dienstjahren angesichts der Arbeitskräftealterung nicht mehr anwendbar sei. Die Löhne für die über 45jährigen müßten gesenkt werden, und es sei notwendig, sich auf ein System der Entlohnung nach Fähigkeiten, gemessen an Qualität und Quantität, umzustellen.[128] Nach Untersuchungen des japanischen Ministeriums für Arbeit stiegen tatsächlich die Einkommen der unteren Jahrgänge zwischen 1965 und 1977 etwas rascher als die der höheren.[129] Eine Beseitigung des Senioritätsprinzips würde u. a. bedeuten, daß die heute äußerst geringe Fluktuation der Arbeitskräfte zunimmt. Dies hätte eine Reduzierung des „Betriebsbewußtseins" der Arbeiter zur Folge und würde sicher die Bereitschaft vieler Unentschlossener zum Klassenkampf erhöhen. Folglich hat die Aufrechterhaltung dieses Prinzips heute weniger materielle als vielmehr ideelle oder richtiger ideologische Hintergründe, da es dazu dient, die Loyalität des Arbeiters zu erkaufen, und weil es ein wichtiges traditionelles Element der Unternehmer zur Verwirklichung ihrer Politik der „Harmonie" zwischen Kapital und Arbeit ist.

Um den Lohnforderungen der Arbeiter zu begegnen, propagiert die Bourgeoisie, die japanischen Löhne hätten das europäische Niveau bereits erreicht und teilweise sogar übertroffen. Unbestreitbar ergibt ein internationaler Vergleich, daß die Arbeiterklasse Japans enorme Erfolge erzielte. Gemessen am Bruttoeinkommen, konnte sie sogar eine Reihe entwickelter kapitalistischer Länder hinter sich lassen. Ein amerikanischer Arbeiter verdiente z. B. 1960 mehr als das 9fache seines japanischen Kollegen und der englische Arbeiter fast das 3fache. 1977 aber verdiente der amerikanische Arbeiter nur mehr das 1,6fache und der englische noch gut zwei Drittel seines japanischen Kollegen.

---

[128] Ebenda.

[129] So stiegen die Einkommen von 1965 bis 1977 in der Altersgruppe bis zu 20 Jahren auf das 5,2fache (real auf das 2fache), zwischen 20 und 30 Jahren auf das 4,9fache (1,8fache) und über 40 Jahre auf das 4,7fache (1,7fache). Siehe ebenda.

Daß die Löhne aufholten, spricht zunächst für die Kampfkraft der japanischen Arbeiterklasse. Diese regierungsoffiziellen Angaben haben u. a. jedoch den Nachteil, daß sie zwar für die USA und England den Durchschnitt aller Betriebe erfassen, für die BRD alle Betriebe mit 10 und mehr Beschäftigten, für Japan aber nur die Betriebe mit 30 und mehr Beschäftigten zum Vergleich heranziehen und damit Millionen aus der am wenigsten verdienenden Kategorie unterschlagen.

Internationaler Stundenlohnvergleich 1960—1977

Jahr	Japan	USA	BRD	England
1960	100,0	923,2	260,9	286,3
1970	100,0	389,0	195,6	139,7
1975	100,0	177,8	155,2	93,6
1977	100,0	160,7	145,7	69,2

Angaben aus: Asahi nenkan 1979, Bekken, S. 421.

Nicht einbegriffen sind ferner die verschiedenen Ausgaben für soziale Zwecke. Der Anteil dieser von den Unternehmen gezahlten indirekten Löhne für Versicherungsschutz, Bildung etc. betrug Mitte der siebziger Jahre — gemessen an den direkten Löhnen — in Japan nur 16 Prozent, während er in der BRD 36,5, in Frankreich 50,4 und in Italien sogar 53,7 Prozent ausmachte.[130] Daraus erklärt sich beispielsweise auch, daß der Anteil der Personalkosten am Umsatz bei den Großunternehmen Japans mit 9 bis 17 Prozent bedeutend geringer ist als z. B. in den USA (19 bis 49 Prozent) oder der BRD (21 bis 46 Prozent), was zumindest darauf hinweist, daß die Löhne im Vergleich zur Arbeitsproduktivität in Japan niedriger liegen.[131] Unberücksichtigt bleibt letztlich auch der Wert der Löhne bzw. die Kaufkraft des Geldes. Ein internationaler Vergleich der Verbraucherpreise für 28 Grundnahrungsmittel wie Reis, Brot und Fleisch ergab nach Angaben des japanischen „Weißbuches für die Landwirtschaft“ für Ende Oktober 1978 folgende Werte: Tōkyō 100, New York 53, Paris 68, London 50, Hamburg 85 Prozent.[132] Das bedeutet, daß ein Werktätiger in Tōkyō 1978 für Grundnahrungsmittel doppelt soviel ausgeben mußte wie ein Ein-

[130] Seiji keizai sōran 1978, S. 338.

[131] Ebenda.

[132] „Shakaishugi“, No. 159, August 1979, S. 69.

wohner von London oder New York. Man kann der Feststellung der KPJ nur zustimmen, daß „zwar der Nominallohn, nicht aber das Leben der Arbeiter den Stand (West-) Europas und der USA erreicht hat“[133].

Spricht man über die Lage der Werktätigen, so ergibt die Analyse gewährter oder unterdrückter Rechte, der Arbeitsbedingungen, der Löhne und Preise zwar bedeutende Aufschlüsse, reicht aber nicht aus. Fragen des Lebensniveaus, der sozialen Sicherheit oder Unsicherheit werden wesentlich auch von solchen Problemen berührt wie Fürsorge bei Krankheit oder im Alter, Wohnverhältnisse und Bildungswesen, Diskriminierung oder Gleichberechtigung der Geschlechter und anderes mehr. Deshalb hierzu einige Ausführungen.

Die Japaner sind bekannt als ein sparendes Volk. Ende 1980 hatten etwa 95 Prozent aller Haushalte Spareinlagen, wobei auf einen durchschnittlich 4,8 Millionen Yen oder das 1,3fache seiner Jahresnettoeinnahmen kamen.[134] Die Ursache für die hohe Sparquote ist sicher nicht darauf zurückzuführen, daß die Werktätigen zuviel Geld haben oder nichts dafür kaufen könnten, denn ihr Leben wird teurer, die realen Lohnerhöhungen gingen zurück, die Kaufhäuser sind mit Waren angefüllt. Nach Untersuchungen des Amtes für Statistik beim Ministerpräsidenten lagen die Spargründe 1978 in folgendem: 41,8 Prozent der Ersparnisse dienen für den Fall einer möglichen Erkrankung, 23,2 Prozent für die Erziehung der Kinder, 17,9 Prozent für das Leben im Alter, 11,6 Prozent für Land und Wohnung, 1,8 Prozent für langlebige Konsumgüter und 1,1 Prozent für Reisen und Freizeit.[135] Folglich hat die hohe Sparaktivität fast ausschließlich soziale Gründe, denn über 90 Prozent der Spareinlagen sind für Krankheit, Alter, Kindererziehung, Bildung, Wohnung reserviert. Betrachten wir daher diese Lebenssphären etwas näher.

Ein Beweis für die bedeutende Entwicklung des japanischen Gesundheitswesens nach dem zweiten Weltkrieg ist zunächst ein beispielloser Anstieg der Lebenserwartung. 1947 betrug sie bei den Männern durchschnittlich 50,06 und bei den Frauen 53,96 Jahre, 1980 aber

---

133 Seiji kaizai sōran 1978, S. 337. Vergleiche auch ebenda 1980, S. 420f. Dort wird für 1978 festgehalten, daß der Reallohn in den USA um 101,2, in der BRD um 57,1 und in England um 11,6 Prozent höher liegt.

134 Asahi nenkan 1981, S. 427.

135 Ebenda 1979, Bekken, S. 389.

bereits 73,32 bzw. 78,83 Jahre.[136] Damit hat sich die Lebenserwartung der Japaner innerhalb von 30 Jahren um 23 bis 25 Jahre erhöht.

1978 gab es in Japan 142984 Humanmediziner oder 1 Arzt auf 806 Einwohner. Ein Vergleich mit anderen entwickelten kapitalistischen Ländern zeigt noch ein gewisses Zurückbleiben, denn auf 1 Arzt kamen Mitte der siebziger Jahre in der BRD 502, in den USA 606, in Schweden 585 oder in England 763 Einwohner.[137] Fast ausnahmslos alle Japaner sind Mitglied einer Krankenversicherung, von denen es 9 verschiedene Systeme gibt (staatliche, genossenschaftliche, lokale, nach Berufen u. a.), deren Gebühren und Leistungen sich ebenfalls voneinander unterscheiden. Neben den regelmäßigen Versicherungsgebühren müssen die Versicherten bei Erkrankung bis zu 20 Prozent der Behandlungs- und Arzneigebühren aus der eigenen Tasche bezahlen und bei einem Krankenhausaufenthalt eine Extrasumme für das Bett sowie für das Pflegepersonal entrichten. Eine unentgeltliche medizinische Betreuung erhalten ab 1973 nur Patienten über 70 Jahre. Dabei steigen die Kosten für die medizinische Betreuung ebenso wie die Verbraucherpreise ständig weiter, insbesondere auch durch die wachsenden Arzneikosten. Zwar haben sich die Ausgaben des Staates für die Sozialfürsorge vor allem in den siebziger Jahren weiter erhöht, liegen aber noch beträchtlich hinter denen vergleichbarer kapitalistischer Länder zurück. Der Anteil der Sozialausgaben am Nationaleinkommen betrug 1978 bis 1980 in Japan lediglich 11 Prozent, in der BRD hingegen 26,7, in Schweden 30,2, in Frankreich 25,5, in Italien 24,5 und in England 20,6 Prozent. Folglich wurde in Schweden und in der BRD etwa das 4fache, in Frankreich etwa das 3fache an staatlichen Sozialleistungen pro Kopf der Bevölkerung im Vergleich zu Japan erbracht.[138] Der Staat tut somit vergleichsweise wenig für die Gesunderhaltung seiner Bürger, die deshalb unverändert in hohem Maße zur Selbsthilfe gezwungen sind. Hieraus erklärt sich auch der bedeutende Anteil von 41,8 Prozent der Spareinlagen für den Krankheitsfall. Trotzdem ruiniert nicht selten die Erkrankung eines Familienmitgliedes nicht nur die betroffene Familie, sondern auch die solidarisch handelnde nähere Verwandtschaft.

Neben der Angst vor Krankheit existiert in Japan die Angst vor dem Alter, da die Entlassung für die Masse der arbeitenden

---

[136] Nihon kokusei zue 1982, S. 512.

[137] Ebenda 1981, S. 509.

[138] Ebenda, S. 501 und 503.

Bevölkerung Jahre vor der Pensionsberechtigung erfolgt und die niedrige Rente allein zum Leben nicht ausreicht. In der absoluten Mehrzahl der japanischen Betriebe gibt es ein „System der Dienstaltersgrenze“ (Teinensei oder Teinen Seido), das das Ausscheiden des Beschäftigten aus dem Betrieb bei Erreichung eines bestimmten Alters — in der Regel zwischen 55 und 60 Jahren — von vornherein, d. h. bereits bei seiner Einstellung, festlegt. Nach einer Untersuchung des japanischen Ministeriums für Arbeit betrug Anfang 1980 der Anteil derer, die nach Erreichen des 55. Lebensjahres aus dem Betrieb entlassen wurden, 32,4 Prozent aller Beschäftigten dieser Altersgruppe, mit Erreichen des 60. Lebensjahres waren es insgesamt 99,3 Prozent.[139] Beim zwangsweisen Ausscheiden aus dem Betrieb erhält der Betroffene zwar eine gewisse finanzielle Abfindung (sogenanntes Rücktrittsgeld, siehe auch S. 98), diese dient aber nur zur Überbrückung für die erste Zeit. Eine staatliche Rente, für das Leben aber ebenfalls zu wenig, wird erst ab 65. Lebensjahr gewährt, so daß der teilweise bereits 10 Jahre vor Erreichen des staatlich anerkannten Rentenalters Entlassene gezwungen ist, sich eine neue Beschäftigung für geringeren Lohn zu suchen. Er ist aber auch vielfach auf die Unterstützung durch seine Kinder angewiesen. Die Gewerkschaften fordern seit langem eine Heraufsetzung der festgelegten Altersgrenze von 55 auf wenigstens 60 Jahre, und die KPJ betont, daß Einkommen, gesundheitliche Betreuung, Wohnung, Arbeit und soziale Einrichtungen für die älteren Menschen eine dringende gesellschaftliche Aufgabe seien. „Die Tatsache“, so stellt die Partei fest, „daß die Selbstmordrate älterer Japaner bei den Frauen den ersten und bei den Männern den dritten Platz in der Welt einnimmt, zeigt, daß die Politik zum Wohle der Alten in unserem Lande außerordentlich rückständig ist.“[140] 1979 entfielen 48,5 Prozent aller Selbstmorde auf Personen über 65 Jahre.[141]

Die japanischen Werktätigen haben jedoch auch noch mit einem weiteren Übel zu kämpfen: So schrieb die „Neue Zürcher Zeitung“ am 5. August 1979: „Das (japanische) Wohnungsbauministerium veröffentlichte dieses Frühjahr eine Statistik, aus der hervorgeht, daß 12,9 Millionen oder 38,5 Prozent aller Haushaltungen in Japan

---

[139] Im einzelnen besagt die Statistik: Entlassung unter 55 Jahren 0,1 Prozent, mit 55 Jahren 32,3 Prozent, zwischen 56 und 59 Jahren 19,4 Prozent und mit 60 Jahren 47,5 Prozent. Siehe Asahi nenkan 1981, Bekken, S. 387.

[140] Seiji keizai sōran 1978, S. 303.

[141] Asahi nenkan 1981, S. 258.

das dringende Bedürfnis empfinden, ihre Wohnungsbedingungen zu verbessern. In den Ballungszentren von Tokyo und Osaka empfinden sogar 42 respektive 43 Prozent ihre Wohnqualität als unerträglich ..." Und das, obgleich in Japan unbestritten sehr viel gebaut wird. Laut offiziellen Angaben wurden allein in den Jahren 1971 bis 1979 durch den Staat bzw. die lokalen Selbstverwaltungen 6,087 Millionen und privat sogar 8,614 Millionen Wohnungen neu errichtet oder modernisiert.[142] Der Wohnraum hat sich dadurch beträchtlich erweitert, doch sind die Häuser nach japanischer Tradition weitgehend aus Holz gefertigt (1978 betraf dies 81,7 Prozent), haben somit keine allzulange Lebensdauer und werden in ihrer Größe noch oft mit Puppenstuben verglichen. 1978 verfügten die 32,504 Millionen Haushalte über Wohnungen mit einer durchschnittlichen Größe von knapp 44 Quadratmetern (27 Tatami mit einer mittleren Größe von etwa $1{,}8 \times 0{,}9$ Meter), in denen 3 bis 4 Personen lebten.[143] Folglich kamen auf 1 Person etwa 12 Quadratmeter Wohnfläche. Da es sich um Durchschnittswerte handelt, sind Extreme leicht vorstellbar. Hinzu kommt, daß die Mieten — bedingt durch ständig sich erhöhende Bodenpreise u. a. — unablässig steigen und eine moderne Appartementwohnung von etwa 80 Quadratmetern in Tōkyō Ende der siebziger Jahre umgerechnet bis zu 5000 Mark Monatsmiete kostete. Dies ist ein Preis, der etwa das Doppelte eines durchschnittlichen Monatseinkommens eines Japaners ausmachte, und ist also ein Luxus, den sich nur wenige leisten konnten. Daher gibt es trotz Suche nach besseren Wohnbedingungen zahlreiche leerstehende Wohnungen — eine Erscheinung, die aber auch für andere kapitalistische Länder typisch ist.

In den siebziger Jahren prägten bzw. festigten sich mehrere weitere soziale Symptome. Da fällt zunächst eine Verlangsamung des Bevölkerungszuwachses ins Auge (von 1,32 auf 0,74 Prozent 1974 bis 1980), trotz einer steigenden Lebenserwartung und damit gesunkener Sterbeziffer. Hauptverantwortlich für diese Entwicklung ist die Geburtenabnahme: 1980 erblickten 453000 Kinder weniger das Licht der Welt als 1974. Man kann zunächst feststellen, daß hier eine ähnliche Bevölkerungsentwicklung wie auch in anderen Industriestaaten zu beobachten ist. Auffallend indes ist, daß diese Entwicklung seit dem Ausbruch der Krise 1974 rasche Fortschritte machte. Gleichzeitig stieg die Anzahl der kinderlosen Haushalte, und Eheschließungen

---

142 Ebenda, Bekken, S. 339.

143 Ebenda, S. 361 und Nihon kokusei zue 1981, S. 121ff.

gingen zurück, während die Zahl der Ehescheidungen anstieg. Sicher muß man zur Erklärung für diese Trends eine Vielzahl unterschiedlicher Gründe anführen wie zum Beispiel Geburtensteuerung, Wandlungen in der Altersstruktur der Bevölkerung, gewachsenes Selbstbewußtsein der Frau, doch sind für alle gleichermaßen Einflüsse der durch die Krise verunsicherten sozialen Verhältnisse nicht abzuleugnen. Das unterstreicht auch ein Wiederanstieg der 3-Generationen-Haushalte seit dieser Zeit: Die traditionell ausgeprägte Familiensolidarität muß über viele Schwierigkeiten hinweghelfen und namentlich zur Unterstützung der betagten Eltern beitragen.

Entwicklung von Geburtenzuwachs, kinderlosen Haushalten, Eheschließungen, Scheidungen und 3-Generationen-Haushalten 1972—1981 (in Tausend)

Jahr	Geburtenzuwachs	Anzahl kinderloser Haushalte	Eheschließungen	Ehescheidungen	3-Generationen-Haushalte
1972	2039	3425	1100	108	5226
1975	1901	3877	942	119	5548
1979	1643	4320	789	135	5625
1980	1577	4619	775	142	5714
1981	1529	4756	777	154	5800

Zusammengestellt nach Angaben aus: Nihon tōkei geppō.

Nach wie vor gilt Japan unter den entwickelten kapitalistischen Staaten als ein Land mit vergleichsweise geringer Kriminalität. Die insgesamt knapp 1,3 Millionen Straftaten 1979 bewegten sich etwa in der gleichen Höhe wie 10 Jahre zuvor, d. h., es gibt eine gewisse Stabilität. Auffallend allerdings ist der gewachsene Anteil an Diebstählen, die 1980 über 85 Prozent aller Straftaten ausmachten.[144] Da sie in der Regel in enger Beziehung zur sozialen Lage stehen, stiegen sie nicht zufällig in der zweiten Hälfte der siebziger Jahre an. Erwähnt sei in diesem Zusammenhang auch ein Aufwärtstrend bei den Selbstmorden: 1979 zählte man 21503.[145]

[144] Vergleiche Asahi nenkan 1981, S. 258 und 489. Auf 100000 Einwohner kamen 1979 1,6 Morde, 1,8 Einbruchdiebstähle, 45,3 Gewalttaten und 953,6 Diebstähle.

[145] 1965 waren es 14444, 1970 15728, 1975 19975. Vergleiche Asahi nenkan 1974, S. 531, 1979, Bekken, S. 404 und 1981, Bekken, S. 258.

Einige Bemerkungen zur Lage der Bauern: Die im November 1946 beschlossene Bodenreform beseitigte den parasitären Großgrundbesitz auf dem Lande und bedeutete damit einen gewichtigen Schritt zur Vollendung der bürgerlichen Revolution. Sie ermöglichte Millionen ehemaligen Pächtern den Erwerb eigenen Grund und Bodens. War ursprünglich die obere Grenze des Ackerbesitzes auf 1 Chō (knapp 1 Hektar) festgelegt, so erlaubte das 1961 vom Parlament verabschiedete Agrargrundgesetz (Nōchi Kihonhō) wieder den Besitz bis zu 3 Chō, und dessen Reform im Jahre 1970 beseitigte auch diese obere Grenze. Sicher ermöglichte und erforderte der Fortschritt von Wissenschaft und Technik auch auf landwirtschaftlichem Gebiet die Bearbeitung größerer Flächen durch weniger Arbeitskräfte. Ein wesentliches Motiv lag darüber hinaus in den Forderungen des Industriekapitals nach mehr Arbeitskräften.

Der Konzentrationsprozeß auf dem Lande setzte Millionen Arbeitskräfte frei, beschleunigte den Prozeß des „Bauernsterbens". Gab es 1960 noch 12,73 Millionen Beschäftigte in der Landwirtschaft, so waren es 1976 nur noch 5,78, davon 70 Prozent Frauen und ältere Menschen ab 60 Jahre.[146]

Gleichzeitig steigt die Zahl derer, die zwar einen bäuerlichen Haushalt führen, davon allein aber nicht leben können. Sie sehen sich gezwungen, einem Nebenerwerb entweder auf dem Lande oder aber in der Stadt nachzugehen. 1979 betraf dies 87,5 Prozent aller Bauern. Besonders vergrößert sich der Anteil der Familien, die ihren Lebensunterhalt hauptsächlich durch eine Zweitbeschäftigung bestreiten. Das Einkommen der bäuerlichen Haushalte kam 1979 nach Angaben des japanischen Ministeriums für Land-, Forst- und Fischereiwirtschaft nur mehr zu 25,5 Prozent aus landwirtschaftlicher Tätigkeit.[147] Allein diese Faktoren, daß 1980 nur jeder achte Bauer (13,4 Prozent aller Bauern) von der Landwirtschaft allein leben konnte, fast 9 von 10 Bauern aber (86,6 Prozent) einem Zweitberuf nachgehen müssen und über 75 Prozent der Einkommen aus dieser Tätigkeit herrühren, zeigt deren schwierige Lage und deutet an, daß der Prozeß des „Bauernsterbens" noch bei weitem kein Ende hat, die

---

[146] „Shakaishugi", No. 155, Mai 1979, S. 34.

[147] „Neue Zürcher Zeitung", Zürich vom 22. 11. 1979. Danach setzte sich das Einkommen einer bäuerlichen Familie 1979 im Landesmaßstab wie folgt zusammen: 1,13 Millionen Yen kamen aus landwirtschaftlicher Tätigkeit, 3,29 Millionen aus nichtlandwirtschaftlicher. Siehe Keizai yōran 1981, S. 104f.

Differenzierung auf dem Lande vielmehr fortschreitet. Die Tabelle zeigt, daß seit 1960 nur die Zahl der Bauernhöfe mit mehr als 2 Hektar zunimmt, während die Zahl der kleineren Höfe zurückgeht. Folglich erweist sich insbesondere die Existenz der zahllosen Zwergbauern als gefährdet. Letztere aber hängen trotz aller Schwierigkeiten an ihrem Boden, weil sie fest auf dem Lande verwurzelt sind und ihnen ihre wenn auch kleine Parzelle eine zumindest minimale soziale Sicherheit gibt (Ernährung, Bodenbesitz, dessen Wert angesichts der enormen Bodenspekulation in Japan ständig steigt).

Veränderungen in der Größe der Bauernhöfe und in den Einkommensquellen der bäuerlichen Familien 1960—1980

Bauernhöfe (in Tausend)	1960	1965	1970	1975	1980
bis 0,5 ha	2211	2096	1999	1995	1922
0,5—1,0 ha	1887	1762	1604	1436	1304
1,0—1,5 ha	1010	945	868	727	652
1,5—2,0 ha	410	407	404	349	328
über 2 ha	233	255	301	312	335
Einkommensquelle (Anteil der Haushalte in Prozent)					
nur aus Landwirtschaft	31,0	21,5	15,6	12,4	13,4
vorwiegend aus Landwirtschaft	31,6	36,7	33,6	25,4	21,5
vorwiegend aus Zweitberuf	37,4	41,8	50,8	62,2	69,1

Quelle: Keizai yōran 1974, S. 117 und 1981, S. 92f.

Die einem Zweitberuf nachgehenden Klein- und Zwergbauern bilden ebenso wie die Millionen Frauen ohne festen oder gar keinen Arbeitsplatz und die Millionen unbezahlten Familienarbeiter eine bedeutende industrielle Reservearmee. Sie sind auf jede Arbeit angewiesen und bereit, auch für weit niedrigere Löhne als die Stammarbeiter zu arbeiten, was von den Unternehmern gegen die organisierten Arbeiter genutzt wird. Es bedarf sicher keines Kommentars, daß sich ihre Lage insbesondere in Zeiten der Krise oder des geringen ökonomischen Wachstums, wie es in Japan seit 1974 zu beobachten ist, besonders drastisch zuspitzt. Sie zählen nicht einmal als Arbeitslose, wenn sie ihre Tätigkeit als Saisonarbeiter oder Tagelöhner verlieren.

Der Frau sind in der Verfassung von 1947 erstmals in der japanischen Geschichte gleiche Rechte wie dem Manne eingeräumt worden. Tatsächlich hat sich ihre gesellschaftliche Stellung nach dem

Kriege bedeutend erhöht. Dies zeigt sich u. a. darin, daß 21,6 Millionen oder 47,6 Prozent aller Frauen berufstätig sind (1979) und damit eine wichtige Rolle im Produktionsprozeß spielen, daß sie in einer Vielzahl politischer Organisationen aktiv wirken, oder aber einfach darin, daß es 1,8 Millionen mehr Frauen (1979) als Männer im Lande gibt.

Daß die soziale Stellung und Rolle der Frau gewachsen ist, muß indes auch heute noch mehr relativiert zur Zeit vor dem zweiten Weltkrieg gesehen werden. Denn auch zu Beginn der achtziger Jahre ist Japan eher als eine ausgeprägte „Männergesellschaft" zu bezeichnen, da die Diskriminierung der Frau auf fast allen entscheidenden Gebieten des politischen und materiellen Lebens existiert.

Ihre politische Diskriminierung widerspiegelt sich besonders deutlich in einem fast völligen Fehlen in den gewählten Körperschaften des Landes. Zwar gibt es über 40 Millionen wahlberechtigte Frauen — und damit mehr als Männer[148] —, der Anteil weiblicher Mandatsträger in den Parlamenten jedoch ist verschwindend gering. Von den 511 Sitzen im Haus der Abgeordneten waren beispielsweise nach den Parlamentswahlen im Juni 1980 ganze 9 durch Frauen besetzt.[149] Unter den 2645 Abgeordneten der 44 Präfekturversammlungen befanden sich nach den Wahlen 1979 lediglich 28 weibliche.[150] Daß dafür in starkem Maße politisch-ideologische Faktoren verantwortlich zeichnen, zeigt sich u. a. darin, daß von den genannten 9 Mandatsträgerinnen im Parlament 7 der KPJ und 2 der SPJ angehörten.

Die politische Emanzipation der Frau ist folglich noch weit von ihrer Verwirklichung entfernt. Nicht anders ist es auf materiellem Gebiet. Die konservative Denkweise, daß nicht nur die Politik, sondern auch das Geldverdienen allein ein Privileg des Mannes sei, ist noch immer weit verbreitet, ausgeprägter bei den Männern, vorhanden aber auch bei den Frauen selbst. Regierungsamtliche Untersuchungen haben ergeben, daß sich 1979 nur jeder fünfte Mann und jede vierte Frau dafür aussprachen, daß berufliche Tätigkeit für eine Frau akzeptabel sei. Zwar hat sich damit ihr Anteil erfreulicherweise

---

148 1980 gab es 41,8 Millionen wahlberechtigte Frauen und 39,2 Millionen wahlberechtigte Männer. Siehe Asahi nenkan 1981, S. 233.

149 Ebenda, S. 232.

150 „Shakaishugi", No. 158, Juli 1979, S. 22.

erhöht (1966 z. B. waren es erst jeder zehnte Mann und jede siebente Frau), doch widerspiegelt diese Denkweise noch deutlich die nichtgleichberechtigte Stellung der Frau in der Gesellschaft.[151] Hieraus resultiert auch die Tatsache, daß die Frau in bedeutend stärkerem Maße von Schwankungen auf dem Arbeitsmarkt betroffen wird als der Mann. In den 12 Jahren von 1967 bis 1981 nahm die Zahl der Frauen im arbeitsfähigen Alter zwar um 7,4 Millionen (von 38,9 auf 46,3 Millionen) zu, die der weiblichen Arbeitskräfte aber nur um 2,2 (von 19,9 auf 22,1) Millionen. Waren 1967 noch 51,2 Prozent aller Frauen im arbeitsfähigen Alter berufstätig, so 1981 nur noch 47,7 Prozent.[152] Außerordentlich hoch ist ihr Anteil an den Teilzeitbeschäftigten. Von den 7,1 Millionen Saisonarbeitern, Halbtagskräften und Tagelöhnern im Jahre 1977 kamen 6,7 Millionen auf das Konto der Frauen, d. h., daß etwa jede dritte berufstätige Frau ohne gesicherten, vollwertigen Arbeitsplatz und gegen niedrigeren Lohn als ihre vollbeschäftigten Kolleginnen arbeiten mußte.[153] Hinzu kommt, daß eine Frau mit mehr als 30 Jahren, zumal eine verheiratete Frau, nur schwer eine Vollbeschäftigung findet und eine Schwangerschaft für viele die Entlassung nach sich zieht.

Der Sōhyō stellte in einer speziellen Untersuchung fest, daß sich in der Lebensplanung ein Trend verstärke, wonach die Frau mit 23 Jahren heirate, als Hausfrau Hausarbeiten mache und Kinder zur Welt bringe, wie es Aufgabe der Frauen sei. Und er betont: „Wir können nicht die Absicht von Regierung und Unternehmern übersehen, die Arbeitsteilung nach Geschlechtern unter dem Schlagwort ‚der Mann zur Arbeit, die Frau zu Hause!‘ zu realisieren, um weibliche Arbeiter, namentlich angestellte Hausfrauen, die zur Zeit des hochgradigen Wirtschaftswachstums den Mangel an jungen Arbeiterinnen ausglichen, (nunmehr) als überflüssige Arbeitskräfte

---

[151] Die Untersuchungen ergaben konkret: Für eine berufliche Tätigkeit der Frau traten ein

1966 10,8% der Männer und
15,2% der Frauen
1979 19,5% der Männer und
27,6% der Frauen.

Asahi nenkan 1980, Bekken, S. 296.

[152] Asahi nenkan 1974, S. 576, und 1983, Bekken, S. 399. Die Zahlen schließen die offiziell anerkannten Arbeitslosen mit ein.

[153] A Quick Report on the Results of „1977 Basic Survey of Employment Structure“, S. 5.

abzutun, die man rauswerfen kann, wenn sie nicht länger nötig sind.“[154]

Im Zusammenhang mit den Löhnen wurde bereits darauf hingewiesen, daß die Frau wesentlich geringer bezahlt wird als der Mann. 1978 verdiente eine weibliche Arbeitskraft durchschnittlich nur 56,2 Prozent der Summe ihres männlichen Kollegen. Das liegt selbst im Vergleich zu anderen entwickelten kapitalistischen Ländern diskriminierend niedrig.[155]

Nicht zuletzt auf Grund der sozialen Zurückstellung der Frau ist die Zahl der Vernunftehen, der sogenannten Miai Kekkon, die über einen Heiratsvermittler geschlossen werden, noch immer sehr hoch und erfaßte 1977 40 Prozent aller Eheschließungen.[156] Die Miai Kekkon folgt zwar einer alten Tradition, ist indes nicht zu trennen von dem Wunsch der Frau nach sozialer Sicherstellung. Andererseits ist das Selbstbewußtsein der Frau heute dahingehend gestiegen, daß der größere Teil der Ehescheidungen auf die Initiative der Frau zurückgeht, obgleich es für sie die diskriminierende gesetzliche Bestimmung gibt, daß sie nach einer Scheidung mit einer eventuellen Neuverheiratung mindestens ein halbes Jahr warten muß, während einer sofortigen neuen Eheschließung des Mannes nichts im Wege steht.[157]

Einige Worte zur Bildung: Das heute gültige Bildungssystem existiert seit 1947 und lehnt sich stark an das amerikanische an. Es umfaßt eine neunjährige Pflichtschule (6 Jahre Grund- und 3 Jahre Mittelschule), an die sich eine dreijährige Oberschule und daran

---

[154] Present Status of the Japanese Woman Workers and their Movement. In „Sohyo News“, No. 345, 15. 4. 1978, S. 13.

[155] Zum Vergleich: In Frankreich und in der BRD waren es 1977 86,4 Prozent bzw. 72,9 Prozent, in England 1975 67,6 Prozent. Asahi nenkan 1979, Bekken, S. 421.

[156] Ebenda, S. 395. „Liebesheiraten“, d. h. Eheschließungen ohne Einbeziehung eines Heiratsvermittlungsbüros, wurden mit 58 Prozent angegeben.

[157] Als Begründung dient das stark konservativ anmutende Argument: Damit ein mögliches Kind in der neuen Ehe klar erkennbar ist als Kind des ehemaligen oder neuen Ehegatten. Siehe Manyū hyakka daijiten, Bd. 13, S. 172.

Die Frau erhielt in Japan erst nach 1945 das Recht, sich scheiden zu lassen. Bis dahin war es das Privileg des Mannes. Von den Ehescheidungen 1978 kamen 55,3 Prozent auf Wunsch der Frau zustande, 35,2 Prozent auf Wunsch des Mannes und der Rest auf Verlangen der Eltern der Ehepartner. Asahi nenkan 1980, Bekken, S. 394.

entsprechend Hochschulen und Universitäten anschließen. Der Anteil derer, die ihre Ausbildung nach der neunjährigen Pflichtschule fortsetzen, erweiterte sich ständig, so daß das Bildungsniveau einen hohen Stand erreicht hat.

Der bei weitem größere Teil der höheren Bildungseinrichtungen ist privater Natur. 1981 waren von den 451 Universitäten und Hochschulen des Landes mit einer 4jährigen Ausbildungszeit 324 Privatbesitz, die über drei Viertel aller Studenten ausbildeten.[158] Das wissenschaftliche Niveau dieser Einrichtungen ist sehr unterschiedlich, und oft geht ein Student, der die (obligatorische) Aufnahmeprüfung an einer renommierten Universität nicht besteht, zu einer weniger bekannten mit geringeren Anforderungen. Hat er aber das Aufnahmeexamen an einer anerkannt guten Universität — wie etwa der staatlichen Tōkyō-Universität, aus deren Absolventen sich in Vergangenheit und Gegenwart weitgehend die Führungsspitze der japanischen Gesellschaft rekrutiert — bestanden, so ist ihm seine Karriere gewiß. Daher ist das Bestreben, an einer solchen Universität immatrikuliert zu werden, naturgemäß groß, und nichtbestandene Aufnahmeexamen, auf die jahrelang hingearbeitet wurde, sind die größte Enttäuschung für den Kandidaten und führten wiederholt zu Selbstmorden.

Viele der privaten Universitäten verfügen über eigene Kindergärten (etwa 60 Prozent aller Kindergärten sind privat), in geringem Maße auch über Grund- und Mittelschulen sowie Oberschulen (die privaten machen gut ein Viertel aller Oberschulen aus).[159] Dadurch ist der Bildungsweg eines jungen Menschen oftmals bereits mit dem Eintritt in den Kindergarten, dessen Niveau von einer Aufbewahrungsanstalt bis hin zu qualifizierter Vorschulerziehung sehr divergiert, entschieden. Der Besuch eines anerkannt namhaften Kindergartens garantiert mehr oder weniger den Eintritt in eine namhafte Grund-, dann entsprechend wieder Mittel- und Oberschule, deren Niveau ebenfalls durchaus unterschiedlich ist. Dieser Weg zum Wissen aber

---

[158] Nihon kokusei zue 1982, S. 497.

[159] An den privaten Bildungseinrichtungen lernten und studierten 1980: Universitäten 75,0 Prozent aller Studenten; Kurzuniversitäten mit 2—3jährigem Studium 90,9 Prozent der Studenten; Oberschulen 28,1 Prozent, Mittelschulen 2,9 Prozent und Grundschulen 0,5 Prozent aller Schüler; Kindergärten 73,4 Prozent aller Kindergartenkinder. Berechnet nach Angaben aus: Nihon kokusei zue 1981, S. 495.

kostet viel Geld, weshalb ein großer Teil der Ersparnisse eigens zur Erziehung der Kinder dient.

Laut Untersuchungen des japanischen Kultusministeriums zahlten die Eltern für die Ausbildung ihres Kindes im Jahre 1979 in der Unterstufe (1. bis 6. Klasse) 71000 Yen, in der Mittelstufe (7. bis 9. Klasse) 103000 und in der nicht mehr obligatorischen Oberschule 153000 Yen.[160] Für die Ausbildung an privaten Universitäten mußte ein Student 1980 an Aufnahme-, Studien- und Nutzungsgebühren für die Universitätseinrichtungen z. B. in der Zahn- und Humanmedizin 3,7 bzw. 3,4 Millionen Yen auf den Tisch legen.[161]

Daß es sich bei den privaten Bildungseinrichtungen vielfach eher um ein Geschäft mit dem Wissen als um Wissensvermittlung handelt, geht u. a. aus folgenden Fakten hervor: Die Studiengebühren an den privaten Universitäten und Hochschulen betragen ein Mehrfaches der städtischen oder staatlichen.[162] An den staatlichen Universitäten kamen 1980 auf eine Lehrkraft durchschnittlich 8,5 Studenten, an einer privaten aber 27,9.[163] Das Studium ist folglich nicht nur teurer, es wird auch an Lehrkräften gespart, was sich wiederum negativ auf die Qualität in der Wissensvermittlung auswirken muß. Darüber hinaus steht einem Studenten an einer privaten Universität nur etwa ein Drittel des Platzes zur Verfügung, über den sein Kommilitone an der staatlichen verfügt, weshalb manche Universität eher an eine Studentenfabrik erinnert.

Aus dem hohen Prozentsatz der Studierenden erklärt sich u. a. auch, daß das Problem der Jugendarbeitslosigkeit in Japan nicht so akut ist wie in den meisten anderen kapitalistischen Ländern. Niemand fühlt sich jedoch für einen dem Universitätsstudium entsprechenden Einsatz nach Eintritt in das selbständige Leben verantwortlich, und die Zahl derer, die mit Universitätsdiplom in der Tasche Hilfsarbeiten als Liftboy, Kofferträger und anderes verrichten, ist nicht gering. Die Tatsache, daß das durchschnittliche Heiratsalter

---

[160] Asahi nenkan 1981, Bekken, S. 390. Für 1970 lauteten die Beträge: Unterstufe 26650, Mittelstufe 35370 und Oberstufe 68910. Siehe ebenda, 1978, S. 511.

[161] Ebenda 1981, Bekken, S. 391.

[162] 1976 z. B. betrugen die durchschnittlichen Studiengebühren an den staatlichen Universitäten im Jahr 96000, an den städtischen sogar nur 36000, an den privaten aber 221008 Yen. Siehe Nihon kokusei zue 1976, S. 492.

[163] Berechnet nach ebenda 1981, S. 495.

der Männer bei 27 Jahren liegt[164], leitet sich nicht zuletzt aus der materiell und finanziell schwierigen Lage der Jugendlichen ab.

Zusammenfassend läßt sich zur sozialen Lage feststellen, daß die Werktätigen durch ihren Kampf nach 1945 eine Reihe politischer und materieller Erfolge haben erringen können, ihr Leben aber unverändert durch Ausbeutung, teilweise soziale Diskriminierung und Unsicherheit charakterisiert wird. Die Ursache liegt im System des Kapitalismus, im Streben des Kapitals nach Maximalprofiten, im Grundwiderspruch zwischen gesellschaftlicher Produktion und privatkapitalistischer Aneignung der Früchte dieser Arbeit. Die sich hieraus ergebenden sozialen und politischen Spannungen werden auch in der Folgezeit die Theorie von der Klassenharmonie und dem Verschwinden der Arbeiterklasse als ausgebeutete und revolutionäre Klasse ad absurdum führen.

---

[164] Es betrug 1976 bei den Männern 27,1 und bei den Frauen 24,9 Jahre. Siehe Asahi nenkan 1979, Bekken, S. 395.

Kapitel III

Konservative, reformistische und zentristische Parteien
Bündnispolitik und Kräfteverschiebungen

Wir haben im vorangegangenen Kapitel gesehen, wie sich im Ergebnis der bedeutenden ökonomischen Wandlungen nach dem zweiten Weltkrieg auch die soziale Struktur grundlegend veränderte, die Arbeiterklasse zur zahlenmäßig eindeutig dominierenden Kraft der Gesellschaft wurde, die Zahl der Bauern, kleinen Warenproduzenten, Handwerker und Händler sowie Familienarbeiter hingegen abnahm. Durch die weitere Polarisierung der Klassen spitzte sich objektiv ihre Konfrontation zu, kam es zu neuen Kräftekonstellationen, zu neuen gesellschaftlichen Forderungen, zu vielfältigen politischen Aktivitäten. Politisch koordinierende Träger der Forderungen und Aktionen der verschiedenen Klassen und Schichten sind ihre Organisationen, insbesondere die politischen Parteien.

Ende der fünfziger Jahre existierten in Japan drei Parteien, die regierende Liberaldemokratische, die Sozialistische und die Kommunistische Partei. Es herrschten relativ klare Fronten: Der Partei des Monopolkapitals standen die Parteien gegenüber, die die Interessen des werktätigen Volkes vertraten. Bis Ende der siebziger Jahre erhöhte sich die Gesamtzahl der Parteien auf sieben.

Die Herausbildung immer neuer Parteien resultiert vor allem aus den sozialen und ökonomischen Veränderungen, die seit den fünfziger Jahren rasche Fortschritte machten und das Kräftespiel zwischen den Klassen und Schichten mehr und mehr beeinflußten und den politisch-ideologischen Differenzierungsprozeß neuerlich belebten:

— Die mit dem wirtschaftlichen Vormarsch einhergehende relative Verbesserung der Lage des Volkes nährte auch in Kreisen der Arbeiterklasse Illusionen, daß unter den Bedingungen des kapitalistischen Gesellschaftssystems sich das Leben ständig verbessere und ein allgemeiner Wohlstand erreicht werden könne. Diese Denkweise wurde durch die immer neu zur Arbeiterklasse stoßenden Millionen aus den proletarisierten Mittelschichten gefördert.

Es erstarkten Opportunismus und Reformismus in einer Reihe von Gewerkschaften. Auf dieser Grundlage entstand und entwickelte sich die Demokratisch-Sozialistische Partei.

— Durch das wiedererstandene Monopolkapital wurden die Konkurrenz- und Existenzbedingungen für die zahlreich vorhandenen Mittelschichten in Handel, Industrie und Landwirtschaft erschwert. Ihre Ruinierung schritt voran, ihr Anteil an der sozialen Struktur des Volkes sank rapide. Sie fanden ihre Interessen immer weniger durch die Politik der LDP vertreten und suchten andere Wege. Hier sprang zunächst die Kōmeitō-Partei ein, die Mitte der sechziger Jahre auf der politischen Bühne erschien.

— In den siebziger Jahren kam es zur Verschmelzung von zyklischer und allgemeiner Krise. Die soziale Unsicherheit im Volke wuchs allgemein an, damit zugleich auch bei einem Teil von ihnen die Unzufriedenheit mit der Politik der etablierten Parteien, speziell mit der regierenden LDP. Der Differenzierungsprozeß innerhalb und zwischen den Parteien nahm zu. Auf diesem Hintergrund formierten sich neue Parteien durch die Spaltung bestehender. Aus der LDP ausgetretene Abgeordnete gründeten den Neoliberalen Klub (NLK) und rechte Kräfte der SPJ die Sozialdemokratische Föderation (SDF).

Die Entstehung immer neuer Parteien ist aber auch Ausdruck einer gewachsenen politischen Labilität. Rein äußerlich zeigt sich hier eine Parallele zu den unmittelbaren Nachkriegsjahren. Damals, Ende der vierziger Jahre, waren es 6 Parteien, Ende der siebziger/Anfang der achtziger Jahre sind es 7, die im Parlament vertreten sind und um die Gunst der Wähler werben. Das Vorhandensein eines Vielparteiensystems resultierte damals wie Ende der siebziger Jahre aus einer politischen Schwäche der herrschenden Kräfte: damals infolge der Kriegsniederlage, Ende der siebziger Jahre im Ergebnis einer umfassenden Systemkrise und damit einhergegangenen Kräfteverschiebungen zwischen regierender LDP und Oppositionsparteien im Parlament. Durch wiederholte Verluste bei den Parlamentswahlen war die LDP in der zweiten Hälfte der siebziger Jahre nicht mehr wie in den sechziger und noch in der ersten Hälfte der siebziger Jahre in der Lage, völlig souverän die Politik zu bestimmen.

Auffallend ist die Herausbildung starker zentristisch-reformistischer Strömungen im neu entstandenen Parteiengefüge (DSP, Kōmeitō, NLK, SDF), zurückzuführen u. a. auf das Vorhandensein bedeutender Mittelschichten sowie das Anwachsen reformistischer Tendenzen in der Arbeiterbewegung. Der über viele Jahre währende Stimmenrückgang der LDP bei den Wahlen widerspiegelt zweifellos einen wachsenden Volkswillen nach Veränderungen in der bisherigen Politik. Die meisten dieser Wähler haben indes aus unterschiedlichsten Gründen noch Vorbehalte gegenüber der Sozialistischen oder Kommunistischen Partei Japans. Sie möchten zwar Reformen im politischen und sozialen Leben, aber — bedingt durch ihre konservative ideologische Erziehung in einem kapitalistischen Bildungssystem, durch das Wirken zahlreicher reformistischer Kräfte und den dominierenden Einfluß der bürgerlichen Massenmedien, die alle verzerrte Vorstellungen vom Sozialismus/Kommunismus verbreiten und dadurch Antihaltungen erzeugen — keinen grundlegenden Wandel des gesellschaftlichen Systems. Hemmend wirken ferner die ideologische Heterogenität innerhalb der Sozialistischen Partei sowie die Differenzen zwischen SPJ und KPJ. In all dem sehen die genannten Mittelwegparteien eine Chance für ihre eigene Entwicklung.

Die zentristischen und reformistischen Parteien bezeichnen sich zwar als Oppositionsparteien, wirken tatsächlich jedoch systemerhaltend. Sie sind oppositionell in dem Sinne, daß sie nicht unmittelbar an der Regierungsmacht teilhaben, auf Teilgebieten des politischen und ökonomischen Lebens andere Konzeptionen verfolgen und dadurch auch in Konfrontation zur LDP geraten. Sie wirken systemerhaltend, indem ihre Ziele keine revolutionären Änderungen im Gesellschaftssystem anstreben, sondern das bestehende lediglich durch partielle Reformen attraktiver und dauerhafter zu machen suchen.

Das Monopolkapital und die LDP betrachten die zentristischen und reformistischen Strömungen als ein wichtiges Instrument, mit dessen Hilfe sie zwischen den Oppositionsparteien lavieren, deren Einheit untergraben und durch aktive Einwirkung auf ihre Entwicklung im Falle einer Beendigung der LDP-Alleinherrschaft einen geeigneten Koalitionspartner zu finden gedenken. Gerade in der zweiten Hälfte der siebziger Jahre, als die Etablierung einer Koalitionsregierung nur noch eine Frage der Zeit schien, waren in den Parteien und ihrer Bündnispolitik deutliche Wandlungen zu verzeichnen. Einerseits erfolgte ein allgemeiner Rechtsruck bei den zentristisch-reformistischen Parteien DSP und Kōmeitō, indem sie sich bemühten, für die LDP koalitionsfähig zu werden (hinzu kamen der neu entstandene Neoliberale Klub und die Sozialdemokratische Föderation 1976 bzw. 1978). Andererseits suchte die LDP stärker als in der Vergangenheit den Dialog mit diesen

Parteien, um die eine oder andere von ihnen zur Zusammenarbeit zu bestimmten Fragen besonders bei Parlamentsabstimmungen zu gewinnen, und zeigte zu diesem Zwecke auch Bereitschaft zu Detailkompromissen. Das trifft besonders auf die Regierungszeit unter Miki (1974—1976) und Ōhira (1978—1980) zu, in abgeschwächter Form aber auch auf die Fukuda-Regierung (1976—1978).

Der unterschiedliche Charakter der Oppositionsparteien insgesamt, aber auch der zwischen den zentristisch-reformistischen Parteien beläßt dem japanischen Monopolkapital und ihrer Partei auch für die nächste Zeit bedeutenden Spielraum, die bisherige Politik in den Grundzügen fortzusetzen.

Nachfolgend soll zunächst ein Überblick über Entstehung, Charakter und Ziele der Parteien LDP, DSP, Kōmeitō, NLK und SDF gegeben werden (SPJ und KPJ siehe Kap. II), um dann Probleme der Kräfteveränderungen zwischen regierender und nichtregierenden Parteien sowie der Bündnispolitik der siebziger Jahre zu behandeln und deren politische Hintergründe zu beleuchten. Aus ihnen werden mögliche perspektivische Entwicklungen für die achtziger Jahre deutlicher.

Die Liberaldemokratische Partei

Kurzbezeichnung:	LDP
japanischer Name:	Jiyū Minshutō (Jimintō)
gegründet:	15. 11. 1955
Mitglieder:	2,578 Millionen
Abgeordnete:	Haus der Abgeordneten 284 (285) Haus der Räte 135
Organ:	„Jiyū Shimpō“ (wöchentl.) 500000 Expl.
theoretisches Organ:	„Gekkan Jiyū Minshu“ 70000 Exempl.[1]

Seit dem Ende des zweiten Weltkrieges wird Japan — mit Ausnahme des sozialdemokratischen Koalitionskabinetts unter Tetsu Katayama (Mai 1947/Februar 1948) — ununterbrochen von konservativen Parteien regiert, seit 1955 in Gestalt der Liberaldemokratischen Partei. Unter der Ägide der LDP kam es zur vollen

[1] Die Kopfangaben — auch bei den nachfolgenden Parteien — beziehen sich auf das Jahr 1982. Bei den Abgeordneten gibt die erste Zahl das Wahlergebnis vom Juni 1980 an, die Zahl in Klammern den aktuellen Stand Ende 1982.

Entwicklung der konservativen Parteien nach 1945

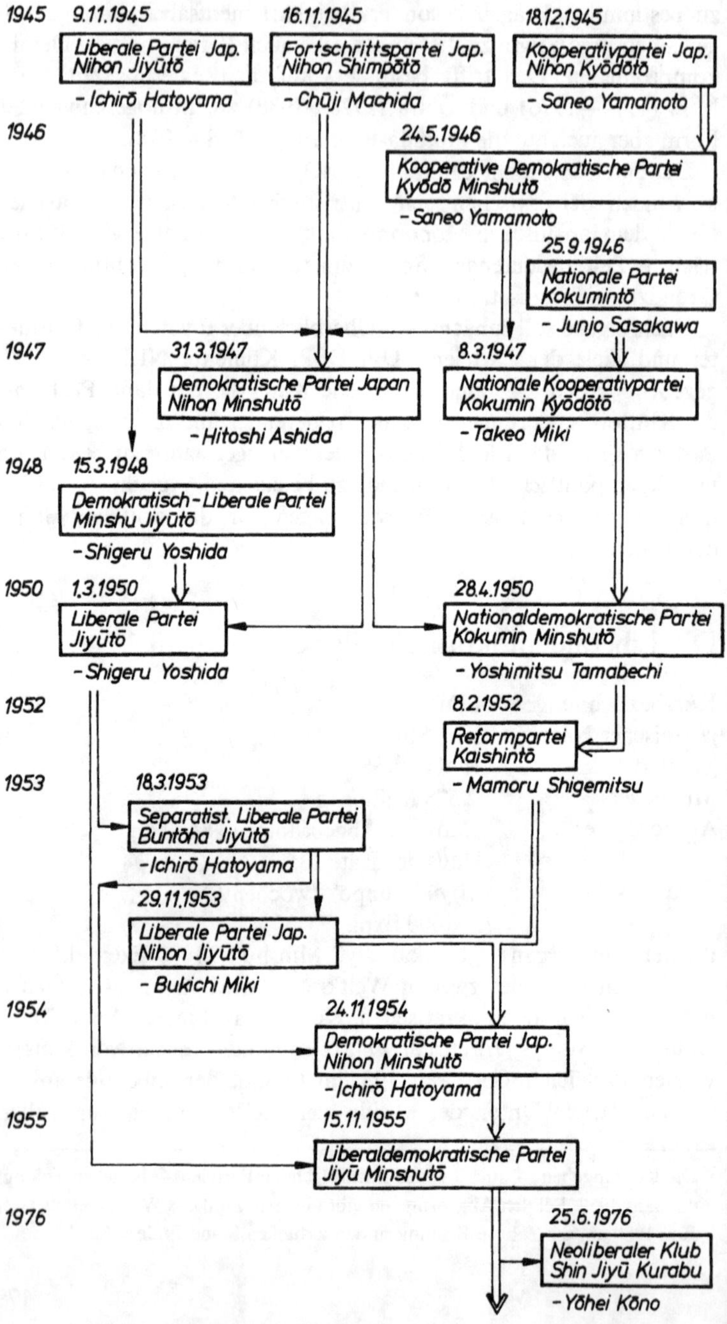

Restauration des japanischen Monopolkapitals, zur Wiedererstehung des Imperialismus, zur Entwicklung Japans zum ökonomisch zweitstärksten Land des Weltimperialismus und zur Herausbildung als drittes imperialistisches Zentrum. Unter ihrer Herrschaft kam es aber auch zur größten Systemkrise nach dem zweiten Weltkrieg. Ihre Politik ist auf allen Gebieten den Interessen des Monopolkapitals untergeordnet, dessen Kind und politischer Arm sie ist, von dem sie finanziert und dirigiert wurde und wird.

Die Liberaldemokratische Partei formierte sich aus der Liberalen Partei (Jiyūtō) und der Demokratischen Partei (Minshutō). Die Vereinigung dieser beiden konservativen Strömungen, deren politische Grundkonzeptionen wesentlich übereinstimmten, scheiterte bis dahin an den rivalisierenden Machtambitionen ihrer Führer. Forderung und Druck des Großkapitals zur Herstellung der Einheit der konservativen Kräfte nahmen jedoch entschieden zu, als bei den Wahlen zum Haus der Abgeordneten 1955 sowohl SPJ-Linke wie auch SPJ-Rechte merklich an Stimmen gewannen und im Oktober des gleichen Jahres ihre Wiedervereinigung vollzogen. Mit nunmehr 156 von damals insgesamt 467 Unterhausabgeordneten war die SPJ zweitstärkste Partei im Parlament hinter der Demokratischen Partei (185 Sitze) und vor der bis 1954 regierenden Liberalen Partei (112 Sitze). Keine von ihnen verfügte allein über die Regierungsmehrheit. Ohne Einheit der Konservativen bestand die Gefahr, daß die wiedervereinigte SPJ bei einer der nächsten Wahlen stärkste Parlamentspartei werden könnte. Mit der Gründung der LDP sollte dies verhindert und für lange Zeit eine sichere Majorität der Konservativen im Parlament gewährleistet werden, um im Interesse des wiedererstehenden Monopolkapitals politische Stabilität zu erzielen.

Die Gründung der LDP vollzog sich nicht ohne Schwierigkeiten. Das zeigt sich u. a. darin, daß es den widerstreitenden Machtgruppierungen, die seit Anbeginn in ihr existierten, nicht möglich war, sich auf einen Parteivorsitzenden zu einigen. Zunächst gelang lediglich eine Verständigung über den Generalsekretär (Nobusuke Kishi) und ein Komitee von 4 Präsidenten (Ichirō Hatoyama und Bukichi Miki von der Demokratischen Partei und Taketora Ōgata sowie Bamboku Ōno von der Liberalen Partei). Sie repräsentierten zugleich die 4 stärksten Fraktionen in der neuen Partei. Erst im April 1956 wählte ein außerordentlicher Parteitag Hatoyama zum ersten Präsidenten, und seit dieser Zeit ist dieses Amt zugleich mit dem des japanischen Premierministers gekoppelt.

Gegen eine organisatorische Vereinigung der konservativen Kräfte wandte sich damals u. a. auch Takeo Miki, seinerzeit ein führender Vertreter der Demokratischen Partei, von 1974 bis 1976 Ministerpräsident Japans. Seine Begründung: „Wenn es nur eine konservative Partei gibt, und diese Partei gerät an einen toten Punkt, so muß die Macht an die Sozialistische Partei übergeben werden. Aus diesem Grunde ist es besser, zwei konservative Parteien zu haben, so daß die Macht entsprechend von einer an die andere abgetreten werden kann."[2]

Die Beispiele zeigen, daß es damals unter den konservativen Kräften durchaus keine einheitliche Auffassung hinsichtlich ihrer Vereinigung gab und erst der Druck von seiten des wiedererstehenden Monopolkapitals letztendlich die Entscheidung herbeiführte. Der amerikanische außenpolitische Kommentator Tad Szulc vertrat in der amerikanischen Zeitschrift „New Republic" 1976 sogar die Ansicht, daß der amerikanische Geheimdienst CIA sowohl politisch als auch finanziell eine wichtige Rolle bei der Gründung der LDP gespielt habe.[3]

Das Programm der LDP ist sehr kurz und nebulös. Es besteht aus lediglich 3 Punkten, in denen eingetreten wird für eine Vervollkommnung Japans als „demokratischer Kulturstaat", eine Politik der „Selbständigkeit und Unabhängigkeit" sowie die Errichtung eines „Wohlfahrtsstaates".[4] Etwas deutlicher werden ihre Ziele in der zur Zeit der Gründung angenommenen „Politischen Plattform". In ihr stellt sie sich die Aufgabe, Reformen im staatlichen, politischen und gesellschaftlichen Bereich durchzuführen, darunter eine Revision der gegenwärtigen Verfassung. So wird — entgegen dem Geist der Verfassung — in der „Plattform" eine „Rüstung im Interesse der Selbstverteidigung" als Aufgabe formuliert.[5] Ferner tritt sie ein für einen „konsequenten Kampf gegen die Kräfte des Kommunismus und die Klassenkräfte des Sozialismus".[6] Ideologische Basis der Partei ist damit der Antikommunismus. Die Politik der LDP findet ihren konkreten Ausdruck in den Regierungsprogrammen.

Eckpfeiler ihrer Außenpolitik war und ist das enge Bündnis mit dem USA-Imperialismus. Dabei entwickelte sich Japan seit den

---

2 „The Japan Times" vom 27. 11. 1975.

3 Ebenda, 4. 4. 1976.

4 Asahi nenkan 1981, S. 242.

5 Sovremennaja Japonija. Spravočnik. Izd. „Nauka", Moskau 1968, S. 319.

6 Manyū hyakka daijiten, Bd. 11, S. 263.

sechziger Jahren vom Junior- zu einem weitgehend gleichberechtigten politischen Partner und ökonomischen Rivalen. Letzteres wurde bedingt und ermöglicht durch den raschen Wirtschaftsaufschwung des Landes, die ungleiche Entwicklung der kapitalistischen Hauptländer, die damit einhergehende Herausbildung Japans zum dritten Zentrum des Weltimperialismus und eine besonders ab Mitte der sechziger Jahre zunehmende außenwirtschaftliche Expansion, die den ökonomischen Konkurrenzkampf mit dem Monopolkapital der USA und der EG-Länder verschärfte, was zu wiederholten zwischenstaatlichen Auseinandersetzungen bis auf Regierungsebene führte.

Innenpolitisch war die Zeit der LDP-Herrschaft bis zu Beginn der siebziger Jahre gekennzeichnet durch eine relativ hohe Stabilität sowohl politisch (absolute Mehrheit im Parlament) als auch ökonomisch (hohe Wachstumsraten). Daß sich diese Entwicklung im Interesse der Monopole vollzog, wurde in den vorangegangenen Kapiteln gezeigt. Hier nur noch ein Beispiel zur Illustration: Während die Reallöhne von 1955 bis 1975 auf das 2,3fache stiegen, erhöhten sich die Profite, die Reingewinne, der als juristische Personen eingetragenen Unternehmen von 1955 bis 1973 auf das 38,1fache.[7]

Die Einflußnahme der Monopole auf die Regierungspolitik der LDP ist außerordentlich groß. Sie wird über eine Vielzahl von Wegen realisiert. Zu den wichtigsten gehören[8]:

- die „Politik des Geheimkabinetts“ (Misshitsu Seiji), wo auf vertraulichen Konferenzen, aber auch bei zahlreichen gesellschaftlichen Anlässen (auf Banketten, beim Golfspiel u. a.) Gedanken und Meinungen zu bestimmten Problemen zwischen führenden Vertretern des Monopolkapitals und der LDP ausgetauscht und angenähert werden;
- der enge Kontakt von Vertretern des Monopolkapitals zur Bürokratie im Regierungs- und Parteiapparat. Bekanntlich übertrifft die Lebensdauer der Bürokratie die der Führungsspitze deutlich, sie ist weniger Schwankungen unterlegen und verfügt somit über Einflußkontinuität. Vielfach bestehen enge personelle Verflechtungen zwischen Vertretern von Regierung und Privatwirtschaft. Die „Frankfurter Rundschau“ (Frankfurt/M. 14. 5. 1980) schreibt dazu u. a., daß in den siebziger Jahren „nahezu 1090 leitende Beamte, viele von ihnen aus dem Finanz- oder Handelsministerium,

---

7 „Akahata“ vom 24. 11. 1975.

8 Siehe dazu auch Kō Masajima: Jiyū Minshutō. (Die Liberaldemokratische Partei) Shin Nihon Shinsho, Tōkyō 1976, S. 68ff. und 83ff.

in den privaten Sektor" der Wirtschaft überwechselten. „Die meisten dieser Bürokraten a. D. . . . nahmen wertvolle Informationen über Gesetzesvorhaben und Investitionsprojekte mit und pflegten natürlich weiter Kontakte zu den Mächtigen" in der Politik;

— die Finanzierung des größten Teiles der Parteitätigkeit, die Vergabe von „Spenden" an Abgeordnete und Fraktionen in der Partei sowie die Wahlfinanzierung von Parlamentskandidaten durch das Monopolkapital;
— die direkte Vertretung des Finanz- und Industriekapitals in wichtigen „Untersuchungs-" und „Beratungsausschüssen" beim Ministerpräsidenten bzw. bei einzelnen Ministerien. Die Betrachtung der Zusammensetzung einiger Ausschüsse Mitte der siebziger Jahre veranschaulicht das deutlich:

Zusammensetzung von Untersuchungs- und Beratungsausschüssen bei der Regierung Mitte der siebziger Jahre

Ausschuß für	unterstellt	Mitgl. insgesamt	Vertreter des Finanz- u. Industriekapitals	Vertreter mit ihm verbundener Organisationen	andere (Wissenschaftler etc.)
Wirtschaft	Wirtschaftsplanungsamt beim Ministerpräsidenten	30	16	6	8
Wirtschaftl. Zusammenarbeit mit dem Ausland	Ministerpräsident	20	9	5	6
Wirtschaftsstruktur	Ministerium f. Handel u. Industrie	84	59	12	13
Energie	Ministerium f. Handel u. Industrie	14	10	3	1
Auslandsinvestitionen	Ministerium f. Finanzen	15	11	1	3
Finanzsystem	Ministerium f. Finanzen	23	15	3	5

Quelle: Kō Masajima: Jiyū Minshutō. S. 87ff.

Der japanische Wissenschaftler Chitoshi Yanaga verglich das Verhältnis von Monopolkapital und LDP in der Politik und damit die Art und Weise, wie Politik in Japan gemacht wird, mit einem Theaterstück. „Die Geschäftswelt" so schreibt er, „ist Autor und Finanzier in einer Person. Die herrschende Partei . . . inszeniert das Stück und versichert sich zuvor der Zustimmung des Verfasser-Finanziers. Sie wählt auch den Hauptdarsteller aus, der ebenfalls vom Finanzier gebilligt werden muß. Die Verwaltungsbürokratie kümmert sich um die technischen Einzelheiten sowie um die geschäftliche Seite der Aufführung."[9] Sicher widerspiegelt diese Charakterisierung keine Besonderheit für Japan, sondern trifft grundsätzlich auch auf andere kapitalistische Regierungen zu.

Zum Bild der LDP und ihres Werdeganges gehört auch, daß vom 3. Hatoyama-Kabinett (Ende 1956) bis zum Fukuda-Kabinett (Ende 1976) 52 von 219 Kabinettsmitgliedern (das sind 23,6 Prozent aller Minister) nach 1945 zunächst durch die USA-Besatzungsmacht als Mitverantwortliche am Krieg aus ihren Ämtern vertrieben werden mußten und ein politisches Betätigungsverbot erhielten.[10] Als krasses Beispiel für sie steht Nobusuke Kishi, der während des Krieges auf verschiedenen Ministerposten amtierte, nach dem Kriege inhaftiert, Ende 1948 aber ohne Gerichtsurteil wieder freigelassen wurde. 1952 erhielt er erneut das Recht, öffentliche Posten zu bekleiden. Bereits 1955 avancierte er zum Generalsekretär der neu gegründeten LDP, und 1957 wurde er ihr Präsident und Ministerpräsident Japans.

Ein wesentliches Charakteristikum der Liberaldemokratischen Partei ist seit ihrer Gründung die Existenz einer Vielzahl von Fraktionen, sogenannten Habatsu. Sie vereinen vor allem die Parlamentsabgeordneten, die die Politik von Partei und Regierung im wesentlichen allein beschließen. Bei den Fraktionen handelt es sich um „Interessengruppen innerhalb der Partei, die mit bestimmten Gruppen außerhalb der Partei verbunden sind und das Ziel verfolgen, Gesetze zu fördern bzw. Budgetaktivitäten durchzuführen, die deren Interessen (d. h. die Interessen der Gruppen außerhalb der Partei

---

[9] Chitoshi Yanaga: Big Business in Japanese Politics. New Haven 1968, S. 29. Zitiert nach Hakan Hedberg: Die japanische Herausforderung, Hamburg 1970, S. 130f.

[10] Seiji keizai sōran 1978, S. 175.

— R. H.) beinhalten"[11]. Daneben bzw. auch innerhalb der Habatsu gibt es Gruppen, die spezifischen politischen Interessen nachgehen und sich zu diesem Zwecke in „Studiengesellschaften" zusammenschließen, sowie ferner lokale Gruppierungen, die Abgeordnete einer bestimmten Region (z. B. Kantō-Gebiet) umfassen.[12] Allen Habatsu gemeinsam ist der Kampf um die Macht, um wichtige Posten in der Parteiführung und im Kabinett. Das Kräfteverhältnis zwischen den Fraktionen entscheidet über die Besetzung der wichtigsten Ämter durch Absprachen und Bündnisse. Die „5 großen Fraktionen" der siebziger Jahre waren die unter Führung von Fukuda, Tanaka, Ōhira, Nakasone und Miki. Alle Hauptfraktionen stellten in den 10 Jahren von 1972 bis 1982 nacheinander den Parteipräsidenten und Premierminister: 1972 bis 1974 Kakuei Tanaka, 1974 bis 1976 Takeo Miki, 1976 bis 1978 Takeo Fukuda, 1978 bis 1980 Masayoshi Ōhira, 1980 bis 1982 Zenkō Suzuki, ebenfalls aus der Ōhira-Fraktion stammend, und seit 1982 Yasuhiro Nakasone.

LDP-Fraktionsstärken in den siebziger Jahren (Anzahl der Abgeordneten)

Fraktion	Haus der Abgeordneten				Haus der Räte				beide Häuser			
	73	76	78	80	73	76	78	80	73	76	78	80
Fukuda	56	53	52	47	33	23	25	33	89	76	77	80
Tanaka	47	43	42	60	44	41	33	39	91	84	75	99
Ōhira	42	38	34	57	19	20	20	25	61	58	54	82
Nakasone	37	38	41	43	6	6	7	6	43	44	48	49
Miki	37	32	33	31	11	9	11	11	48	41	44	42
übrige Fraktionen u. Fraktionslose	61	56	51	49	21	27	29	21	82	83	80	70
gesamt	280	260	253	287	134	126	125	135	414	386	378	422

Quelle: Asahi nenkan 1974, 1977, 1979, 1981. Die Fraktion Ōhira steht jetzt unter Leitung von Suzuki und die Fraktion Miki unter Leitung von Kōmoto.

[11] Haruhiro Fukui: Jiyū Minshutō to seisaku kettei. (Die Liberaldemokratische Partei und politische Entscheidungen) Fukumaru Shuppan, Tōkyō 1969, S. 127.

[12] Ebenda.

Da die Grundlinie sowie Personalfragen der Partei und der Regierungspolitik fast ausnahmslos durch die Parlamentsabgeordneten der Partei beschlossen werden, ist jede Fraktion bemüht, so viele Abgeordnete wie irgend möglich hinter sich zu haben. Sie unterstützen deshalb bei Parlamentswahlen in erster Linie Kandidaten ihrer Fraktion bzw. solche, die es zu werden bereit sind, und weniger die Gesamtinteressen der Partei.

Mehrfach gab es Versuche, eine Parteireform durchzuführen, in deren Mittelpunkt die Abschaffung des Fraktionalismus stehen sollte. Im Oktober 1963 trat Takeo Fukuda als damaliger Vorsitzender des Komitees zum Studium der Parteistruktur dafür ein, im September 1965 war es Kakuei Tanaka in seiner Eigenschaft als Generalsekretär der Partei. Tanaka, der es wissen mußte, bezeichnete seinerzeit die Fraktionen als „Parteien innerhalb der Partei".

Seiner Meinung nach

- zerreißen die Fraktionen die Parteieinheit, indem ihre Mitglieder separate Gruppen organisieren, von denen jede für sich selbst Politische Fonds (Seiji Shikin, das ist Geld für politische Aktivitäten) sammelt und angestrengt bemüht ist, die Wahl ihres Fraktionsmitgliedes bei Abgeordnetenwahlen zu sichern;
- wenden sie bei der Wahl sowohl der Kabinettsmitglieder als auch der Parteiführung Gruppendruck an, um ihren Kandidaten durchzubringen;
- sind selbst politische und personelle Angelegenheiten, die bereits offiziell von der Regierung oder der Parteimaschinerie entschieden worden sind, den Versuchen der Fraktionen ausgesetzt, die Entscheidungen in ihrem Interesse wieder zu revidieren oder gar aufzuheben.[13]

Alle Versuche zur Beseitigung der Fraktionen scheiterten jedoch letztlich am Machtstreben der wichtigsten Parteiführer selbst, deren Position erst mit Hilfe der hinter ihnen stehenden Habatsu möglich war und ohne sie in Gefahr geriet.

Bei den Fraktionen handelt es sich indes nicht schlechthin um „Interessengruppen" zur Verfolgung bestimmter Gesetzes- oder Budgetaktivitäten, um „Studiengesellschaften", in die sie sich vielfach gliedern, oder um Zusammenschlüsse von Abgeordneten einer bestimmten Region. Sie differenziert einzuschätzen ist schwierig, weil

---

[13] Kōichi Kishimoto: Politics in Modern Japan. Development and Organization. Japan Echo Inc., Tōkyō 1977, S. 102f.

die Grenzen zwischen den Fraktionen oft fließend und die Regierungsbildungen durch vielfältige Kompromisse geprägt sind. Grob zeigen sich indes heute zwei Hauptgruppen, die in Japan nach amerikanischem Vorbild in „Falken" und „Tauben" unterteilt werden und sich in ihren Methoden zur Erreichung politischer Ziele voneinander unterscheiden. Der Gruppe der „Falken" werden vielfach die Fraktionen Nakasone und Fukuda zugeordnet, die sich außenpolitisch wiederholt durch stärkere nationalistische Standpunkte sowie Forderungen nach größerer militärischer Macht Japans hervortaten und innenpolitisch u. a. weniger Kompromißbereitschaft gegenüber Forderungen der Oppositionsparteien zeigten. Zur Gruppe der „Tauben" zählt man die Fraktionen Ōhira (Suzuki) und Miki (Kōmoto), die mehr um eine flexiblere Politik bemüht sind, eher zu Kompromissen und gewissen Reformen im Interesse der Erhaltung des Systems geneigt scheinen. Während Fukuda und Nakasone für die Verabschiedung eines „Notstandsgesetzes" (Yūji Rippō) eintreten, das eine Ausweitung des militärischen Faktors im politischen Leben des Landes mit sich bringen würde, und in diesem Zusammenhang für die Abschaffung des Artikels 9 der japanischen Verfassung plädieren, argumentierte Ōhira: „Für die Selbstverteidigung wichtig ist die Balance zwischen politischer und ökonomischer Stärke, schöpferischer Kraft auf kulturellem Gebiet und abgewogener Stärke auf außenpolitischem Gebiet. Das (existierende) Gesetz über die Selbstverteidigungskräfte selbst ist bereits ein Notstandsgesetz, und . . . man kann damit in der gegenwärtigen Situation erst einmal Maßnahmen treffen. Was die Verfassung(sänderung) angeht, so ist der Wille des Volkes dazu noch nicht reif."[14] Und Kōmoto aus der Miki-Fraktion erklärte dazu: „Studien für den Ernstfall sind notwendig, doch ist es die Verantwortung der Politik, dafür zu wirken, daß es zu keinem Ernstfall kommt. Die Verfassung ist vom Volk fixiert."[15] Trotz gewisser Unterschiede sei indes wiederholt, daß die politischen Linien und Methoden zwischen den Fraktionen vielfach verschwimmen, bedingt durch Machtkämpfe in der Partei und damit einhergehenden Kompromissen bei der Bildung von Fraktionskoalitionen, bedingt aber auch durch innenpolitische Kräftekonstellationen.

Ein weiteres wesentliches Merkmal der Partei ist die bereits erwähnte enorme finanzielle Abhängigkeit von „Spenden" privater

---

[14] Asahi nenkan 1979, S. 235.

[15] Ebenda.

Unternehmen. Betrugen diese in den ersten 15 Jahren der LDP-Herrschaft (1955 bis 1969) 26,9 Milliarden Yen, so waren es in den Jahren von 1970 bis 1978 gut dreimal mehr, nämlich 87,5 Milliarden.[16] Diese Gelder, die 1955 bis 1978 im Schnitt 80,3 Prozent aller LDP-Einnahmen ausmachten, kamen vorzugsweise aus Kreisen des Finanz- und Industriekapitals. Sie werden gesammelt durch Organisationen für Politische Fonds (für die Partei durch die Kokumin Seiji Kyōkai, die Politische Assoziation des Volkes). Das Exekutivkomitee der LDP scheut sich dabei nicht, die Wirtschaftsführer direkt zu Geldspenden aufzufordern.[17] Im Zusammenhang mit den Parlamentswahlen im Dezember 1976 z. B. beschloß die Führungsspitze des Monopolkapitals in Gestalt des Keidanren nach Verhandlungen mit Vertretern der LDP-Führung im Juli, einen Politischen Fond von zusätzlich 10 Milliarden Yen zur Verfügung zu stellen, und forderte die Unternehmer zu entsprechenden Zahlungen auf. Im November des gleichen Jahres beschloß der Keidanren in Abstimmung mit der LDP für 7000 bis 8000 Leiter und Direktoren der ihm angeschlossenen etwa 800 Unternehmen feste Jahressätze, die sie als „persönliche Spenden" an die LDP zu zahlen haben. Je nach Funktion wurden die „Spender" in 5 Kategorien eingeteilt und die zu zahlenden Beiträge zwischen 50000 und 300000 Yen festgelegt.[18]

Neben der Parteizentrale verfügen die einzelnen Fraktionen über eigene Organisationen zur Sammlung Politischer Fonds. Diese Gelder, die ebenfalls zum erdrückenden Teil aus Kreisen des Monopolkapitals kommen, fließen den Fraktionsmitgliedern besonders in Zeiten zu, da wichtige politische Entscheidungen anstehen. Ein Beispiel: Die Fukuda-Fraktion verfügte 1976 über 1,55 Milliarden Yen (Guthaben von 1975 und Einnahmen von 1976). In diesem für die LDP wichtigen Jahr (Parlamentswahlen und Wahl des Parteipräsidenten) wurden an 85 (einschließlich ehemalige, für die Fraktionspolitik aber unverändert wichtige) Abgeordnete 800 Millionen Yen gezahlt. Allein eine der 5 Fondbeschaffungsgruppen der Fukuda-Fraktion (die Chiyoda Keizai Konwakai) bedachte im November 1976 – wenige Wochen vor der Entscheidung über Parlaments- und Präsidentenwahl – 23 Abgeordnete mit je 5 Millionen und weitere 5 mit je 3 Millionen

[16] Zusammengestellt nach Angaben aus: Seiji keizai sōran 1980, S. 205.
[17] Siehe Asahi nenkan 1977, S. 286.
[18] Ebenda, S. 454 und 455.

Yen. Die Tanaka- und die Miki-Fraktion konnten an ihre Mitglieder in der gleichen Zeit „nur“ 2 bzw. 1 Million Yen entrichten.[19] Es sei hier daran erinnert: Im Ergebnis der Wahlen wurde Fukuda im Dezember 1976 Parteipräsident und Premierminister.

Die „Finanzpolitik“ der LDP führte u. a. auch dazu, daß die Parlamentswahlen immer teurer wurden. Bei den Unterhauswahlen Ende 1972 kamen auf einen Kandidaten durchschnittlich 50 Millionen Yen, Ende 1976 aber bereits 100 Millionen und bei den Oberhauswahlen im Juli 1974 sogar 200 Millionen Yen.[20]

Immer mehr erstarkte in der japanischen Öffentlichkeit die Kritik an dieser „Plutokratischen Politik“ (Kinken Seiji) der LDP, in die selbst bürgerliche Massenmedien einstimmen mußten. Immer neue Korruptions- und Bestechungsaffären wurden bekannt. Eine von ihnen war der Lockheed-Skandal, eine Bestechungsaffäre, inszeniert vom amerikanischen Flugzeugkonzern Lockheed zur Sicherung seines Absatzes auf den Weltmärkten. In ihn war in Japan neben anderen Regierungsmitgliedern auch der ehemalige Ministerpräsident Tanaka verwickelt. Ihm wird zur Last gelegt, bedeutende Bestechungssummen entgegengenommen zu haben. Der Gerichtsprozeß gegen ihn lief noch 1983. Tanaka trat zwar offiziell aus der Partei aus, hat aber unverändert großen Einfluß und zählt nach wie vor zu den „Königsmachern“ der Partei. Die stärkste Fraktion in der LDP läuft noch immer unter seinem Namen. Bei allen Parlamentswahlen wurde er wiedergewählt und 1980 als „Unabhängiger“ Mitglied des Disziplinarausschusses des Unterhauses, der über Fehlverhalten von Abgeordneten zu richten hat.

Die wachsende Unzufriedenheit, Unruhe und Kritik der Öffentlichkeit an der LDP führten u. a. dazu, daß 1975 ein Gesetz zur Revision der Politischen Fonds im Parlament verabschiedet werden mußte. Das Gesetz machte zwar eine striktere Kontrolle der „Schenkungen“ an die Parteien und die Veröffentlichung der Jahreseinnahmen zur Pflicht, änderte am System jedoch grund-

---

[19] Zahlenangaben siehe „The Japan Times“ vom 10. 9. 1977.

[20] Asahi nenkan 1977, S. 286. Zum Vergleich: Ein vollbeschäftigter Industriearbeiter in einem Betrieb mit 30 und mehr Mitarbeitern erhielt 1975 einen festen Monatslohn von durchschnittlich 130000 Yen. Die Wahlsumme von 200 Millionen Yen für einen Oberhauskandidaten entsprach somit dem festen Brutto-Jahreseinkommen von weit über 100 Industriearbeitern der besser bezahlten Kategorie. Siehe Keizai yōran 1980, S. 268.

sätzlich nichts. Das zeigen auch Angaben des japanischen Ministeriums für Selbstverwaltung. (Siehe nachfolgende Tabelle.)

Einnahmen der Parteien 1977 und ihre Herkunft

Partei	Einnahmen in Mill. Yen	Herkunft der Einnahmen in Prozent						
		Mitgliedsbeiträge	Parteiorgane	individuelle Beiträge	Beiträge von Unternehmern	Beiträge anderer Organisationen	Anleihen	andere
KPJ	17355	4,4	94,6	0,7	—	—	—	0,3
LDP	10081	1,0	4,1	2,5	75,3	0,7	—	16,4
Kōmeitō	7126	14,6	84,7	—	—	—	—	0,7
SPJ	4058	35,4	46,6	0,1	—	3,6	—	14,2
DSP	1375	9,1	12,1	1,8	35,5	12,1	10,7	18,5
NLK	852	1,6	2,4	4,3	6,9	4,8	34,0	46,0
SDF	42	4,5	4,2	6,4	3,5	11,8	47,5	22,1

Quelle: „Akahata“ vom 20. 7. 1978.

Mitte der siebziger Jahre trat die Krise in der LDP immer offener zutage. Anläßlich des 20jährigen Bestehens der Partei schrieb die Zeitung „The Japan Times“ (27. 11. 1975): „Die gegenwärtige Situation in der LDP ist schwerlich zum Feiern angetan. Im Gegenteil hängen schwarze Wolken über dem Regime, das in den vergangenen 20 Jahren die Macht monopolisierte. In der Ausgabe des Parteiorgans ‚Jiyū Shimpō‘ zum 20. Jahrestag erklärte Premierminister Miki: „Wir sind mit solchen Schwierigkeiten konfrontiert, wie sie nie zuvor auftraten‘ “.

Das „Krisengefühl“ und die berechtigten Sorgen von Miki und anderen Parteiführern resultierten vor allem aus der 1974 voll ausgebrochenen Wirtschaftskrise, die sich auf alle Bereiche des gesellschaftlichen Lebens auswirkte und Unsicherheit und Unzufriedenheit in immer breiteren Bevölkerungsschichten erzeugte. Sie resultierten aus zunehmenden Fraktions- und Machtkämpfen in der Partei, aus einem seit Jahren anhaltenden Rückgang des Vertrauens der Wählermassen und einem damit parallel verlaufenden Erstarken der Oppositionsparteien.

Gab es 1975 in der LDP noch ein „Krisengefühl“, so kann

man 1976 durchaus als das Jahr der bis dahin tiefsten Krise in ihrer Parteigeschichte bezeichnen. Es begann mit der Aufdeckung des Lockheed-Skandals im Februar. Alle Oppositionsparteien forderten — teilweise aus dem Motiv heraus, für sich bei den für 1976 anstehenden Unterhauswahlen daraus Kapital zu schlagen — die völlige Aufklärung des Falles. Zu diesem Zweck boykottierten sie zeitweise die Parlamentssitzungen. Das Budget konnte nicht rechtzeitig angenommen werden. Ministerpräsident Miki gab nach, er versprach die Aufklärung. In der LDP entstand daraufhin eine starke Anti-Miki-Bewegung, der die großen Fraktionen Tanaka, Fukuda und Ōhira sowie die von Shiina angehörten. Sie alle fürchteten um den eigenen und den Prestigeverlust der Partei, wenn die Korruption einiger führender LDP-Politiker gerichtsnotorisch würde. Im Verlaufe des Jahres kam es zu drei Sturzversuchen der Regierung Miki, die an Intensität zunahmen, als dieser seinen Vorgänger Tanaka am 27. Juli verhaften ließ.[21] Im September traten schlagartig 15 seiner Minister zurück, alles Mitglieder der Anti-Miki-Fraktionen. Bereits im Juli war es zur ersten Spaltung der LDP gekommen, als einige Abgeordnete aus der Partei austraten und den Neoliberalen Klub bildeten. Zu den Parlamentswahlen schließlich formierten sich zwei separate Wahllager in der LDP, eines unter Miki und eines unter Leitung seines Widerparts Fukuda. Das Ergebnis war entsprechend und unterstrich die Krise in der LDP: Die Partei erlitt die größte Niederlage seit ihrem Bestehen. Mit 249 von insgesamt 511 Abgeordneten erreichte sie erstmals weniger als die Hälfte aller Sitze. (In den folgenden Tagen und Wochen traten einige „Unabhängige" der LDP bei, so daß sie auf über 260 Sitze kam.)

Der Verlust von 22 Mandaten im Vergleich zur vorangegangenen Wahl, der Rückgang der LDP-Wählerstimmen auf den bisherigen Tiefpunkt von 41,78 Prozent und das Gespenst einer größeren organisatorischen Spaltung bargen nicht nur für die Partei selbst die Gefahr des Verlustes ihrer Alleinherrschaft und wirkten so in gewisser Weise ernüchternd für sie — es erwuchs vor allem für das Monopolkapital die Gefahr, seine bisherige Politik nur unter

---

[21] Verhaftet wurden ferner sein Privatsekretär Toshio Enomoto (27. 7.), der damalige stellvertr. Parlamentsminister für Transportwesen Takayuki Satō (20. 8.), der ehemalige Minister für Transportwesen Tomisaburō Hashimoto (21. 8.) sowie eine Reihe von Direktoren und Vorstandsmitgliedern insbesondere des Handelshauses Marubeni und der Fluggesellschaft Zennikkū. Siehe „Shakai Shimpō" vom 24. 10. 1976.

erschwerten Bedingungen weiterführen zu können. Sein Druck nahm entsprechend zu. Die Reformierung der LDP stand als dringende Aufgabe, um damit das Image der Partei in der Öffentlichkeit wieder aufzupolieren.

Nachdem Miki noch im Dezember gezwungen wurde, die „Verantwortung" für die Wahlniederlage auf sich zu nehmen und zurückzutreten, erklärte Fukuda als neuer LDP-Präsident am 26. Januar 1977 das, was auch sein Vorgänger schon gefordert hatte: „Eine Reform der Liberaldemokratischen Partei muß unter allen Umständen verwirklicht werden."[22] Eine Parteireformkommission wurde gebildet, deren Vorschläge der 33. Außerordentliche Parteitag am 25. April 1977 annahm. Die Reform sah vor[23]

— die Auflösung aller Fraktionen,
— die Bildung des Liberalen Volkskongresses (Jiyū Kokumin Kaigi) als Organisation der Parteifreunde mit dem Ziel, Parteiorganisation und Parteifinanzen zu stärken (Ziel: 1 Million Mitglieder),
— eine demokratische Wahl des Parteipräsidenten durch Teilnahme aller Mitglieder und organisierten Parteifreunde.

Als Ergebnis kam folgendes heraus:

1. Tatsächlich lösten sich zunächst alle Fraktionen nacheinander auf. Kurze Zeit später allerdings fanden sie sich in unveränderter Form in verschiedenen „Studiengesellschaften" wieder zusammen. Ihre Aktivitäten nahmen in Vorbereitung und Durchführung der Parteipräsidentenwahl Ende 1978 erneut die bekannten Formen an. Auch finanziell: Allein die 5 größten Fraktionen hatten 1977 2,3 Milliarden Yen eigene Einnahmen.[24]

2. Der Liberale Volkskongreß[25] verfolgte das Ziel, Freunde und Helfer der LDP aus kleinen Geschäftsleuten, Lohnarbeitern, Bauern und anderen Schichten zusammenzuschließen. Für einen Jahresbeitrag von 10000 Yen sollten sie das Recht haben, an der Präsidentenwahl teilzunehmen und somit auch den künftigen Ministerpräsidenten mitbestimmen zu können. Man räumte ihnen nach diesem Modus die Möglichkeit ein, sich für einen bestimmten finanziellen Beitrag

---

22 Asahi nenkan 1978, S. 234.

23 Ebenda, S. 269.

24 „Akahata" vom 20. 7. 1978.

25 In der englischsprachigen japanischen Presse sind für „Jiyū Kokumin Kaigi" die Begriffe „Free People's Congress" oder auch „Free National Congress" zu finden.

etwas „demokratische Mitbestimmung" zu kaufen. Alles hat seinen Preis!

Daß letztlich ganz andere bestimmten, werden wir noch sehen.

Interessanter jedoch als die Bewegung zur Organisierung von Parteifreunden, die nicht die erwarteten Erfolge brachte, war die Bewegung zur Gewinnung neuer Mitglieder. In Ergänzung zur Parteireform vom April 1977 wurde später die Aufgabe formuliert, bis Ende Februar 1978 die Mitgliederzahl auf über 2 Millionen zu erhöhen.[26] Wer sich bis Ende Februar 1978 als Parteimitglied registrieren ließ und bis August desselben Jahres seinen Jahresbeitrag von 1500 Yen ablieferte, konnte an der Präsidentenwahl teilnehmen.[27]

Dieser Beschluß bedeutete den Startschuß für die einzelnen Fraktionen, eigene Mitglieder zu gewinnen, um die Wahl ihres Kandidaten bei der Präsidentschaftswahl zu sichern. Das bedeutete, daß zwar dem Namen nach eine Kampagne zur Gewinnung neuer Parteimitglieder begann; tatsächlich aber war es ein Wettlauf zur Sicherung von möglichst vielen Fraktionsmitgliedern und damit -stimmen. „The Japan Times" schrieb bereits am 3. November 1977, „daß einige Abgeordnete, die mit einflußreichen Parteiführern assoziiert sind, begonnen haben, neue Parteimitglieder zu rekrutieren. Offensichtlich haben sie dabei ein Auge auf die bevorstehende Vorwahl (des Parteipräsidenten). Derartige Bewegungen können keine faire Wahl sichern. Es werden sich im Gegenteil schmutzige Wahlen in den lokalen Distrikten ausbreiten."

Die Parteimitgliedschaft entwickelte sich nach Angaben des LDP-Vorstandes Anfang 1978 wie folgt:

20. 1. 1978 470000 Mitglieder[28]
26. 2. 1978 1385000 Mitglieder[29]
28. 2. 1978 1517000 Mitglieder[30].

In 6 Wochen verdreifachte sich also die Mitgliederzahl. Im Schnitt kamen täglich ca. 27000 hinzu!

Die „Mainichi Daily News" vermerkte am 19. Februar 1978, daß die großen Fraktionen jedes ihrer Mitglieder „vorgeblich" verpflichtet hätten, „mindestens 1000 Neue anzugehen, um ihre jeweilige Stärke

---

[26] „Asahi Shimbun" vom 27. 2. 1978.
[27] Ebenda.
[28] „Mainichi Daily News" vom 19. 2. 1978.
[29] „Asahi Shimbun" vom 27. 2. 1978.
[30] „Asahi Evening News" vom 28. 2. 1978.

in der Partei zu erhöhen". „The Japan Times" vom 23. Februar 1978 schrieb: „Die zur Ōhira-Fraktion gehörenden Abgeordneten sagen offen: ‚Die Gewinnung neuer Mitglieder ist direkt damit verbunden, Mr. Ōhira zum LDP-Präsidenten zu machen'."

Die 1,5 Millionen Mitglieder Ende Februar 1978 verteilten sich auf die Fraktionen wie folgt[31]:

Fukuda	237000
Ōhira	190000
Tanaka	186000
Nakasone	147000
Miki	147000
andere	113000
nicht gebundene	480000.

Waren vorher schon vor allem auf lokalem Gebiet „die LDP-Organisationen zumeist Unterstützer spezifischer Persönlichkeiten", die „nur an ihre Bosse gebunden und völlig ohne das Bewußtsein (sind), Mitglied der LDP zu sein",[32] so hat sich mit der „Parteireform" der Fraktionalismus der Parteispitze in der gesamten Partei weiter gefestigt.

3. Als Kandidat für die Wahl des Parteivorsitzenden konnte sich aufstellen lassen, wer über die Unterstützung von mindestens 20 Parlamentsabgeordneten verfügte. Die danach nominierten Kandidaten traten zu einem ersten Wahlgang der Mitglieder und Parteifreunde an, und die beiden, die die meisten Mitgliederstimmen auf sich vereinigten, stellten sich dann in einer zweiten Wahl den Parlamentsabgeordneten.[33] Die „Demokratisierung" der Präsidentenwahl hatte damit letztlich keine wesentlichen Veränderungen gebracht: Die Abgeordneten entschieden allein darüber, wer als Kandidat nominiert werden konnte, und im alles entscheidenden zweiten Wahlgang auch über den Präsidenten und damit zugleich über den Premierminister, so wie bereits in den vorangegangenen Jahren auch.

Sieger dieser Wahl von 1978 wurde Masayoshi Ōhira.[34] Das

---

[31] „The Japan Times" vom 5. 5. 1978.

[32] „Mainichi Daily News" vom 29. 10. 1977.

[33] Siehe Asahi nenkan 1978, S. 269.

[34] Ōhira erhielt in der „Vorwahl" 748 Punkte (1 Punkt = 1000 Stimmen), Fukuda 110, Nakasone 93, Kōmoto 46 (siehe Asahi nenkan 1979, S. 269). Die Addition ergibt, daß nicht einmal 1 Million von den damals offiziell 1,5 Millionen Mitgliedern und Parteifreunden an der „Wahl" teilnahmen.

Ergebnis kam nicht ganz unerwartet. Die japanischen Massenmedien, die die Fraktionskämpfe in der LDP stets aufmerksam verfolgten, sagten es nicht erst 1978 voraus. 1976 konnte Fukuda nur LDP-Präsident werden durch die Unterstützung der Ōhira-Fraktion, und „es kam das Gerücht auf", wie „The Japan Times" gut ein Jahr vor den Wahlen, am 3. November 1977, schrieb, „daß zwischen den Anhängern von Masayoshi Ōhira ... und denen von Fukuda ein Geheimpakt abgeschlossen worden war, wonach Fukuda die Macht zwei Jahre später an Ōhira abtritt". Etwas überraschend für einige kam eigentlich nur, daß Fukuda sich dennoch bis zuletzt an seine Macht klammerte und sie zu verlängern suchte, so daß sich beide von Partnern zu offenen Konkurrenten entwickelten.

Die Parteiform brachte also letztlich keine wesentlichen Wandlungen, weder im Charakter der LDP noch in ihrer Politik. Bereits bei der Wahl des Ōhira-Nachfolgers im Juli 1980 wurde ihr viel propagiertes Kernstück, die „demokratische" Wahl des Parteivorsitzenden, wieder „vergessen". Denn so wie in der Vergangenheit erfolgte die Vergabe des Präsidentenamtes an Zenkō Suzuki lediglich durch Absprachen zwischen den Fraktionschefs. Seine Bestätigung als Premierminister durch die LDP-Mehrheit im Parlament war nur noch eine reine Formalität.

Zu den Unterhauswahlen am 7. Oktober 1979 verkündete die LDP das Ziel, mindestens 271 Sitze zu erringen, um in allen Parlamentsausschüssen die Mehrheit zurückzuholen und völlig souverän entscheiden zu können. Zwar gelang es ihr, knapp 3 Prozent mehr Stimmen als bei den vorangegangenen Wahlen 1976 zu erreichen, doch verzeichnete sie mit nur 248 gewonnenen Mandaten erneut einen Rückschlag. Lediglich durch den Übertritt einiger „Unabhängiger" konnte sie mit 258 der 511 Abgeordneten eine knappe Mehrheit im Parlament behaupten.

Im Ergebnis der Wahl tauchten in der LDP erneut nachdrückliche Forderungen nach dem Rücktritt von Ōhira auf. Dieser war indes nicht bereit, die „Verantwortung" für die Wahlniederlage zu übernehmen, so wie es 1976 Takeo Miki tat. Die neuerlichen Machtauseinandersetzungen führten zu einer mehrwöchigen Regierungskrise, und erst Anfang November wurde Ōhira schließlich mit lediglich 138 von 258 Stimmen der LDP im Unterhaus als Ministerpräsident bestätigt. Sein Gegenkandidat Fukuda unterlag nur knapp. Der Kampf um die Macht aber setzte sich fort und erreichte im Mai 1980 einen erneuten Höhepunkt.

Zu diesem Zeitpunkt rüstete ein Teil der Oppositionsparteien, bei den für Juni 1980 fälligen Teilwahlen zum Oberhaus eine Vorentscheidung zur Beendigung der LDP-Alleinherrschaft zu erzwingen. Diesem Ziel dienten auch die Übereinkommen über die Bildung einer künftigen Koalitionsregierung zwischen Kōmeitō — DSP und Kōmeitō — SPJ um die Jahreswende 1979/80. Den von der SPJ im Mai 1980 im Parlament eingebrachten Mißtrauensantrag gegen die Regierung Ōhira unterstützten alle Oppositionsparteien. Sicher sollte der Antrag vor allem dazu dienen, der SPJ und anderen Oppositionsparteien einen günstigen Start für die beginnende Wahlkampagne zu geben.

Kaum jemand zweifelte daran, daß dieser Mißtrauensantrag der Opposition so wie all seine Vorgänger bei der Abstimmung im Parlament an der LDP-Mehrheit scheitern würde. Doch es kam anders: Mit 243 gegen nur 187 Stimmen wurde er angenommen. Den Ausschlag dafür gab die Abwesenheit von 69 Abgeordneten aus den Fraktionen Fukuda und Miki. Die beiden ehemaligen Ministerpräsidenten und Fraktionschefs beabsichtigten mit diesem Schritt, durch den Sturz von Ōhira einen Machtwechsel in der LDP-Führung zu erzwingen. Dieses Ziel, das sie bereits seit längerem, konzentriert aber nach den Oktoberwahlen 1979 anstrebten, erreichten sie indes nicht. Laut Verfassung hatte der Premierminister nach der Annahme des Mißtrauensantrages die Möglichkeit, zurückzutreten oder das Parlament aufzulösen. Ōhira wollte seine Macht nicht aufgeben. Er stellte sich seinen Rivalen in der eigenen Partei zum Kampf, löste das Unterhaus am 19. Mai auf und schrieb Neuwahlen aus. Am 12. Juni starb er an einem Herzinfarkt.

Erneut hatte die Krise in der LDP einen Punkt erreicht, der die Gefahr einer Spaltung in sich barg. Noch am 26. Mai 1980 schrieb die englischsprachige japanische Zeitung „The Daily Yomiuri“: „Trotz des ‚zeitweiligen Waffenstillstandes‘, der vergangenen Donnerstag (22. Mai — R. H.) zwischen den zankenden Fraktionen in der Liberaldemokratischen Partei erreicht wurde, setzen sich die Spekulationen fort, daß die nichtregierenden Fraktionen eventuell die LDP verlassen und eine neue Partei gründen werden.“ Diese „nichtregierenden Fraktionen“ um Fukuda und Miki hatten bereits kurze Zeit vorher den „Rat für die Regeneration der LDP“ gebildet, und aus Kreisen der „Anti-Ōhira-Aktivisten“ verlautete, daß der Name der neuen Partei „Liberale Partei“ bzw. „Progressive Liberale Partei“ sein solle.

Angesichts dieser Situation — des Sieges der Opposition im Parlament über eine bis an die Grenze der Spaltung zerstrittene

LDP — rechneten kaum die kühnsten Prognostiker mit einem klaren Sieg der Konservativen bei den bevorstehenden Wahlen. Eher kalkulierte man die Möglichkeit ein, daß die LDP die Mehrheit einbüßen könnte und ihre seit 1955 währende Alleinherrschaft einer Koalitionsregierung weichen müßte.

Doch erneut wurden alle Prognosen über den Haufen geworfen. Das Ergebnis der am 22. Juni 1980 erstmals an einem Tage durchgeführten Wahlen zum Unter- und Oberhaus des japanischen Parlaments war ein klarer Sieg der LDP. Im Unterhaus gewann sie 284 von 511 und im Oberhaus verfügte sie nunmehr über 135 der 252 Sitze. Damit errang sie in beiden Häusern die Mitte der siebziger Jahre verlorengegangene stabile Mehrheit wieder. Sie erreichte eine Stärke, wie sie sie zuletzt Ende der sechziger Jahre besaß. Die neue Situation ist für die herrschenden Kräfte positiv und ermöglicht ihnen die Fortsetzung der bisherigen konservativen Politik.

Insgesamt kann festgehalten werden, daß die LDP, seit ihrer Gründung von Fraktions- und Machtkämpfen geschüttelt, seit den sechziger Jahren einen steigenden Vertrauensschwund im japanischen Volk und einen entsprechenden Rückgang an Wählerstimmen hinnehmen mußte, der mit dem Ausbruch der Krise in den siebziger Jahren rapide fortschritt. (Siehe S. 225ff.) Er brachte sie zwar an die Grenze ihrer Alleinherrschaft, konnte diese aber nicht beenden. Der Sieg bei den Parlamentswahlen im Sommer 1980, auf dessen Ursache an anderer Stelle näher eingegangen wird (S. 234ff.) zeigt auf alle Fälle, daß die Partei noch über Potenzen verfügt, die ihr die Aufrechterhaltung ihrer Alleinherrschaft über weitere Jahre gestatten. Sollte es in den achtziger Jahren im Ergebnis innen- und außenpolitischer sowie insbesondere auch innerparteilicher Entwicklungen zu Labilitätserscheinungen kommen, die zur Bildung einer Koalitionsregierung führen, so bieten sich der LDP Bildung einer Koalitionsregierung führen, so bieten sich der LDP oder Teilen der konservativen Kräfte aus heutiger Sicht bereits mehrere Parteien als Partner an: die Demokratisch-Sozialistische Partei, die Kōmeitō, der Neoliberale Klub und die Sozialdemokratische Föderation.

Die Demokratisch-Sozialistische Partei

Kurzbezeichnung: DSP
japanischer Name: Minshatō (bis zu ihrem 13. Parteitag 1970: Minshu Shakaitō)
gegründet: 24. 1. 1960

Mitglieder:	70000
Abgeordnete:	Haus der Abgeordneten 32 (31)
	Haus der Räte 11
Organ:	„Shūkan Minsha“ (wöchentl.) 170000 Expl.
theoretisches Organ:	„Kakushin“ (monatl.) 23000 Expl.

Die Demokratisch-Sozialistische Partei entstand in Fortsetzung rechtssozialdemokratischer Traditionen innerhalb der sozialistischen Bewegung Japans. Ihre politische Tätigkeit ist orientiert auf die Verhinderung einer Einheit der progressiven Kräfte des Landes, wobei sie sich von einem ausgeprägten antikommunistischen Standpunkt leiten läßt. Bereits die Gründung der Partei hatte ihren Ausgangspunkt in der Abspaltung eines starken rechten Flügels von der SPJ. In der Gewerkschaftsbewegung ist sie aktiv bei der Verbreitung sozialreformistischen und opportunistischen Gedankengutes. Ihre wiederholte Zusammenarbeit mit der Liberaldemokratischen Partei sowie eine starke finanzielle Abhängigkeit von den Monopolen trugen ihr den Beinamen „Zweite LDP“ oder auch „Hilfs-“ bzw. „Ersatz-LDP“ ein. Sie ist Mitglied der Sozialistischen Internationale und steht auf deren rechtem Flügel.

Bereits 1951 führten — wie im Abschnitt über die SPJ dargestellt — starke Meinungsverschiedenheiten zum separaten Friedensvertrag mit den USA, insbesondere aber zum japanisch-amerikanischen Sicherheitspakt zu einer mehrjährigen Spaltung der SPJ in eine linke und eine rechte Gruppe.

Auch in der Folgezeit bildete das Bekenntnis gegen oder für den Sicherheitspakt unter den progressiven japanischen Kräften stets ein wichtiges Kriterium für den Charakter einer Partei oder Bewegung. Wiederholt diente es als Faktor der Verständigung oder der Konfrontation unter den politischen Kräften des Landes. Inmitten des Kampfes gegen die Revision dieses Paktes, im Oktober 1959, trennten sich 57 Abgeordnete des äußersten rechten Flügels unter Suehiro Nishio von der SPJ und gründeten wenige Monate später die Demokratisch-Sozialistische Partei.

Divergierende Ansichten zum Militärpakt mit den USA boten jedoch nur den äußeren Anlaß zur Spaltung. Die wahren Ursachen lagen tiefer. Sowohl 1951 als auch 1959 war es den rechten Kräften nicht gelungen, sich gegen eine auf Klassenkampfpositionen stehende Mehrheit in der SPJ durchzusetzen. „Die fundamentale Ursache der Spaltung“, heißt es daher im Programm der DSP, „waren ideologische Differenzen zwischen dem demokratischen Sozialismus und dem Marx-Sozialismus. Deshalb wurde unsere Partei durch die demokratischen Sozialisten organisiert."[35] Die DSP entstand folglich im Kampf gegen die politischen Klassenkräfte in der SPJ, gegen den Marxismus und gegen den Kommunismus. Dieser ihrer Linie blieb sie konsequent treu.

Die quantitative Entwicklung der Partei in den zurückliegenden 20 Jahren ihrer Geschichte stagnierte weitgehend. Ihre Mitgliederstärke stieg bis Mitte der sechziger Jahre auf etwa 40000 und hat sich seitdem kaum weiterentwickelt. Ihre Schwäche als zahlenmäßig kleine Partei kompensiert sie vornehmlich durch ihre enge Verbundenheit mit dem Gewerkschaftsverband Dōmei. Zur Zeit ihrer Gründung hatte sie 40 Sitze im Haus der Abgeordneten und 17 im Haus der Räte, sämtlich Abtrünnige der Sozialistischen Partei. Damals verkündete ihr erster Vorsitzender, Suehiro Nishio, daß seine Partei in 5 Jahren die Regierungsmacht übernehmen werde.[36] Tatsächlich aber hat sie ihre Ausgangsstärke von 57 Sitzen im Parlament bis heute nicht wieder erreicht. Die Zahl der für sie abgegebenen Stimmen bewegt sich um 3,5 Millionen und liegt unter 7 Prozent. Ihre Wählerschaft kommt vorwiegend aus Mitgliedern des Dōmei und damit Arbeitern privater Großunternehmen. Nicht selten werden die Beschäftigten bestimmter Konzerne (z. B. der Autokonzerne Nissan Motor und Toyota Motor, der Konzerne Mitsubishi Shipbuilding and Engineering u. a.[37]) kollektiv zur Wahl eines DSP-Kandidaten durch die Konzern- und Gewerkschaftsleitung verpflichtet. Der andere Teil ihrer Wähler rekrutiert sich weitgehend aus Mittelschichten. Der 23. Parteitag 1978 beschloß, die Mitgliederstärke auf 100000 zu erhöhen und eine Unterstützerorganisation von 3 Millionen Parteihelfern aufzubauen.[38]

In ihrem Programm charakterisiert sich die DSP als „eine politische Vereinigung von Menschen, die an die Prinzipien des demokratischen Sozialismus glauben". Sie „will Kapitalismus und Totalitarismus von links wie von rechts überwinden" und betont, daß sie „keine Klassenpartei ist, die meint, daß eine bestimmte Klasse exklusiv mit einer historischen Mission ausgestattet sei, die sozialistische Gesellschaft zu errichten".[39] Damit definiert sie ihren Charakter

---

[35] This is Minshato. The Japan Democratic Socialist Party. Tōkyō 1977, S. 21.

[36] Kōichi Kishimoto, S. 117.

[37] „Japan Press Weekly Bulletin", No. 1013, 2. 10. 1976, S. 7 und No. 1183, 23. 2. 1980, S. 10.

[38] „Asahi Evening News" vom 31. 4. 1978.

[39] This is Minshato, S. 18f.

selbst als sozialdemokratisch, leugnet bewußt die historische Mission der Arbeiterklasse und unterstreicht ihren Antikommunismus („Totalitarismus von links“).

Obgleich sie sich ausdrücklich nicht als Klassenpartei versteht, behauptet sie in einem Punkt der „Grundprinzipien“ ihres Programms, „nach der Realisierung einer sozialistischen Gesellschaft“ streben zu wollen. Durchaus richtig heißt es dort weiter, daß der Kapitalismus „den Menschen zu einer Handelsware reduziert und Ausbeutung des Menschen durch den Menschen mit sich bringt. Bürgerliche Freiheiten werden leere Worte bleiben ohne Überwindung der kapitalistischen Wirtschaft ...“[40] Dieses „Grundprinzip“ trägt zweifellos der Tatsache Rechnung, daß die Partei ihren Einfluß auf Teile der Arbeiterklasse halten und möglichst ausbauen möchte. In Wirklichkeit aber ist weder ihr Programm noch ihre konkrete Politik ernsthaft darauf orientiert, den Kapitalismus zu beseitigen. Das geht auch aus dem wirtschaftlichen Teil ihres Programms hervor, in dem u. a. folgende Vorstellungen fixiert sind[41]:

— für eine „Planwirtschaft“, doch soll diese nicht zu weit gehen, „damit die Planung nicht zur Annullierung der Initiative des Individuums führt“;
— „gegen eine Nationalisierung um der Nationalisierung willen“, d. h., es sollen lediglich die Industrien, „die von vitalem Interesse für das Leben des Volkes sind, . . . soweit wie nötig in unterschiedlichem Grade unter die Kontrolle und Leitung des Staates gestellt werden“. Ebenso wendet sich die DSP „gegen eine Nationalisierung des Ackerlandes sowie der Land-, Forst- und Fischereiwirtschaft“;
— um die „Macht der Manager in den großen Unternehmen, sowohl öffentlichen wie privaten“, nicht allzusehr anwachsen zu lassen,

---

40 Ebenda, S. 18. Die anderen „Grundprinzipien“ sind:
— Achtung der „Würde der Person“, „freie Entwicklung der individuellen Persönlichkeit“;
— Erweiterung der „bürgerlichen Freiheiten des Individuums zu einem Maximum“;
— „Schutz und Entwicklung der parlamentarischen Demokratie“, doch „absolute Opposition gegenüber einer gewaltsamen Revolution und Diktatur sowohl von links wie von rechts“;
— Verteidigung des „pazifistischen Geistes“. (siehe ebenda).

41 Ebenda, S. 26ff.

sei es „notwendig, die Stimme der Beschäftigten im Management zu erhöhen".

Die von der DSP propagierte „Überwindung der kapitalistischen Wirtschaft" soll demnach in erster Linie durch deren stärkere Kontrolle und Leitung durch den Staat erreicht werden. Der „Staat" solle eine „Planwirtschaft" durchführen, die die „Übel der monopolistischen Praxis beseitigt". Gleichzeitig sollen jedoch die „Vorzüge des Preismechanismus und der (kapitalistischen) Konkurrenz" beibehalten bleiben. Beides aber sind wesentliche Triebkräfte für die Herausbildung von Monopolen und somit auch der „monopolistischen Praxis". Zudem sollen die Kontrolle und Leitung des Staates nur „soweit wie nötig in unterschiedlichem Grade" in einigen Industriezweigen erfolgen, „die von vitalem Interesse für das Leben des Volkes sind". Man kann es kaum weiter einschränken, ohne überhaupt noch etwas dazu zu sagen. Um dem Ganzen einen demokratischen Anstrich zu geben, soll „die Stimme der Beschäftigten im Management" erhöht werden.

Die Linie der DSP läuft inhaltlich letztlich darauf hinaus, das kapitalistische System zwar teilweise zu reformieren, es als solches aber zu erhalten. Mit der Erhaltung des kapitalistischen Systems wiederum bleibt auch die Ausbeutung, die die DSP abzuschaffen als Ziel vorgibt, erhalten und macht die „Realisierung einer sozialistischen Gesellschaft" unmöglich.

In ihrer praktischen Politik erweist sich die Partei als echte Stütze des kapitalistischen Systems, als Faktor, den das Monopolkapital in seine eigene Politik einbezieht. Dies zeigt sich u. a.

— in ihrer Spaltertätigkeit in der Gewerkschaftsbewegung und in ihrer Linie der Harmonie zwischen Kapital und Arbeit;
— in ihrer finanziellen Abhängigkeit vom Monopolkapital;
— in ihrem stark ausgeprägten Antikommunismus und
— in ihren Vorstellungen von einer künftigen Koalitionsregierung.

Auf ihre Spaltertätigkeit in der Gewerkschaftsbewegung und ihr Bemühen, die Arbeiter über den Dōmei auf eine Linie der Harmonie mit dem Kapital zu orientieren, ist bereits in Kapitel II mehrfach hingewiesen worden. Als typisch für die den Interessen der Arbeiterklasse zuwiderlaufende Haltung der DSP sei hier noch angemerkt, daß sie den großen Kampf der Arbeiter und Angestellten der öffentlichen Unternehmen für die Wiedergewinnung des Streikrechts Ende 1975 für ungesetzlich erklärte.[42] Wiederholt forderte sie in der

[42] Siehe Asahi nenkan 1977, S. 269.

Vergangenheit die LDP-Regierung auf, mit strengen Strafen gegen Streiks von Regierungs- und Gemeindearbeitern vorzugehen.[43]

Für die Hilfestellung gegen die Arbeiterklasse zeigte sich das Monopolkapital dankbar, auch finanziell. Die „Akahata" vom 20. Juli 1978 informiert, daß beispielsweise von den Gesamteinnahmen der DSP im Jahre 1977 51,4 Prozent aus Unternehmerkreisen kamen, was bedeutet, daß die Parteiarbeit zur Hälfte aus „Spenden" der Privatwirtschaft lebt. Der Generalsekretär der DSP, Saburō Tsukamoto, erklärte im Dezember 1977 im Fernsehen offen: „Von den Kapitalisten Geld und Kapital zu erhalten ist nichts Unangemessenes."[44]

Ideologische Grundlage der Partei ist ausgeprägter Antikommunismus. Im Programm wird die verlogene Behauptung aufgestellt, daß der Kommunismus „die Revolution um der Revolution willen verficht" und „zu einer Theorie zur Rechtfertigung der Machtusurpation und folgerichtig zur Ausübung der Diktatur wurde". Der Kommunismus habe viel Gemeinsames mit dem Faschismus, der erst „als Reaktion auf den Kommunismus entstand".[45]

Historisch formierte sich tatsächlich der Faschismus erst nach der kommunistischen Bewegung. Er entstand als politisches Herrschaftsinstrument des Monopolkapitals zur Unterdrückung des revolutionären Proletariats. Während das revolutionäre Proletariat, allen voran die in den kommunistischen Parteien organisierten Klassenkräfte, ihr Leben im Kampf für die sozialen und politischen Interessen der Mehrheit des Volkes einsetzten, bedeutete die Errichtung faschistischer Regime die brutale Diktatur gegen das Volk im Dienste einer ausbeutenden Minderheit. Diese äußerst konträren politischen Zielstellungen auch nur auf eine Stufe zu setzen ist nicht schlechthin unwissenschaftlich, es ist extrem reaktionär. Daraus auch noch die Schlußfolgerungen abzuleiten, daß man dem Faschismus durch den „Kampf gegen den Kommunismus" begegnen müsse, bedeutet auch heute, faschistischen Strömungen Vorschub zu leisten und sich diesen objektiv anzunähern. Die DSP jedenfalls räumt in ihrer programmatischen Aufgabenstellung, „den Totalitarismus von links wie von rechts (zu) überwinden", „von links" Priorität ein gegenüber „von rechts" und unterstreicht damit, daß für sie die Kontrastellung

---

[43] Siehe „Shakaishugi", No. 166, Febr. 1980, S. 8.

[44] „Akahata" vom 7. 3. 1978 (vgl. auch die Tabelle über die Parteieinnahmen auf S. 191).

[45] This is Minshato, S. 20.

zum Kommunismus Vorrang besitzt. In seiner damaligen Eigenschaft als Vorsitzender der DSP erklärte Ikkō Kasuga auf einer Veranstaltung mit Vertretern der privaten Wirtschaft (und mehr als einmal!), daß man den Kommunismus, konkret die KP Japans, „zerschlagen, vertilgen muß“[46]. Der Antikommunismus der DSP zeigt sich auch in der Außenpolitik u. a.

— in ihrer seinerzeitigen Unterstützung der USA-Aggression gegen das vietnamesische Volk, da diese Aggression lediglich der Widerstand „gegen die kommunistische Aggression“ sei;
— in einer permanenten Hilfestellung für das Militärregime in Südkorea;[47]
— in einer offenen Unterstützung des Militärregimes in Chile;
— in der Verteidigung des japanisch-amerikanischen Sicherheitspaktes, begründet mit der „Gefahr“ der kommunistischen Umwelt.[48]

In ihrer Koalitionspolitik verfolgte die DSP etwa bis Mitte der siebziger Jahre nach außen die Linie: „Gegen die Liberaldemokratische Partei und gegen die Kommunistische Partei Japans“. Sie trat deshalb ein für gemeinsame Aktionen im Parlament und bei Regionalwahlen mit der Kōmeitō und der SPJ. Sie wandte sich entschieden gegen eine Zusammenarbeit mit der KPJ, kritisierte den SPJ-Standpunkt einer Kooperation mit allen Oppositionsparteien und unterstützte die rechten Kräfte in der SPJ um Saburō Eda. Schon damals bemühte sie sich um engere Kontakte besonders zur Kōmeitō. Sie schloß aber auch wiederholt Wahlbündnisse mit der LDP und votierte vielfach für deren Gesetzesanträge im Parlament.

Auf ihrem 19. Parteitag im Februar 1975 erklärte sie in ihrem Aktionsprogramm erstmals offen ihre Absicht, nach einem Mehrheitsverlust der LDP im Parlament nicht sofort „eine progressive und revolutionäre Regierung“ zu errichten. Sie trat vielmehr ein für eine „Koalition und Zusammenarbeit, die aus dem sogenannten konservativen oder progressiven Rahmen heraustritt“. Sie erklärte also ihre Bereitschaft, in einer künftigen Koalitionsregierung auch mit LDP-Kräften zusammenzuwirken. Allein der Widerstand des Gewerkschaftsverbandes Dōmei und eines Teiles der Parteitagsdelegierten

---

[46] „Akahata“ vom 7. 3. 1978.

[47] Auf der Gipfelkonferenz der Sozialistischen Internationale Ende 1977 in Tōkyō mußte sich der DSP-Vorsitzende Sasaki deshalb eine scharfe Kritik durch den Vertreter Südkoreas gefallen lassen.

[48] Siehe „Japan Press Weekly Bulletin“, No. 1013, 2. 10. 1976, S. 8.

führte dazu, den Begriff „konservativ-progressive Koalition“ im Programm nicht zu verwenden und die Versicherung abzugeben, mit der jetzigen LDP keine gemeinsame Regierung zu bilden.[49]

Nunmehr verstärkte die Partei die Linie einer Zusammenarbeit der „Kräfte des Mittelweges“, worunter sie neben sich selbst die Kōmeitō begriff, aber auch den neu geschaffenen Neoliberalen Klub und später die Sozialdemokratische Föderation. Wiederholt kam es zwischen diesen Parteien zu Beratungen auf höchster Ebene, zu Wahlbündnissen bis hin zu Parlamentswahlen und zu gemeinsamem Vorgehen im Parlament.

Aus Furcht vor einem Erstarken der linken Kräfte im Lande trat sie entschieden gegen eine von der SPJ bis Ende der siebziger Jahre verfolgte Kooperation aller Oppositionsparteien ein. Im Aktionsprogramm für 1978 schließlich formulierte sie daher deutlicher noch als zuvor ihre Bereitschaft, eine Koalitionsregierung mit Teilen der LDP zu bilden. Es heißt dort: „... die Idee einer großen Koalition der Oppositionsparteien birgt die Gefahr der Unterstützung und Begünstigung des Anwachsens der linken Kräfte in sich. Daher muß eine solche Idee entschieden zurückgewiesen werden. Gleichzeitig aber ist es notwendig, ... den Standpunkt einer Anerkennung der Möglichkeit einzunehmen, eine ernsthafte Diskussion mit konservativen Elementen hinsichtlich der Errichtung einer Regierung zu führen ...“[50] Folgerichtig trat sie ein für Verhandlungen zur „Formierung einer Koalitionsregierung zwischen den vereinigten oppositionellen Kräften und den konservativen Elementen, die danach trachten, sich von der alten Politik der Liberaldemokratischen Partei zu trennen“[51].

Unter „vereinigten oppositionellen Kräften“ aber versteht die DSP die „Kräfte des Mittelweges“ oder aber auch die „verantwortungsvollen Oppositionsparteien“, unter die nach ihrer Auffassung nicht die linken Kräfte der SPJ und schon gar nicht die KPJ fallen. Die DSP zeigte sich folglich bereit, mit allen politischen Parteien Japans eine Regierung zu bilden, ausgenommen die KPJ, Teile der SPJ und (zunächst noch) Teile der LDP. Ihrer ursprünglich propagierten Linie — „gegen die Liberaldemokratische Partei und gegen die

---

[49] Asahi nenkan 1976, S. 269.

[50] The Japan Democratic Socialist Party, Action Policy for 1978. Tōkyō (1978), S. 3.

[51] Ebenda.

Kommunistische Partei Japans" — ist sie letztlich nur in dem Punkt „gegen die Kommunistische Partei" treu geblieben.

Die von der DSP anvisierte Koalitionsregierung soll entsprechend einem 1978 angenommenen Programm in folgenden 6 Punkten übereinstimmen[52]:

1. Überwindung der Wirtschaftsrezession und Sicherung der Beschäftigung. Notwendig dafür sei, „bedeutungslose Gegensätze, die aus ideologischen und Parteiinteressen resultieren, auszuschalten";
2. Respektierung zumindest eines Minimums an militärischer Macht und „Opposition gegen die Abschaffung des japanisch-amerikanischen Sicherheitspaktes";
3. für eine „geplante Marktwirtschaft";
4. für die friedliche Nutzung der Atomenergie;
5. für eine planmäßige Verbesserung der Lebensumwelt und Errichtung eines „Wohlfahrtsstaates japanischen Stils";
6. für „soziale Gerechtigkeit und Disziplin", um die „politische Korruption auszuschließen und eine saubere Regierung zu errichten".

Das was die DSP heute noch von der Liberaldemokratischen Partei politisch unterscheidet, läßt sich in wenigen Sätzen zusammenfassen:

— Die DSP tritt ein für einen „demokratischen Sozialismus", der eine „Reformierung" bzw. „Demokratisierung" des bestehenden kapitalistischen Systems und eine gewisse Einschränkung der Allmacht der Monopole beinhaltet.
— Sie hat ihre Basis in der reformistischen Gewerkschaftsbewegung, die sie ideologisch führt, auf deren Forderungen sie aber auch Rücksicht nehmen muß. Daher ist sie wiederholt zu einer kritischen Haltung gegenüber der konservativen LDP-Politik gezwungen. Sie ist veranlaßt, die Verteidigung und Erweiterung der demokratischen Rechte des Volkes zu propagieren.

Die grundsätzlichen Gemeinsamkeiten zwischen beiden Parteien erscheinen größer. Sowohl die DSP als auch die LDP

— treten ein für die Beibehaltung des gegenwärtigen kapitalistischen Systems,
— werden in starkem Maße vom Monopolkapital finanziert,
— haben den Antikommunismus als ihre ideologische Grundhaltung,

---

[52] Ebenda, S. 2.

— treten für eine Harmonie zwischen Kapital und Arbeit ein, wobei die DSP durch den mit ihr liierten Gewerkschaftsverband Dōmei über einen direkten Einfluß auf die Arbeiterklasse verfügt,
— sind gegen eine Einheitsfront der progressiven Kräfte Japans,
— sehen in den USA den wichtigsten Bündnispartner des Landes, treten für die Beibehaltung des Sicherheitspaktes mit den USA und für die „Selbstverteidigungskräfte“ Jieitai ein.

Zur Durchsetzung gemeinsamer politischer Zielstellungen verfügen beide Parteien schließlich über unterschiedliche Möglichkeiten, was die Einflußbasis verbreitert und dem Monopolkapital von Nutzen ist. Somit ist die DSP durchaus prädestiniert, Partner einer möglichen Koalitionsregierung der LDP in den achtziger Jahren zu sein. Voraussetzungen und die Bereitschaft der DSP dazu sind gegeben. Das unterstreichen auch die Worte des DSP-Vorsitzenden Ryōsaku Sasaki auf dem 23. Parteitag 1978: „Wir sollen nicht zögern, positiv mit der Regierung zusammenzuarbeiten“, noch „dürfen wir vor der Kritik zurückschrecken, daß wir nach rechts neigen“.[53] Im Juni 1980 schließlich trat Sasaki in unmittelbarer Vorbereitung der Parlamentswahlen offen für die Bildung einer „Großen Koalition mit der LDP“ ein.[54]

Die Kōmeitō

gegründet:	17. 11. 1964	
Mitglieder:	167000	
Abgeordnete:	Haus der Abgeordneten	33 (34)
	Haus der Räte	26 (27)
Organ:	„Kōmei Shimbun“	
	Wochentagsausgabe	800000 Expl.
	Sonntagsausgabe	1400000 Expl.
theoretisches Organ:	„Kōmei“ (monatl.)	70000 Expl.

Nach der SPJ ist die Kōmeitō, die sich in der Übersetzung selbst „Partei der Sauberen Regierung“ nennt, die stärkste Oppositionspartei im Parlament. Auf Grund ihres kleinbürgerlichen Charakters — ihre Wähler kommen vorwiegend aus den Mittelschichten, Ange-

---

[53] Opening Address by Ryosaku Sasaki, Chairman, at 23th Annual Convention, the Japan Democratic Socialist Party, o. O., o. J.

[54] Siehe „Shakaishugi“, No. 174, Sept. 1980, S. 20.

stellten, kleinen und mittleren Unternehmern, aber auch zumeist unorganisierten Teilen der Arbeiterklasse wie Saisonarbeitern und Tagelöhnern — schwankte ihre politische Haltung mehrfach. Das betrifft sowohl Grundfragen der japanischen Politik wie die Haltung zum Militärpakt mit den USA und zu den japanischen Streitkräften als auch Fragen der Bündnispolitik. Ihre ideologische Grundlinie ist antikommunistisch. Sie charakterisiert sich selbst als „Partei des Mittelweges" bzw. des „Mittelweg-Reformismus" und strebt heute nach einer Regierungskoalition der Oppositionsparteien unter dem Einschluß von Teilen der LDP und dem Ausschluß der KPJ. Sie gilt als außerordentlich straff organisierte und disziplinierte Partei mit hohem Kampfgeist.

Im Gegensatz zu allen anderen Parteien des Landes entstand die Kōmeitō aus religiös-politischen Motiven. Sie wurde als politischer Arm der starken buddhistischen Sekte Sōka Gakkai gegründet, deren Entstehung auf das Jahr 1930 zurückgeht, deren Einfluß aber erst nach dem zweiten Weltkrieg Massencharakter annahm, nachdem der Shintō als Staatsreligion abgeschafft wurde und viele Japaner nach der Hoffnungslosigkeit im Ergebnis des zweiten Weltkrieges und den großen Entbehrungen der Nachkriegsjahre neue Ideale suchten. Diese Suche erfaßte später auch bedeutende Teile der durch die wirtschaftliche Entwicklung ruinierten bzw. in ihrer Existenz bedrohten Mittelschichten.

Die Sōka Gakkai gibt die Zahl ihrer Mitglieder mit rund 6 Millionen Haushalten an. Diese sind organisiert in „Blöcke" (1 „Block" ca. 10 Haushalte) und „Großblöcke" (3—4 „Blöcke"), die regelmäßig „Diskussionstreffs" mit dem Hauptthema „sinnvolles Leben" durchführen. Die Lehre der Sōka Gakkai, die auf den japanischen Buddhisten Nichiren (1222—1282) zurückgeht, hat zwei Besonderheiten. Sie lehrt u. a.[55]:

1. Wenn man an die „Gesetze Buddhas" (Butsuhō oder Buppō) glaubt, hat man bereits in diesem Leben mehr Vorteile als nach dem Tode im Jenseits. Ihre Lehre ist stark diesseitsbezogen und gibt vor, für ein besseres Leben der Gläubigen bereits auf Erden einzutreten.

2. Die „Gesetze des Königs" (Ōhō) und die „Gesetze Buddhas" bilden eine „natürliche Einheit" (Ōbutsu Myōgō). Also gehören die Politik (Gesetze des Königs) und die Religion (Gesetze Buddhas)

[55] „Shaikaishugi", No. 163, Dez. 1979, S. 99.

zusammen. Die Politik diene dazu, den Gesetzen Buddhas bereits auf Erden Geltung zu verschaffen.

Der Schritt der Sōka Gakkai in die offizielle Politik begann in den fünfziger Jahren. Zunächst stellte sie erfolgreich Kandidaten für die lokalen Wahlvertretungen auf. 1956 beteiligte sie sich erstmals an den Wahlen zum Haus der Räte und errang 3, 1959 6 und 1962 9 Sitze. Angespornt durch diese Erfolge, beschloß sie, die im November 1961 gegründete Kōmei Seiji Remmei (Union für eine Saubere Politik) in eine politische Partei, die Kōmeitō, umzugestalten und auch an den Wahlen zum Haus der Abgeordneten teilzunehmen. Sie ernannte die Vorsitzenden der Partei, einschließlich den jetzigen, seit 1967 amtierenden Yoshikatsu Takeiri.[56]

Das Programm der Partei von 1964 enthält 4 Grundsätze[57]:

1. Streben nach einem ewigen Weltfrieden, der dadurch gefährdet würde, „daß zwischen den Völkern wie zwischen den Staaten ein gegenseitiges Mißtrauen sowie ferner ideologische Gegensätze bestehen". Zu erreichen sei dieses Ziel nur über „Ōbutsu Myōgō" und einen „globalen" bzw. „Weltnationalismus" (Chikyū Minzokushugi). Unter letzterem versteht die Partei, daß die gesamte Menschheit eine Schicksalsgemeinschaft sei, weshalb sie zu einer Nation zusammengeschlossen werden müsse. Frieden und Prosperität seien nicht möglich, wenn die Prosperität eines Staates auf Kosten eines anderen Staates erfolge.[58]

2. Die beiden gegenwärtig existierenden Gesellschaftssysteme Kapitalismus und Sozialismus hätten „gemeinsame fundamentale Schwächen", die „in der Entfremdung des Menschen und in der menschlichen Natur" lägen. Kapitalismus und Sozialismus werden so in einen Topf geworfen und unterschiedslos verdammt. Als Ausweg sieht die Partei einen sogenannten Dritten Weg in Gestalt eines „menschlichen Sozialismus". Mit seiner Hilfe sollen „sowohl das Glück des Einzelnen wie das Gedeihen der Gesellschaft" realisiert werden.

3. Sie sei eine „Partei der breiten Massen" und trete ein für eine „buddhistische Demokratie". Sie vereinige in ihren Reihen „Menschen, die mit den breiten Massen sprechen, die für die breiten Massen kämpfen und inmitten der breiten Massen zu sterben bereit sind".

---

56 Kōichi Kishimoto, S. 122.

57 Takase Hiroi: Dokyumento Kōmeitō, Tōkyō 1964, S. 302–304.

58 Asahi nenkan 1967, S. 284.

4. Antinationale Politik, Machtkämpfe und Korruption hätten „die breiten Massen dahin gebracht, zwangsläufig der Politik zu mißtrauen". Die Partei gelobe, „erbarmungslos gegen korrumpierte Politik zu kämpfen und eine saubere, parlamentarische, demokratische Politik fest zu begründen".

In den Grundsätzen zeigt sich die enge Verbundenheit zur Religion, sie sprechen die Sehnsucht der Menschen nach Frieden und Glück an und treten zugleich für Demokratie und Parlamentarismus ein. Ihre Aussagen sind allgemein, nicht klassenbezogen („Partei der breiten Massen"), daher vielfältig deutbar und dazu angetan, bei einem Teil der Bevölkerung neue, wenn auch unklare Hoffnungen zu wecken. In ihnen sind sowohl progressive (Bekenntnis zum Frieden, soziale Gerechtigkeit, gegen Korruption) als auch reaktionäre Tendenzen (Einheit von Politik und Religion, Angriff gegen den real existierenden Sozialismus) enthalten. Erst die praktische Politik mußte zeigen, welche der beiden Tendenzen stärker ist.

Zunächst nahm der Einfluß der Kōmeitō rasch zu. 1967 beteiligte sie sich erstmals an den Wahlen zum Haus der Abgeordneten und errang auf Anhieb 25, bei den Wahlen 1969 sogar 47 Sitze, womit sie sofort zur zweitstärksten Oppositionspartei aufstieg. Im Haus der Räte brachte sie es 1968 auf insgesamt 24 Mandate. Die Basis ihres Vormarsches bildete die Sōka Gakkai, die damals etwa 7 Millionen Haushalte als Mitglieder angab.

Die Politik der Kōmeitō ließ sich — in ihrer Abhängigkeit von der Sōka Gakkai — stark von religiösen Dogmen leiten und zeigte sich intolerant gegenüber anderen Religionen und Parteien. Zunehmend wurden ihr Bekenntnis zur Demokratie und ihre Versicherung, „die Freiheit der Rede, des Denkens, des Glaubens und andere grundlegende Menschenrechte hoch zu achten" (Punkt 3 der Grundsätze), von breiten Teilen des Volkes angezweifelt. Die Kritik an ihr nahm zu. Sie erreichte einen Höhepunkt 1969/70, als von seiten der Sōka Gakkai massiver Druck auf einen Verleger ausgeübt wurde, um das Erscheinen eines Buches, das die Sōka Gakkai und die Kōmeitō kritisch beleuchtete, zu verhindern. Der damaligen Meinung der KPJ, daß Sōka Gakkai und Kōmeitō mit Tendenzen des Faschismus schwanger gingen, schlossen sich SPJ und DSP an.[59]

Angesichts der wachsenden, massiven Kritik beschloß die Kōmeitō auf ihrem 8. Parteitag 1970, sich offiziell von der Sōka Gakkai zu trennen und als selbständige politische Partei zu konstituieren.

[59] Shōichi Fujii, Shinobu Ōe: Sengo Nihon no rekishi, Bd. 2, S. 370.

Tatsächlich aber sind bis heute die Beziehungen zwischen beiden außerordentlich eng, stellt die Sōka Gakkai die wichtigste Unterstützerorganisation der Kōmeitō dar.

In dem Bemühen, der Kritik den Boden zu entziehen, strich sie den Passus der Einheit von Politik und Religion sowie der „buddhistischen Demokratie" völlig und schrieb ihr Programm um. Die 4 Programmpunkte besagen nunmehr[60]:

1. Die Partei „basiert auf einem Mittelweg-Reformismus, dessen Absicht darin besteht, die Wohlfahrt der Menschen dieser Nation zu fördern";
2. wolle sie mit Hilfe eines „menschlichen Sozialismus" ein ökonomisches System errichten, „das freie und verantwortliche Wirtschaftstätigkeit garantiert mit einer fairen Verteilung ihrer Früchte" und das zu einer „Wohlfahrtsgesellschaft" führt;
3. trete sie ein für „permanenten Frieden und Prosperität für alle Völker durch eine unabhängige und friedliche Außenpolitik, beruhend auf den Prinzipien der Gleichheit, Gegenseitigkeit und Nichteinmischung in die inneren Angelegenheiten anderer Völker und Nationen";
4. achte sie „die fundamentalen Rechte der Religions-, Versammlungs- und Redefreiheit" und verfechte die „parlamentarische Demokratie, die alle Formen der Gewalt ausschließt".

Dieses Programm unterscheidet sich vom vorangegangenen inhaltlich vor allem durch das Weglassen der religiösen Momente und eine stärkere Profilierung zur „Partei des Mittelweg-Reformismus".

In ihrem „Mittelweg-Reformismus" wendet sie sich gegen die Herrschaft einer Klasse, speziell gegen die der Arbeiterklasse. Denn diese bedeute die „Diktatur einer Partei", was wiederum nichts anderes sei als die „Diktatur des Parteisekretariats und schließlich die Diktatur des Generalsekretärs der Partei".[61] Hierin widerspiegelt sich nicht nur ein Angriff auf die Arbeiterklasse, sondern vor allem auf ihre Avantgarde, die marxistisch-leninistische Partei. Im Gegensatz zum „marxistischen Radikalismus" trete die Partei ein für einen „Gradualismus", d. h. für eine stufenweise, allmähliche Verwirklichung sozialer Reformen.[62]

---

[60] Komeito, Hrsg.: Komeito, International Affairs Bureau. Tokyo, o. J., S. 9.
[61] Ebenda, S. 13.
[62] Ebenda, S. 14.

Im Zusammenhang mit ihrem „menschlichen Sozialismus" behauptet die Partei, daß die heute in der Welt real existierenden Systeme des Kapitalismus und des Sozialismus „sich einander angenähert haben durch die Übernahme der Vorzüge des anderen". Kapitalismus und Sozialismus würden sich dadurch „zunehmend ähnlicher".[63] Japan, so behauptet sie weiter, „hat die ‚Klassengesellschaft' längst überwunden", und der „Sozialismus", den die Partei anstrebe, „hat deshalb nichts zu tun mit Klassen an sich".[64]

Diese wenigen Sätze bereits zeigen, daß der „menschliche Sozialismus" überhaupt nichts gemein hat mit wissenschaftlicher Weltanschauung oder gar mit dem wissenschaftlichen Sozialismus. Er basiert auf einer kleinbürgerlichen, dem Sozialdemokratismus verwandten Ideologie. Ebenso wie der Sozialdemokratismus tritt auch er dafür ein, „die Mängel jeder Art des kapitalistischen Systems zu überwinden"[65]. Ihr angestrebter „Sozialismus" ist letztlich nichts anderes als der Versuch, den Kapitalismus zu reformieren, indem das Diktat des Monopolkapitals in Wirtschaft und Politik gemildert, das kapitalistische System als ganzes aber erhalten werden soll.

Nach dem 8. Parteitag 1970 ging der Einfluß der Kōmeitō zunächst sprunghaft zurück. Das war damit verbunden, daß die Sōka Gakkai ihre Unterstützung vorübergehend merklich reduzierte und das Mißtrauen der Wähler gegenüber der Partei gewachsen war. Bei den Unterhauswahlen 1972 verlor sie 19 Sitze. Demgegenüber erstarkten die Linkskräfte. Die KPJ konnte die Zahl ihrer Abgeordneten mehr als verdreifachen und gewann 24 Mandate hinzu, die SPJ 28.

Angesichts der Erfolge von KPJ und SPJ und der eigenen Schwächung beschloß die Kōmeitō eine neue, eine mehr links orientierte Linie. Sie betonte ihre konsequente Gegnerschaft zur regierenden LDP, zeigte sich sogar bereit, auch außerhalb des Parlaments mit der KPJ in bestimmten Fragen zusammenzuarbeiten. Sie trat für den „sofortigen" Abbruch des japanisch-amerikanischen Sicherheitspaktes ein, nachdem sie sich bis dahin für dessen „baldigen" Abbruch ausgesprochen hatte.[66] Gleichzeitig wandte sie sich gegen die Existenz der japanischen Streitkräfte Jieitai, da „es zweifelhaft ist, ob die japanischen Selbstverteidigungskräfte . . . ver-

---

[63] Ebenda, S. 23.
[64] Ebenda, S. 27.
[65] Ebenda, S. 23.
[66] Siehe Kōichi Kishimoto, S. 124.

fassungsmäßig sind“, weil „sie vollständig in die asiatische Atomstrategie der Vereinigten Staaten einbezogen“ seien und folglich Aufgaben auch nach außen hätten.[67] Ferner begann die Partei, Kontakte zur Gewerkschaftsbewegung zu knüpfen und diese im Laufe der Jahre auszubauen. 1972 nahm sie erstmals an den Demonstrationen zum 1. Mai teil, und 1973 besuchte der Parteivorsitzende Takeiri zum ersten Male den Sōhyō-Kongreß und überbrachte „Grüße der Solidarität“[68]. Außenpolitisch festigte sie in dieser Zeit ihre Kontakte zu den sozialistischen Ländern, entsandte Delegationen nach China, in die UdSSR und einige sozialistische Länder Europas, darunter 1975 auch eine Parlamentarierdelegation in die DDR. Kurz: Sie erwies sich in dieser Phase als potentieller Verbündeter der Arbeiterklasse im Kampf für Frieden und soziale Gerechtigkeit. Mit dieser Politik konnte die Kōmeitō ihren Einfluß unter den japanischen Volksmassen wieder bedeutend erhöhen. Bei den Wahlen sowohl zum Oberhaus 1974 als auch zum Unterhaus 1976 kletterte die Zahl der für sie abgegebenen Stimmen im Vergleich zu den vorangegangenen Wahlen beträchtlich. Im Unterhaus gewann sie 1976 26 neue Mandate hinzu. Sie verfügte nunmehr über insgesamt 55 Unterhaussitze und avancierte wieder zur zweitstärksten Oppositionspartei, ein Rang, den ihr 1972 die KPJ streitig gemacht hatte.

Damit näherte sich indes die kurze progressive Phase in der Entwicklung der Kōmeitō wieder ihrem Ende, und ihr antikommunistischer und systemerhaltender Charakter trat erneut deutlich an die Oberfläche. Die Zusammenarbeit mit der KPJ blieb bereits in den Jahren zuvor auf Einzelaktionen — wie das Einbringen einiger Gesetzesanträge im Parlament gemeinsam mit anderen Oppositionsparteien oder die Unterstützung gemeinsamer Kandidaten zu den Wahlen örtlicher Vertretungen — beschränkt. Sie hatte ihren Antikommunismus äußerlich zwar vorübergehend zurückgedrängt, war jedoch weit davon entfernt, ihn ideologisch zu überwinden. Es konnte auch nicht sein, weil das eine grundlegende Wandlung im politischen Charakter der Partei vorausgesetzt hätte.

Anlaß für den neuerlichen Ausbruch der Feindschaft zur KPJ bildete ein Zehnjahresabkommen der Kommunistischen Partei mit der Sōka Gakkai. Auf ihrem XII. Parteitag im November 1973

---

[67] The 11th National Convention, Sept. 4—6, 1973. Komeito. Tokyo 1973, S. 44.
[68] Siehe „Kōmei Shimbun“ vom 17. 11. 1977.

anerkannte die KPJ in ihrem Programm einer Demokratischen Koalitionsregierung erneut die „Freiheit des Glaubens und der religiösen Betätigung“. Davon ausgehend, gelang es ihr, am 28. Dezember 1974 mit der Sōka Gakkai ein über 10 Jahre gültiges Abkommen zu schließen, das u. a. beinhaltete[69]:

— Die Sōka Gakkai nimmt keine feindselige Haltung ein gegenüber dem wissenschaftlichen Sozialismus und Kommunismus. Die KPJ ihrerseits verteidigt die Freiheit der Religion, die die Freiheit der religiösen Betätigung einschließt.
— Alle Streitfälle, die zwischen beiden Organisationen auftreten, sollen durch gemeinsame Beratungen geklärt werden.
— Beide unterstützen einander, um die soziale Ungerechtigkeit zu beseitigen und eine Erhöhung des Wohlstandes des Volkes zu verwirklichen.
— Beide unterstützen einander in dem Bemühen, einen dauerhaften Frieden in der Welt zu erlangen.

Das Abkommen stellt zweifellos einen Erfolg der KPJ in ihrem Streben dar, den Antikommunismus zurückzudrängen und die Front der progressiven Kräfte zu erweitern. Möglicherweise sollte damit auch erreicht werden, die Kōmeitō über die Sōka Gakkai in ihrer damaligen linksorientierten Tendenz zu bestärken und sie für eine engere Zusammenarbeit zu gewinnen. Das Gegenteil trat jedoch ein. Die Kōmeitō fürchtete um ihren Einfluß, der in erster Linie unverändert von der Unterstützung durch die Sōka Gakkai abhing. Als der Vertrag KPJ — Sōka Gakkai Mitte 1975 publik wurde, entwickelte sie eine fieberhafte Tätigkeit, um zunächst die Sōka Gakkai zu der Erklärung zu veranlassen, daß das Abkommen keinerlei gemeinsame Aktionen mit der KPJ beinhalte und lediglich eine Art „Koexistenz“ darstelle.[70]

Gleichzeitig verschärfte die Kōmeitō ihre Angriffe gegen die KPJ. Stärker noch als zuvor erhob sie die Beschuldigung, daß die KPJ in ihrer politischen Linie gegen die Verfassung verstoße, insbesondere gegen deren drei Grundprinzipien absoluter Pazifismus, Schutz der grundlegenden Menschenrechte und parlamentarische Demokratie. Es ist indes eine unumstößliche Wahrheit, daß die KPJ in Japan in vorderster Front des Kampfes für Frieden, für die Verbesserung des Lebens der Menschen und für Demokratie steht.

---

[69] Asahi nenkan 1976, S. 228.

[70] Siehe dazu The 13th National Convention. October 14—16, 1975. Komeito. Tokyo 1975, S. 38ff. und 128ff.

Was z. B. den „Pazifismus“ angeht, so tritt sie am konsequentesten ein für die Beseitigung des Militärpaktes mit den USA, gegen die Aufrüstung Japans und gegen die heutigen Streitkräfte, da diese gegen den Artikel 9 der japanischen Verfassung verstoßen. Die Kōmeitō hingegen bejaht heute im Prinzip sowohl den Militärpakt als auch die Selbstverteidigungskräfte Jieitai. Sie änderte ihre Haltung zum japanisch-amerikanischen Sicherheitspakt auf ihrem 13. Parteitag im Oktober 1975 erneut. Diesmal befürwortete sie zwar auch dessen Beseitigung, doch auf dem Verhandlungswege, im gegenseitigen Einverständnis und unter Vermeidung von Reibungen und Spannungen zwischen Japan und den USA. Dabei soll die „Aufrechterhaltung freundschaftlicher Beziehungen mit den USA weiterhin die Grundlage der japanischen Außenpolitik sein“[71].

Hinsichtlich der Bündnispolitik orientierte der Kōmeitō-Vorsitzende Takeiri auf dem 13. Parteitag darauf, daß die Kommunistische Partei Japans „nicht als Partner in einer Regierung in Erwägung gezogen werden kann“[72]. In der Folgezeit forcierte die Partei die Zusammenarbeit mit der DSP und rechten Kreisen der SPJ um Saburō Eda. Sie verfolgte dabei das Ziel, ihrer Konzeption des „Mittelweg-Reformismus“ größeres Gewicht zu verleihen und einen Block der „Kräfte des Mittelweges“ gegen die KPJ zu formieren. Einen ersten organisatorischen Schritt in dieser Richtung stellte die Gründung der „Gesellschaft zum Nachdenken über ein neues Japan“ am 18. Dezember 1976 dar. Eda erfuhr jedoch auf dem SPJ-Parteitag im Februar 1977 eine entschiedene Abfuhr, und die „Denkgesellschaft“ verlor ihre Bedeutung. (Vergleiche auch S. 145f.) Nunmehr konzentrierte die Kōmeitō ihre Bemühungen zunächst wieder stärker auf die DSP. Beide Parteien bildeten gemeinsame Konsultativorgane zur Koordinierung der parlamentarischen Tätigkeit, zu Fragen der Grundsatzpolitik und zur Wahlkooperation.[73] Ausgehend von diesem Bündnis erweiterten beide ihre Zusammenarbeit mit dem Neoliberalen Klub und der Sozialdemokratischen Föderation. Wiederholt kam es auf höchster Ebene zu Absprachen zwischen diesen 4 Parteien, von denen die Kōmeitō die stärkste war. Sie alle bezeichnen sich als „Parteien des Mittelweges“, haben als gemeinsa-

---

[71] Ebenda, S. 68.

[72] Ebenda, S. 6.

[73] Siehe The 15th National Convention. January 11—13, 1978. Komeito. Tokyo 1978, S. 31.

men ideologischen Nenner den Antikommunismus, üben von außen Druck auf die SPJ aus, sich von einer Zusammenarbeit mit der KPJ loszusagen und sich ihnen anzuschließen. Unterstützt werden sie dabei vom rechten Flügel innerhalb der SPJ, der ab 1978 zunehmend erstarkte.

Auf ihrem 15. Parteitag 1978 faßte die Kōmeitō ihre Vorstellungen von einer „Koalitionsregierung des Mittelweges" in 6 Punkten zusammen, die besagen, daß diese Regierung

1. eine Anti-LDP-Regierung sein müsse,
2. die jetzige Verfassung und den Parlamentarismus schütze,
3. eine auf den fünf Prinzipien der friedlichen Koexistenz basierende Außenpolitik des Friedens, der Unabhängigkeit und der Neutralität betreibe,
4. eine Wirtschaftspolitik durchführe, die das Wohl des Volkes als Priorität haben und auf dem „öffentlichen Marktmechanismus (privates Prinzip)" beruhen müsse,
5. die sozial Schwachen schütze und für soziale Gerechtigkeit eintrete und
6. eine Regierung der „Mäßigkeit und Machbarkeit" sei, d. h. gegen „Lösungen bolschewistischen Typs oder politischen Radikalismus als Mittel für eine politische und ökonomische Reform" auftrete und statt dessen „nach einer stetigen, schrittweisen Reform durch Mäßigung" trachte.[74]

Den Kern der Koalitionsregierung sollen SPJ-Kōmeitō-DSP bilden, die mit dem konservativen Neoliberalen Klub und der Sozialdemokratischen Föderation ihre Zusammenarbeit vertiefen. Eine KPJ-Beteiligung wird abgelehnt.

Nachdem die Kōmeitō bereits auf ihrem 13. Parteitag 1975 ihre Haltung zum Militärpakt mit den USA dahingehend revidierte, daß sie sich gegen dessen sofortige Abschaffung aussprach, setzte sie sich auf ihrem 15. Parteitag 1978 auch für die Beibehaltung der derzeitigen japanischen Streitkräfte ein. Takeiri erklärte: „Die ‚Selbstverteidigungskräfte' existieren seit nunmehr 20 Jahren unter der neuen Verfassung. Obgleich es Kritiken (dahingehend) gibt, daß die ‚Selbstverteidigungskräfte nicht verfassungsgemäß' seien oder ‚im Verdacht stehen, die Verfassung zu verletzen', ist die Existenz der ‚Selbstverteidigungskräfte' zu einer vollendeten Tatsache geworden."[75] Der damalige Generalsekretär und spätere Präsident der

---

[74] Ebenda, S. 22f.

[75] Ebenda, S. 5.

LDP und Ministerpräsident Japans, Masayoshi Ōhira, äußerte sofort seine Zufriedenheit über die Erklärung von Takeiri und meinte, daß dessen Rede den „Weg für die Zukunft der Demokratie in Japan beleuchtet" habe.[76]

Ausgehend von ihrer Linie des 15. Parteitages, schloß die Kōmeitō Ende 1979 mit der DSP eine Übereinkunft zur Bildung einer „Koalitionsregierung des Mittelweges", in der beide Parteien ihre gemeinsamen Auffassungen über die Aufgaben einer künftigen Koalitionsregierung darlegten. Diese Regierung sollte die „bisherige fehlerhafte Politik" der LDP korrigieren und dazu eine Reihe demokratischer Reformen im politischen und ökonomischen Leben des Landes durchführen, ohne am bestehenden System selbst etwas zu verändern. Zur Verwirklichung dieser Aufgabenstellung erklärten sie sich bereit, mit allen anderen politischen Kräften und Parteien zusammenzuarbeiten, einschließlich mit Teilen der LDP. Als einzige politische Kraft wurde namentlich die Kommunistische Partei kategorisch ausgeschlossen. Ein weiteres Abkommen gelang der Kōmeitō im Januar 1980 mit der SPJ.

Auf ihrem 18. Parteitag im Oktober 1980 verabschiedete sie ihr „Programm einer Koalitionsregierung der achtziger Jahre", das die Tendenzen der vorangegangenen Jahre bestätigte und noch weiter in Richtung einer Annäherung an die LDP tendiert. So strich sie den in den Vorstellungen für eine „Koalitionsregierung des Mittelweges" enthaltenden Punkt 1, d. h. den Punkt, der sich gegen eine Dominanz der konservativen Kräfte in einer künftigen Regierung ausspricht. Offenbar will sie sich damit den Weg auch eines eventuellen Bündnisses mit der LDP für die Zukunft freihalten. Ferner tritt dieses Programm nunmehr für die „momentane Aufrechterhaltung" des japanisch-amerikanischen Sicherheitspaktes und die „vorläufige Beibehaltung" der Selbstverteidigungskräfte ein.[77]

Die Kōmeitō erwies sich in ihrer kurzen Geschichte als eine zwar mehrfach schwankende, insgesamt aber treibende Kraft zur Formierung eines antikommunistischen Blocks der „Mittelwegkräfte". Durch die Bündnisse mit DSP und SPJ wurden zugleich die mit diesen Parteien liierten zwei größten Gewerkschaftsverbände Dōmei und Sōhyō in diesen Block einbezogen und die Arbeiterbewegung politisch zunächst weiter geschwächt.

---

[76] „The Daily Yomiuri" vom 13. 1. 1978.

[77] Asahi nenkan 1981, S. 246.

Der von der Kōmeitō verfolgte „Mittelweg-Reformismus“ und „Gradualismus“ führte besonders ab Mitte der siebziger Jahre „graduell“ und geradewegs zur Annäherung an die LDP nach rechts. Zwar tritt sie auch heute noch gelegentlich „gegen die LDP“ auf, doch steht das vor allem im Zusammenhang mit eigenem Machtstreben: Solange die LDP stark genug ist, allein zu regieren, hat die Kōmeitō keine Chance, Partner in einer Koalitionsregierung zu sein. Letztere kann sich erst formieren, wenn die Liberaldemokraten nicht mehr über die Majorität im Parlament verfügen. Folglich muß die Kōmeitō, will sie an die Macht, die LDP schwächen. Daß sie bereit ist, auch mit zumindest Teilen dieser Partei zusammenzuarbeiten, zeigte sich in den letzten Jahren. Wiederholt kam es zu Bündnissen bei Gouverneurs- oder Bürgermeisterwahlen in verschiedenen Teilen des Landes. Gemeinsamkeiten mit der LDP bestehen u. a.

— im Antikommunismus,
— im Eintreten für die „freie Marktwirtschaft“, auch wenn die Kōmeitō sich im Interesse der kleinen und mittleren Unternehmer gegen die „Tyrannei“ des „big business“ wendet und für eine gewisse Beschneidung der Allmacht der Monopole eintritt,
— in der Anerkennung „freundschaftlicher Beziehungen zu den USA“ als „Grundlage der japanischen Außenpolitik“,
— in der Annäherung der Standpunkte zum japanisch-amerikanischen Sicherheitspakt und den Selbstverteidigungskräften.

Neben der DSP erweist sich somit auch die Kōmeitō als ein potentiell möglicher Partner für eine Koalitionsregierung mit der LDP. Sie hält sich zugleich aber auch den Weg offen für eine Regierungsbildung mit allen anderen politischen Kräften außer mit der KPJ. Sie unterscheidet sich von der DSP Anfang der achtziger Jahre neben ihrer starken Bindung an die buddhistische Sekte Sōka Gakkai u. a. durch eine flexiblere Bündnispolitik sowie eine weniger militante Haltung. Während die DSP z. B. für eine Große Koalition mit der LDP eintritt, sich gleichzeitig aber auch gegen eine Koalition mit der SPJ „in ihrer jetzigen Gestalt“ wendet, befürwortet die Kōmeitō z. Zt. lediglich ein Zusammengehen mit Teilen der LDP und ist bereit, mit der SPJ zu koalieren. Während die DSP eine militärische Stärkung Japans befürwortet, tritt die Kōmeitō eher für die vorläufige Beibehaltung des Status quo ein.

Bemerkenswert erscheint, daß die Partei ihre Wählerbasis offensichtlich bereits ausgeschöpft hat. Seit Ende der sechziger Jahre konnte sie ihren Wähleranteil nicht mehr erhöhen, er ist sogar leicht gesunken. Bei den Wahlen zum Haus der Räte sammelte sie 1968 15,4 Prozent aller Stimmen, 1980 11,9 Prozent. Bei den Wahlen zum Haus der Abgeordneten erhielt sie 1969 10,91 und 1980 9 Prozent der Wählerstimmen.[78] Bei den Parlamentswahlen im Juni 1980 war sie der größte Verlierer unter allen Oppositionsparteien. Im Unterhaus verlor sie 24 und im Oberhaus 2 Sitze. Dennoch behauptete sie ihre Position als zweitstärkste Oppositionspartei und bildet eine politische Kraft, mit der auch in der weiteren Entwicklung des Landes immer gerechnet werden muß. Auch neuerliche Schwankungen in der Parteipolitik sind dabei nicht ausgeschlossen.

Neoliberaler Klub und Sozialdemokratische Föderation

Der Neoliberale Klub und die Sozialdemokratische Föderation sind die jüngsten im japanischen Parlament vertretenen Parteien. Beide haben ihren Ursprung in der Separation von den zwei einflußreichsten Parteien des Landes: Der Neoliberale Klub entstammt der LDP, die Sozialdemokratische Föderation der SPJ. Ihre Bildung ist Ausdruck von Krisenerscheinungen in beiden großen Parteien, von Macht- und Fraktionskämpfen in der regierenden LDP und ihrem über lange Zeit tendenziell anhaltenden Vertrauensschwund bei den Wählermassen einerseits, von ideologischen Auseinandersetzungen zwischen linken und rechten Kräften in der SPJ andererseits. Zwar unterscheiden sich die Grundziele sowohl des Neoliberalen Klubs als auch der Sozialdemokratischen Föderation — von ihrer politischen Grundorientierung her sind sie konservativ bzw. rechtssozialdemokratisch — nicht von denen bereits existenter Parteien, sie vertiefen jedoch das spaltende Element im politischen Leben des Landes. Ihr Erscheinen auf der politischen Bühne trug und trägt dazu bei, die Kräfte, die mit der bisherigen Politik der LDP nicht einverstanden sind und nach einem Ausweg suchen, zu desorientieren und vom einheitlichen Handeln weiter zu entfernen. Das wiederum nutzt letztlich den um die LDP gescharten herrschenden Kräften.

---

[78] Siehe Mainichi nenkan 1978, Bessatsu, S. 10/11 und 14/15 sowie Asahi nenkan 1981, S. 233. Die Prozentangaben bei den Wahlen zum Haus der Räte beziehen sich auf den Landesmaßstab.

Der Neoliberale Klub

Kurzbezeichnung:	NLK
japanischer Name:	Shin Jiyū Kurabu (Shinjiku)
gegründet:	25. 6. 1976
Mitglieder:	20000
Abgeordnete:	Haus der Abgeordneten 12 (10)
	Haus der Räte 2

Die 6 Parlamentsabgeordneten, die am 25. Juni 1976 die LDP verließen und am gleichen Tage den NLK aus der Taufe hoben, begründeten ihren Schritt mit dem „Verfall und der Vergreisung der Partei", gegen die sie als deren einstige Mitglieder vergeblich angekämpft hätten. In ihrer Stellungnahme heißt es, daß mit der LDP auch das „freiheitliche System" verfalle. Die „zeitweilige Rolle" der LDP als Regierungspartei, so wurde prognostiziert, gehe ihrem Ende entgegen, und es bestehe der „Wunsch, eine neue konservative Politik zu begründen". Der NLK wolle daher „mit allen Kräften für die Liquidierung der vergangenen Politik und die Wiedergewinnung des Vertrauens" der Wähler in die konservative politische Linie eintreten. Er stellte sich das Ziel, „einen neuen Liberalismus zu errichten" und „unter dem kapitalistischen System entschlossen eine Politik zu fördern, die keine soziale Ungerechtigkeit erlaubt".[79]

Mit dieser Grundsatzerklärung läßt der Neoliberale Klub keinen Zweifel daran aufkommen, daß er gewillt ist, in den Fußstapfen des Konservatismus weiterzuwandern. Deutlich betont er auch seine Zielstellung, das kapitalistische System zu verteidigen. Er bringt jedoch einige neue Momente in die konservative Strömung Japans ein, indem er sich in neuorganisierter Form gegen die Korruption in der LDP und gegen deren „Vergreisung" wendet.

Vielfach gilt die LDP als „Partei" oder „Klub der alten Männer", da es nur in Ausnahmefällen möglich ist, in ihr eine führende Funktion zu erhalten, ohne sechzig Lebensjahre bereits überschritten zu haben. Das trifft auch auf die Altersstruktur ihrer Parlamentsabgeordneten zu. Nach den Wahlen zum Haus der Abgeordneten Ende 1976 z. B. hatten zwei Drittel ihrer Mandatsträger ein Alter von über 50 Jahren,

---

[79] Asahi nenkan 1977, S. 337.

aber nur etwa 7 Prozent waren jünger als 40.[80] Für jüngere, ehrgeizige Mitglieder wirkt die LDP daher oft unattraktiv. In gewissem Sinne kann man deshalb die Gründung des NLK auch als eine Art Rebellion eines Teiles der jüngeren, aufstrebenden Mitglieder sehen. Ihr erster Vorsitzender wurde Yōhei Kōno, damals 38 Jahre alt, ihr Generalsekretär Takeo Nishioka, 39 Jahre.

Neben einer Auflehnung gegen Korruption und „Vergreisung" unterscheidet sich der NLK von der LDP durch seine Forderung nach einem „verstärkten öffentlichen Eingreifen in bestimmte Bereiche" der Wirtschaft, d. h., er fordert eine noch betontere Rolle des Staates bei der Planung und Leitung der Wirtschaft, ohne indes die „freie Marktwirtschaft" zu beseitigen.[81] Ferner tritt er für eine Reihe von Reformen speziell im Bildungswesen ein.

Bei allen Nuancierungen zur Linie der LDP und einer zeitweilig offenen Konfrontation mit ihr gleichen sich jedoch beide Parteien in ihrer politischen Grundhaltung. Man geht sicher nicht fehl in der Annahme, daß die Gründung des NLK den Versuch darstellte, den Abwärtstrend der konservativen Wählerstimmen mit Hilfe einer zweiten konservativen Partei zu stoppen und möglichst wieder umzukehren. Tatsächlich gelang es dem NLK bei den Parlamentswahlen Ende 1976 auf Anhieb, einen nicht unbedeutenden Teil der LDP-Wähler (fast 2,4 Millionen Stimmen!) auf seine Seite zu ziehen und so

---

[80] Vgl. Kokkai benran. (Handbuch des Parlaments) Nihon Sei-Kei-Shimbunsha. Tōkyō (Febr.) 1978, S. 87ff. Daran änderte sich auch in der Folgezeit trotz Parteireform nichts. Den Stand von 1981 über das Alter der LDP-Abgeordneten widerspiegelt die nachfolgende Tabelle:

Alter	bis 29	bis 39	bis 49	bis 59	bis 69	70 und mehr	gesamt
Unterhaus							
Anzahl	1	14	54	89	81	48	287
Anteil in %	0,3	4,9	18,8	31,0	28,2	16,7	100
Oberhaus							
Anzahl	—	2	12	35	60	26	135
Anteil in %	—	1,5	8,9	25,9	44,4	19,3	100

Zusammengestellt und berechnet nach: Angaben des Asahi nenkan 1981, Bekken, S. 42ff.

[81] Asahi nenkan 1977, S. 337.

den Stimmenverlust der LDP weitgehend wieder aufzufangen. Die Liberaldemokraten verloren damals im Vergleich zu den vorangegangenen Wahlen gut 5 Prozent ihrer Stimmen, die Neoliberalen konnten 4,2 Prozent auf sich vereinen und die Zahl ihrer Mandate von 6 auf 17 fast verdreifachen.

Bisher scheint es jedoch, daß neben der LDP kein echter Raum für eine zweite konservative Partei vorhanden ist, denn bereits zu den Unterhauswahlen im Oktober 1979 zeitigte der NLK ein Ergebnis von lediglich noch 4 Mandaten. Dem vorausgegangen war eine stark zweigleisig ausgerichtete Linie: Nach außen orientierte er auf eine Zusammenarbeit mit den zentristischen Kräften Kōmeitō und DSP, bei wichtigen Fragen im Parlament aber arbeitete er ebenso wie bei Kommunalwahlen oft auch mit der LDP zusammen. Im Sommer 1979 kam es schließlich zur offenen Konfrontation unter den Neoliberalen über die Frage: Wiederanschluß an die LDP oder Behauptung der parteilichen Eigenständigkeit. Die Entscheidung fiel zugunsten der Eigenständigkeit, doch einige Abgeordnete, darunter der Generalsekretär Nishioka, traten aus dem NLK aus. Dem Wähler fiel es damit immer schwerer, auch nur die graduellen Unterschiede zwischen beiden konservativen Strömungen zu sehen, und sie entschieden sich teilweise wieder für die LDP. Daran ändert im Prinzip auch die Tatsache nichts, daß es dem NLK 1980 gelang, die Zahl seiner Mandate im Unterhaus wieder auf 12 zu erhöhen. Er hatte damit noch immer nur zwei Drittel seiner Stärke von 1976 erreicht, und der Anteil seiner Wählerstimmen lag nur bei knapp 3 Prozent.

Die Sozialdemokratische Föderation

Kurzbezeichnung:	SDF	
japanischer Name:	Shakai Minshu Rengō (Shaminren)	
gegründet:	26. 3. 1978	
Mitglieder:	10000	
Abgeordnete:	Haus der Abgeordneten	3
	Haus der Räte	3 (2)

Der Bildung der Sozialdemokratischen Föderation[82] voraus gingen

[82] Weitere europäischsprachige Äquivalente für die Shakai Minshu Rengō sind „Sozialdemokratische Union“ oder „Sozialdemokratische Liga“. Beides ist möglich. Unangebracht erscheint allerdings sowohl von der Übersetzung her als auch vom Inhalt die ebenfalls benutzte Bezeichnung „Vereinigte Sozialdemokratische Partei“.

die Trennung Saburō Edas von der SPJ im März 1977 und die Gründung der Sozialistischen Bürgervereinigung (Shakai Shimin Rengō) formal Ende Mai und offiziell Ende Oktober 1977. Weitere rechte Kräfte um Hideo Den trennten sich Ende September von der Partei, ein weiterer Abgeordneter folgte im Dezember. Sie bekundeten bald darauf ihre Absicht, mit der SBU gemeinsam eine neue Partei ins Leben zu rufen. Im Januar 1978 fand eine vorbereitende Gründungsversammlung statt, die den offiziellen Parteibeginn auf den 26. März festlegte, den Tag, an dem Eda ein Jahr zuvor die SPJ verlassen hatte. Mit diesem Datum bekannten sie sich bereits äußerlich zu dem strategischen Ziel von Eda, den Druck der in der SPJ verbliebenen rechten sozialdemokratischen Kreise auf die Parteiführung von außen her organisatorisch zu unterstützen, den Einfluß der marxistischen Kräfte zu schwächen und die SPJ näher an die zentristischen Parteien heranzuführen. In ihrer Gründungserklärung äußerte die SDF, daß sie auch weiterhin als spaltendes Element der SPJ zu wirken beabsichtigt, indem es heißt: „Wir appellieren an die Mitglieder in der Sozialistischen Partei, an der neuen Bewegung teilzunehmen."[83]

Als ihr Ziel gibt die SDF die „Errichtung einer neuen, freien sozialistischen Gesellschaft" an, „die die Ideen der bürgerlichen Revolution der Freiheit, Gleichheit und Menschlichkeit in der Gegenwart verwirklicht". Dies meint sie zu erreichen, indem „Freiheit und Demokratie geachtet und schrittweise Reformen akkumuliert werden"[84]. Die Wahl des Begriffes „neue, freie sozialistische Gesellschaft" erfolgte zweifellos in Abgrenzung zum Ziel einer „sozialistischen Gesellschaftsordnung", wie sie die SPJ in ihrem Programm anstrebt, und erst recht in Abgrenzung zum real existierenden Sozialismus. Daß dieser „Sozialismus" der SDF Ideen der bürgerlichen Revolution (die alle einen Klasseninhalt haben, über den aber nichts gesagt wird!) durch schrittweise „Akkumulation von Reformen" verwirklichen soll, besagt letztlich, daß zwar eine Reformierung des bestehenden kapitalistischen Systems angestrebt wird, nicht aber eine qualitativ-revolutionäre Umgestaltung der Gesellschaft. Damit trifft sie sich programmatisch mit den zentristischen Parteien DSP und Kōmeitō. Mit ihnen trifft sie sich inhaltlich auch in der Frage des Militärpaktes mit den USA und den japanischen Selbstvertei-

[83] „Akahata" vom 28. 3. 1978.
[84] Asahi nenkan 1979, S. 277.

digungskräften. Zwar tritt sie ein für die Abschaffung des Sicherheitspaktes in der Perspektive und die Einfrierung der Rüstungen und Streitkräfte sowie deren eventuelle künftige Reduzierung, ist aber gegenwärtig für deren Beibehaltung. Schließlich eint sie mit den „Parteien des Mittelweges" ihr Antikommunismus. Sie wandte sich auf ihrem Gründungskongreß entschieden gegen gemeinsame Aktionen mit der KPJ, die sie als „totalitaristisch" und „autoritär" verleumdete.[85]

Ihren politischen Platz sieht die Sozialdemokratische Föderation zwischen der DSP und der SPJ oder auch „links der Mitte". Sie kritisierte bei ihrer Gründung die zentristischen Parteien wegen ihres „Rechtstrends, da die Kōmeitō zur DSP neigt, die DSP (aber) zur LDP tendiert und der Neoliberale Klub zum früheren LDP-Zustand zurückkehrt und so einer nach dem anderen umfällt"[86]. Dennoch befürwortet sie eine Zusammenarbeit SPJ — SDF — Kōmeitō — DSP und bewies diese in der Praxis durch abgestimmte parlamentarische Aktionen und die Unterstützung gemeinsamer Kandidaten auf regionaler und nationaler Ebene.

Die Perspektive der Partei erscheint, obgleich sie noch jung ist, ebenso wie die des NLK schwach. Der selbstgewählte Platz zwischen der rechtssozialdemokratischen DSP oder auch DSP-Kōmeitō und der SPJ bietet wenig Spielraum. Er ist noch weiter eingeengt worden, nachdem die SPJ Ende der siebziger Jahre selbst weiter nach rechts rückte. Die SDF hat nichts Substantielles zu bieten, das sich nicht in dieser oder jener Form in den Programmen und der Politik der anderen Parteien wiederfindet. Das widerspiegelt sich auch in der Wählerbasis. Obgleich sie mit Hideo Den und Satsuki Eda zwei Oberhausabgeordnete besitzt, die bei den Wahlen 1977 allein fast 3 Millionen Stimmen auf sich vereinigten und damit an der Spitze derer marschierten, die die meisten Wählerstimmen im Landesmaßstab auf sich vereinigten, gelang es ihr nicht, ihre Ausgangsstärke von ursprünglich 6 Abgeordneten (3 Unter- und 3 Oberhaus) in 3 darauffolgenden Wahlen auch nur um 1 Mandat zu erweitern.

Die Entwicklung des Neoliberalen Klubs und der Sozialdemokratischen Föderation zeigt, daß es heute für neu entstehende Parteien schwierig ist, eine breitere Basis zu finden und sich zu etablieren. Der Spielraum zwischen ganz links und ganz rechts ist sehr schmal

---

85 „Akahata" vom 27. 3. 1978.
86 Ebenda.

geworden. Dennoch kann man auch für die achtziger Jahre nicht von vornherein davon ausgehen, daß die parteipolitische Landschaft weitere Veränderungen ausschließt. Viel wird insbesondere davon abhängen, wie sich die künftige Entwicklung der beiden stärksten Parlamentsparteien LDP und SPJ vollzieht. In der einen regieren Fraktionalismus, persönliches Machtstreben und Unterschiede beim Herangehen an die Lösung bestimmter politischer Zielstellungen, in der anderen stark divergierende ideologische Strömungen. Die Möglichkeit einer neuerlichen Spaltung beider Parteien stand Ende der siebziger Jahre mehrfach im Mittelpunkt öffentlicher Diskussion. Ihre weitere Entwicklung kann in starkem Maße auch die künftige Existenz des Neoliberalen Klubs sowie der Sozialdemokratischen Föderation beeinflussen.

Die zweite Hälfte der siebziger Jahre hat neben der Neubildung von Parteien Wandlungen in dieser oder jener Form in nahezu allen Parteien gebracht. Das Resultat war eine Annäherung der zentristischen Parteien in wesentlichen Positionen an die LDP, aber auch eine Annäherung der SPJ an die Kräfte des Mittelweges. Die Neubestimmung politischer Linien wurde ausgelöst durch eine permanente Schwächung der regierenden LDP und den sich in allen Bereichen des gesellschaftlichen Lebens anhäufenden Widersprüchen und Problemen mit dem Ausbruch der umfassenden Krise Mitte der siebziger Jahre. Die nicht an der Macht befindlichen Parteien spürten eine Chance, die LDP als allein regierende Partei durch eine Koalitionsregierung abzulösen. Die Auseinandersetzungen um den weiteren Weg, um die Form, um Inhalt und Ziele einer Koalitionsregierung wurden konkreter. Das führte zu einer weiteren Differenzierung zwischen den Parteien, zu neuen Bündnissen, aber auch zu neuen Konfrontationen. Dieser Prozeß ist noch bei weitem nicht abgeschlossen, er wird nach dem überraschend klaren Sieg der LDP bei den Parlamentswahlen vom Juni 1980 sicher auch zu gewissen Neuüberlegungen in den Parteien führen und damit auch neue kontroverse oder aber auch einigende Standpunkte bringen können.

Politische Kräfteveränderungen in den siebziger Jahren

Auf dem Hintergrund wichtiger sozialökonomischer und parteipolitischer Wandlungen zeigten sich in den siebziger Jahren auffallende Kräfteverschiebungen zwischen regierender Liberaldemokratischer Partei und den nichtregierenden Oppositionsparteien. Die

Liberaldemokraten verloren von Wahl zu Wahl an Sitzen und Stimmen im Parlament. Errangen sie bei den Unterhauswahlen 1969 noch 288 von damals insgesamt 484 Mandaten (59,2 Prozent aller Sitze), so 1979 nur noch 248 von nunmehr 511 Abgeordneten des Unterhauses (48,7 Prozent; siehe beigefügte Graphik). Allein der Übertritt einiger „unabhängiger" Abgeordneter in das Lager der Konservativen sicherte ihnen eine knappe Majorität im Parlament und ermöglichte die weitere Aufrechterhaltung ihrer Alleinherrschaft. 1958 entschieden sich noch 57,8 Prozent aller Wähler für die LDP, danach aber immer weniger. 1967 fiel der Anteil ihrer Wählerstimmen unter die 50-Prozent-Grenze, 1976 erreichte er mit gut 40 Prozent seinen Tiefstand. Nicht anders verlief tendenziell die Entwicklung des Kräfteverhältnisses im Oberhaus. Hier erzwangen die Oppositionsparteien bereits 1974 einen Kräftegleichstand.

Der anhaltende Machtschwund der LDP führte u. a. dazu, daß sie in einigen Parlamentsausschüssen, die wichtige Gesetze vorbereiten und einbringen, nicht mehr über die Mehrheit an Stimmen verfügte, an der Spitze einiger Ausschüsse sogar Abgeordnete von Oppositionsparteien standen. Um die Majorität in diesen Ausschüssen zu besitzen, hätte sie z. B. im Unterhaus über 271 Mandate haben müssen. Störend wirkte vor allem der Mehrheitsverlust im Budgetausschuß.[87] Zwar gelang es ihr immer wieder, Vertreter anderer Parteien zur Zustimmung für das Budget zu gewinnen (DSP, NLK, später auch Kōmeitō), doch waren damit Teilzugeständnisse verbunden, und mehrmals konnte der Staatshaushalt nicht termingemäß vom Parlament verabschiedet werden.

Auch in den Selbstverwaltungskörperschaften, den Bezirks-, Kreis- und Landtagen, den Stadt- und Dorfversammlungen ging der Einfluß der LDP bis Mitte der siebziger Jahre mehr und mehr zurück. Der XIII. Außerordentliche Parteitag der Kommunistischen Partei Japans stellte 1976 fest, daß es 1961 nur 4 progressive lokale Administrationen gab, die insgesamt 2,23 Millionen Einwohner regierten, 1976 aber hatte sich diese Zahl auf etwa 200 Administrationen erhöht, die 47,8 Millionen Japaner oder 42,7 Prozent der

[87] Der aus 50 Mitgliedern bestehende Ausschuß setzte sich aus 25 LDP-Abgeordneten und 25 Abgeordneten nichtregierender Parteien zusammen. Da die LPD den Ausschußvorsitzenden stellte, dieser aber kein Stimmrecht besitzt, verfügte sie tatsächlich nur über 24 gegen 25 Stimmen.

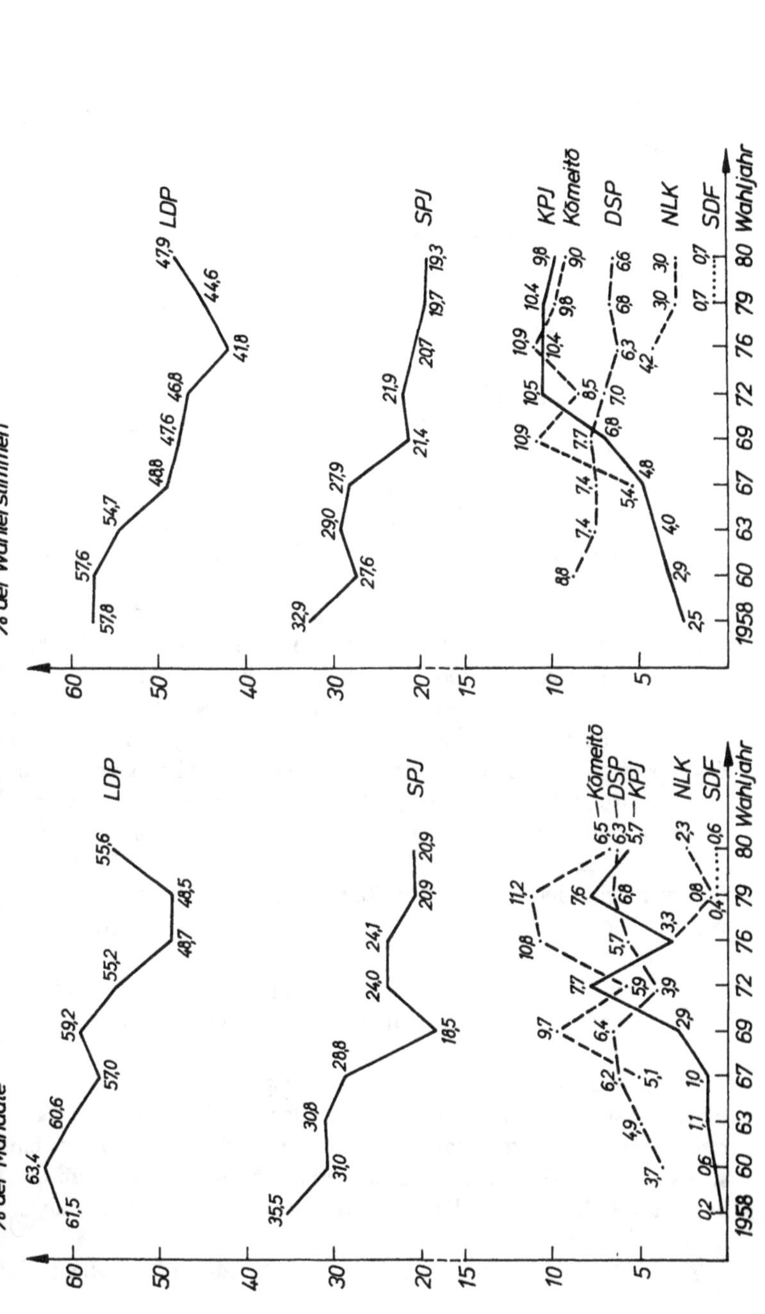

Kräfteänderungen zwischen den Parteien bei den Wahlen zum Haus der Abgeordneten (Unterhaus) 1958—1980

Gesamtbevölkerung repräsentierten.[88] Darunter befanden sich solch wichtige politische, industrielle und kulturelle Zentren wie Tōkyō, Ōsaka und Kyōtō, an deren Spitze progressive Gouverneure standen, oder solch wichtige Millionenstädte wie Yokohama und Nagoya mit einem fortschrittlichen Oberbürgermeister.

Ein nach außen deutlich sichtbares Zeichen gewachsener politischer Labilität in den siebziger Jahren widerspiegelte sich in einem häufigen Kabinettswechsel (im Schnitt jedes Jahr), noch mehr aber im Wechsel der Ministerpräsidenten. Die politische Systemstabilität der sechziger Jahre offenbart sich uns rein äußerlich in dem Fakt, daß es zwischen 1960 und 1972 nur 2 Premierminister gab: Hayato Ikeda (1960—1964) und Eisaku Satō (1964 bis 1972). In den Jahren 1972 bis 1982 indes zählen wir 6: Kakuei Tanaka (1972 bis 1974), Takeo Miki (1974 bis 1976), Takeo Fukuda (1976 bis 1978), Masayoshi Ōhira (1978 bis 1980), Zenkō Suzuki (1980 bis 1982) und seit 1980 Yasuhiro Nakasone.

Traditionsgemäß wird die Funktion des Ministerpräsidenten durch den Präsidenten der LDP wahrgenommen. Ein häufiger Wechsel des Ministerpräsidenten indiziert folglich auch einen häufigen Wechsel des LDP-Präsidenten. Ein häufiger Wechsel des LDP-Präsidenten wiederum deutet auf politische Labilität der regierenden Partei des japanischen Monopolkapitals hin. Und tatsächlich gingen jeder Wachablösung Skandale (wie der Lockheed-Skandal unter Tanaka), Fraktionsbündnisse, offene Konkurrenzkämpfe (Fukuda gegen Miki 1976, Ōhira gegen Fukuda 1978, Fukuda gegen Ōhira 1979/80) und Sturzversuche der bestehenden Regierung durch die eigene Partei voraus. Die sich in Fraktions- und Machtkämpfen äußernde Uneinigkeit der LDP war so stark geworden, daß mehrfach die Gefahr der Spaltung drohte. Die Labilität des von den Konservativen repräsentierten Regierungssystems schien sich ihrer oberen Grenze immer mehr anzunähern.

Fassen wir an dieser Stelle die Hauptaspekte zusammen, die bis Ende der siebziger Jahre zu einem anhaltenden Rückgang der regierenden Partei, zu ihrem ständig gesunkenen Wähleranteil und einem sich so weit entwickelnden Mandatsverhältnis im Parlament führten, daß die Bildung einer Koalitionsregierung immer offenkundiger ins Blickfeld rückte.

Zunächst zu den objektiven Ursachen, bei denen vor allem die

---

[88] 13th Extraordinary Congress of the Communist Party of Japan, S. 118.

Krise des gesellschaftlichen Systems, ferner der Charakter der Partei sowie nicht zuletzt Wandlungen in der sozialen Struktur der Bevölkerung hervorzuheben sind.

— Gewachsene politische Labilität des kapitalistischen Systems in den siebziger Jahren ist keine Besonderheit für Japan. Sie ist auch in den meisten anderen entwickelten kapitalistischen Ländern in dieser oder jener Form zu beobachten und ein Bestandteil der sich vertiefenden Systemkrise des Kapitalismus.

In Japan wuchs die Enttäuschung der Wähler in die regierende Partei in dem Maße, wie diese immer weniger ihre materiellen und politischen Grundinteressen berücksichtigt fanden und den Klassencharakter der LDP verstanden oder aber auch spontan auf soziale Ungerechtigkeiten reagierten. Eine auf die Interessen des Monopolkapitals orientierte Wirtschafts- und Sozialpolitik war zwar auch vorher nur stark begrenzt, seit Ausbruch der Krise 1974 aber noch weniger in der Lage und willens, die Grundinteressen des werktätigen Volkes ins Kalkül zu ziehen. War der Ausbruch der Krise selbst schon Ergebnis dieser Politik, so sollte sie auch auf Kosten der breiten Volksmassen überwunden werden. Inflation, Arbeitslosigkeit, Massenbankrotte kleiner und mittlerer Firmen, Ruinierung zahlreicher kleiner Bauern und Fischer und andere Faktoren machten breiten Schichten des Volkes das Leben immer schwerer. Auch unter konservativ eingestellten Wählerkreisen begannen angesichts zunehmender materieller Zwänge Zweifel an der Richtigkeit der LDP-Politik. Sie wurden gestärkt durch die immer offener zutage tretenden Korruptionsskandale, Fraktions- und Machtkämpfe in der Partei.

— Das Rückgrat der LDP-Wähler stellt von Anbeginn die Bevölkerung auf dem Lande, wo konservatives Denken noch am zählebigsten ist. Eine wichtige Ausgangsposition schufen sich hier die Konservativen durch die unter ihrer Ägide nach 1945 durchgeführte Bodenreform. Ihr Einfluß auf die Landbevölkerung wurde unter anderem auch dadurch positiv beeinflußt, daß sie den Aufkaufpreis für Reis, das Hauptanbauprodukt, stabil hielt und den Bauern deren vollständigen Absatz garantierte. Die stürmische ökonomische Entwicklung der fünfziger und sechziger Jahre aber brachte einschneidende Veränderungen in der Klassenstruktur, wandelte das Gefüge der sozialen Schichtung des Volkes. Die Landbevölkerung nahm ab, die Bevölkerung in den Großstädten und industriellen Ballungsgebieten stieg an. In den Städten und Industriegebieten wiederum verringerte sich der Einfluß der LDP rapide. In den 3 Wahlbezirken Tōkyō, Kanagawa und Ōsaka z. B. errangen die Liberaldemokraten 1960 noch 50 Prozent aller zu vergebenden Sitze (30 von 60), 1969 noch knapp 40 Prozent (30 von 76) und 1980 nur noch 27 Prozent (24 von 88).[89] Hier, wo die Arbeiterklasse konzentriert ist, wo die politischen Parteien am stärksten wirken und ihre Ansichten am unmittelbarsten aufeinanderprallen, wo die Bevölkerung direkter mit Schwankungen in Wirtschaft und Politik konfrontiert ist und wo aus all diesen Gründen politisches Interesse und Bewußtsein am stärksten entwickelt sind, wuchs die Erkenntnis des Charakters der LDP, wuchsen Mißtrauen und Kritik an ihrer Politik am stärksten. Gefördert wurde dieser Prozeß auch durch die Reduzierung des Anteils der städtischen Mittelschichten an der Gesamtbevölkerung, durch deren Ruinierung und teilweise Eingliederung in das Proletariat. Die proletarisierten ehemaligen Mittelschichten wurden zu einer wichtigen Basis der sogenannten Mittelweg-Parteien.

Als wesentliche subjektive Faktoren, die den Abwärtstrend der LDP über lange Jahre förderten und im engen Zusammenhang mit den genannten objektiven Ursachen stehen, erwiesen sich namentlich die Politik der Oppositionsparteien sowie Wandlungen in deren Gefüge, d. h. sowohl eine spürbar verbesserte Zusammenarbeit der progressiven Kräfte als auch — zunächst zumindest — die Bildung neuer Parteien.

— Eine Reihe bedeutender Einheitsaktionen von SPJ und KPJ ab Mitte der sechziger Jahre zeigten dem suchenden Wähler eine Alternative und trugen in nicht geringem Maße zur Entwicklung des politischen Bewußtseins eines Teiles von ihnen bei, ob bei den gemeinsamen Kämpfen gegen den japanisch-amerikanischen Sicherheitspakt, gegen den Interventionskrieg der USA in Vietnam, für die Rückgabe Okinawas an Japan oder bei der gemeinsamen Unterstützung demokratischer und sozialer Forderungen der Arbeiter und anderer Werktätiger.

Das wiederholte einheitliche Auftreten von SPJ und KPJ wiederum hatte positive Auswirkungen auf die Gewerkschafts-

[89] Berechnet nach Angaben aus Mainichi nenkan 1978, Bessatsu sowie Asahi nenkan 1981, S. 237f. Die Zahl der Mandate hatte sich nach dem enormen Anwachsen der Bevölkerung in diesen Gebieten mehrfach erhöht. Damit zugleich wuchs auch die Anzahl der Gesamtsitze im Unterhaus von 467 im Jahre 1960 auf 511 1976.

bewegung. Obgleich auch damals schon bedeutende reformistische, auf Harmonie zwischen Kapital und Arbeit orientierte Kräfte in der Gewerkschaftsbewegung agierten, verfügte sie doch insbesondere in Gestalt des Sōhyō über starke kämpferische Potenzen. Deren Kämpfe und Erfolge wiederum wirkten bewußtseinsbildend auf breite Kreise auch außerhalb der Arbeiterklasse.

Durch die gemeinsame Unterstützung von SPJ und KPJ siegten u. a. die Gouverneure von Kyōtō, Tōkyō, Ōsaka, Kanagawa und Okinawa. In der ersten Hälfte der siebziger Jahre konnte diese Front zeitweilig erweitert werden durch Kōmeitō und DSP.

— Das Erscheinen neuer Parteien, insbesondere der Kōmeitō in den sechziger und des NLK in den siebziger Jahren, gaben unzufriedenen, aber schwankenden LDP-Wählern eine neue bleibende oder temporäre Wahlheimat. Der Einstand der Kōmeitō bei den Unterhauswahlen 1967 oder des NLK 1976 brachten der LDP jeweils bedeutende Wählerverluste: Bei ihrem Start 1967 gewann die Kōmeitō 5,4 Prozent der Wählerstimmen, die LDP verlor 5,9 Prozent. 1976 gewann der NLK 4,2 Prozent, die Liberaldemokraten büßten 5 Prozent ein.

Die genannten objektiven und subjektiven Faktoren wirkten nicht kurz, sondern längerfristig und zehrten über eine Reihe von Wahlperioden an der Substanz der regierenden Partei. Es drängt sich natürlich die Frage auf, wie es möglich ist, daß die LDP trotz eines Wähleranteils von unter 50 Prozent seit 1967 mit einer — wenn auch zeitweilig dünnen — Mehrheit im Unterhaus weiterregieren konnte. Die Antwort liegt vor allem im Wahlsystem begründet, das dem englischen ähnelt und nachfolgend kurz erläutert werden soll.

Die Entscheidung über die zu vergebenden Mandate erfolgt grundsätzlich in örtlichen Wahlkreisen. Eine Ausnahme macht lediglich ein Teil der Oberhausmitglieder, deren Wahl auf Landesebene stattfindet.[90] Es gilt in jedem Falle das einfache Mehrheitswahl-

---

[90] Laut japanischer Verfassung muß das Unterhaus (Haus der Abgeordneten) alle vier Jahre neu gewählt werden, doch kann es der Premierminister bereits vor Ablauf dieser Zeit auflösen. Die Amtsdauer der Mitglieder des Oberhauses (Haus der Räte) beträgt hingegen sechs Jahre, seine vorherige Auflösung ist nicht möglich. Es werden nicht alle Oberhausmitglieder auf einmal, sondern immer nur die Hälfte gewählt, so daß alle drei Jahre ein Urnengang stattfindet. Dabei wird ein Teil der Kandidaten (50 von 126) auf Landesebene bestätigt, der andere Teil wie beim Unterhaus in örtlichen Wahlkreisen.

system, d. h., es siegen der oder die Kandidaten, die die meisten Stimmen im jeweiligen Wahlkreis auf sich vereinigen. Zudem werden nicht Parteikandidaten (sei 1982 mit Ausnahme der auf Landesebene gewählten Oberhausabgeordneten), sondern Einzelpersönlichkeiten gewählt, so daß von den Parteien auch „Unabhängige“ unterstützt werden können, zumeist lokal bekannte Persönlichkeiten mit Chancen auf einen Sieg. In der Regel schließen diese sich nach einem Erfolg der entsprechenden Partei an. Nennenswert ist der Umstand, daß die Kandidaten der LDP über größere Mittel und Möglichkeiten verfügen, um beispielsweise den Bau sozialer oder kommunaler Einrichtungen (Bau von Schulen, kommunalen Wohnungen, Straßen, Brücken, Eisenbahnlinien etc.) daselbst durchzusetzen und so den Wählerwillen zu ihren Gunsten zu beeinflussen.[91]

Die 130 Wahlkreise für das Unterhaus verfügen über je 3 bis 5 Mandate. Ihre Wählerstärke divergiert oft sehr. Bei den Unterhauswahlen 1980 z. B. benötigten die 3 siegreichen Kandidaten in Chiba (4. Wahlkreis), einem Industriebezirk östlich von Tōkyō, im Schnitt gut 160000 Stimmen, in Hyōgō (5. Wahlkreis) aber nur knapp 48000.[92] Demnach wog eine Stimme in Hyōgō mehr als 3mal so schwer wie die in Chiba. Das genannte Beispiel ist keine Ausnahme und erstreckt sich nicht nur auf die Unterhauswahlen. Bei den Oberhauswahlen 1980 z. B. kam auf 1,58 Millionen Wähler in Kanagawa, ebenfalls ein Industriebezirk bei Tōkyō, 1 Abgeordneter, in Tottori indes 1 Abgeordneter auf 335000 Wähler.[93] Eine Diskrepanz von etwa dem 5fachen. Im allgemeinen muß ein Kandidat in den Industriebezirken bedeutend mehr Stimmen auf sich vereinigen als der in Gebieten mit vorwiegend landwirtschaftlichem Charakter. Anhand der genannten Beispiele könnte man zugespitzt for-

---

[91] Bezeichnendes Beispiel dafür ist u. a. auch die parlamentarische Karriere von Zenkō Suzuki. 1947 ursprünglich als Abgeordneter der SPJ erstmals ins Parlament gewählt, wechselte er bei den nächsten Unterhauswahlen 1949 in das Lager der regierenden konservativen Liberalen Partei über. Äußerer Anlaß war, daß er als Abgeordneter der Regierungspartei seinem von Naturkatastrophen stark heimgesuchten Wahlbezirk größere materielle Unterstützung bieten konnte und damit auch mehr Chancen für eine Wiederwahl besaß. Er wurde seitdem von seinen Wählern in jeder Unterhauswahl wieder bestätigt.

[92] Vergleiche „Asahi Shimbun“ vom 24. 6. 1980.

[93] Ebenda.

mulieren: Ein Bauer hat oft 3- bis 4mal so viel Stimmrecht wie ein Arbeiter.

Aus dem vorangegangenen ergibt sich, daß die japanische Bevölkerung ungleich im Parlament vertreten ist. Die Einwohner der Industriebezirke, die vor allem die Arbeiterklasse beheimaten, werden gegenüber der Landbevölkerung diskriminierend benachteiligt. Natürlich liegt das im Interesse der Konservativen, die ihre Hauptwählerbasis auf dem Lande haben. Hinzu kommt, daß der Wille von Millionen Wählern keine Berücksichtigung findet, da ihr Kandidat nicht selten mit Hunderttausenden Stimmen unterliegt. Folglich entstehen oft bedeutende Diskrepanzen zwischen dem errungenen Stimmenanteil und der Zahl der Mandate. (Vergleiche S. 227 und 235.) Die Oppositionsparteien allen voran die KPJ, fordern daher die Abschaffung dieses undemokratischen Systems und an seiner statt Wahlen im Landesmaßstab sowie die Vertretung der Parteien im Parlament nach Stimmenanteil. Die konservative LDP hingegen ist aus leicht verständlichen Gründen nicht nur gegen diese Forderung, sondern sogar an einer Verkleinerung der Wahlkreise — sogenannte Ein-Mann-Wahlkreise — interessiert, um das Kräfteverhältnis auch weiterhin zu ihren Gunsten zu gestalten. Die bisherigen Versuche, Ein-Mann-Wahlkreise einzuführen, scheiterten jedoch am Widerstand der Opposition ebenso wie am Fraktionalismus der LDP, da die einzelnen Fraktionen dann weniger Möglichkeiten sahen, ihre eigenen Kandidaten durchzubringen.[94] Die Forderungen nach Einführung des Ein-Mann-Wahlsystems (Wahlkreis für nur einen Abgeordneten) durch führende Vertreter der LDP halten indes an. Die KPJ übergab im Juli 1980 an Premierminister Suzuki diesbezüglich eine Protestnote. In ihr heißt es, daß die LDP mit der Einführung dieses Systems eine Monopolisierung der Parlamentssitze anstrebe, die es ihr ermögliche, „mit 40 Prozent der Stimmen 80 Prozent der Sitze“ zu erringen. Damit jedoch würde der Wille der Wähler mit Füßen getreten und die parlamentarische Demokratie von Grund auf zerstört.[95]

Trotz dieses undemokratischen, die Wählermeinung verzerrenden und die LDP begünstigenden Wahlsystems erfolgte, wie wir gesehen

---

[94] Da jeder Wahlkreis 3 bis 5 Mandate besitzt, besteht für eine Partei auch die Möglichkeit, mehrere Kandidaten aufzustellen, was insbesondere von den einzelnen Fraktionen in der LDP genutzt wird.

[95] Siehe „Japan Press Weekly Bulletin“, No. 1206, 2. 8. 1980.

haben, in den siebziger Jahren eine fortschreitende Schwächung der konservativen Alleinherrschaft. Bei den Unterhauswahlen am 7. Oktober 1979 kamen die Liberaldemokraten mit ihren nur 248 errungenen Sitzen auf die geringste Mandatszahl in ihrer Geschichte.

Bei den Wahlen zum Unter- und Oberhaus im Juni 1980 gelang es ihr indes — für die meisten Beobachter der politischen Szenerie Japans überraschend —, ihren seit gut 20 Jahren anhaltenden Abwärtstrend zu stoppen und einen solchen Zuwachs zu erreichen, daß sie wieder über eine stabile Mehrheit im Parlament verfügt, die ihr gestattet, auch in den einzelnen Parlamentsausschüssen allein zu regieren, ohne selbst Teilkompromisse an die Opposition machen zu müssen.

Wie ist dieser klare Sieg der LDP, der scheinbar plötzliche Bruch in einer langfristigen Tendenz des Niedergangs zu erklären?

Zunächst soll festgehalten werden, daß die Liberaldemokraten zwar eine stabile Majorität im Parlament wiedererlangten, mit 47,9 Prozent nicht aber die Mehrzahl der Stimmen. Unverändert hat sich der größere Teil der Wähler gegen sie entschieden, und erneut hat die Partei von dem undemokratischen Wahlrecht profitiert. Ginge es nach dem Wählerwillen, nach dem Anteil der für die einzelnen Parteien abgegebenen Stimmen, so würden die Mandate im Parlament sich von den tatsächlich gewonnenen deutlich unterscheiden. Nach dem Anteil der Wählerstimmen hätte die LDP folglich im Unterhaus nicht 284, sondern nur 245 Sitze errungen, und auch im Oberhaus würde sie über keine Mehrheit verfügen. (Vgl. folgende Tabelle.)

Dennoch bleibt die Tatsache bestehen, daß die LDP ihren Stimmenanteil wieder beträchtlich erhöhen konnte. Viele Kommentatoren suchten seinerzeit die Ursache dafür in solchen Faktoren wie dem plötzlichen Ableben des Premierministers und LDP-Präsidenten Ōhira wenige Tage vor dem Wahlgang, das der Partei eine Vielzahl von Sympathie- und Beileidsstimmen brachte. Oder aber in einer höheren Wahlbeteiligung, die namentlich der LDP nützte. Zweifellos hat beides und ähnliches eine Rolle gespielt, doch sicher nicht die entscheidende. Die wichtigsten Ursachen für den Wiederaufschwung der LDP sollten zu suchen sein in

— einer wieder relativ stabilisierten Wirtschaftslage,
— der durchgeführten Parteiform, namentlich der bedeutend gewachsenen Mitgliederstärke und
— dem Rechtstrend der meisten Oppositionsparteien und dem damit gekoppelten Fehlen echter Alternativen.

Mandate der einzelnen Parteien im Parlament nach den Wahlen 1980, unterschieden nach tatsächlich gewonnenen und nach dem Anteil der Wählerstimmen

Parteien	Haus der Abgeordneten		Haus der Räte	
	tatsächlich	nach Wählerstimmen	tatsächlich	nach Wählerstimmen
LDP	284	245 (47,9)	69	54 (42,95)
SPJ	107	99 (19,3)	22	22 (17,80)
KPJ	29	50 (9,8)	7	12 (9,50)
Kōmeitō	33	46 (9,0)	12	11 (8,45)
DSP	32	34 (6,6)	6	7 (5,60)
NLK	12	15 (3,0)	0	1 (0,60)
SDF	3	3 (0,7)	0	1 (0,55)
Splittergruppen	0	0 (0,2)	2	2 (2,05)
Unabhängige	11	19 (3,7)	8	16 (12,50)
gesamt	511	511 (100)	126	126 (100)

Berechnet nach Angaben der „Asahi Shimbun" vom 24. 6. 1980.
Die in Klammern gesetzten Zahlen geben den Anteil der Wählerstimmen an. Beim Haus der Räte wurde zur Vereinfachung der Anteil der Wählerstimmen für die einzelnen Parteien und Gruppierungen auf nationaler und lokaler Wahlebene addiert, durch 2 dividiert und so der Durchschnitt berechnet.

Was die Wirtschaftslage angeht, so hatte sie Mitte der siebziger Jahre ihren absoluten Krisentiefpunkt, und auch die LDP erreichte mit nur 41,8 Prozent aller Stimmen bei den Unterhauswahlen 1976 den niedrigsten Stand in ihrer Geschichte.[96] Wir haben gesehen, daß die Wirtschaftskrise außerordentlich negative Auswirkungen auf das Leben der werktätigen Volksmassen hatte. Auch die Jahre danach brachten zumindest keine Rückkehr zu den hohen Wachstumsraten.

[96] Vollständigkeitshalber muß erwähnt werden, daß zur Krise 1976 der Ausbruch des Lockheed-Skandals kam, der die Korruption in der LDP wie unter einem Mikroskop widerspiegelte und seinen Einfluß auf einen Teil der Wähler sicher nicht verfehlte.

Dennoch gelang es dem japanischen Monopolkapital im Bunde mit der LDP bis zu den Wahlen 1980, wieder zu relativ stabilen ökonomischen Indizes zu finden und auch mehr als die meisten anderen entwickelten kapitalistischen Länder mit gewissem Erfolg gegen die Inflation anzukämpfen. Die soziale Unsicherheit und Angst, die die Volksmassen Mitte der siebziger Jahre wie eine epidemische Krankheit erfaßte, konnte einigermaßen unter Kontrolle gehalten werden. Es kam zu einer gewissen Beruhigung und auch Gewöhnung an die veränderten sozialökonomischen Bedingungen. Die 1979/80 zweifellos bessere Situation als 1975/76 trug sicher dazu bei, einen Teil der Wähler wieder zur LDP zurückkehren zu lassen.

Hinsichtlich der Parteientwicklung wurde festgestellt, daß die LDP ab 1977 einige konkrete Schritte in Richtung einer Parteireform machte. Sicher hat sie ihr Ziel nicht erreicht. Fraktionalismus und Machtkämpfe regierten weiter. Auch die Gewinnung von Parteimitgliedern in großem Maßstab ist von der Methode und vom Inhalt her zumindest merkwürdig, da sie das Resultat einer Massenkampagne ist, die viele „tote Seelen" oder Mitläufer einschloß und deren bewußterer Teil mehr auf Fraktionen bzw. Fraktionschefs oder Lokalmatadore der LDP schwört als auf die Partei. Dennoch stellten die etwa 1,5 Millionen „Mitglieder" 1980 eine gewisse potentielle Macht dar. Mit ihrer Hilfe war es auf alle Fälle leichter möglich, umfassender und organisierter konservatives Denken zu verbreiten, Wähler zu beeinflussen und zur Stimmabgabe für die LDP zu bewegen. Bereits die Lokal- und Unterhauswahlen 1979 bestätigten das: In den Bezirken, in denen die Mitgliederzahl der LDP hoch war, war auch ihr Stimmenanteil bedeutend. Dort indes, wo diese Organisationen schwach waren oder gar nicht existierten, erlitt die Partei weitere Rückschläge.[97]

Ein für den Ausgang der Wahlen 1980 weiteres wesentliches parteipolitisches Element besteht trotz Fraktionalismus in der offensichtlichen Fähigkeit der LDP, einheitlich handeln zu können, wenn ihre Herrschaft ernsthaft bedroht ist. Eine solche Situation bestand vor den Wahlen durchaus. Die sich im Falle des Mißtrauensantrages gegen die Regierung Ōhira offenbarende Macht der (in dieser Situation) einheitlich handelnden Opposition gegen die zerstrittene LDP mußte auf die konservativen Kräfte und die sie tragenden Kreise des Monopolkapitals ernüchternd wirken. Angesichts der Furcht, in den

---

[97] Siehe „Shakaishugi", No. 163, Dez. 1979, S. 98.

bevorstehenden Wahlen eine Niederlage hinnehmen zu müssen, traten sie plötzlich geschlossener denn je auf. Ihre partiellen Differenzen und persönlichen Machtambitionen stellten sie, nicht zuletzt unter dem massiven Druck ihrer Geldgeber, des Finanzkapitals, hinter das Gesamtziel, die Erhaltung ihrer Alleinherrschaft, zeitweilig zurück. Konkurrierten bei vorangegangenen Wahlen oft mehrere Kandidaten verschiedener LDP-Fraktionen im gleichen Wahlkreis gegeneinander, um besonders die eigene Fraktion im Parlament zu stärken und somit deren Machtbereich zu erweitern, so einigte man sich 1980 kurzfristig auf gemeinsame Kandidaten, die von der Partei als ganzes unterstützt wurden. Dem voraus ging ein Beschluß der LDP-Führung, einen einheitlichen Wahlkampf durchzuführen, um Mandatsverluste durch personell-fraktionelle Auseinandersetzungen zu vermeiden. Als einigendes Band nach außen — und zugleich als psychologisches Moment der Wählerbeeinflussung — wurde das plötzliche Ableben von Ōhira genutzt.

Die höhere Wahlbeteiligung ist sicher auch nicht in erster Linie vom schönen Wetter am Wahltage abhängig gewesen, wie viele meinten, sondern durchaus im Zusammenhang mit der Entwicklung der LDP zu sehen. Im Vergleich zu den Unterhauswahlen vom Oktober 1979 gingen im Juni 1980 über 5 Millionen Wähler mehr an die Urnen, von denen fast 4,2 Millionen für die LDP votierten.[98] Zum einen demonstriert dies, daß die politisch weniger interessierten, unbeständigen Wähler, die nur gelegentlich ihre Stimme abgeben, in ihrer Grundhaltung konservativ eingestellt sind. Man beobachtet diese Erscheinung auch in anderen kapitalistischen Ländern. Zum anderen kann man der LDP nicht absprechen, daß es ihr gelungen ist, einen großen Teil dieser latent-konservativen und zumeist passiven Wähler für sich zu aktivieren. Dabei nutzte die Partei natürlich auch die gegebene Möglichkeit, zwei Abstimmungen, zum Unter- und Oberhaus, an einem Tage gleichzeitig vorzunehmen, was mehr Wähler anzog, da über mehr Mandatsträger entschieden werden mußte.

Ein dritter entscheidender Faktor verbirgt sich hinter der Rechtsentwicklung einer Reihe von Oppositionsparteien in der zweiten Hälfte der siebziger Jahre und der Uneinigkeit der Opposition untereinander, das Fehlen klarer Alternativprogramme zur Politik der Regierungspartei. Noch in der ersten Hälfte der siebziger Jahre

98 Ebenda, No. 174, Sept. 1980, S. 15.

beobachtete man eine relativ eindeutige Anti-LDP-Haltung aller nicht regierenden Parteien. Ab 1975/76 begann sich indes ein Block der „Mittelwegkräfte" zu formieren, deren Kern Kōmeitō und DSP bildeten. Sie entwickelten, wie wir gesehen haben, eine zunehmende Bereitschaft, in Teilfragen Kompromisse zur herrschenden Politik einzugehen bzw. mit Teilen der Konservativen eine einheitliche Front zu bilden. Das ganze lief unter dem Namen „verantwortungsbewußte Opposition", war ausgesprochen antikommunistisch orientiert und übte letztlich auch erfolgreich Druck auf die SPJ aus, sich von einer Zusammenarbeit mit der KPJ loszusagen.

Der erste Erfolg dieser politischen Rechtstendenzen bestand für die LDP darin, daß es ihr bei den örtlichen Wahlen 1978 und 1979 gelang, den Vormarsch der progressiven Selbstverwaltungen im Lande nicht nur zu stoppen, sondern umzukehren. Nacheinander gingen die Gouverneursposten in Kyōtō, Okinawa (beide 1978), Tōkyō und Ōsaka (1979) wieder in konservative Hände über. Durch einheitliches und entschlossenes Handeln der progressiven Kräfte hätte diese Niederlage verhindert werden können. Wesentliche Hilfestellung gab die SPJ, indem sie zugunsten der zentristischen Kräfte von den bewährten Wahlbündnissen mit der KPJ auf lokaler Ebene abwich. Dazu zwei Beispiele: In Kyōtō regierte von 1950 bis 1978 der von SPJ und KPJ einheitlich unterstützte Gouverneur Torazō Ninagawa. Bei den Wahlen 1978 indes (Ninagawa kandidierte aus Altersgründen nicht wieder) entschloß sich die SPJ, nicht mehr mit der KPJ zusammenzugehen, sondern gemeinsam mit Kōmeitō, DSP und SDF einen zweiten Gegenkandidaten zu dem Konservativen aufzustellen. Der LDP-Bewerber, unterstützt vom NLK, gewann mit 502000 Stimmen vor dem der KPJ (434000 Stimmen) und dem von SPJ und zentristischen Kräften (204000).[99] Die Niederlage des Kandidaten der Kommunistischen Partei, der parteilos war, fiel knapp aus, und die Chance, die progressive Lokalregierung aufrechtzuerhalten, wäre bei einer Unterstützung durch die SPJ vorhanden gewesen. Das zweite Beispiel betrifft die Wahl des Oberbürgermeisters von Yokohama. Seit 1963 war Ichio Asukata unangefochten Oberbürgermeister dieser Millionenstadt. Nach Übernahme seines Amtes als Vorsitzender der SPJ Ende 1977 stellte er 1978 seinen Posten als Oberbürgermeister zur Verfügung, und es kam zu Neuwahlen. Statt mit der KPJ zusammenzugehen, stellte sich die SPJ nach längeren

---

[99] Siehe Asahi nenkan 1979, S. 267.

Verhandlungen hinter den von den zentristischen Kräften gemeinsam mit der LDP nominierten Kandidaten. Der von der KPJ gegen den von allen anderen 6 Parteien aufgestellte parteilose Bewerber errang fast 42 Prozent aller abgegebenen Stimmen, der Einheitskandidat 52,7 Prozent.[100] Die Annahme, daß ein Wahlbündnis SPJ—KPJ einem progressiven Nachfolger für Asukata hätte zum Siege verhelfen können, ist angesichts dieses Ergebnisses sicher keine übertriebene Spekulation, zumal die SPJ als Regierungspartei in Yokohama bis dahin über bedeutenden Einfluß verfügte. Ein Beispiel für die Kraft der Einheit beider Parteien hatte erst ein Jahr zuvor die Wahl des Oberbürgermeisters der Industriestadt Nagoya (2,1 Millionen Einwohner) gegeben, als der von ihnen nominierte Kandidat gegen das Bündnis der zentristischen, reformistischen und konservativen Parteien gesiegt hatte.

Durch den antikommunistischen Rechtstrend halfen die zentristischen Kräfte und die SPJ letztlich mit, eine Teilzielstellung der LDP zu verwirklichen, nämlich die progressiven Selbstverwaltungen bedeutend zu schwächen. Die Annäherung einiger Parteien an die LDP beraubte die Wähler einer echten Alternative, die nur die KPJ bot, die aber auf sich allein gestellt es wiederum nicht vermochte, den politischen Rechtstrend aufzuhalten, auch wenn sie bei einer Reihe von Regionalwahlen ihre Positionen ausbauen konnte. Der Vormarsch der Konservativen in den regionalen Selbstverwaltungen fand seine Bestätigung 1980 schließlich auch bei den Parlamentswahlen.

Eine nicht unwesentliche Rolle bei der Manipulierung des Wählerwillens, des politischen Denkens und Handelns allgemein spielen die Massenmedien, zu denen abschließend noch ein Wort gesagt werden soll. Neben Radio und Fernsehapparat, mit denen in Japan fast jeder Haushalt — und oft mehr als einmal — ausgestattet ist, erweist sich der Einfluß der Tagespresse als immens. Mit 546 Exemplaren pro 1000 Einwohner (1977) steht Japan an der Spitze in der Welt.[101] Geht man von einem 4-Personen-Haushalt als Schnitt aus, so kommen auf einen 2 und mehr Tageszeitungen. Dabei handelt es sich fast ausnahmslos um bürgerliche Massen-

---

100 Ebenda.

101 Einige Vergleichszahlen verdeutlichen das. 1977 kamen auf 1000 Einwohner in England 410, in den USA 287 und in Frankreich 205 Exemplare. Siehe Facts and Figures of Japan. 1982 Edition. Foreign Press Center/Japan. Tokyo, S. 62.

medien, die in dieser oder jener Form — auch wenn sie sich „unabhängig“ oder „überparteilich“ nennen und sich vielfach kritisch geben — Sprachrohr des bestehenden Gesellschaftssystems, der Regierungspolitik und damit auch der LDP-Politik sind. Sie sind neben Abonnements überall käuflich zu erwerben im Gegensatz zu Parteiorganen, die nicht im öffentlichen Handel vertrieben werden dürfen und dementsprechend sämtlich über ein eigenes Zeitungsverteiler- bzw. -zustellnetz verfügen. Die auflagenstärksten Tageszeitungen waren 1980 die „Yomiuri Shimbun“ mit 13,298 Millionen Exemplaren täglich, die „Asahi Shimbun“ mit 12,204 Millionen und die „Mainichi Shimbun“ mit 7,104 Millionen. Allein diese drei verfügten über einen Stab von 22500 Mitarbeitern und einen Anteil am Zeitungsmarkt von fast 50 Prozent. Ihnen folgen solch starke Wirtschaftszeitungen wie die „Nihon Keizai Shimbun“ und die „Sankei Shimbun“ mit einer Tagesauflage von jeweils 2,963 Millionen Exemplaren.[102] Diese Zeitungsgiganten, entweder direkter Interessenvertreter der japanischen Monopole oder auch selbst in verschiedenen Bereichen der japanischen Wirtschaft durch eigene Unternehmen, Aktienanteile u. a. unmittelbar verankert, prägen natürlicherweise das Verhalten der Volksmassen wesentlich, und sie prägen es im Klasseninteresse des Kapitals.

---

[102] Asahi nenkan 1981, Bekken, S. 395. Insgesamt betrug die Tagesauflage — ohne Parteiorgane — Ende 1978 nahezu 64 Millionen Exemplare, Morgen- und Abendausgabe zusammengefaßt. Ebenda 1980, S. 594.

Epilog

Auf den vorangegangenen Seiten konnten wir feststellen, daß sich auf dem Hintergrund wesentlicher ökonomischer und sozialer Wandlungen in den letzten Jahrzehnten bedeutende Umgruppierungen im Kräftespiel der Klassen und der politischen Strömungen des Landes vollzogen haben. Dabei brachten besonders die siebziger Jahre eine gewisse Turbulenz und auch neue politische Linien in den Parteien hervor. Es vollzogen sich beachtenswerte quantitative Veränderungen im Parlament zwischen der LDP und den Oppositionsparteien bis zur Wahl 1980. Sie reichten indes nicht aus zu einem qualitativen Neubeginn. Der LDP war es gelungen, ihre Alleinherrschaft aufrechtzuerhalten und diese 1980 wieder zu festigen.

Wie wird es in den achtziger Jahren weitergehen? Wird die LDP ihre Ein-Parteien-Regierung verteidigen können oder wird diese einer Koalitionsregierung weichen müssen? Die Analyse der gegenwärtigen politischen Lage spricht eindeutig für das erstere. Nicht nur, daß die Konservativen nach den Parlamentswahlen 1980 wieder fester im Sattel sitzen als je in den siebziger Jahren, auch die Uneinigkeit zwischen den nichtregierenden Parteien und den demokratischen Organisationen des Landes ist gewachsen. Dennoch muß diese Situation nicht für das gesamte nächste Jahrzehnt gelten. Der über 2 Dezennien anhaltende Einflußverlust der LDP resultierte aus einer Verschärfung und Verflechtung systemimmanenter Schwierigkeiten und Widersprüche, aus Veränderungen in der Klassenstruktur und aus dem Charakter der Partei als Interessenvertreter einer Minderheit des Volkes. Daran hat sich objektiv nichts geändert, so daß die wiedergewonnene Stabilität der Liberaldemokraten vor allem subjektiven Faktoren entspringt. Ihre Dauer wird abhängig sein von der weiteren Entwicklung der Wirtschaft, der Parteien und der Gewerkschaftsbewegung. Sie wird abhängig sein davon, ob es den progressiven Kräften, namentlich der KPJ und SPJ gelingt, ihre Differenzen zugunsten vielfältig übereinstimmender Ziele zurückzudrängen.

Wagt man eine Prognose für die achtziger Jahre, so kann man sich weder auf eine Beibehaltung der LDP-Alleinherrschaft noch auf eine Koalitionsregierung von vornherein als gegeben festlegen. Beides muß in Betracht gezogen werden. Vorerst verfügt die LDP bis zu den nächsten fälligen Unterhauswahlen im Jahre 1984 über eine sichere Mehrheit, und es ist unter normalen Entwicklungsbedingungen (keine neue Wirtschaftskrise, keine gravierenden Machtkämpfe oder neue Korruptionsskandale in der Partei u. a.) auch zu diesem Zeitpunkt nicht mit deren Umkehrung zu rechnen. Die Aufrechterhaltung der LDP-Alleinherrschaft birgt indes die Gefahr einer weiteren innen- und außenpolitischen Rechtsentwicklung des Landes in sich. Diese Gefahr widerspiegelt sich in Versuchen starker rechter Kreise innerhalb der regierenden Partei, das Wahlsystem weiter zu ihren Gunsten zu verändern (Einführung von Ein-Mann-Wahlkreisen), Ernstfall- bzw. Notstandsgesetze zu verabschieden, die japanische Verfassung (insbesondere den Artikel 9) zu revidieren, die Rüstung voranzutreiben, das Militärbündnis mit den USA enger zu gestalten u. a. mehr. Diese Bemühungen erhöhen die Unsicherheit für das japanische Volk. Ihre Realisierung würde die dem Volk auferlegten Lasten durch Steuer- und Preiserhöhungen, kapitalistische Rationalisierung und Arbeitslosigkeit mit all ihren Folgen weiter eskalieren.

Was die Möglichkeit einer Koalitionsregierung angeht, so erscheint sie aus heutigem Blickwinkel frühestens für die zweite Hälfte der achtziger Jahre erwägenswert. Daß indes selbst das japanische Monopolkapital damit rechnet, bestätigte der Präsident der Japanischen Industrie- und Handelskammer, Shigeo Nagano, im November 1979. In der Wirtschaftszeitung „Nihon Keizai Shimbun" äußerte er, daß „eine Koalition der LDP mit den Mittelwegkräften unvermeidlich" sei.[1] Das Monopolblatt unterstrich, daß sich diese Auffassung „unter den Spitzen der Wirtschaft rasch verbreitet" und diese „beginnen, sich einer Koalitionsregierung der achtziger Jahre zuzuwenden". Sicher: Diese Prognose erfolgte vor den Parlamentswahlen 1980, doch dürfte sie langfristig kaum erschüttert sein.

Kommt es in den achtziger Jahren zu einer Koalitionsregierung, so ist als ihr Hauptträger und Initiator in erster Linie die LDP selbst in Betracht zu ziehen. Eine durchaus nicht unrealistische

---

[1] „Nihon Keizai Shimbun" vom 17. 11. 1979.

Prognose gab am Vortag zu den Parlamentswahlen 1980 die „Asahi Shimbun" (21. 6. 1980.) Abhängig vom Wahlausgang sah die einflußreiche Zeitung zu diesem Zeitpunkt folgende Möglichkeit für eine Regierungsbildung:

Oberhaus Unterhaus	× ×	progressiv-zentristische Koalition
Oberhaus Unterhaus	○ ×	konservativ-zentristische Koalition
Oberhaus Unterhaus	× ○	konservative Koalition
Oberhaus Unterhaus	○ ○	LDP-Alleinherrschaft

× = LDP verliert die Mehrheit
○ = LDP behauptet die Mehrheit.

In drei der vier genannten Regierungsformen werden die Liberaldemokraten als die entscheidende Kraft genannt. Lediglich bei ihrer bedeutenden Niederlage wurde eine „progressiv-zentristische Koalition", d. h. ohne LDP und KPJ, als Möglichkeit eingeplant. Als Partner einer solchen Regierung bietet sich faktisch jede der zentristisch-reformistischen Parteien an, vorrangig jedoch der Neoliberale Klub und/oder die Demokratisch-Sozialistische Partei. In einer Wahlrede sprach Kakuei Tanaka am 2. Juni 1980 erstmals die Möglichkeit der Bildung einer solchen Koalitionsregierung aus. Er äußerte: „Was sollen wir tun, wenn die LDP ihre Majorität verliert? Beide, sowohl die Kōmeitō als auch die Demokratisch-Sozialistische Partei sagen, daß sie bereit sind, der LDP zu helfen."[2] Die LDP wird indes an keiner großen Koalition interessiert sein, wenn es sich irgend vermeiden läßt. Denn viele Partner zwingen unter Umständen zu zahlreichen Kompromissen und bergen Labilität in sich. Es erübrigt sich die Feststellung, daß eine Koalition unter der Vorherrschaft der Konservativen keinen inhaltlichen Wandel in der Politik bringen würde. Sie könnte jedoch zu einigen Kompromißreformen auf sozialem Gebiet führen und einer weiteren Rechtsentwicklung zunächst vorbeugen.

Eine zweite Koalitionsmöglichkeit, nämlich die zwischen zentri-

---

[2] „Japan Press Weekly Bulletin", No. 1199, 14. 6. 1980. Tanaka erklärte in seiner Rede ferner, daß namentlich der langjährige DSP-Vorsitzende Ikkō Kasuga ihm versichert habe, er sei nunmehr bereit, sich mit der LDP zu verbünden.

stischen Kräften, der SPJ und Teilen der LDP wird namentlich von den zentristisch-reformistischen Kräften angestrebt, da sie ihnen zum einen ihren Wählern gegenüber die Argumentation beläßt, nicht mit den Konservativen, sondern nur mit deren „progressivem" Kern zu kollaborieren, und sie zum anderen bei einem Bündnis mit nur Teilen der Liberaldemokraten ihr eigenes Gewicht erhöhen. Diese Variante ist, wenn auch nicht absolut auszuschließen, so doch weniger wahrscheinlich, da sie zumindest zwei Voraussetzungen zur Bedingung hätte: erstens eine tiefere Spaltung der LDP und zweitens eine weitere Abkehr der SPJ von ihren bisherigen Grundpositionen. Eine Spaltung der Liberaldemokraten erscheint nach ihrem überzeugenden Wahlsieg 1980 weniger aktuell als in den Jahren zuvor, da sie mehrfach mit dieser Möglichkeit schwanger ging. (Ein neuerlicher Wandel des Kräfteverhältnisses zu ihren Ungunsten könnte allerdings, gepaart mit den ihr immanenten Widersprüchen, kritische Momente für die Partei auslösen.) Eine weitere Rechtsentwicklung der SPJ würde ebenfalls das Risiko einer Parteispaltung in sich bergen. Denn es ist nicht abzusehen, wie die klassenbewußten Kräfte in der Partei reagieren, falls es ihnen nicht gelingt, eine Annäherung der SPJ bis hin zu konservativen Positionen zu verhindern. Diese aber müßte sie beziehen, wollte sie auch nur mit Teilen von ihnen eine Regierung bilden.

Theoretisch wäre noch eine dritte Koalitionsvariante möglich: die Bildung einer demokratischen Regierung mit SPJ und KPJ als Kern. Sicher ist diese Variante die gegenwärtig am weitesten entrückte, da die Beziehungen zwischen beiden Parteien vor allem durch den in den letzten Jahren vollzogenen Rechtsschwenk der SPJ eine negative Entwicklung nahmen. Doch noch stimmen viele ihrer programmatischen Forderungen überein, so der Kampf gegen die LDP und das Monopolkapital, für den Ausbau der Demokratie und die Errichtung einer sozialistischen Gesellschaft, für die Erhaltung des Friedens. Beide sind fest verankert in der Arbeiterbewegung des Landes und anerkennen sie als Hauptkraft der gesellschaftlichen Entwicklung. Beide vereinten 1980 knapp 30 Prozent der Wählerstimmen auf sich. Ein einheitliches Handeln würde ihren Einfluß bedeutend erhöhen und auf andere demokratische Bewegungen und Kräfte positiv ausstrahlen.

Eine demokratische Koalitionsregierung würde zweifellos am ehesten zu einem grundlegenden Wandel in der Landespolitik im Interesse des werktätigen japanischen Volkes führen. Ihrer Bildung müßten jedoch wichtige Entwicklungen vorausgehen. Die eine bestände darin, daß sich die klassenbewußten Kräfte in der SPJ wieder stärker durchsetzen. Die zweite wäre, daß es der KPJ gelingt, ihren Einfluß bedeutend zu erhöhen, die existierenden antikommunistischen Vorbehalte zurückzudrängen und eine breite Bündnispolitik durchzusetzen.

Anhang

Verzeichnis der Aufstellungen und Grafiken* im Text

Tabelle 1
Ökonomische Kennziffern

Jahr	Bevölkerung in 1000	Lohnarbeiter[1] in 1000	BSP-Entwicklung[2]		Index Ind.-Produktion[3]	Index Arbeitsproduktivität[3]	Währungsreserven Mill. Dollar	Index der Verbraucherpreise	Index der Reallöhne
			Mrd. Yen	in Prozent					
1960	93419	23700			25,9		1824	33,2	41,0
1965	98275	28760	70231		44,9		2107	44,5	49,4
1970	103720	33060	119126		92,5	86,2	4399	58,0	75,3
1975	111940	36460	149807	3,6	100,0	100,0	12815	100,0	100,0
1976	113089	37120	157483	5,1	111,2	112,3	16604	109,3	102,9
1977	114154	37690	165774	5,3	115,7	118,0	22848	118,1	103,4
1978	115174	37990	174147	5,1	123,0	127,4	33019	122,6	106,0
1979	116133	38760	183314	5,3	133,3	142,8	20327	128,1	108,6
1980	117057	39710	190127	3,7	142,7	156,0	25232	137,9	107,6
1981	117881	40370			147,2	161,5	28403	144,7	108,0

[1] einschließlich Land- und Forstwirtschaft.
[2] zu Preisen von 1975.
[3] in der weiterverarbeitenden Industrie.
Quelle: Nihon keizai yōran 1980, 1981; Nihon kokusei zue 1979 bis 1982; Asahi nenkan 1981; Nihon tōkei geppō 1977—1982.

Tabelle 2
Handelsentwicklung nach Regionen
(in Millionen Dollar und Anteil in Prozent)

Region	Export						
	1960	1965	1970	1975	1978	1979	1980
gesamt	4055 100,0	8452 100,0	19318 100,0	55753 100,0	97543 100,0	103032 100,0	129807 100,0
Asien	1458 36,0	2747 32,5	6033 31,2	20488 36,7	36336 37,3	39803 38,6	49586 38,2
Südostasien	1307 32,2	2195 26,0	4902 25,4	12543 22,5	23102 23,7	26128 25,3	30806 23,7
Nordamerika	1345 32,2	2933 34,7	7095 36,7	14697 26,4	30145 30,9	31122 30,2	38202 29,4
USA	1102 27,2	2479 29,3	5940 30,7	11149 20,0	24915 25,5	26403 25,6	31367 24,2
Europa	538 13,3	1297 15,4	3363 17,4	10346 18,6	18051 18,5	19786 19,2	22456 17,3
EG	174 4,3	485 5,7	1303 6,7	5675 10,2	11105 11,4	12685 12,3	16650 12,8
EFTA	228 5,6	460 5,4	1059 5,5	1435 2,6	2171 2,2	2226 2,2	3141 2,7
Afrika	352 8,7	818 9,7	1423 7,4	5557 10,0	6331 6,5	5231 5,1	8016 6,1
Ozeanien	182 4,5	404 4,8	802 4,2	2295 4,1	3418 3,5	3516 3,4	4473 3,4
Mittel- u. Südamerika	304 7,5	488 5,8	1187 6,1	4762 8,5	6621 6,8	6555 6,4	8917 6,8
Entw. kap. Länder	1924 47,5	4298 50,9	10440 54,1	23434 42,0	45674 46,8	48759 47,3	61172 47,1
Entwick- lungsländ.	2056 50,7	3672 43,4	7827 40,5	27632 49,6	45219 46,4	46889 45,5	59480 45,8
Soz. Länder	73 1,8	478 5,7	1045 5,4	4683 8,4	6650 6,8	7383 7,2	9155 7,1

Quelle: Keizai yōran; Nihon kokusei zue Tsūshō hakusho.

Import						
1960	1965	1970	1975	1978	1979	1980
4491	8169	18881	57863	79343	110672	140528
100,0	100,0	100,0	100,0	100,0	100,0	100,0
1367	2731	5553	28345	40069	58445	80382
30,4	33,4	29,4	49,0	50,5	52,8	57,2
915	1406	3013	10586	17294	26195	31751
20,4	17,2	16,0	18,3	21,8	23,7	22,6
1923	3040	6886	14929	18838	25735	30642
42,8	37,2	36,5	25,8	23,7	23,3	21,8
1553	2366	5560	11608	14790	20431	24408
34,6	29,0	29,4	20,1	18,6	18,5	17,4
488	1002	2555	5778	9773	12348	10680
10,9	12,3	13,5	10,0	12,3	11,2	7,6
209	392	1117	3371	6072	7581	7842
4,7	4,8	5,9	5,8	7,7	6,8	5,6
158	302	750	773	1566	1853	1968
3,5	3,7	4,0	1,3	2,0	1,7	1,5
164	353	1099	2319	2217	3205	4464
3,6	4,3	5,8	4,0	2,8	2,9	3,2
404	652	1812	4788	6254	7619	8451
9,0	8,0	9,6	8,3	7,9	6,9	6,0
311	707	1373	2523	3047	4517	5700
6,9	8,7	7,3	4,4	3,8	4,1	4,0
2584	4186	10430	23894	33050	43044	49120
57,5	51,2	55,2	41,3	41,7	38,9	35,0
1782	3456	7564	30962	42429	62234	84733
39,7	42,3	40,1	53,5	53,4	56,2	60,3
125	527	887	3006	3862	5392	6669
2,8	6,5	4,7	5,2	4,9	4,9	4,7

Tabelle 3
Wandlungen in der Struktur des Ex- und Imports
(Anteile in Prozent)
Export

Waren	1934—1936	Waren	1970	1975	1980
Textilwaren	57,4	Maschinen	33,3	23,1	31,4
Meeresprodukte	2,9	Auto		11,1	17,9
Maschinen	2,8	Stahl und Eisen	14,7	18,2	11,9
Stahl und Eisen	2.4				
Steingut, Porzellan	1,9	Präzisionsmaschinen	3,3	3,3	4,8
		Textilwaren	12,5	6,7	4,8
		Schiffe	7,0	10,8	3,6
		Metallwaren	3,7	3,2	3,0

Industriezweige	1960	1965	1970	1975	1980
Nahrungsmittel	6,3	4,1	3,4	1,4	1,2
Roh- u. Brennstoffe	2,2	1,5	1,0	1,1	1,0
Leichtindustrie	46,7	31,8	22,4	12,9	12,2
Schwer- u. Chemieind.	44,4	62,0	72,4	83,2	84,4
andere	0,4	0,6	0,8	1,4	1,2

Quelle: Nihon kokusei zue 1973, 1976 und 1981. Bei Abweichungen wurden die zuletzt verfügbaren Daten verwandt.

Import

Waren	1934—1936	Waren	1970	1975	1980
Textilrohstoffe	42,7	Erdöl u. -produkte		36,3	41,2
Erdöl	5,6	Holz	8,4	4,5	5,0
Maschinen	3,9	Maschinen	11,0	5,3	4,7
Schrott	3,1	Meeresprodukte	1,4	2,1	2,1
Rohkautschuk	2,4	Flüssiggas			5,5
		Steinkohle	5,3	6,0	3,2
		Eisenstein	6,4	3,8	2,5
		Textilrohstoffe	5,1	2,6	1,7

Industriezweige	1960	1965	1970	1975	1980
Nahrungsmittel	12,2	18,0	13,6	15,2	10,4
Roh- u. Brennstoffe	65,7	59,3	56,1	64,5	66,7
Leichtindustrie	1,4	3,1	5,5	6,1	6,2
Schwer- u. Chemieind.	20,5	19,4	24,3	13,8	15,5
andere	0,2	0,2	0,5	0,4	1,2

Tabelle 4

Verteilung der bis Ende 1979 getätigten direkten japanischen Auslandsinvestitionen nach Regionen und Wirtschaftsbereichen
(in Millionen Dollar und Anteil in Prozent)

Industrie	Region					
	Nordamerika		Mittel- u. Südamerika		Asien	
	Summe	Anteil	Summe	Anteil	Summe	Anteil
Verarbeitende Industrie	2030	24,7	2583	46,3	3847	44,5
Land- und Forstwirtschaft	174	2,1	124	2,2	203	2,3
Fischerei u. Wasserwirtschaft	64	0,8	59	1,1	56	0,6
Bergbau	469	5,7	1176	21,1	2815	32,6
Bauindustrie	109	1,3	134	2,4	65	0,8
Handel	3034	37,0	386	6,9	331	3,8
Finanzen u. Versicherungen	733	8,9	294	5,3	237	2,7
andere	1100	13,4	799	14,3	988	11,4
Immobilien	419	5,1	19	0,3	25	0,3
Filialen	71	0,9	8	0,1	77	0,9
Gesamt	8202	100	5580	100	8643	100
Anteil an Gesamtinvestitionen	25,79		17,54		27,17	

Quelle: Asahi nenkan 1981, Bekken, S. 317. Anteile der Regionen sind eigene Berechnungen nach vorgegebenen Daten.

Naher u. Mittlerer Osten		Europa		Afrika		Ozeanien		Gesamt	
Summe	Anteil	Summe	Anteil	Summe	Anteil	Summe	Anteil	Summe	Anteil
975	46,4	683	17,5	86	6,6	664	32,0	10867	34,2
2	0,1	0	0,0	6	0,5	61	2,9	570	1,8
1	0,0	2	0,0	46	3,5	39	1,9	267	0,8
39	1,9	859	22,1	460	35,2	689	33,2	6506	20,5
9	0,4	11	0,3	19	1,4	11	0,5	359	1,1
8	0,4	658	16,9	2	0,2	193	9,3	4612	14,5
25	1,2	704	18,1	2	0,2	51	2,4	2046	6,4
76	3,6	878	22,6	682	52,2	360	17,3	4883	15,4
370	17,6	31	0,8	2	0,2	6	0,3	871	2,7
596	27,9	67	1,7	1	0,1	4	0,2	823	2,6
2101	100	3893	100	1306	100	2078	100	31804	100
6,60		12,24		4,10		6,53		100	

Tabelle 5
Budgetentwicklung 1975—1981
(in Milliarden Yen und Anteil in Prozent)

Einnahmen

	1975	1977	1979	1980	1981	Zunahme 1975—19 1975 = 1
Steuern	17340	18240	21487	26411	32284	186,2
	81,4	64,0	55,7	62,0	69,1	
öffentliche	2000	8480	14270	14270	12270	613,5
Anleihen	9,4	29,7	39,6	33,5	26,2	
Guthaben vom	698	70	5	22	6,8	
Vorjahr	3,3	0,2	0,0	0,0	0,0	
andere	1251	1724	1838	1886	2227	178,0
	5,9	6,0	4,8	4,4	4,7	
gesamt	21289	28514	38600	42589	46788	
	100,0	100,0	100,0	100,0	100,0	219,8

Quelle: Nihon kokusei zue 1975 bis 1982. Bei Abweichungen wurden die zuletzt verfügbaren Daten verwandt.

Ausgaben

	1975	1977	1979	1980	1981	Zunahme 1975—1981 1975 = 100
Soziales	3928 18,4	5658 19,8	7627 19,8	8212 19,3	8837 19,0	225,1
Kommunal-politik	4430 20,8	4933 17,3	5993 15,6	7388 17,3	8767 18,8	197,9
öffentliche Arbeiten	2910 13,7	4281 15,0	6547 17,0	6655 15,6	6655 14,2	228,7
Staatschul-dentilgung	1039 4,9	2348 8,2	4078 10,6	5310 12,5	6654 14,2	640,4
Kultur und Wissenschaft	2640 12,4	3429 12,0	4300 11,1	4525 10,6	4742 10,1	179,6
Rüstung	1327 6,2	1691 5,9	2095 5,4	2230 5,2	2400 5,1	180,9
andere	5015 23,6	6174 21,7	7968 20,6	8268 19,4	8733 18,6	174,1
gesamt	21289 100,0	28514 100,0	38600 100,0	42589 100,0	46788 100,0	219,8

Tabelle 6
Wandlungen in der Klassenstruktur 1950–1975
(in Tausend und Prozent)

Klassen u. Schichten	1950	1955
Arbeitende Bevölkerung	36309	39908
	100,0	100,0
Arbeiterklasse	13888	17419
	38,2	43,6
Produktionsarbeiter	7267	8956
	20,0	22,4
– Land-, Forst-, Fischereiwirtschaft	852	798
	2,3	2,0
– Bergbau, Industrie, Transport	6415	8158
	17,7	20,4
Arbeiter der nichtmateriellen	1552	2733
Produktion	4,3	6,8
– Handel	728	1409
	2,0	3,5
– Dienstleistungen	824	1324
	2,3	3,3
Angestellte	4335	4977
	11,9	12,5
– Ingenieure, Techniker, andere	1337	1634
Spezialisten	3,7	4,1
– Büroangestellte	2998	3343
	8,3	8,4
Arbeitslose	734	754
	2,0	1,9
Zwischenschichten	21403	21251
	58,9	53,3
Selbständige und Familienmitarbeiter	21041	20894
	57,9	52,4
– Land-, Forst-, Fischereiwirtschaft	16189	15046
	44,6	37,7
– Bergbau, Industrie, Transport	2268	2463
	6,2	6,2
– Handel	2253	2776
	6,2	7,0
– Dienstleistungen	331	608
	0,9	1,5

1960	1965	1970	1975
44009	48294	52948	54375
100,0	100,0	100,0	100,0
22237	27463	31723	35350
50,5	56,9	60,1	65,0
12253	14089	15615	15611
27,8	29,2	29,5	28,7
765	576	439	413
1,7	1,2	0,9	0,8
11488	13513	15176	15198
26,1	28,0	28,7	28,0
3429	4484	5531	6615
7,8	9,3	10,5	12,2
1790	2558	3360	4189
4,1	5,3	6,4	7,7
1639	1926	2171	2426
3,7	4,0	4,1	4,5
6237	8225	9864	11890
14,2	17,0	18,7	21,9
1779	2240	2887	3476
4,0	4,6	5,5	6,4
4458	5985	6977	8414
10,1	12,4	13,2	15,5
318	665	713	1234
0,7	1,4	1,4	2,3
20100	18501	18380	15990
45,7	38,3	34,8	29,4
19675	17909	17840	15249
44,7	37,1	33,8	28,2
13486	11097	9570	6904
30,6	23,0	18,1	12,7
2749	3017	3880	3677
6,2	6,2	7,4	6,8
2739	2859	3195	3321
6,2	5,9	6,0	6,1
701	936	1196	1346
1,6	1,9	2,3	2,6

Klassen u. Schichten	1950	1955
Selbständig tätige Ingenieure,	362	357
Techniker, andere Spezialisten	1,0	0,9
Familienmitarbeiter	12248	11975
	33,7	30,0
Kapitalisten	681	807
	1,9	2,0
Unternehmer	144	73
	0,4	0,2
Direktoren und Vorstandsmitglieder	420	630
	1,2	1,6
Höhere Bürokratie	117	104
	0,3	0,3
Militär, Polizei, Sicherheitsdienste	337	430
	0,9	1,1

Quelle: Ōya, Hiroyuki: Gendai Nihon no kaikyū kōsei (Klassenstruktur im gegenwärtigen Japan). In „Shakaishugi", Nr. 100, Jan. 1975, S. 44f.; Changes in the postwar Japanese class structure. In „Japan Press, Weekly Bulletin", Nr. 1066, 15. 10. 1977.

1960	1965	1970	1975
425	592	540	651
1,0	1,2	1,0	1,2
10509	9222	8437	6728
23,9	19,1	16,0	12,4
1183	1756	2052	2294
2,7	3,6	3,8	4,2
97	15	48	
0,2	0,03	0,09	
991	1629	1894	
2,3	3,4	3,5	
95	112	110	
0,2	0,2	0,2	
489	575	646	738
1,1	1,2	1,2	1,4

Die Gewerkschaftszeitschrift „Gekkan Rōdōkumiai" (Tōkyō, Rōdō Daigaku) vom Jan. 1982 (S. 35) gibt für die Klassenstruktur 1980 folgende Zahlen:

	Anzahl in Tausend	Anteil in Prozent
Beschäftigte insgesamt	54740	100,0
Arbeiter	39600	72,3
Land-, Forst-, Wasserwirtschaft	5610	10,2
darunter Bauern	5290	9,7
Kleine und mittlere Unternehmer	8460	15,5
Kapitalisten	310	0,6
darunter Monopolkapitalisten	7	0,01
andere	760	1,4

Tabelle 7

Mandate der Parteien nach den Wahlen

a) Haus der Abgeordneten

Parteien/Wahljahr	1946	1947	1949	1952	1953	1955	1958	1960	1963	1967	1969	1972	1976	1979	1980
Liberaldem. Partei	—	—	—	—	—	—	287	296	283	277	288	271	249	248	284
Liberale Partei	140	131	264	240	199	112	—	—	—	—	—	—	—	—	—
Demokrat. Partei	—	121	69	—	—	185	—	—	—	—	—	—	—	—	—
andere[1]	108	29	14	85	111	—	—	—	—	—	—	—	—	—	—
Sozialist. Partei	92	143	48	111	138	156	166	145	144	140	90	118	123	107	107
Kōmeitō	—	—	—	—	—	—	—	—	—	25	47	29	55	57	33
Demokrat.-Sozialist. Partei	—	—	—	—	—	—	—	17	23	30	31	19	29	35	32
Kommunist. Partei	5	4	35	0	1	2	1	3	5	5	14	38	17	39	29
Neoliberaler Klub	—	—	—	—	—	—	—	—	—	—	—	—	17	4	12
Sozialdem. Föderation	—	—	—	—	—	—	—	—	—	—	—	—	—	2	3
verschiedene	38	25	24	11	6	6	1	1	0	0	0	2	0	0	0
Unabhängige	81	13	12	19	11	6	12	5	12	9	16	14	21	19	11
gesamt	464	466	466	466	466	467	467	467	467	486	486	491	511	511	511

[1] konservative Parteien wie die Fortschrittspartei, die Kooperationspartei, die Reformpartei u. a. (vgl. Grafik S. 180).

Quelle: Mainichi nenkan 1978, Bessatsu, S. 11; „Sankei Shimbun" vom 9. 10. 1979; „Asahi Shimbun" vom 24. 6. 1980.

b) Haus der Räte

Parteien/Wahljahr	1947	1950	1953	1956	1959	1962	1965	1968	1971	1974	1977	1980
Liberaldem. Partei	—	—	—	61	71	69	71	69	63	62	63	69
Liberale Partei	38	52	46	—	—	—	—	—	—	—	—	—
Demokrat. Partei	28	—	—	—	—	—	—	—	—	—	—	—
andere[1]	—	18	24	5	6	—	—	—	—	—	—	—
Sozialist. Partei	47	36	28	49	38	37	36	28	39	28	27	22
Kōmeitō[2]	—	—	—	—	—	9	11	13	10	14	14	12
Kommunist. Partei	4	2	0	2	1	3	3	4	6	13	5	7
Demokrat.-Sozialist. Partei	—	—	—	—	—	4	3	7	6	5	6	6
Neoliberaler Klub	—	—	—	—	—	—	—	—	—	—	3	0
Sozdem. Föderation	—	—	—	—	—	—	—	—	—	—	—	0
verschiedene	22	5	1	1	1	2	0	0	0	1	3	2
Unabhängige	111	19	29	9	10	3	3	5	2	7	5	8
gesamt	250	132	128	127	127	127	127	126	126	130	126	126

[1] konservative Parteien (wie unter a); bis 1959 ist hier auch einbegriffen die „Gesellschaft des Grünen Windes" (Ryokufūkai), eine Gruppe konservativer Unabhängiger.

[2] 1962 als Kōmei Seiji Remmei.

Das Haus der Räte hat insgesamt 252 Abgeordnete, deren Mandat 6 Jahre gilt. Es handelt sich hier um Teilwahlen von jeweils etwa der Hälfte. Die Gesamtzahl der Abgeordneten ergibt sich folglich im Prinzip aus dem Wahlergebnis des Wahljahres plus der Mandate aus den Wahlen 3 Jahre zuvor (Ausnahme ist 1950).

Quelle: Mainichi nenkan 1978, Bessatsu, S. 15, und „Asahi Shimbun" vom 24. 6. 1980.

c) Präfekturversammlungen

Parteien/Wahljahr	1959	1963	1967	1971	1975	1979
Liberaldem. Partei	1592	1601	1446	1417	1391	1697
Sozialist. Partei	562	519	533	471	422	415
Kōmeitō[1]	—	56	84	94	167	195
Kommunist. Partei	12	22	37	105	95	136
Demokrat.-Sozialist. Partei	—	86	98	96	103	115
Neoliberaler Klub	—	—	—	—	—	36
Sozdem. Föderation	—	—	—	—	—	6
verschiedene	71	62	22	26	40	53
Unabhängige	419	342	333	347	391	206
gesamt	2656	2688	2553	2556	2609	2859

[1] 1963 als Kōmei Seiji Remmei

Quelle: Asahi nenkan 1980, S. 268 und Nihon tōkei nenkan 1980. Stand von 1979 ist der 31. 12.

Tabelle 8
Regierungen nach 1945

Premierminister	Partei	Kabinett	Inauguration
Higashikuni, Naruhiko			17. 8. 1945
Shidehara, Kijūrō	Fortschrittspartei Japans		9. 10. 1945
Yoshida, Shigeru	Liberale Partei Japans	1.	22. 5. 1946
Katayama, Tetsu	Sozialistische Partei Japans		24. 5. 1947
Ashida, Hitoshi	Demokratische Partei		10. 3. 1948
Yoshida, Shigeru	Demokratisch-Liberale Partei	2.	15. 10. 1948
	Demokratisch-Liberale Partei	3.	16. 2. 1949
	Liberale Partei	4.	30. 10. 1952
	Liberale Partei	5.	21. 5. 1953
Hatoyama, Ichirō	Demokratische Partei Japans	1.	10. 12. 1954
	Demokratische Partei Japans	2.	19. 3. 1955
	Liberaldemokratische Partei	3.	22. 11. 1955
Ishibashi, Tanzan	Liberaldemokratische Partei		23. 12. 1956
Kishi, Nobusuke	Liberaldemokratische Partei	1.	25. 2. 1957
	Liberaldemokratische Partei	2.	12. 6. 1958
Ikeda, Hayato	Liberaldemokratische Partei	1.	19. 7. 1960
	Liberaldemokratische Partei	2.	8. 12. 1960
	Liberaldemokratische Partei	3.	9. 12. 1963
Satō, Eisaku	Liberaldemokratische Partei	1.	9. 11. 1964
	Liberaldemokratische Partei	2.	17. 2. 1967
	Liberaldemokratische Partei	3.	14. 1. 1970

Premierminister	Partei	Kabinett	Inauguration
Tanaka, Kakuei	Liberaldemokratische Partei	1.	7. 7. 1972
	Liberaldemokratische Partei	2.	22. 12. 1972
Miki, Takeo	Liberaldemokratische Partei		9. 12. 1974
Fukuda, Takeo	Liberaldemokratische Partei		24. 12. 1976
Ōhira, Masayoshi	Liberaldemokratische Partei		7. 12. 1978
Suzuki, Zenkō	Liberaldemokratische Partei		17. 7. 1980
Nakasone, Yasuhiro	Liberaldemokratische Partei		26. 11. 1982

Quelle: Mainichi nenkan 1978, Bessatsu, und Asahi nenkan 1979 und 1981.

Namens- und Sachregister

Abb. 1 Japan — Land der aufgehenden Sonne

Abb. 2 Blick auf Tōkyō

Abb. 3 Einkaufsstraße

Abb. 4 Schloß von Ōsaka

Abb. 5 Demonstration von Linksextremisten

Abb. 6 Die Ainu zählen zu den ersten Bewohnern Japans. Noch heute leben ca. 17000 auf Hokkaidō

Abb. 7 Blick in einen kleinen Shintō-Schrein

Abb. 8 Kinkakuji („Goldener Pavillon“) in Kyōtō
Abb. 9 Geschäft mit stark verbreitetem Aberglauben: Wahrsagen aus der Hand

Abb. 10 Lebensunterhalt durch Schuhputzen
Abb. 11 Holzschnitzarbeiten auf der Straße

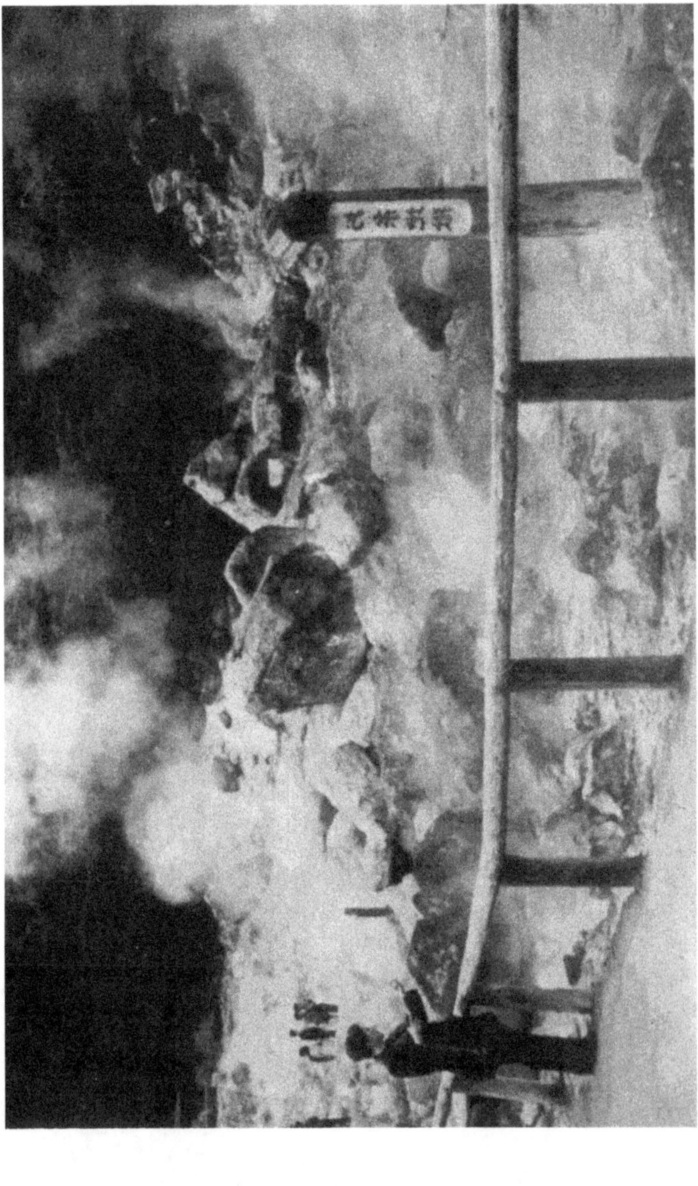

Abb. 12 Heiße Quellen in Unzen

Abb. 13 Terrassenförmig angelegte Reisfelder

Abb. 14 Ōsaka — Metropole des zweitgrößten Industriedistrikts von Japan

Abb. 15 Hafen von Nagasaki – Jahrhunderte hindurch Japans einziges Tor zur Welt

Abb. 16 Zu den wichtigsten Industriebetrieben der Stadt Ōsaka gehört das Stahlwerk der Nippon Steel Corporation. Hier ein Hochofen der Sakai-Werke

Abb. 17 Friedensstatue, im Epizentrum der Atombombenexplosion von Nagasaki errichtet

Abb. 18 Zentrales Gebäude der Tokai-Universität nahe Tōkyō

Abb. 19 Straßenbild der Bergarbeiterstadt Miike, die 1960 den längsten Streik in der japanischen Geschichte erlebte

Abb. 20 Stillgelegte Kohlengrube in Miike — kapitalistische Rationalisierung

Abb. 21 Maidemonstration in Tōkyō

Abb. 22 Häuserbau. Noch immer ist Holz ein wichtiges Baumaterial

Abb. 23 Auch in den Tōkyōter Vororten ist das Fahrrad durchaus noch populär: Parkplätze für Zweiräder

Abb. 24 Der Daibutsu („Großer Buddha“) von Kamakura. Nach dem Shintō ist der Buddhismus die verbreitetste Religion

Abb. 25 Gruppe von „Rockern" auf einer Straße in Tōkyō

Abb. 26 Schlafstätte eines Obdachlosen

Steinkohle
Mangan
Kupfer
Eisen
Zinn
Gold
Blei
Erdöl
Eisenmetallurgie
Maschinenbau
Chemische Ind.
Textilindustrie
Papierind.
Elektronische Ind.
Feinmechanische u. optische Ind.
Schiffbau
Reis
JAPANISCH
Kitakyūshū
Nagasaki
Hiroshima
Oita
Okayama
Matsuyama
Tokushima
Kōbe
Kyōtō
Ōsaka
Kagoshima
Kyūshū
Shikoku
Nagoya
STILLER OZEAN
0
100
km

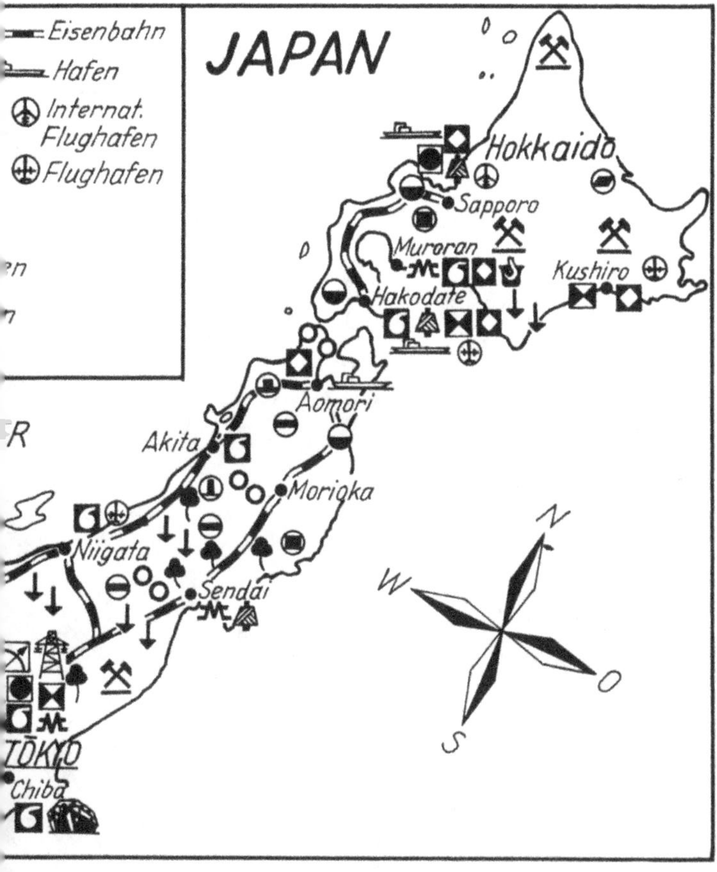

JAPAN
Eisenbahn
Hafen
Internat. Flughafen
Flughafen
Hokkaido
Sapporo
Muroran
Kushiro
Hakodate
Aomori
Akita
Morioka
Niigata
Sendai
TOKYO
Chiba
N
W
O
S

www.ingramcontent.com/pod-product-compliance
Lightning Source LLC
La Vergne TN
LVHW010634300926
849161LV00005B/938